생활 속의
심리이야기 Ⅲ

최 경 희 지음

이문출판사

생활 속의 심리 이야기 Ⅲ

펴낸곳 / **이문출판사** ‖ 변경등록:1994. 6. 3. 제7-20호
발행인 / 지경원 ‖ 지은이•최경희 ‖ 4판 발행 / 2021년 6월 25일
주소 / 42425 대구시 남구 중앙대로 40길 11-14 ‖ 03728 서울 서대문구 모래내로24다길 15-5
전화 / 02) 359-8250, 053) 624-3113 ‖ 팩스 / 02) 359-8251

값 14,000 원
ISBN 978-89-7334-152-8 03180

머리글

우리는 살면서 일일이 다 말하지는 않지만, 크든 작든, 보이든 보이지 않든, 다소간의 불안 두려움 고통 등을 가지고 있다. 이런저런 방어로 자신을 잘 보호하고 통제하면서 살아가므로 그것을 굳이 문제시할 필요는 없지만, 때로는 감당하기 힘들고 '정말 좀 편하게 살고 싶다!'는 내면의 울림을 느낄 때가 있다. 인간 조건의 보편적 요인이나 개별적인 특수한 심리적 요인 등으로 작용되는 두려움과 고통의 한 가운데서, 우리는 '어떻게 사는 것이 참된 삶일까!'라는 고민을 하게 된다. 아마도 이같은 탐구과정은 우리를 성숙시키는 발판을 제공할 것이다.

보통사람들의 핵심적인 고통을 가만히 보면, '원하는 것'을 얻지 못하였거나, '나의 것'이라고 이름하는 것들이 사라지려고 할 때이다. 같은 이유에서 대체로 많은 사람들은, 자신이 원하는 것을 이루었을 때 기뻐하고 '나의 것'이 무난하게 채워지고 지켜질 때 안심한다. 결국 '욕구'의 문제가 된다. 사실 우리는 '기쁨'을 얻기 위하여 노력하며 성취를 향해 달린다. 성취의 기쁨은 새로운 것들을 창출하기 위하여 도전하게 만드는 힘을 준다. 최선을 다한 후 '만족감'을 느끼고 축하받고 인정받으면서, 그 성취감은 새로운 자신감으로 도약하게 한다. 그리고 어느 정도의 세월이 흐른 후 점차 시들어진다. 또 다시 새로운 도전과 성취감을 맛보고 싶어 한다. 고갈된 우물마냥 목말라오는 갈증을 느끼기 시작한다. 갈증의 한 가운데서, 나이가 조금씩 들어가면서 차츰 스스로에게 질문한다. '왜 이렇게 끝없이 앞으로 나아가려고 하지?!' '앞으로는 무슨 일을 이루어야 하지?' '나는 무엇을 원하는가!' 등의 자문이다. 아울러 삶에 대한 부담과 회의, '과연 이렇게 사는 것이 올바른 삶인가!' 하는 의문도 생기기 시작한다. 때로는, 어떤 좋은 책, 좋은 사람, 좋은 경구 등과 만나게 될 때 '아, 마음이 벅차오른다. 그래, 이렇게 살아야겠군!' 하는, 지금까지와는 다른 느낌을 갖게 되기도 한다. 그럴 때는 뭔가 모를 잔잔한 힘, 잔잔한 감동이랄까 이런 것들을 느끼기도 한다.

하지만 이런 감동과 느낌도 '나의 몸'에 배여 있지 않을 때는, 그것 역시 잠깐만 평화로울 뿐, 시간이 흐르면 우리의 뇌리에서 점점 잊혀져 간다. 그 좋은 글귀도 구름처럼 사라진다. 특히 외부의 어떤 어려움이 닥쳐왔을 때는 정말 아무것도 보이지도 들리지도 않는다. 분명히 좋은 생명수와 같은 것이었는데 말이다. 꾸준한 생명수가 들어오지 않는 한 다시 늪에 빠지기 쉽다. 이러한 반복적인 과정이 전 인생의 행로라고 보아도 과언이 아니다.

가장 큰 부자가 되는 시점은 아무것도 원하지 않을 때이며, 세상을 다 얻을 때는 자신을 비울 때라고 한다. 토머스 머튼은 "세상을 얻는다는 것은 자신을 잃는 것이다."라고 했다. 자신을 잃는다 하여 자신을 비하하고 없어진다는 의미가 아니라, 세상을 얻으려면 자신으로부터 비워져야 한다는 것이다. 자신의 욕구로부터 벗어날 수 있을 때, 적어도 자신을 겸손하게 낮출 때, 비로소 이 세상의 모든 것들이 있는 그대로 보이고, 그것들이 내 가슴속에 들어오기 시작한다는 뜻이리라. 바로 그때, 이 세상의 모든 것들과 경계 없이 합일되는 어떤 평화가 들어오지 않을까 싶다.

우리는 끝없이 자신을 내세우면 내세울수록 마음이 불안해지고 힘겨워진다는 것, 자기 자신이 비워질 때 가장 편하다는 이 진실을 느끼고 있다. 그러나 사실 우리는 무엇인가를 채우지 않으면 도저히 살아갈 수 없다는 인간 본연의 조건, 자신을 내세우지 않으면 힘겨워지는 일상의 현실 속에 살아가고 있지 않는가! 그렇다. 현실적인 면을 피하지 않으면서도 자유롭고 평화롭게 살 수 없을까! 성숙한 삶을 살기 위하여 우리는 생활 속에서 어떻게 느끼고 살면 좋을까! 바쁜 일상에서도 끊임없이 자신을 갈고 닦는 자세를 놓지 말아야 하는, 즉 늘 깨어있는 삶의 자세가 필요하다는 것이 아닐까!

이 책의 글들은 제목 그대로 생활 속에서의 평범한 심리이야기이다. 보통사람들은 궁극적으로 평화롭고 자유로워지길 원하지만 더 우선적인 것이 있다. 즉, 인간적인 자신의 심리상태를 제대로 바라보고 이해하지 않고는 평화로 넘어갈 수 없다는 사실을 솔직하게 인정하는 것이다. 이 책의 내용은 존재자체의 절대성에 대한 깊은 신뢰가 필요하지만, '구도적 통찰을 향한 길을 위하여, 자신의 심리적통찰이 바탕이 되면 도움되지 않을까!' 하는 생각으로 출발한 강의용 원고이다. 지금-여기에서의 나의 심리상태에 대하여 솔직하게 이해하고 수용하는 자세, 즉 바라보고, 머무르면서, 넘어서야 할 이야기들이다. 일상이라는 파도위에 흔들리는 '자신'이라는 배를 어떻게 노 저어야 할지에 대한 방향을 함께 고민하는 과제이기도 하다.

그 동안 '생활 속의 심리이야기 I, II' 두 권의 책이 출간되었다. 보통사람들의 심리적 통찰을 위한 내용을 위주로 한 두권에 비하여, III 권의 내용은 인간존재의 절대성, 구도적 통찰을 위한 모색을 시도하고 있다. 즉, '현재의 나'의 심리적 상태와 영적인 삶의 자연스런 고리를 어떻게 결부시켜 생각해야 하는가에 대한 기초적 내용을 많이 담고 있다. 심리학 철학 종교 등 여러 가지 접근이 통합되지 않을 수 없는 관계로, 필요에 따라 전문가의 중요한 부분이 인용되었고 그 참고자료를 표기하였으나, 혹여 미처 챙기지 못하여 출처가 빠져있는 인용문이 있다면 고의가 없으므로 깊은 양해를 바란다.

이 책이 나오기까지 필자의 부족한 글을 지속적으로 출판할 수 있도록 아낌없이 도와주신 이문출판사 관계자 분들께 진심으로 감사드리며, 늘 마음으로 성원해 주는 사랑하는 남편을 비롯한 가족들, 연구소 전 현직 조교들, 기타 사소한 것들을 함께 해 주시는 주변 선생님들께 진심으로 고마움을 표한다.

2011. 4.

울산 언양의 개인연구실에서

최 경 희 (隨順)

목 차

목 차

목 차

제 Ⅱ 부 인간관계 안에서 · 277

목 차

제 I 부

나 자신

안에서

1. 웃음 뒤의 마음

> 첫 번째는, 자기 스스로도 자기 마음이 무엇인지는 모르지만
> 내면에서 뭔지 모르는 감정은 올라오니까 그냥 웃어버리는 경우가 있다.
> 두 번째는, 자기감정을 알고는 있지만
> 그냥 적당하게 웃음으로 자기 마음을 방어하면서 드러내는 경우이다.

우리는 할 말이 없거나, 뭐라고 표현하지 못할 때 그냥 웃음으로 넘기는 사람을 종종 본다. 슬퍼도 웃고, 당황해도 웃고, 어색해도 웃고, 부끄러워도 웃고, 미안해서 웃고, 심지어 미워도 웃는다. '웃음치료'가 있을 정도로 웃음 그 자체는 '그저 좋은' 정도를 넘어서 치료적으로 쓰일 만큼 유익한 것이다. 활짝 웃고 난 뒤의 개운함과 건강한 에너지는 우리의 몸에도 좋을 것이다. 행복한 미소나 흔쾌하게 마음껏 내지르는 함박웃음과 박장대소 같은 웃음 등, 웃음자체가 주는 기운은 뭐라고 설명할 수 없는 묘약 같은 것이라는 점은 의문의 여지가 없을 것이다.

하지만 속마음과 겉웃음이 일치되지 않을 때는 어떠한가! 어색하고 이상하여 때로는 진실하게 보이지 않는 등, 생각하기 나름으로는 '정신이 이상한 사람'처럼 보이기까지 한다. 물론 웃음으로 자기 상태를 표현할 수밖에 없는 각자 나름의 어떤 사정이 있을 것이다. 웃고 싶어 웃는 것이 아니라, 자기 속마음을 웃음으로 그냥 넘길 수밖에 없는 어떤 이유가 있다는 뜻이다. 이렇게 웃음과 관련된 다양한 측면을 생각해 볼 때, 웃음

뒤의 마음을 한번쯤 고려해 보는 것도 뜻깊을 것 같다. 우선 웃음 뒤의 마음을 크게 두 가지로 나누어 생각해 보도록 한다.

첫 번째는, 자기 스스로도 자기 마음이 무엇인지는 모르지만 내면에서 뭔지 모르는 감정이 올라오니까 그냥 웃어버리는 경우가 있다. 말하자면 우선 자신의 마음이 슬픈지, 당황스러운지, 부끄러운지, 화가 나는지에 대하여 자각하지 못한다는 뜻이다. '감정의 포착'이 안 된 채로 그냥 웃음이라는 몸의 작용이 드러나는 경우이다. 스스로가 의식적으로 자기 마음을 알아차리지는 못하지만, 이미 자신의 몸의 감각은 무엇인가를 느끼고 있고, 무엇인가 움직이는 내면이 있기 때문에 인상으로 얼굴색깔로 태도로 행동 등으로, 어떤 방향의 표정들이 나타나기 시작하는 것이다. 그 표정들의 집합적 현상들이 웃음일 가능성을 말한다.

내 마음이 슬픈 것을 안다면 '내 마음이 슬프다'라고 할 수 있지만, 아예 슬픈 것을 모르고 있기 때문에 자신 스스로를 표현할 수가 없는 것이다. 알아도 표현하는 것이 익숙하지 않아 드러내기가 어려운데, 아예 잘 모르는 자기마음을 어떻게 표현할 수 있겠는가! 그래서 그냥 웃을 뿐이지 다른 별도의 뜻이 있는 것은 아니다. 그 웃음으로 오해를 많이 받을 수가 있지만, 웃는 그 자신도 그러고 싶어서 웃는 것은 아닐 것이다.

어릴 때부터 자기의 감정을 솔직하게 표현하는 것이 금기시되었고, 감정을 표현해야 한다는 것도 아예 몰랐고, 표현하였다가는 오히려 더 큰 화를 초래하였을 경우에는 감정을 억압해 버렸을 것이다. 충분히 이해될 수 있는 마음이다. 억압된 감정은 여러 가지 형태로 그 증상을 드러내는데, 그 중 웃음도 하나의 증상에 해당된다. 감당할 수 없는 상황에 대한 감정은 자연스럽게 스스로를 보호하기 위하여 억압할 수밖에 없기 때문이다. 그 마음을 웃음으로 넘기면서 살아온, '살아남기 위한 전략'일 뿐이다. 이런 부분에 대한 통찰을 스스로 해 나가면서, 과거에는 스스로가 살아남기 위하여 웃음이라는 것을 통하여 나를 지켜왔지만, 현재는 건강한 의사표현과 진실한 웃음으로 지금 이 자리에 비례적인 대응방식을 연구할 수 있다면 훨씬 편해질 것이다. 그러면 웃는 내 마음도 편하고, 웃는 모습을 보는 상대방도 편하게 되리라 본다.

두 번째는, 자기감정을 알고는 있지만 그냥 적당하게 웃음으로 자기 마음을 방어하면서 드러내는 경우이다.

예를 들어, 실제로는 '당신의 그런 말을 들으니 답답하고 짜증이 난다.'라고 말하고 싶다고 하자. 하지만 그런 말을 하면 상대방에게 나쁜 사람이라는 소리를 들을 것 같고, '상대방이 기분 나빠하면 어쩌지?' 하는 두려움과 무서움도 있다. 공격받을까 봐 겁도 난다. '뭘 그런 것 가지고 답답하거나 짜증을 낸다고! 그 정도를 참지 못해서!' 라고 스스로를 핀잔하는 마음도 올라오면서, 동시에 자꾸 상대방이 하는 말이나 태도는 불편해지고, 언어적인 표현은 하지 못한 채 서서히 어색한 웃음만 나올 뿐이다. 솔직하게 자기감정을 표현한다는 것이 익숙하지 않을 뿐만 아니라, 상대방의 반응에 대한 눈치를 상당히 많이 보기 때문에 적당히 웃음으로 갈무리하여 피하는 셈이 된다. 특히 자라온 가정의 분위기가 이런 감정표현을 스스럼없이 드러낼 때 수용해 주는 분위기가 아니었다면 자신을 있는 그대로 표현한다는 것은 당연히 어려운 것이다.

이 경우, 이미 자신의 감정은 알아차리고 있기 때문에 솔직한 마음을 자연스럽게 표현하는 새로운 연습이 필요하다. 이 웃음은 상대방에게 금방 들통나기 쉽고, 진실한 인간관계를 맺는데 부적절하기 때문에, 인간관계에서 오히려 문제를 더 증폭시키는 꼴이 될 수 있다. 감정을 표현하는 방법을 새롭게 연습하면서 자연스러운 정서교류를 하게 될 때, 그 웃음은 비로소 진실하게 나 스스로와 상대방에게 전달될 것이다.

위의 내용을 정리해 보면, 첫 번째는 감정을 아예 자각하지 못하고 웃음이 나오지만, 두 번째는 자각을 하면서 웃음으로 대치되는 경우이다. 두 가지 모두 남에게 상처주고 괴롭히는 형태가 아니라, 자신의 웃음으로 스스로를 드러내거나 방어하는 것이기 때문에 꼭 문제가 된다고는 보기 힘들다. 하지만, 때로는 권위가 떨어지고 어색한 분위기를 조성하고, 무시당한다는 느낌으로 오해를 받기도 하고, 윗사람으로서의 역할이나 인간관계에서의 정서교류 측면에서 문제가 될 수 있기 때문에 한번쯤 고려해 보면 좋을 것이다.

만약 본인 스스로가 이런 점을 깨닫고 고쳐보려는 의식적 노력을 한다면, 전자보다는 후자가 더 빠르게 좋아질 가능성은 있다고 본다. 다시 말하면, 감정을 못 느끼고 웃음으로 대치되는 경우보다, 감정은 느끼지만 방어하기 위하여 웃음으로 대치되는 것이 극복에 더 유리하다는 뜻이다. 왜냐하면 후자는 이미 억압되지 않고 의식되는 선상이며, 전자는 억압되어 있으므로 의식하기까지 시간이 소요되기 때문이다. 자신의 어떤 감정이라도 정확하게 알아차리기까지는 다소 시간이 걸리기 때문에, '나는 누구인가!' 라는 자아탐구를 통한 자기와의 만남 시간이 더 필요하다는 말이기도 하다.

그 어느 쪽이든, 즉 자신의 감정을 무의식적으로 억압하든 의식적으로 억제하든, 적당히 얼버무려서 웃음으로 대치하는 것을 보면, 상대방 입장에서 다소 어색하고 불편하게 느껴질 것이다. 부적절한 웃음으로 관계를 하는 분들을 보라! 있는 그대로 자신의 감정을 제대로 표현하면 실없는 웃음이 나오지 않고, 진실하고 진지하고 따뜻한 가슴이 잔잔하게 느껴질 수 있을 텐데 하는 생각이 들어 안타까운 마음이 든다. 그냥 대충 적당히 나오는 웃음으로 인하여 상당한 오해를 받고 사는 경우도 있다. 심지어 어떤 사람들은 '나의 얘기를 듣고 저렇게 비웃다니!' '저 사람은 왜 웃는 거야? 웃을 일도 아닌데, 사람 말을 저런 식으로... 아무래도 사람을 함부로 대하는 것 같아!' '아니, 사람 이야기를 듣고 웃을 일도 아닌데 왜 웃어? 정말 기분 나빠! 이건 아무래도 나를 깔보는 것 맞아!' 등의 부정적인 감정으로 혹은 사실자체를 일방적으로 왜곡하여 받아들이게 되면, 훗날 인간관계 갈등의 불씨를 남길 수도 있다. 물론 그렇게 왜곡하여 판단하는 쪽의 '몫'도 있겠지만, 나의 웃음이 이렇게 상대방에게 왜곡된 인식을 하게끔 만들 수 있다는 점을 고려해 보아야 할 것이다.

부적절한 웃음의 예방과 극복은 건강한 정서표현이다. 상대방에게 기분상하지 않게 하면서 자신의 정서를 있는 그대로 표현하는 것은 사실 쉬운 일은 아니다. 이것은 용기를 가지고 자신의 존재를 알리는 것으로서, 때론 위험도 안고 있다. 상대를 나무라거나 비난하는 것이 아니라 나의 존재를 그냥 알리는 것뿐이라고 하지만, 상대방의 입장에서 어떻게 나올지 몰라 고민이 되는 경우가 많다. 대부분의 사람들은 자신의 감정을 상대방의 탓으로 돌리고, 상대방에게 자신의 감정을 투사시키는 등, 모두 상대방에게로 전이시키기 때문에 감정표현 그 자체가 바로 부정적인 것으로 여겨질 정도로 왜곡되어 있다. 그냥 자신의 본마음을 알리는 것이 아니라, '내 마음이 이러이러하게 된 것은 당신 탓이다!' 라는 식으로 전달되는 의사표현이 문제인 것이다. 의사소통의 미숙함과 감정표현의 부재라는 문화권에서 살다보니, 우리는 나의 존재, 즉 우선적으로 나의 마음을 알리는 것을 두려워한다. 사실 두려워 할 필요가 없지만, 그것이 그리 쉽지 않다. 자신의 본마음(표면적인 감정을 일으킨 내면의 본래 마음)을 표현하는 것은 더욱 더 쉽지 않다. 특히 상대방을 불편하게 만들거나 혹은 상처주는 식으로 되지 않으면서 나를 제대로 표현한다는 것은 그리 녹녹치 않다. 그러나 노력하면 얼마든지 좋아질 수 있다고 본다. 있는 그대로 표현한다고 하여 상대를 적대적으로 대하거나 평가하거나 미워하는 것이 아니다. 인간의 본 마음속에 깊이 들어가면, 결국은 '사랑'과 '관심'으로 서로를 대하고 싶은 마음이 있기 때문이다. 그 본마음을 잘 포착하여, 진실한 감정만 표현할 수 있다면 걱정하거나 염려할 필요가 없을 것이다. 물론, 오랜 세월동안의 습관으로 인하여 그런 본마음을 건강하게 드러내는 방식보다는 미숙한 의사소통 방식을 사용하여 왔기 때문에, 그 조건화된 반응을 바꾸기란 그리 쉽지는 않을 것이다. 심지어 많은 사람들은 '좋은 감정'보다는 '나쁜 감정'을 '감정'으로 인식하고 살아왔기 때문에, 감정자체를 터부시하고 거부감을 느끼며 살아온 것이다. 하물며 부정적인 감정을 표현하는 것은 얼마나 곤란하고 힘들겠는가! 결국, 건강한 정서교류의 여부가 가장 큰 과제가 된다.

감정은 '사랑하고 사랑받고, 관심주고 관심받고, 서로 인정해 주고, 칭찬해 주고, 위로받는 등' 각종 긍정적인 힘을 쏟아낼 수 있는 중요한 에너지다. 이렇게 좋은 감정을 우리는 모두 부정적인 것으로만 생각하는 경향이 많았다. 이것은 정말 오해이다. 즉, 긍정적 감정의 에너지를 전부 마이너스적인 것으로만 생각하는 것은 생활 속의 오해이다.

웃음으로 얼버무리는 감정표현은, 자신 스스로도 개운하지 않고 상대방에게도 오해를 불러일으킬 수도 있다. 제대로 된 감정표현을 통하여 웃음으로 얼버무리지 않고, 내 마음을 정확하게 전달하는 노력을 하는 것은, 우리에게 매우 소중한 경험이 될 것이다. 미숙한 감정처리 방식의 일환으로 사용되어 온 '웃음 뒤의 마음'을 잘 알아차려서, 자신도 타인에게도 '진정한 웃음'이 전해지면 좋을 것이다. '웃는 얼굴에 침 뱉지 못한다.'는 옛 어른들의 말씀이 있듯이, 싸우고 인상 쓰는 것 보다는 웃음이 훨씬 더 좋은 것은 당연하지 않는가. 건강한 웃음으로 서로 교류하며 살아 갈 수 있다면, 우리는 그보다 더 행복한 것은 없을 것이다.

2. 부부

서로에게 사랑받고 의지하고 싶은 욕구가 있다는 것은 또한 희망이다.
스스로의 사랑받고 싶은 깊은 마음을 알아차리고
그 마음을 진정으로 느끼고 나면
서서히 상대방의 똑같은 마음도 완연히 알아차릴 수 있고
그 마음을 진정하게 느낄 수 있다.
나의 힘이 있을 때는 상대방의 그 마음을 깊이 안아주고
상대방이 힘이 있을 때는 나의 마음을 깊이 안아주면
정말 희망적인 부부이다.
서로가 건강한 의존을 할 수 있다는 뜻이다.

부부! 부부는 서로가 서로에게 눈먼 자들을 더 눈멀게 하는 존재이기도 하지만 눈먼 자들을 눈뜨게 하는 존재이기도 하다. 눈뜬 자들끼리의 만남은 고결한 동반자이면서도 세상의 어느 것과도 바꿀 수 없는 의지처이기도 하다.

우리의 속 내면은 가까워지지 않으면 결코 알 수 없는 복잡다단한 감정들이 숨어있다. 물론 스스로도 모르는 감정들이 훨씬 더 많을 것이지만, 상대방의 입장에서도 친밀하지 않으면 짐작할 수 없는 다양한 태도나 사고방식이나 정서들이 있다. 어느 누구도 잘 알 수도 없고 느낄 수도 없어서 그 감정들을 알아차리기가 힘들지만, 부부생활을 하면서부터는

다양한 내 외적 정신적 심리적 현상들이 본격적으로 나타나기 시작한다. 어떤 사람은 점진적으로, 어떤 사람은 신혼여행 다음 날부터, 그 때와 시기만 다를 뿐 친밀한 관계 특히 부부관계에서는 필연적으로 내면의 숨은 감정들이 드러나기 시작한다. 연애기간에도 다소 나타나지만, 그래도 그 시기에는 서로에게 잘 보이고 싶은 욕구로 인하여 본능적인 충동이나 욕구는 어느 정도 자제하기 때문에, 결혼 후 보다는 덜 나다날 것이다. 만약 연애기간이 아주 긴 관계라면, 아마 부부와 다름없는 상황들이 드러날 수도 있을 것이다..

부부는 상호간에, 의존욕구와 애정욕구의 대상이 되어 서로에게 불화살을 당긴다. 그 불화살로 인하여 서로서로에게 애착하고 또한 좌절한다. 처음에 서로는 그런 욕구들이 내재해 있다는 사실조차 모른 채로 만났지만, 각자 나름의 특수한 혹은 일반적인 내면의 욕구에 의하여 행동이 드러나면서 자연스럽게 어떤 끌림(때로는 정신역동에 의해서, 때로는 하늘의 인연에 의해서)속에서 '부부'라는 인연을 맺게 되는 것 같다.

'부부는 서로가 사랑하여야 한다.' 라는 말은 그리 녹녹치 않는 이야기일 때가 많다. 진정하고 성숙하게 서로 사랑하는 것이 얼마나 많은 수양이 필요한지를 결혼생활을 오랫동안 해 본 사람들은 거의 대부분 느낄 것이다. 서로를 사랑하기 위해서는 자신의 욕구를 얼마만큼 비워야 하는지, 상대방을 사랑하고 위하는 것이 진정한 마음수양이라는 것을 깊이 깨달으면서 살아갈 것이다. 또한 자녀들이 태어나고 양육하게 되면, 상호간의 개인적 욕구는 노골적으로 드러나고 가족갈등이 발생하기도 한다. 갈등 발생 시, 갈등 조절에 실패하면 고통을 겪기도 하면서 마음을 비우고 산다는 것이 어떤 것인지 고민하며, 새로운 '마음수양' 국면을 맞이하기도 한다.

그러나 가만히 우리 주변을 보라. 진정으로 자신의 욕구를 비우고, 상대방만을 위할 수 있는 사람이 몇몇이나 되는지! 이것은 상당한 수행의 경지가 요구되기 때문에 통상적으로 힘겨운 일이다. 실제로 우리는 너무나 자주 자신의 욕구를 배우자에게 채워달라는 식의 부부관계를 맺고 산다.

예컨대, "나는 남편(아내)을 위하여 최선을 다하는데, 남편(아내)은 자기 하고 싶은 대로 하고 산다. 그러니까, 우리 집에서는 남편(아내)의 욕구대로 살지, 나의(남편) 욕구는 비우고 산다."라는 말을 하시는 분이 있다고 하자. 배우자가 자기 하고 싶은 대로 하고 살 때, 자신의 솔직한 느낌이 무엇인지를 보라! 불평과 불만이 있지만, 어쩔 수 없이 참고 산다고 할 것이다. 이들은 '마음 비우고 산다!'라는 말을 하겠지만, 사실 이것이 과연 마음을 비우는 것일까! 이러한 감정이 있다는 것은 진정으로 나의 욕구를 비우고 사는 것이 아니라 나의 감정을 억압한 채로, 어떻게 상대방에게 대처하거나 표현하는가를 알지 못한 채로, 그냥(!) 사는 것이다. 즉, 갈등을 표면화시키지 않고 우선 피하면서 살아가고 있는 중이다. 이런 상황에서 상대방을 위하는 자세가 나오기는 힘들지 않겠는가! 그러므로 "우리 집에서는 남편의 욕구대로 살지, 나의 욕구는 비우고 산다."라고 말할 수 없는 것이다. 굳이 표현하자면 "우리 집에서는 남편의 욕구대로 모든 일이 결정되지만, 나 역시 나의 욕구를 조절하지도 드러내지도 못하고 상대방의 욕구에 대응하지 못한 채 살고 있다. 당연히 상대방의 욕구를 조절시키지도 못한 채 서로 간의 욕구 갈등 속에서 살고 있다."라는 현상을 말할 수 있을 것이다.

상대방을 위한다고 하여 '상대방이 무엇을 하든 허용하라.' 는 뜻으로 이해한다면 상당한 오해를 한 것이다. 부모가 정말 자식을 위한다면, 진정 자식의 장래를 생각한다면, 진실로 자식을 사랑한다면, 자식에게 지혜롭게 대처하기 위한 많은 연구와 시행착오를 겪어야 할 것이다. 즉, 허용하는 것만이 상대방을 위하는 것이 아니라, 슬기롭고 지혜롭게 대처하면서 '진정 상대를 위한 것이 무엇인가'를 생각해야 한다는 뜻이다. 그러므로 참고 사는 것과 마음비우고 사는 것을 동일하게 생각할 수는 없다. 상황의 허락과 욕구의 수용이 동일한 것은 아닌 것이다.

부부가 각자 잠시라도, 5-6세 시기로 돌아갈 수 있다고 가정한다면 (겉은 어른이지만) 수없이 이런 말을 하고 싶지 않을까!

"여보, 제발 나에게 관심을 가져 줘."

"난 당신에게 조건 없는 사랑을 받고 싶어."

"난 외로워. 나를 많이 지켜봐 주고 격려해주고 인정해 주길 바래!"

"여보, 나를 보고 자주 웃어 줘!"

"여보, 당신의 따뜻한 품이 필요해!"

"난 힘들어. 지쳤어. 사실 당신이 날 좀 도와주길 바래"

"여보, 무서워, 두려워. 난 언제나 당신이 옆에 있었으면 좋겠어."

"여보, 나 잘하지! 나 정말 최고지! 잘한다는 말을 당신에게 듣고 싶어. 칭찬받고 싶어."

"여보, 때로는 난 아무것도 안하고 싶어. 그냥 의지하고 싶어!"

감정의 포장을 벗겨낸다면, 우리는 수없이 위와 같이 어린애처럼 재잘거리고 싶을 때가 있다. 그러나 이런 말을 어떻게 뱉을 것인가! 나는 지금 어른인데! 밑 마음은 한없이 외치고 있지만, 그 마음을 방어한 채 나오는 모든 표현들은 '투쟁-도피' 반응의 한 형태가 될 가능성이 높은 것이다. 즉, 화를 내거나 신경질을 부리고 큰소리를 지르는 투쟁적 방식을 취하든지, 혹은 삐져서 토라진 상태로 며칠을 갈 수도 있고 식사를 거르거나 무표정한 상태로 상대방을 투명인간 취급하며 거리감을 두는 도피적인 방식을 취할 수도 있는 것이다.

그런데 어린시기에 채워줬어야 할 이 강력한 욕구들을 과연 어떤 배우자가 다 채워줄 수 있단 말인가! 정말 힘겨운 한숨이 나올 수 있다. 한쪽 배우자가 유·아동기의 미해결된 욕구를 상대방에게 요구한다면, 이것은 정말 많은 한계를 지닐 수 있다. 매우 성숙한 사람을 배우자로 만나게 되어 미해결된 한쪽 배우자의 욕구를 깊은 사랑의 힘, 즉 치료적 수준으로 도와주게 되면 정말 행운의 천사를 만난 것이나 다름없을 것이다. 하지만, 대부분의 사람은 서로가 각자의 미해결된 욕구를 지닌 채로 만날 가능성이 많기 때문에 서로에게 요구하는 형태가 많았을 것이다. 즉, 주는 것보다 받고 싶은 욕구가 큰 것이다. 여기에서 많은 갈등이 일어난다.

하지만, 이렇게 서로에게 사랑받고 의지하고 싶은 욕구가 있다는 것은 또한 희망이다. 스스로의 사랑받고 싶은 깊은 마음을 알아차리고, 그 마음을 진정으로 느끼고 나면, 서서히 상대방의 똑같은 마음도 완연히 알아차릴 수 있고, 그 마음을 진정으로 느낄 수 있다. 내가 힘이 있을 때는 상대방의 그 마음을 깊이 안아주고, 상대방이 힘이 있을 때는 나의 마음을 깊이 안아주면 정말 희망적인 부부이다. 서로가 건강한 의존을 할 수 있다는 뜻이다. 상대방이 날 받아주지 못한 현실을 비관하기보다는, 우선 스스로부터 시작해야 한다. 얼마나 스스로가 깊이 사랑받고 의지하고 싶은가 하는 나의 마음으로부터 모든 것을 출발해 보는 것이 어떨까!

우리의 깊은 밑마음을 들어가 보면, 인간의 모든 마음들이 내재해 있고, 그 속에서 '나와 너가 하나'라는 깨달음이 느껴질 것이다. '부부'는 오죽하랴. 부부가 진정 하나라는 것을 깊이 느끼는 것! 그 깊이가 동일시된 감정에서든, 대상관계 입장에서의 연민과 사랑이든, 상호 건강한 의존과 사랑을 깊이 느낄 때, 참된 가족, 진실한 부부관계가 될 것이다. 만약 이런 관계를 가질 수 있다면, 어떤 어려움이 닥치더라도 지혜롭게 헤쳐 나가는 소중한 도구를 가지게 되는 셈이다. 부부는 특수한 경우를 제외하고는 자녀보다 더 오랜 기간동안 함께 해야 하는 사이이다. 부부관계가 진실한 사랑과 평화와 지혜로운 관계라면 그 부부는 전 인생의 행복을 충만하게 느끼고 사는 셈이다.

부부관계를 통해서 '놓아버림'이 무엇인지, '어른으로서의 사랑의 주고받음'이 무엇인지, '내어주고 섬기는 것의 행복함과 만족감'이 무엇인지 등의 깨달음을 얻게 되는 것 같다. 어디 부부관계 뿐이랴! 모든 것의 시작과 끝은 '사랑과 자비'이리라. 그리고 그 바탕은 '진리에 대한 깨달음'으로부터 시작되는 것이리라.

3. "피해의식! 어떻게 하면 좋을까요?"

피해의식이 많을 경우에는 꼭 사실 확인부터 해야 한다.
확인을 하지 않는 상태에서 자기식대로 망상을 하는 것은
타인도 괴롭히지만, 자신 스스로를 괴롭히는 또 하나의 '죄'인 것이다.
정말이지, 인간의 '죄'는 무지와 어리석음에서 나온다.

어릴 때부터 억울하게 많은 피해를 받은 사람이 있다고 하자. 피해를 받았다는 것이 객관적으로 피해를 보았거나, 피해를 보지 않았다는 사실이 중요하지 않다. 자신의 주관적인 느낌이 피해를 받았다고 느끼느냐 그렇지 않느냐는 것이 중요할 것이다. 스스로가 생각할 때 외부의 어떤 것에 대하여 피해를 받았다 싶으면, 항상 마음속에서 그것이 간직되기 쉽다. 그리고는 자신도 모르게 현실 생활 전반에 걸쳐서 타인들 혹은 이 세상살이가 나에게 피해를 주는가 주지 않는가에 예민한 경향이 있다.

대체로 이런 분들은 가족사의 여러 가지 이유 때문에 받은 피해로 인하여 자신의 억울함을 한없이 하소연한다. 그 억울함을 진정으로 듣고 이해하는 누군가가 그것을 깊이 공감하면 피해 받았다는 느낌이 천천히 사라질 수 있다. 이와같이 공감과 이해만으로 조금씩 사라질 수 있다는 것은 그나마 낮은 수준의 '피해의식'이다. 만약 이 피해를 받았다는 느낌이 아주 심각할 경우에는 사라지는 것이 아니라, 이해를 받으면 받을수록

현실에서 본 피해가 진짜 피해의 양처럼 느껴져서 더욱 더 심각해질 수도 있다. 즉 현실에서 전혀 피해를 받지 않는 상황에서도 명백하게 피해를 받았다고 느껴지는 생각들이 사실처럼 확신되고, 그로 인하여 감정이 격해지고 참을 수 없는 고통으로 이어지게 된다. 현실의 피해상태에 대한 자신의 감정이 지당하다는 확신을 가지게 된다는 뜻이다. 좀 심하면 피해망상 수준으로 치달을 수 있다.

실제적으로 누구도 그 사람에게 피해를 주지 않았다고 증언하지만 눈빛 태도 등에서 나왔다고 보는 과민한 피해의식, 1정도의 걸리는 말을 듣고 10정도의 상처를 받아 현실을 10으로 낙인찍기, 지나가는 사소한 상황들 속에서 타인의 말 한 마디 한 마디에 안테나가 서 있는 등, 다양한 상황에서 오해의 늪이 커져만 갈 수 있다. 즉, 누구라도 들을 수 있는 일반적인 피드백, 합리적으로 대처할 수 있는 현실적인 문제, 충분히 주고받을 수 있는 다양한 이야기를 들었다고 하자. 이 때 상대방의 내용들이 명명백백 나에게 피해를 주었다는 생각이 들면서, 그때부터 분노 억울함 서러움 복수심 등의 극단적인 적개심이 불타게 되는 것이다. 그 감정의 회오리 속에서 당사자는 피해를 준(주었다고 느끼는) 상대방 혹은 사회전반에 대한 분노의 화살을 품고 심하게 적개심을 발산하는 것이다.

공격적인 행동은 너무나 황당한 망상으로부터 출발한 것이기에, 상대방은 도저히 용납할 수 없어 관계를 단절시킬 수밖에 없게 되는데, 이것은 서로에게 큰 상처를 남기게 되는 경우도 만만찮다. 다시 되돌리기에는 너무나 '뚜렷하게 피해를 보았다는 생각'을 멈추기가 어려워진다. 심지어 이 피해의식이 사회화될 경우에는 반사회적인 행동, 즉 불특정다수를 향한 분노표출, 가진 자 혹은 잘난 자(자신이 느끼는 바에 의해서)에 대한 무분별한 적대감, 나보다 더 나은 그 무엇인가에 대한 시기 모함 질투 등, 수없는 투사물들이 생기게 되는 것이다. 피해의식에 의한 사회화된 투사(projection)는 다른 외부에 대해 자기 마음을 전이시킨 적대감이다. 적대감이 억압되어 자신 쪽으로 향하게 되면, 그냥 포기하고 무기력해지며 칩거하는 형식으로 드러나는 경우도 있다. 무기력해 있다가 극단적인 폭력과 법적투쟁으로 돌변하기도 한다. 한마디로 인간관계와 사회생활 등, 각종 외부 대상과의 관계손상 및 파괴적인 투쟁-도피 현상이 일어나기도 한다. 그로 인해 피해를 당한 상대방은 기가 차고 힘들고 괴로운 것은 당연하지만, 피해의식에 사로잡혀 힘겨워 하는 당사자 쪽 역시 괴롭기는 마찬가지다.

양쪽의 주범은 사실 '그 사람'이라기보다는 '그렇게 할 수밖에 없는 심리적 현상'이 될 것이다. 그 사람의 존재자체에 대한 비난과 분노가 솟구칠 수가 있는데, 사실 '존재'가 아니라, '심리적 현상'으로 보아야 할 것이다. 이렇게 존재자체와 심리적 현상을 분리하여 바라보면서, 있는 그대로 걸리지 않고 대상을 바라보기가 쉽지는 않을 것이나, 한번쯤 숙고해 본다면 도움이 될 것이다. 개인의 병리적 심리현상으로 인하여 무너지는 존재가 얼마나 많은가를 생각해 볼 때, 스스로의 존재자체와 분리해서 '마음의 작용들'을 관찰하여 잘 바라볼 수 있다면, 참으로 깨어있는 삶을 살아갈 수 있지 않을까 싶다.

피해망상은 각종 공포감 무서움 두려움 등으로 인한 자기방어의 한 수단이다. 내면의 공포심 등을 직면하여야 하지만, '나의 주변은 모두 나에게 피해를 주는 공포의 대상들이다.'라는 무의식적인 신념과 감정이 내면을 지배하고 있는 셈이다. 그것이 결코 망상으로 여겨지지 않고, 뚜렷한 실체로 느껴진다는 것이 가장 큰 문제이다. 즉, 자신내면에서 발생된 과거의 정신역동으로 인한 공포심이라는 자각이 잘 일어나지 않는 것이다.

이러한 감정들이 내면으로 들어간 사람들은 '고립형'으로 살아가면서, 마치 지하 10층에서 토굴을 파 놓고 사는 듯 자폐적인 생활을 하게 되는 경우도 있다. 한편, 이것이 어떤 상황에서라도 반드시 '남의 탓'으로 여겨지게 되는 경우, 그 상대방은 완전히 차단하고 싶은 심정이 될 수 있다. 어느 누가 오해를 하는 대상과 관계하기가 편하겠는가. 그러나, 그런 느낌을 가지는 당사자도 나름대로의 '자기 확신'으로 인한 고통이 이만저만 아닐 것이다. 남의 생각과 의견, 감정 등을 자기 식대로 해석하여, 스스로의 내면에서 '이렇게 저렇게 피해를 주는 메시지'로 받아들이는 것은 고통의 첫걸음(?)을 내디뎠다고 볼 수 있다. 물론 본인도 '어쩔 수 없다.'라고 하면 할 말은 없지만, 의식적으로라도 '나는 이렇게 생각했는데 혹시 내가 잘못 생각했을까!'라는 의혹을 가져보면서, '한번 확인해 보아야겠군.' 하는 태도를 가져야 한다. 대부분 피해망상을 많이 하는 사람은 일단 '혹시 사실 왜곡이 일어나지 않았나?' 하는 것부터 확인해야 한다. 상대방의 감정은 우선 두고라도, 상대방의 말의 내용, 즉 사실자체를 정확하게 인지하였느냐 하지 않았느냐가 더 우선적인 관건이 된다는 뜻이다.

일반적인 관계에서, 어떤 내용이 한 두 사람을 건너가게 되면 전혀 엉뚱한 내용으로 둔갑될 때가 있다. 거기에다 전해지는 사람의 감정까지 묻어서 점점 더 왜곡의 정도가 심하게 되기 때문에 아주 힘들게 되어버릴 수도 있다. 어디서부터 어떻게 풀어야 할지 모를 정도로 왜곡이 심하게 일어날 수도 있는 것이다. 그러므로 우선적으로 사실 확인부터 하는 것이 합리적인 방법이 될 것이다.

그리고 난 뒤 그 사실에 대한 나의 감정이 비례적이었는지 아니었는지를 객관적으로 알아볼 필요가 있다. 객관성이 의심될 경우에는, '집단상담'이나 '친근한 공동체'가 있다면, 그 구성원에게 혹은 비교적 합리적인 이성을 발휘하는 누군가에게 조언을 구할 수도 있을 것이다. 그리고 난 뒤, 자신의 몫으로 탐색해야 하는지, 상대방의 몫으로 넘겨서 마음을 분리시켜야 하는지에 대한 결정을 하는 것이 필요하다.

'변화시킬 수 없는 것은 받아들일 수 있는 평온함'을 가져야 하는 것이 내 몫이며, '변화시킬 수 있는 것은 변화시킬 용기'를 가져야 하는 것이 내 몫이다. 그러므로 이런 절차(사실 확인 후, 감정의 비례여부 진단)를 가지지 않고 사실왜곡과 비례적이지 않는 감정을 지속적으로 반복적으로 지니게 되면, 점점 더 이상한 방향으로 외부세계를 인식하기 때문에 어느덧 '피해망상'의 수준까지 가게 되고, 인간관계에서 엄청난 손상을 지니게 되면서 사람들이 서서히 떠나간다. 이런 상태가 되면, 사실 부부관계 부모-자녀관계 기타 가까운 사람들과의 인간관계에도 심각한 손상의 가능성을 충분히 예측할 수 있다. 두말할 필요 없이, 결국은 사회생활과 가정생활에도 어려움을 야기할 수 있을 것이다. 특히 이들이 스스로가 느끼고 생각하는 것이 '맞다'라고 느낄 때 큰 어려움이 있다는 것이다. 자기 확신이 가득차서 스스로에 대한 객관성을 잃을 때는 정말 어디서부터 어떻게 건드려야 할지 막막할 수 있다. 또 거기에다 자아가 튼튼하지 못하여 쉽게 상처받고 좌절하는 사람일 경우에 문제는 더욱 더 커질 것이다. 확신에 찬 '피해의식'은 주변을 엄청나게 피곤하게 만들고, 자기 스스로 역시 불행의 늪으로 빠져 들어가는 신호가 된다. 정말 이런 집착적인 확신은 참으로 사람을 완고하게 만들기 때문에, 평소에 늘 자신을 겸허히 열고 타인의 말에 귀 기울이는 습관을 들여야 할 것이다.

자신뿐만 아니라 가족을 위해서라도 누군가가 "좀 이상하게 다르게 느낀다."라고 말을 하면, 스스로에 대하여 너무 두려워하거나 자책하지 말고, 열린 마음을 가지고 꼭 자신을 탐색하고 성찰하는 태도를 가져야 한다. 한마디로, 남의 감정을 자기 마음대로 해석해서는 절대로 안 되며 반드시 확인을 하여야 한다는 뜻이다. 그 확인하는 작업은 신뢰 있는 집단상담과 같은 수업 내에서 이루어지면 훨씬 안정될 수 있다. '집단'이 신뢰가 있고 응집력이 좋으면 좋을수록 확인하는 것이 훨씬 부드럽고 편안할 수 있다. 확인을 하지 않는 상태에서 자기식대로 망상을 하는 것은 타인도 괴롭히지만 스스로를 괴롭히는 또 하나의 '죄'인 것이다. 정말이지, 인간의 '죄'는 무지와 어리석음에서 나온다. 이 어리석음으로 인한 행동은 악이 될 수 있지만, 깨닫게 되고 회심하게 되면 다시금 선으로 전환하게 될 것이다. 무조건 최선을 다하는 것이 중요한 것이 아니라, 깨달아가면서 최선을 다 해야만 지혜로운 '최선'이 될 것이다. 죄나 악의 늪에 빠지지 않도록 늘 깨어 있어야 할 것이다.

4. "당신은 누구세요?"

누군가가 우리 자신에게 '당신은 누구세요?' 라고 묻는다면,
우리는 '나는 무엇을 하는 나이다.'
'나는 다른 사람들이 무엇이라고 말하는 나이다.'
'나는 무엇을 가지고 있는 나이다.'라고 하기 쉽다.
이런 식으로 생각할 때에
우리의 삶은 점점 나의 존재 그 자체로 나를 생각하는 것이 아니라,
어떤 것에 구속된 듯한, 즉 어떤 감옥 속으로 들어가기 시작하지 않을까.

우리 자신은 스스로에게 "당신은 누구세요?" 혹은 "나는 누구인가?" 라고 물을 때가 있는가! 누군가로부터 이런 질문을 받았을 때, 우리는 어떻게 대답할 수 있을까! 이 질문에서 흘러나오는 대답을 숙고해 볼 수 있다면, 현재 어떻게 살고 있으며, 앞으로 어떻게 살아갈 것인가에 대한 지혜를 엿볼 수 있을 것이다. 심리치료 프로그램에서 스스로 조용히 자신을 성찰하는 시간을 가지기 위한 방법으로 "당신은 누구십니까!"라는 작업을 하게 되는데, 그에 대한 대답은 정말 너무나 다양한 것들이 흘러나온다. 그 이야기의 흐름을 잘 음미해보면, 우리 존재의 정체성을 다시 한 번 깨닫게 되는 소중한 시간이 될 것이다. 이 내용을 크게 대별해 보면 다음과 같은 세 가지로 정리해 볼 수 있다.

첫 번째, 누군가가 우리 자신에게 "당신은 누구세요?"라고 묻는다면, "나는 무엇을 하는 '나'이다."라고 말하기 쉽다. '무엇'이라고 하는 대답은, 대체로 사회적으로 이름할 수 있는 그 무엇인가를 뜻하는 것이 일반적인 대답일 것이다. '무엇을 하는 나', 이 대답은 정말 실제적인 말인 것 같다. 이런 대답을 늘 해야 하는 우리는, 좋고 훌륭하고 멋있고 인정받을 만한 일을 하고 사회적으로 성공했을 때라야, 비로소 나 자신에 대해 긍정적으로 느껴질 것이다. 만약 실패할 때에는 부족하고 낮고 무가치하다고 느낄 것이다. '무엇을 하는 나 자신'을 '나'라고 정의할 경우에는, 만약 '무엇을 하지 않을 때의 나 자신'은 어떤 '나'인가에 대해서 의구심을 가지면서, 다시 한 번 생각해 볼 필요가 있을 것이다. 예컨대, 나이가 많아져서 일을 할 수 없게 되면, 병들어 있게 되면, 장기입원을 해서 아무것도 할 수 없게 되면, 한참 공부를 해야 할 학생이 공부를 하지 않게 되면 등, 이럴 때의 나는 과연 누구이며 무엇일까 하는 것이다. 그렇다. 과연 우리는 '무엇을 하는 나'가 과연 '나'인지, 그렇다면 나는 어떤 존재인지에 대해서 다시 한 번 느껴볼 수 있다.

두 번째, 누군가가 우리 자신에게 "당신은 누구세요?"라고 묻는다면, 우리는 "나는 다른 사람들이 무엇이라고 말하는 '나'이다."라고도 대답하기 쉽다. 다른 사람들이 나에 대해 말하는 것은 우리에게 매우 강력한 영향을 미친다. 실제로, 다른 사람들이 나에 대해 말하는 것은 때때로 너무나 중요하다. 사람들이 우리에 대해 긍정적으로 말할 때, 우리는 꽤 자유롭게 움직이고 자존감이 높아질 수 있다. 그러나 다른 사람이 우리에 대해 부정적으로 말하기 시작할 때 우리는 우울하고 슬프고 힘겹고, 심지어 분노와 원망감을 느끼기 시작한다. 만약 주변의 많은 사람들이 나에 대하여 알고 지내고 서로 사소한 이야기를 나누는 사이라고 하자. 또한 그들 대부분의 사람들이 "당신이 말하는 것, 행동하는 것 등이 참 지혜롭고 훌륭합니다."라고 했다고 하자. 그러면 나의 존재는 두려움이 사라질 만큼 안심되고 편해질 것이다. 그런데 어떤 한 사람이 다른 누군가에게 나에 대하여 이렇게 말하고 다닌다는 것을 들었다고 하자. "난, 사실 걔가 별로야. 잘난 척 하는 것 같고, 왠지 어려운 대상이며, 솔직히 말해서 만나기 싫은 사람이야." 이런 말을 들었다면 우리는 아마도 그 한 사람, 나에 대해서 반대하는, 별로 좋게 생각하지 않는 그 말이 나의 마음을 깊게 찌를 것이다. 나에 대하여 긍정적으로 말하는 다수보다, 한두 사람의 부정적인 피드백이 우리의 감정을 힘들게 만들 것이다. 누군가가 나에게 상처를 입히는 말을 하면, 그 말이 하루 종일 혹은 몇날 며칠 동안이나 마음 상하게 할 것이다. 이렇게 우리는 타인이 나에 대해서 어떻게 말하는지가 '당신은 누구세요?'라는 답이 될 만큼 강력한 영향력 아래 산다고 볼 수 있다.

세 번째, 누군가가 우리 자신에게 "당신은 누구세요?"라고 묻는다면, 우리는 "나는 무엇 무엇을 가지고 있는 '나'이다."라고 대답하기 쉽다. 예를 들어 나의 부모는 어떠어떠한 사람이고, 나는 어떤 학교를 졸업하였고, 나는 어떤 외모를 가졌고, 나의 직업은 무엇이고, 나의 재산은 어느 정도이고, 나는 무슨 차를 타고 다니는 사람이고, 어떤 집에서 살고 있고 등이 될 것이다. 즉, 나는 '무엇 무엇을 가진 나'라고 말할 수 있다. 심지어 어떤 사람은 지금 현재 가진 것이 적고 과거에 많이 가지고 있었다면 '과거에 내가 무엇을 가졌고 무엇을 했고' 등으로 과거의 자신이 무엇이었다는 것을 마치 지금의 자신인 것마냥 이야기하는 경우도 있을 것이다.

과거의 것이든 현재의 것이든, 만약 이렇게 내가 가진 것이 '나의 존재'라는 생각을 한다면, '가진 만큼'이 바로 '자신'이 된다는 뜻이다. 역으로 이 중에 어떤 것을 잃는다고 생각한다면, 잃은 양만큼 나 자신을 잃는다는 뜻이 될 것이다. 그것이 점점 없어져 가면 갈수록 내적 어두움 속으로 미끄러져 떨어질 수 있을 것이다.

이와 같이, '나'라는 존재는 '나는 내가 무엇을 하는 것으로의 나이다.' '나는 다른 사람들이 나에 대해 말하는 것으로의 나이다.' '나는 무엇 무엇을 가지고 있는 나이다.'라고 하는 것에 사용되고 있다. 대부분의 사람들은 바로 그런 현실에 살고 있다. 이런 식으로 생각할 때에 우리의 삶은 점점 나의 존재 그 자체로 나를 생각하는 것에서부터 멀어져 갈 것이다. 나의 존재는 어떤 것에 구속된 듯한, 즉 어떤 감옥 속으로 들어가기 시작한다. 이렇게 되면 우리는 '존재'에 대한 혼란과 불안 속에서 살아갈 수밖에 없고, 내적인 갈등 속으로 들어가지 않을 수 없게 될 것이다. 왜냐하면 외부의 어떤 것들에 우리의 존재는 저당(!) 잡혀있고, 그것은 상황에 따른 모양만 다를 뿐 근본적인 뿌리는 같은 문제점을 맞이하면서 우리를 소용돌이치게 할 것이기 때문이다.

사실, 하루하루 일상의 외부자극은 우리를 점진적으로 불안하게 만드는 요인들이 얼마나 많은가! 이런 요인들에 대하여 흔들리지 않을 수 있는 사람이 과연 몇이나 되겠는가! 자신의 속마음을 방어하며 살아가기 때문에 드러내지 않으려고 해서 나타나지 않을 뿐이지, 솔직히 말해서 우리 보통사람들이 겪는 한계나 약점, 이러한 고통에서 벗어나 있는 사람들이 몇이나 될까! 다른 사람들이 나에 대해 긍정적으로 말해주고, 내가 좋은 일을 하고 무엇인가 가지고 있을 때 기분이 올라가고 좋아지기 시작하는 것은 당연하다. 그러나 갑자기 내가 더 이상 아무것도 할 수 없다는 것을 알아차릴 때, 어느 날 사람들이 나에 대해 나쁘게 말하는 것을 발견할 때, 나를 좋아하였던 가까운 누군가를 잃었을 때, 속으로 점점 위축되어 가는 우리 자신을 느끼지 않을 사람이 거의 없을 것이다.

사실 이것은 감옥이다. 나의 존재 그 자체로서 살지 못하고 '어떤 그 무엇'에 갇혀있는 삶, 이런 감옥 속에서 살게 될 때, 그 끝은 고통과 불안의 연속적인 생활이라고 해도 과언이 아닐 것이다. 즉, 아무도 더 이상 우리에 대해 말하지 않으며, 더 이상 아무 것도 가지고 있지 않으며, 더 이상 아무것도 할 수 없을 때, 우리는 모든 것을 잃는다는 뜻이다. 그리고 우리의 삶은 아무 것도 아닌 것으로 되어 버린다. 이것을 깨닫지 못한다면 많이 가지고 있어도 불안하고 두려워하는 현실을 피하기는 어려울 것이다. 가진 것이 사라지게 되고 아무것도 되지 않았을 때라도, 있는 그대로의 존재로서 평온하고 자유로울 수 있는 세상이 참된 행복이지 않을까! 오직 '참된 나는 과연 누구인가!'라는 성찰에 의하여 이루어진 내적 평화가 주어져야 할 것이다.

"진리가 너희를 자유롭게 하리라!"라는 경구를 떠올리게 된다. 그렇다. 이 모든 것은 잘못되었다. 우리는 무엇을 하거나, 무엇을 가진 것으로, 혹은 남들이 나에게 대해 말한 것에 의해서 존재가 결정되는, '그런 존재'는 아니다.

우리가 성경이나 불경과 같은 경전을 잘 읽지 않고, 부처님이나 예수님과 같은 성인을 모르더라도, 이런 비유를 생각하면 도움이 될 것 같다. 예컨대, 예수님이 사막으로 갔을 때 악마가 예수님에게 말했던 것이다. "돌을 빵으로 변화시켜라. 그래서 당신이 무엇인가 할 수 있다는 것을 보여라. 성전에서 뛰어내려라. 그래서 사람들이 당신을 붙잡고 당신에 대해 좋게 말하도록 하라. 내 앞에 무릎을 꿇으면 세상을 다 주겠다." 우리 주변에는 우리의 존재를 흔들리게 만드는 무수한 악마와 같은 것들이 있다는 뜻이다. 사실 우리는 이런 현실적인 유혹에 거의 매일 시달린다. 그 때 예수님은 내면의 말씀을 여러 신학자들은 공통적으로 해석하며 전한다. "그건 거짓말이다. 그런 말은 당신과 나를 폭력과 파괴의 관계 속으로 들어가게 만드는 가장 큰 거짓말이다." 예수님은 계속 말했다. "나는 내가 누구인지 이미 알고 있다. 나는 내가 어떤 존재인지 안다. 성스러운 힘(성령)이 악마의 유혹을 받기 전에 나에게 와서 말했기 때문이다." 그는 "너는 사랑받는 아이이다. 너는 나의 사랑하는 아들이다. 너는 무엇을 하고, 타인이 너를 무엇이라고 말하고, 가진 것이 무엇이고… 등의 조건적인 사람이기 전에, 너는 나의 무조건적인 나의 가장 사랑하는 아들이다. 내 마음에 드는 아들이다."라는 목소리를 들었다. 예수님은 사실 살아가는 내내 이 소리에 젖었다. 사람들이 그를 '왕'이라고 칭하든, 그를 십자가에 못 박든, 그는 오직 진리에 충실했다. "'나'라는 것은 하느님의 오직 사랑받는 자녀 그 자체일 뿐이다."라는 신리에 의시하였다.

'나'라는 존재는 그런 외부의 조건에 의하여 결정짓는 존재가 아니라, '나'라는 자체로서 무조건 존중받고 사랑받을 수 있는 '절대적인' 존재라는 사실이 핵심이 될 것 같다. 이 진실을 좀 더 깊이 느껴본다면, 과연 '나'라는 존재가 무엇인가에 대하여 다시 한 번 점검해 볼 필요가 있을 것이다.

* 이 글은 헨리 나웬(Reober A. Jonas 구성, 1998)의 글을 부분적으로 인용하여 재구성한 것입니다.

5. 좋은 것과 나쁜 것은 동반자

오늘의 이익이 내일의 불이익이 될 수 있고
오늘의 손해가 내일의 이익이 될 수 있다.
지금 당장 이익이 된다고 하여 금방 취하고
불이익이 된다고 하여 금방 내버리는
그런 근시안적인 생각에서 탈피하여,
지금 다소 불편하더라도
행동과 마음자세를 새롭게 가다듬고 희망을 품어야 할 것이다.
아울러, 삶의 본질에 대한 진리를 갈구하고 탐구하며 살아가는 태도가 있으면 더욱 더 좋을 것이다.

어떤 여인이 남의 집에 들어갔다. 그 여인의 얼굴이 아름답고 값진 옷을 입었으므로 주인이 호감을 가지고 물었다.

"당신은 어디 사는 누구세요?"

"저는 공덕천이라는 사람입니다."

"무슨 일을 하시는 분입니까?"

"찾아가는 곳마다 그 집에 온갖 덕을 주고 보물을 생기게 해 주는 사람입니다."

이 말을 들은 주인은 그 여인을 집안에 맞아들여 향을 사르고 꽃을 뿌려 크게 환대하였다. 조금 후에 또 한 여인이 문 앞에 서 있었다.

그 여인은 찌그러진 얼굴에 때 국물이 흐르고 남루한 누더기를 걸치고 있었다. 주인은 기분이 언짢아 “당신은 누구요?” 하고 퉁명스럽게 물었다.

“나는 흑암천이라는 사람입니다.”

“무엇이라구요? 흑암천! 도대체 무슨 일을 하는 사람이요?”

“나는 가는 곳마다 그 집의 재산을 없애버리는 사람입니다.”

이 말을 들은 주인은 칼을 들고 나오면서

“썩 물러가지 않으면 이 칼로 죽여 버리고 말 것이니, 빨리 썩 꺼져버려!”하고 덤벼들었다.

그 여인이 말했다.

“당신은 참으로 뭘 모르는 사람이요. 딱한 사람이네요. 조금 전에 당신 집에 찾아온 사람은 내 언니요, 나는 항상 언니와 행동을 같이하기 때문에 당신이 나를 쫓아내면 결국 내 언니도 따라 나가게 될 것이요.”

주인이 안으로 들어가 공덕천 언니에게 물었다.

“밖에 어떤 여인이 와서 당신의 동생이라고 말하는데 사실입니까?” 공덕천이 대답했다.

“그렇습니다. 나를 좋아하려거든 내 동생도 함께 좋아해야 합니다. 나는 항상 동생과 행동을 같이 하였고 한 번도 서로 떠나 본 적이 없습니다. 가는 곳마다 나는 좋은 일을 하고 동생은 나쁜 짓을 하며, 내가 이로운 일을 하면 동생은 손해 끼치는 일을 합니다. 그러므로 나를 사랑하려거든 동생도 함께 사랑해야 합니다.”

주인은 두 여인을 다 내쫓아 버렸다. 도대체 이것이 무슨 일인가 싶을 정도로 당혹스러웠던 주인은 둘 다 내 쫓고 나니 마음이 후련했다.

두 여인은 그곳을 떠나 또 다른 가난한 집 밖에서 머뭇거렸다. 그 집

주인은 두 여인을 보자마자 반기면서, "이제부터는 우리 집에서 함께 살아요. 저는 맛있는 것 좋은 것 드릴 것도 없으니, 각자 알아서 적당히 지내시면서, 주변일은 하시고 되는대로 함께 나누어서 먹으면 좋지 않겠어요!" 하고 맞아들였다. 가난한 사람이야 이렇든 저렇든 손해 볼 것이 없는 처지였을까! 공덕천은 덕을 주는 사람이니 도움을 받을 수도 있을 것 같고, 흑암천은 재산을 없애버리는 사람이라고 하나 어차피 빼앗길 것이 없으니 그저 신경이 쓰이지 않았던 것일까!

여기까지의 내용은 부처님이 제자 카샤파에게 전하였던 말씀이라고 전해져 온다. 간단하게 생각하면, 이 이야기는 '많이 가진 자는 더 가지기 위하여 탐욕을 부리는 어리석은 행동을 취하기 쉬워 덕을 쌓기가 힘든데, 오히려 가난한 사람이 그런 의미에서는 덕을 쌓기가 더 쉽다.'는 선악의 우화 같은 얘기처럼 들릴 수 있다. 조금 더 생각해 보면, 부자와 가난한 것 자체가 문제가 아니라, 진정하게 부자는 많이 가지고 있되 자기가 가지고 있는 것에 집착하지 않아야 한다는 의미가 담겨 있다. 또한 가난한 사람은 자신이 가진 것을 나눌 재물은 없지만, 마음먹기 나름으로 '함께 하는 마음'을 나눈다면 그 또한 덕을 베풀 수 있는 사람이 될 수 있다는 생각을 하게 된다.

그러나 더 깊게 생각하면 모든 삶의 가닥들은 좋은 것과 싫은 것이 항상 함께 따라다닌다는 것이다. 음양은 공존한다는 것이다. 노자가 언급한 '화광동진(和光同塵; 빛과도 화합하고 먼지와도 동거한다)의 의미를 느끼게 한다. 오늘 좋은 것이 내일은 싫은 것이 될 수도 있고, 오늘 싫었던 것이 내일은 더 좋은 것이 될 수도 있다. 과거의 쓰라렸던 고통이 현재에 더욱 더 단단한 책임감과 성실성을 갖춘 인격을 배양하는 토대가 될 수 있고, 과거의 편안했던 생활들이 현실에서는 독립성과 자율성을 갖추지 못하게 했던 원인이 될 수도 있다. 이 세상의 그 어느 것도, '다 좋다.' '다 좋지 않다.' 라고 말하기는 곤란할 것 같다. 그런 외부의 환경들은 자기 스스로가 어떤 마음으로 활용하고 깨닫고 살아가느냐에 따라서, 모든 것이 자신을 이롭게 하고 타인을 이롭게 하는 쪽으로 사용되어질 수도 있다는 것이다.

이런 면에서 우리는 좋은 것과 좋지 않은 것에 대한 판단이 매우 근시안적인 기준을 가지고 있지 않은가 생각해 보아야 할 것 같다. 대체로 끝까지 자신이 하고자 하는 일을 성공적으로 이루어내는 사람들은, 한결같이 현실적인 고통을 극복하기 위한 '의지와 노력'을 하면서, 겸손되이 기도하는 자세로 살아온 것이 특징이다. 아주 기본적인 말 같지만, 성공한 사람의 특징 중 1-4위가 '성실한 사람' '시간을 잘 지키는 사람' '긍정적인 미래를 꿈꾸는 사람' '인내력이 좋은 사람'이라고 한다. 우리가 생각할 때는 '머리 좋은 사람' '학벌이 좋은 사람' '부모배경이 좋은 사람' '운이 좋은 사람'이라고 생각할 수 있다. 하지만, 동일한 사람을 기준으로 하여 몇 십년간 조사 연구한 내용을 보면, 성공한 사람들의 특징은 아주 평범한 일상을 성실하게 수행하면서 하늘이 내린 모든 것에 대하여 긍정적으로 수용하는 사람이라고 한다. 여러 가지를 새롭게 생각해 보아야 할 점이 아닐까 여겨진다.

경우에 따라서는 "나는 매우 근면 인내 성실했고, 시간 약속 등의 것은 상식적으로 잘 지켰고, 미래를 향해서 좋은 꿈을 꾸며 최선을 다하였지만, 뭔가 뜻대로 이루어지지 않았다."는 자괴감 어린 마음을 가진 사람도 있을 것이다. 이럴 때는, '최선을 다하였다.'라는 말이 과연 지혜로운 최선이었는가, 이기적 욕구에 가득 찬 최선이었는가, 이것이 하늘이 나에게 내린 길인가 등, 여러 가지를 점검해 보아야 할 것이다. 또 어떤 사람은 "부모의 배경이, 좋고, 환경이 더 좋았다면 지금의 나는 달라졌을 것이다."라는 억울한 마음을 가졌을 경우도 있다. 이럴 경우에도 그런 상황에서 나는 어떤 마음으로 타인의 도움 혹은 기도하면서 살아왔는가, 그러한 배경 속에서도 나의 책임은 어떻게 수행 했는가 등을 생각해 보아야 할 것이다. 그 어떤 경우이든, 지금 현재의 내 삶의 몫은 나의 책임이라는 마음을 가지는 것, 이 마음가짐과 실천력 있는 행동은 그 어떤 것이라도 극복하는 중요한 문이 될 것이다. '하늘은 스스로 돕는 자를 돕는다.'라는 동서고금의 진리를 생각해 볼 때, 나 스스로가 지금 여기에서 열심히 살아간다면, 하늘은 감응하여 나의 길에 도움을 줄 것이라는 신뢰감이 중요하리라 생각된다. 그런 의미에서 성공한 사람들의 덕목에는 '참 자기를 향한 성찰을 게을리 하지 않는 사람'이라는 것이 추가되면 좋을 것 같다. '무엇에 대한 성공'이 과연 참된 성공인가에 대한 의문을 가지면서, '영원한 행복을 위한 성공'이 어떤 것인가에 대한 연구도 필요하리라!

좋은 것과 좋지 않은 것이 공존하는 삶을 성찰해 보는 부모 교사 어른들은, 아마도 자녀 세대에게 보여줘야 할 것이 무엇인지를 지혜롭게 가르쳐 줄 것이다. 앞서 제시된 성공한 사람들의 특징은 바로 우리 모두가 인격적으로 갖추어야 할 기본적인 덕목이 되어야 할 것이다. 자녀에게 부모는 이러한 것들을 글로 문자로 머리로 가르치는 것이 아니라, 바로 '보여주는 태도나 행동'으로 가르치는 것이라고 볼 때, 가정생활에서 우리가 취해야 할 자세를 다시 한 번 생각해 보게 된다.

따라서 우리는 지금 당장 이익이 된다고 하여 금방 취하고, 불이익이 된다고 하여 내버리는 편협한 생각에서 탈피해야 할 것이다. 지금 다소 불편하더라도 본질지향적인 삶을 염두에 두면서, 행동과 마음자세를 새롭게 가다듬고 희망을 품어야 할 것이다. 또한, 지금 어떤 것이 매우 좋다 하더라도 감사하고 사랑하며, 타인과 이익이 공유되도록 마음을 쓰는 그런 지혜로운 자세가 필요하지 않을까 한다. 현실이 불편하든 편하든, 지금-여기에서 충실한 일상을 하면서 마음 속 깊은 곳에서는 삶의 본질에 대한 진리를 갈구하고 탐구하며 살아가는 태도가 있으면 좋을 것이다.

음양은 늘 함께 공존한다는 것, 좋다고 해서 삼키고 쓰다고 해서 뱉어버리는 근시안적인 생활을 점검해야 한다는 것, 양극단으로 치우친 결정에 대한 점검, 우리들이 마음깊이 생각해 보아야 할 내용이 아닌가 싶다. 공덕천과 흑암천 자매처럼 언제나 좋은 것과 싫은 것은 동반자라는 사실을 느끼며, 성공하였거나 부족하였거나 관계없이 서로서로 아끼고 사랑하며 살아가는 언니동생과 같은 것이, 우리가 살아가야 할 세상일 것이다.

6. 무의식의 보고寶庫를 방해하는 일상의 산만함을 극복하려면!

'자기중심주의'는 마음의 고통을 낳고
'실용주의'는 머리를 아프게 하고
'끊임없는 들썩거림'은 불면증을 낳는다.

내담자의 주 호소 문제를 다루어야 하는 치료자 입장에서는, 그 원인 진단을 위하여 내담자가 의식하고 있는 것뿐만 아니라, 미처 스스로 의식하지 못했던 무의식적 부분들도 탐색하는 작업이 이루어진다. 특히 무의식적인 부분을 다루는 데 있어서, 내담자의 억압된 병리적 심리작용을 살펴보지 않을 수 없지만, 사실 꼭 부정적인 요인만을 살펴보기 위함이 아니다. 그 무의식의 심연 속에는 인간으로서는 상상조차 할 수 없는 아름다운 영혼의 힘(이 힘을 영성靈性, 불성佛性, 신성神聖이라고 이름을 붙이기도 한다.) 역시 무한하며 대단하게 내재되어 있다. 이러한 부분은 인간의 마음을 다루는 수많은 선각자들이 느꼈던 핵심내용으로 알려져 있다. 인간내면의 잠재력과 위대한 힘은 양이나 질로 가늠할 수 없는, 어쩌면 멍하거나 유체 상태로 느껴질 수도 있는, '꽉 차 있다.'라고 할 수도 있고 '텅 비어 있다.'라고도 할 수 있는, 제한된 사고개념으로서는 표현하기가 곤란한 어떤 에너지일 것이다. 그것은 아마도 우리를 가장 충만하고 편안한 상태가 되게 해 주고, 지혜롭고 겸손하게 만드는 중요한 힘이 아닐까 싶다. 무의식에는 보물창고[寶庫] 같은 것이 있다고나 할까! 우리의 내면에는 우리가 알 수 없는 엄청난 능력과 가치, 보물과 같은 것들이 즐비할 것 같은데, 어떤 사람은 평생토록 그 보물을 꺼내보지도 못한 채로 살아가는 경우도 있을 것이다.

일상 속에는 인간내면의 정신적 보물창고 문을 열지 못하게끔 방해하는 요인들이 곳곳에 산재해 있다. 눈만 뜨면 보이는 감각적인 요인들과 경쟁적인 요소들, 개인내부의 정신역동에 의한 요인, 삶의 기본철학이 없는 무지의 생활방식, 비례적이지 못한 현실적 균형감각, 늘 다가오는 외부자극 등, 우리의 정신을 황폐하게 만드는 것들은 수없이 존재한다.

로날드 롤하이저(R. Rolheiser, 1999)는 <거룩한 갈망 *The Holy Longing*>에서 영성을 방해하는 가장 큰 세 가지 요인은 1)영적인 에너지에 대한 정확한 개념에 대한 무지 2)병적으로 바쁜 일상으로 인한 산만함과 불안함 3)분열을 야기하는 심각한 정신적 불균형이라고 보았다. 그 어느 것도 구체적으로 생각해 보지 않을 수 없는 중요한 내용들인 것 같다. 1) 3)의 요인은 또 다른 기회에 살펴보기로 하고, 우선 여기에서는 2)의 내용들에 대하여 구체적으로 살펴보도록 한다.

직업을 가지고 있든 가지고 있지 않든 현대인들은 대체로 바쁘다. 만약 바쁘지 않다면, 바빠야 제대로 사는 것 같은데 '나는 왜 이렇게 바쁘지 않을까'라면서 오히려 자신을 자책하고 무능력하다고 느끼는 때도 있다. 병적으로 바쁜 일상을 가지지 않으면 오히려 능력이 부족한 사람으로 치부될 만큼, 우리의 바쁜 일상은 성취욕과 자기를 실현하는 욕구와 균형을 이루지 못한 채, 산만함과 불안함을 내면에 저장시킬 가능성도 있다고 본다. 롤하이저는 오늘날 우리의 일상에서, 내면세계를 방해하는 많은 것 들 중에 특히 위험한 세 가지는 1)자기중심주의 2)실용주의 3)한시도 가만히 있지 못하는 바쁜 성향 이라고 말했다. 이에 대해, 어떤 사람은 "나는 아무것도 하지 않고 가만히 있을 수 있는데도 항상 마음이 힘들다." 고 말할 수 있다. 간단하게 언급하면 불안과 우울증적인 요인으로 인하여 아예 일을 하지 않거나 하지 못하는 심리적인 문제점으로 인한 휴식은 진정한 '쉼'이 아니다. 그것 역시 내면에서는 이런저런 복잡한 생각으로 정말 바쁠 것이다. 즉, 이것은 가만히 앉아서 쉬는 것이 아니라 가만히 있으면서도 마음과 머리가 바쁜 것이므로, 남 보기는 놀고 있는 것 같아도 사실 바쁜 일상을 보내고 있다고 보아야 할 것이다. 위의 세 가지에 대하여 구체적으로 살펴보자.

'자기중심주의'란 자신에게 지나치게 몰입하는 것이다. 타인과 외부의 상황을 고려하지 않고 자기만을 생각하는 단순한 이기적인 자기중심주의도 있지만, 자기 속에 몰입되는 자기중심주의도 있다. 과거와 미래에 대한 고민과 불안을 많이 겪고 있는 사람이 있다고 하자. 그는 현재를 위한 과거의 탐색이 아니라, 과거자체에 탐닉하여 그 괴로움 속에서 허덕이고 함몰되어 있을 뿐이다. 즉, 자신에 대한 진정한 성찰이 아닌 자기 외곬수와 자기고집에 빠지거나 자기도취에 빠지는 것이다. 과거는 현재를 잘 이해하기 위한 잠깐의 분석 자료일 뿐이다. 또한 미래를 너무 많이 생각하는 것도 마찬가지다. 미래를 고려하는 것은, 현재를 어떻게 살아가야 하는가에 대한 방향을 위한 것일 뿐이다. 과거나 미래를 고민하다 보면 지금의 현실을 행복하게 살지 못하기 쉽다. 지금-여기를 있는 그대로 느끼는 것이 아니라, 과거나 미래의 프리즘으로 바라보기 때문에 늘 허하고 불안할 수 있기 때문이다. 그 괴로움은 다시금 자기를 어떤 구덩이 속에 밀어 넣게 만드는 악순환이 되고, 왜곡된 자신의 생각으로 고통을 겪으면서 타인과의 관계단절이 되기도 한다. 때때로 스스로가 일궈낸 결과물 등이 전부인양 집착하게 되는 상태가 되어 상대방의 입장에서는 거부감이 들기도 한다. 이 세상살이를 진리의 측면으로 혹은 공동체적으로 보지 못하여 고립되면서, 다시금 자기중심주의에 빠지는 악순환을 겪게 된다. 특히 자아에 몰입된 자기중심주의는 사실 진정한 '자기이익'도 아니요, 단지 자신 속에 빠져있을 뿐이다.

'실용주의'는 일, 성과, 삶의 현실적인 문제들에 지나치게 집중하는 것이다. 현실적인 것을 다룬다는 것은 건강한 일이다. 그러나 현실적인 일 자체와 성과에 집착하여 열심히 사는 것처럼 보이는 것은 다를 것이다. 현실적인 일 자체는 각자 주어진 달란트대로 최선을 다하되, 실용주의에만 급급하여 '일의 진정한 방향'을 잃으면 곤란할 것이다. 일이 나를 지배하게 되면 내가 나의 주인이 되어 있는 것이 아니라 그 일이 나의 주인이 되므로, 마치 일의 노예가 된 것처럼 살아가기 쉽다. '나'가 주인이 되어도 '거짓자아'인가 '참 자아'인가에 대한 진지한 자기물음이 필요한데 말이다. 지금 나 자신이 무엇을 향해서 나아가는지에 대한 방향을 점검할 수 있다면, 그 결과물이 훗날 어떻게 작용될 것인가를 고려해 볼 수 있게 될 것이다. 또한 실용주의에 집착하여 과로하게 되면 자신의 가족과 건강을 놓칠 수도 있고, 갑자기 어떻게 해 볼 수 없는 지점일 때에는 허무하고 허탈해 질 수 있다. 특히 내면 성찰이 없는 삶은 참된 인생의 방향을 벗어나게 될 수도 있으므로, 훗날 자식 세대나 노년기에 닥칠 수 있는 정신적 안정감과 편안함에 적신호가 될 수도 있을 것이다.

'한시도 가만히 있지 못하는 성향'은 한 마디로 말하면 불안함이다. 불안함이란 지나친 욕심, 과식을 의미하는데, 인생에서 일어나는 모든 일들을 너무 많이 섭취하려고 하는 성향을 뜻한다. 언뜻 생각하면 이 말을 이해하지 못하는 분들도 있을 것이다. 무엇인가를 하지 않으면 안 되는 불안함이란 '그 무엇인가에 집착하고 있음'을 뜻한다. '욕심'이라고 표현하기에는 다소 한계가 있지만, 결국은 '내가 원하는 대로 해야만 직성이 풀린다.'는 의미에서 '욕심'이라고 해도 무방할 것이다. 물론 그렇게 할 수 밖에 없는 과거 삶의 이유가 있었을 것이다. 예컨대, 애착시기의 애정결핍이나 반복적인 좌절경험, 끝없는 인정과 사랑욕구, 의존대상의 결핍에서 오는 집착적 의존욕구 등이다. 그리고 사회적으로 당연시되는 엄청난 바쁜 일상, 무엇인가를 하지 않으면 안 되는 그들은 정말 바쁘고 정신이 없다. 가만있어도 끊임없이 해야 하는 일들이 머리에 난무하고 잠을 제대로 못잘 정도이다. 누가 옆에서 하라는 소리를 안 해도 스스로 모든 일들이 머리에서 떠오르고, 그것을 꼭 해야 할 것 같고, 안하면 잠이 오지 않는 증세에 시달리기도 한다. 그러다 과로하면 또다시 계획적이지 못하게 잠을 자거나 먹거나 무기력해지기도 한다. 같이 사는 가족은 그들의 불안으로 인하여 함께 불안해 질수도 있고 쉴 수도 없는 문제점을 동반하게 될 수 있다. 남에게 비례적이지 않을 정도로 많이 도와주면서 한시도 가만있지 못하는 사람들 역시, 개인적인 어떤 욕구로부터 비롯될 가능성이 많으므로 불안함은 마찬가지다. 배려라는 '사회적 합리화'를 통하여 그들의 불안을 드러내고 있다고 볼 수 있다. 배려 그 자체는 좋은 것이지만, 내면의 불안함에 대한 성찰이 없다면, 차차 그 배려가 오히려 주변의 사람들을 불편하게 만들 수 있다는 사실을 깨달아야 할 것이다.

자기중심주의는 마음의 고통을 낳고
실용주의는 머리를 아프게 하고
끊임없는 들썩거림은 불면증을 낳는다.

병적으로 바쁜 일상 때문에 우리는 참되고 건강한 고독을 즐기지 못한다. 그러다보니 내면의 깊은 곳에서 일어나는 움직임과 우리 주변에서 일어나는 것들과 접촉할 시간, 여유를 갖지 못하게 된다. 마음이 늘 분산되어 내면의 세계에 대한 망각의 상태에 빠져 있다. 누군가와 조금이라도 깊이 대화를 해 보면 '나도 좀 차분해지고 싶다.' '조용히 살고 싶다'라는 내면의 말을 들을 수 있다. 우리는 생산적이면서도 의미 있는 생활, 정신적인 것, 진실한 그 무엇, 이런 것들을 싫어하는 것은 아니다. 오히려 우리는 이미 내면에서 너무나 이런 것들을 원하고 있다.

문제는 이미 너무 많이 다른 것들에 정신이 팔려 있다는 것이다!

이제, 내 마음의 현실과 외부의 현실이 어떻게 균형 있게 돌아가는가에 대해서 늘 주시하는 습관을 가지는 것이 지혜롭지 않을까! 자신의 감정상태, 행동, 생각하는 것 자체를 바라보면서 알아차리는 연습을 해야 할 것이다.

자신을 가만히 주시하는 습관을 가지는 데 있어서 가장 중요한 것은, 자기를 만나는 '고독'의 시간이 좀 필요하다는 것이다. '거룩한 자리'로 돌아가야 한다는 뜻이다. 고독의 시간으로 돌아간다는 의미를, 단순히 '쉬는 시간'이라는 개념으로만 생각하는 것은 곤란하다. 즉, 우리의 육체를 재충전할 수 있는 기회로만 생각한다거나, 일상을 유지하기 위한 새로운 힘을 모으는 장소로만 생각하는 것과는 약간 다르다. 물론 몸과 마음을 위한 이런 여유를 가지는 것이 잘못되었다고 말하는 것은 당연히 아니다. 단지 여기서 말하는 거룩한 자리, 즉 '고독'이라는 의미는 그런 '사적私的'인 자리가 아니라 '회심回心'의 장소를 말한다.

헨리 나웬(H. Nouwen, 1989)은 "회심의 장소를 위한 고독은 낡은 자기가 죽고 새로운 자기가 태어나는 장소요, 새로운 사람의 출현이 일어나는 장소"라고 표현했다. 즉, 그는 자신이 내면의 고독 속으로 들어갈 때의 상황을 이렇게 표현했다. "나는 고독 속에서 나의 발판(불건강한 의지처)을 제거한다. 즉, 함께 이야기할 친구도 없고, 통화할 사람도 없고, 참석할 모임도 없고, 즐길 음악도 없고, 마음을 매혹시키거나 산란하게 할 책도 없고, 오직 나 밖에 없다. 벌거벗고 상처입기 쉽고 약하고 죄책감이 많고, 때로는 바보 같고, 부서진 나 밖에 아무것도 없다. 한마디로 내가 나의 고독안에서 직면해야 하는 것은 바로 '아무 것도 없음' '무無'이다. 그런데, 나는 이 '무'가 그렇게 두려워, 가능하면 나의 '무'를 잊어버리려는, 그리고 내가 가치 있는 존재임을 스스로 믿으려는 몸부림을 친다. 바로 그때, 정말이지 바로 그때, 순식간에 나는 몸을 움직여 친구들에게 연락을 하고, 일에 몰두하기 시작하고, 더 나아가 열광적이 되려는 경향이 있다. 또한 내가 나의 고독 속에 머무르려고 하면, 머무름을 결정하는 순간에, 혼동된 생각, 혼란시키는 이미지, 무모한 환상, 온갖 입에 담기도 힘든 불가사의한 연상들이 마치 바나나 나무에 있는 원숭이처럼 뛰어 돌아다닌다. 분노와 탐욕의 얼굴이 서서히 내면에서 올라오는 것을 느낀다. 내 안에서는 불타는 연설(?)을 하기도 한다! 마침내 온통 머리가 복잡하다!"

아마도 이와 같은 고백은 우리 자신의 내면을 세심하게 잘 묘사하는 공감되는 이야기일 것이다. 적어도 하루 중 아주 짧은 시간이라도 일상의 분주함 속에서 탈피하고 자신 내면의 소리를 듣는 '고독'이라는 거룩한 시간을 맞이할 수 있다면, 적어도 하루 중 아주 적은 시간이라도 나를 유혹하려는 모든 방문객이 나의 방문을 두드리다 지쳐서 나를 혼자 두고 떠날 때까지 내 방에 머무를 수 있다면, 아마도 우리는 내면의 무의식의 보물창고(寶庫)로 진입하는 문을 노크하게 될 것이다. 보물을 찾기 위해 평생을 외부로 돌리는 산만함을 극복하고 내면으로 향하여 자기에게로의 여행이 필요할 것이다.

7. 자기부정의 함정

우리는 스스로를 괴롭히고 피곤하게 만든다.
그 주범은 우리 내면의 함정들
즉, 스스로에 대한 두려움과 불안, 무가치함, 오만함, 도취감 등이다.

"세상 속에서 아름다운 삶을 살기 위해서는 나는 어떤 사람이 되어야 할까!"

우리는 스스로에게 한번쯤 이러한 물음을 진지하게 던져볼 필요가 있을 것 같다. '내가 무엇을 하였을 때, 어떤 사람이 되었을 때, 난 아름다워질 수 있는가!'라는 자문자답이 될 것이다. 이런 저런 말로 여러 가지 내용을 표현하지만, 많은 선각자들의 지혜를 종합해서 느껴보면 '스스로의 내면의 욕구로부터 자유로워지면서, 사랑하고 사랑받는 관계의 삶을 영위하는 이'라고 요약되리라 여겨진다. 그렇다면 가장 우선적인 조건은 무엇일까를 간단하게 생각해 보자. 그냥 평범하게 느껴보면, '우선, 자신 스스로가 사랑받는 사람으로 살아가는 것이 필요한 것이 아니었을까!?' 라고 생각된다. 그렇다면 '누군가로부터 사랑을 받아야 하는데, 나를 사랑해 주었던 또는 주는 사람은 누구일까?'라고 쉽게 되물을 수 있을 것이다.

사실 그렇다. 어릴 때는 주요양육자로부터의 지극한 사랑을 받으면서, 서서히 자기 스스로가 자기를 사랑하는 깊은 믿음으로 살아가야 하는 것이 일반적인 건강한 인간의 모형이다. 그런 측면에서 보면, '아무도 날 사랑하는 사람이 없었다.' 라고 할 때, '아무도'의 그 이면에는 놀랍게도 가족이 많이 떠올려 질 것이다. 사랑받으려는 몸짓을 많이 하였건만 가족은 여러 가지의 이유로 그럴 여유를 가지지 못했을 수 있다. 이런 경우에는 세월이 지나면서 그 가족의 메시지가 이제는 '나 스스로'가 되어 있을 것이다. 즉, 이제는 우리 스스로가 자신을 사랑하지 못하는 문제가 발생된 것이다. 바로 우리 자신이 그 주인공이다. 우리의 무의식에는 사랑받는 사람의 삶을 방해하는 내면의 함정이 늘 도사리고 있다. 우리는 우리의 내면으로부터 은밀하게 혹은 소리쳐 선언하는 목소리가 있다.

'난 못났어. 나는 사랑받을 수 없는 사람이야. 나는 가치가 없어. 나는 비열한 부분이 많아. 나는 아무 것도 아니야. 나는 겉으로 괜찮은 척 하지만 사실 나를 알면 모두 나를 떠날 거야. 어쩌면 난 잘난 것 같은데 사실 이것은 불안해. 솔직히 말해 내가 뭘 잘한다는 거야. 너희들은 나를 잘 몰라! 내가 얼마나 겁쟁이인지, 정말 두려워, 당장 내일이라도 무슨 일이 일어날지 어떻게 알아! 아… 불안해 등등'

이러한 소리들은 너무니 그고 집요해서 그 말들을 거부하기 보다는 차라리 '그래, 난 그런 사람이야. 난 못난 사람이야.' 라고 믿는 것이 더 쉽다. 바로 이것이 함정이다. 헨리 나웬은 이것을 '자아부정의 함정'이라고 표현했다. 아래의 글들은 그 내용(H. Nouwen, 1999)을 일부 인용하면서 심리학적으로 재해석해 본 것이다.

인간을 연구하는 정신과학자들은, 지난 수세기동안 우리의 삶에서 가장 큰 함정은 성공, 인기 혹은 권력이 아니라 '자기부정'임을 깨닫게 되었다. 우리가 가치 없고 사랑 받을 수 없는 존재라는 소리들을 믿게 되면, 그때부터 우리에게 성공, 인기 그리고 권력은 매력적인 해결책으로 쉽사리 인식된다. 즉, 자신 내면의 영혼의 소리를 듣지 못하는 대부분의 사람들은 자신의 인정욕구, 허망함, 허전함, 외로움, 무가치감, 경시감, 박탈감 등을 메우기 위하여 끊임없이 투쟁적으로 성공을 취하고, 권력과 명예와 재산 등에 스스로를 매달리게 만든다. 가만히 그 매달림의 목소리를 들어보면, 그 함정은 바로 자기부정, 자기거부의 거센 목소리이다.

우리는 얼마나 빨리 이런 유혹에 빠지는지 끊임없이 놀라고 있다. 자신의 핵심역동에 따라서 강도의 차이가 있을 뿐… 혹시나 어떤 사람이 그들의 역동으로 우리를 비난하거나 비판할 때에, 혹은 거부당할 때에, 혹은 홀로 내버려지고 포기될 때, 우리는 이렇게 생각한다.

"그래… 내가 아무것도 아니라는 사실이 드디어 증명된 것이야."

"내가 이래서 다른 사람들과 말을 하지 않으려고 한 것인데… 드디어 내 모습이 들통 났군."

상황에 대한 객관적인 관찰을 하거나 내 자신과 다른 사람들의 한계를 이해하려고 노력하는 대신에, 우리는 자신을 비난하려는 성향이 더 크다. 그것도 나 자신이 행한 일에 대해서가 아니라, 내가 어떤 존재인가에 대해서 자신을 비난하는 것이다. 상대방이 그의 심리적 문제점으로 인하여 우리 자신을 자기식대로 비례적이지 않게 비난하고 질책하는데도 불구하고, 그것을 바로 껴안아 자신의 문제로 받아들이는 기본배경은 바로 '자기부정' '자기거부'의 뿌리 깊은 어두움 때문이라는 뜻이다.

이럴 때 우리의 '어두움'은 말한다.

"나는 그런 사람이야…. 나는 소외되고, 잊혀지고, 거부되고, 포기되어

마땅한 존재야."

이렇게 말하면, 사람들은 이런 의문을 제기할 수도 있다.

"아닙니다. 자기부정은 그래도 겸손한 것이잖아요. 자기도취라는 오만함이 더 문제가 아닌가요?"

오만함은 실상 자기부정의 또 다른 측면일 뿐, 사실 동일한 것이라고 본다. 오만함은 스스로가 있는 그대로의 자기 모습을 보는 것을 피하기 위하여 스스로를 존경하는 태도가 아닌가! 오만함을 최종적으로 분석해 보면 '쓸모없는 자기모습' '무가치하게 보이면 어떡하나 하는 두려움'으로 가득 찬 '자기'를 다루는 또 다른 방식일 뿐이다. 자기 부정과 오만함은 서로 동일한 뿌리를 가지고 있다는 뜻이다. 우리는 자신의 자아부정 속에 자만심이 있는 것처럼, 우리의 오만함 뒤에 깊은 자기부정이 자리 잡고 있음을 너무나 잘 알고 있다. 이 두 측면이 우리 내면에 잠겨 있는 한, 우리의 기세가 등등하든 그 반대로 위축되건 간에 진실과의 접촉을 잃게 되고 현실에 대한 나의 비전은 왜곡되는 것이다.

우리는 내면에서 자아부정의 유혹을 스스로 파악하고 인지할 수 있어야 한다. 자아부정은 오만함이나 낮은 자기평가의 모습으로 나타나고 있다. 자아부정은 대부분 불안정한 사람의 신경증적인 표현으로 나타난다. 심리학적으로 볼 때, 이 신경증은 자주 그리고 훨씬 더 깊은 인간의 어두움을 잘 표현해 주고 있는 증상이다. 어두움이란 자신의 존재가 참으로 환영받지 못하고 있다는 느낌을 말한다. 자기 부정은 우리에게 '사랑받는 존재'라고 말해주는 거룩한 목소리와 대립되기 때문에 영적 삶에 가장 큰 적이 된다. 사랑받는 존재로 살아간다는 것은 우리의 실존에 핵심적인 진실이다. 이 진실을 왜곡시키는 '내면의 함정' 속에 빠지지 않도록 깨어

있어야 한다. 정신을 차려야 한다.

정신을 차리는 가장 좋은 방법은 '마음을 알아차리는' 것이다. '자기 마음을 바라보는 것'이다. 심리학적으로 보면 마음의 각종 기능 중 '정서'를 알아차리는 것이 가장 기초적인 작업이 될 것이다. 자신의 정서를 알아차린다는 것은 자기존재를 직면해가는 첫 문이 될 수 있다. 우리는 외부의 세상, 타인, 혹은 무엇인가가 우리를 괴롭히고 피곤하게 만든다고 느낀다. 그건 아니다. 외부가 나를 괴롭히는 것이 아니다. 물론 자극제가 될 수는 있다. 자극에 대한 반응은 나의 몫이다. 외부로 문제의 원인을 귀속시키는 한은, 결코 어떤 문제라도 해결점은 없다. 오직 그들에 대한 나의 마음, 나의 내면이 그 핵심이다. 외부의 모든 것들은 모두 내 마음의 투사체일 뿐이다.

우리는 스스로를 괴롭히고 피곤하게 만든다. 그 주범은 우리 내면의 함정들, 스스로에 대한 두려움과 불안, 무가치함, 오만함, 도취감 등이다. 즉, 현실에 비례적으로 작용되는 정서들이다. 함정들에 대한 더 깊은 과거 역동의 원인이 있다 할지라도, 그 핵심은 지금 여기에서 지속적으로 울려 퍼지고 있는 우리 내면의 함정이라는 것을 부인할 수 없다.

이제 우리는 자신들을 더 이상 괴롭힐 필요는 없다. 우리는 사랑받는 존재들이다. 우리는 부모들, 교사들, 배우자들, 아이들과 친구들이 사랑해 주거나 상처를 주기 훨씬 이전부터 친밀하게 사랑을 받고 있는, 이미 사랑을 받았기 때문에 태어난 존재들이다. 이것이 우리 삶의 진실이다. 주변 온갖 사람들이 상처를 주기 전 부터 우리는 이미 사랑받고 있는 이 세상의 중심적인 존재였다. "너는 나의 가장 사랑하는 아들이다."라는 소리를 들었던 예수님의 말씀은 우리 모두가 깊이 느껴야 할 진실이다.

8. 핵심역동의 심리세계를 넘어서

생활 속에서의 인간적인 자기를 정확하게 이해하고
그 이해를 바탕으로 자신의 '진면목'을 찾아간다는 것은
참으로 아름다운 과정이다.
그 여정을 통하여
비로소 우리는 평화와 자유를 맛보게 될 것이다.

일반적으로 많은 사람들은 스스로 의식하든 의식하지 못하든, 일상생활에서 거의 매일 '핵심역동의 심리세계' 속에서 살고 있다. 우리의 내면에서는 마치 컴퓨터의 프로그램처럼 역동적인 정서패턴들이 자극-반응체계에 따라 살아 움직이며 저장되어 있다는 뜻이다. 이 프로그램 중에서도 특히 가장 핵심적으로 작용되는 감정적 세력을 핵심역동이라고 하는데, 이것은 고귀한 인격의 기반으로 작용되기도 하고 병리적 인격의 원인으로 작용되기도 한다. 조용히 자신을 느껴보는 시간을 가진다면 우리 자신의 감정, 욕망, 느낌들에 대해서 늘 많은 것을 포착하게 되고, 그런 것들이 어린 시절의 경험들과 주요 인물들과의 관계, 즉 대상들에 대한 전이관계(과거의 주요대상에게 느꼈던 감정이 현재의 대상에게도 자동적으로 느끼는 감정을 전이감정이라고 하고, 그런 감정들로 인한 관계 상황을 전이관계라고 한다.)의 연속선상에서 일어난다는 사실을 깨닫게 된다. 처음에는 '나는 그런 것을

잘 모른다!'고 손사래를 쳐도, 보이지 않게 작용하고 있는 우리 내면의 심리적 현상을 결코 간과할 수 없는 것은 사실이다.

인간관계의 측면에서 조금 더 깊이 바라보게 되면, 나와 상대방의 내부의 정서세력들은 반복적으로 어떤 패턴(양식)을 형성하면서 작용하고 있다는 것을 알게 된다. 한쪽의 습관화된 패턴들이 있고, 그것이 조건이 되면 상대방의 그에 대한 반응 또한 패턴화 되어 간다. 즉 상호 조건화된 반응체계가 자연스럽게 이루어지는 것이다. 대표적으로 부부 혹은 부모-자녀 관계에서 늘 반복적으로 작용되는 생활양식들을 면밀히 검토해 보면 이런 상호작용들을 충분히 감지할 것이다.

어떤 문제가 발생되면, 대부분의 사람들은 이성적으로 '무엇이 옳고 무엇이 그르다.'는 식으로 긍정적인 요인과 부정적인 요인으로 재빨리 판별하기 쉽다. 사람에 따라서 다르겠지만 어려움을 겪는 사람들의 대부분이, 스스로 혹은 타인에 대하여 긍정적인 요인들보다는 부정적인 감정이나 욕망에 초점을 맞추어 보기 쉽다. 긍정적으로 보더라도 그것은 머리의 범위일 뿐, 정서적으로는 부정적인 마음을 은밀히 방어하기도 한다. 그리고 나름대로 그 부적절함에 대한 원인을 생각하면서 복잡하게 생각하기도 하고 그냥 잊어버리려 애쓰기도 한다. 그러다보면 주변상황에 대하여 냉소적으로 되면서 회피하게 되고 스스로 역시 뭔지 모르는 자괴감이 들기도 한다. '아, 골치 아파!' '사는 게 귀찮아. 말하기는 곤란하지만 솔직히 말해서 자식도 남편도(아내도) 귀찮아!' '하필 나에게 이런 일들이 일어나다니!' '저 사람은 왜 저렇게 밖에 못 살까! 답답해서 화가 난다.' 등, 일상생활 전반에 대해서 매우 비관적이 된다. 소리 없는 내면의 전쟁에 돌입될 수 있다. 이와 같은 복잡다단한 심리상태를 보호하기 위하여 우리는 스스로의 충동과 불안을 방어하지 않을 수 없다. 하지만 내면에서 두려움과 적개심이 치솟아 올라오게 되면 그것을 억누르기는 쉽지 않다. 그러다보니 그런 심리상태를 주변사람들에게 투사 혹은 합리화시켜 상대의 탓을 돌리고 각종 대상들을 원망하여야 만이 내 자신이 살 것 같기도 하다. 약간 자기분석이 되어 있다 하더라도 제대로 된 극복이 되어있지 않을 경우에는 오히려 역작용이 나기도 한다. 즉, 이렇게 살아온 삶, 이렇게 길러져 온 것들이, 나의 삶에 걸림돌이 되었다는 사실을 알게 되면서 억울하고 괴롭다. 걸림돌이 된 그런 과거의 삶에 대한 자괴감, 말하자면 핵심역동의 심리세계에 대해서 짜증나기도 한다.

바로 여기서 우리는 중요한 의문을 가져야 한다. '나는 이것밖에 안 돼! 이렇게 살아온 것이 내 운명인데 어쩌랴! 어쩔 수 없지.' 등의 자조적인 마음보다는 좀 더 나은 세계에 대한 방향이 무엇인지를 탐구해야 한다는 뜻이다. 즉, '이런 핵심역동의 심리세계가 전부인가?' '이런 것들을 극복하려면 어떻게 해야 하는가?' '그런대로 현실에서는 남들만큼 살아가지만, 어쩐지 행복하고 편하지를 않아. 뭔가 더 필요한 것 같은데…' '분명히 어딘 더 나은 세계가 있을 거야!' '과거의 방식이 아닌 새로운 방식을 탐구하다보면 희망적인 길이 분명 열릴 거야!' 라는 희망어린 의구심과 호기심을 가져보면 어떨까 싶다.

자신의 내면을 탐색하기 위하여, 이런 종류의 심리학습, 즉 '역동적 심리세계'를 탐험하였던 사람들은, 이제는 자신의 '영적인 움직임의 세계'를 구체적으로 탐험해야 될 것 같다. 물론 우리 자신의 '핵심역동'을 깨닫기 위하여 구체적인 심리훈련의 방식으로 어느 정도의 시간을 투자하여 자신이해의 폭을 넓히는 것은 꼭 필요하다. 현재의 나를 건강하게 있는 그대로 인식하여, 인간적인 '나'를 충분히 이해하고 수용해야 할 필요가 있기 때문이다. 또한 이 과정은 현실적인 자기실현을 위하여 필요하며, 그 이후의 단계라고 볼 수 있는 '자기초월' '자기로부터 자유로워지는 과정'의 소중한 기초단계이기 때문이다.

자신내면의 '핵심역동의 심리세계'에 대한 탐험 없이 더 나은 성숙한 인격을 가지는 것은 자칫 '모래위의 성'을 쌓는 것 마냥 비현실적으로 될 수가 있다. 이러한 '역동'에 대한 통찰이 있은 후에는, 그와 똑같은 구체적인 방식으로 자기존재에 대한 전인격적인 개념과 진정한 사랑은 어떤 것인가에 대한 탐구가 필요할 것이다. 즉, '사랑받는 존재가 되어가는 신비스런 과정' 즉 '영적인 움직임의 세계'를 탐험해야 할 때인 것이다. 이 탐험은 진정으로 자신의 역동을 극복하는 가장 좋은 도구가 될 수 있다. '사랑하고 사랑받는 존재'가 되어가는 신비스런 과정은 무엇을 뜻하는가! '핵심역동의 심리상태를 넘어서는 마음상태는 어떤 것인가!'라는 것을 더 탐구해보고자 하는 열망이 있다면, 그 열망은 내면에서 영적탐험에 대한 소망이 일어났다는 증거이기도 하다. 비록 작은 시간일지라도, 역동적 심리세계를 탐험해 본 경험이 있는 사람들 중 자연스럽게 이런 갈망이 일어나는 것은 아주 바람직한 일이라고 본다.

'핵심역동의 심리세계'는 우리의 '영적 움직임의 세계'와는 전혀 다른 세계일 수도 있고 밀접한 관련성이 있는 세계일 수도 있다. 즉, 현실적이고 구체적인 일상에서 작용될 수 있는 핵심역동의 심리세계와, 일상을 넘어서 좀 더 심오한 내면이 작용되는 영적세계가 다르다고 느낄 수도 있다. 그러나 일상 속에서 자신의 내면을 숙고할 수 있는 감수성과 통찰력을 지녔다면 이 두 세계는 결코 둘이 아니라 밀접하게 연결된 하나의 고리가 될 수 있는 것이다. 결국 이 두 세계는 모두 한 인간의 내면에서 자연스럽게 발생되는 '흐름'의 과정이라고 여겨진다.

만약 핵심역동의 심리세계를 잘 모른 채, 영적인 움직임의 세계에 익숙한 사람들 중 '남을 도와주고 살고 싶은 사람'이 있다고 하자. 이들 중에서는 타인을 돕는 이타주의적인 삶을 자신의 인생목표로 삼는 분들도 있다. 감사하고 필요한 일이라고 느껴진다. 그런데 이러한 사람들이 의외로 남에게 피해를 주는 경우가 종종 있다. 남을 도와주려는 마음은 누구라도 고마운 일이지만, 도움을 받는 입장에서 보면 자신의 현실적 여건과 상대방의 욕구를 비례적으로 조율하지 못하는 문제점이 보일 수 있다. 받으려는 사람의 양과 도와주려는 사람의 양이 일치하지 않아, 즉, 서로의 주고-받기가 축소 혹은 확대하는 경우에는 오히려 부적절한 도움으로 인하여 서로를 불편한 관계로 만들기도 한다. 이 부분에 대하여 누군가가 피드백을 하게 되면 '나는 잘 살고 있다. 내 삶은 아무 문제없다.' '상호 비례적이지 않다고 하여 그게 무슨 문제가 되느냐? 착한 행동이지 않느냐!'라고 응답하기도 한다. '그냥 내가 좋아서 하는 일일 뿐인데, 왜 그러느냐!'라고도 하며, 경우에 따라서는 '내 돈 가지고 내가 쓰는데 무엇이 문제냐?'라고 항의하기도 한다. 오히려 심리학적으로 분석하는 '핵심역동의 진단'이 매우 부정적으로 느껴질 수도 있으며, '괜히 왜 그러느냐!' 라고 반박할 수도 있다.

남을 돕고 살아야 하는 것, 남을 사랑하는 것, 좋아하는 일에 최선을 다하는 것, 생산적인 일을 하는 것 등, 이런 모든 것은 매우 긍정적이고 바람직한 것이다. 그러나 그것이 아무리 좋은 것이라 할지라도, 이것이 상대를 고려치 않는다거나 자기욕구대로의 방식이 되는 경우, 즉 현실상황에 비례적이지 않을 때, 그것은 타인에게 불필요한 거부감 혹은 의존심만 야기 시킬 수 있다는 사실에 대한 인식이 있어야 한다.

따라서, 정확한 현상적인 자기이해를 바탕으로 하여, 타인을 도와주는 일을 하게 된다면 훨씬 성숙된 이타주의의 삶을 살게 될 것이다. 즉, 남에게 괴리감을 느끼게 하지 않으면서, 자신 스스로가 '뭔가 삐거덕거리는' 간격을 느끼지도 않으면서, '포기'하고 있으면서 '초월'하고 있는 것처럼 보이지도 않으면서, '투쟁적인 도전'을 하고 있으면서 '최선책'을 쓰는 것처럼 보이지 않으면서, '자기가 받고 싶은 한없는 욕망'을 '남을 도와주는 헌신적인 모습'처럼 보이지 않으면서, 있는 그대로 건강하게 타인을 사랑하는 삶을 시작하게 되는 것이다. 그렇게 될 경우 '타인'은 바로 '자신'과 진정으로 같은 공동체가 되어 영적으로 하나 됨을 느낄 수 있을 것이다.

위와 같은 과정을 거치게 된다면, 우리는 진정한 이타적인 삶으로 방향을 전환하게 될 것이다. 물론 '영적세계'에 대한 지적개념의 차원으로 우선 길잡이를 안내받은 후, 정서적이해가 바탕이 된다면 얼마나 좋을까. 그러면 이타利他적 삶은 자리自利적 삶과 일치되는, 걸림 없이 주고받는 관계가 될 것이다. 생활 속에서 드러나는 인간적인 자기를 정확하게 이해하고 그 이해를 바탕으로 인간의 '진면목'을 찾아간다는 것은 진정 아름다운 과정이다. 그 과정은 반드시 우리에게 평화와 자유를 안겨주게 될 것이다.

'핵심역동의 심리세계'에서 '영적세계'의 다리를 무사히 넘어가기 위하여 이 두 세계의 징검다리위에 서 있는 분들이 계시다면 어떤 스승의 지도를 받는 것이 좋을 것이다. '역동적 심리세계의 탐색'을 위한 시간이 필요 하였듯이 '영적움직임의 세계를 탐험'하기 위한 구체적인 과정과 수행도 필요할 것이기 때문이다.

영적세계의 여정은 '사랑하고 사랑받는 존재로 되어가는 신비스런 과정' '내안의 신성을 찾아가는 아름다운 과정'을 향하여 나아가는 여행이라고 느껴진다. 내가 먹고 입고 행동하는 일상의 생활 속에서 이런 영적 과정들이 드러나야 하는 것이다. 그런 성스러운 움직임들을 현실에서 어떻게 드러나게 할 것인가! 어떻게 그 움직임들을 행동으로 응답할 수 있을 것인가! 그러기 위해서는 어떤 삶의 기술들이 필요한가! 이제 우리는 자연스럽게 이러한 과제를 느껴야 할 것이고, 그런 과제들을 향하여 한 걸음 한 걸음 나아가야 할 것이다. 우리가 '자기 마음을 바라보는 학습'을 규칙적으로 하고 있다면, 아마도 진정한 평화와 자유는 누구에게 무엇에 의지해서가 아닌, 자기성숙을 통해서 얻어질 것이다.

9. 마음에 안부를 묻는 삶

깊고 맑은 영혼적인 삶은
그런 삶이 갑자기 '다가오는' 것이 아니라, '되어가는' 길이다.
'되어간다'는 것은
아마도 삶의 한 가운데서 진리를 갈구하며
'의식하면서 깨어있는' 삶이 아닐까 싶다.
내가 말하는 것, 내가 생각하는 것,
내가 행동하는 하나하나의 것들을 의식하면서 살고,
그 의식된 것이 진리에 가까운지를 성찰하고,
그리고 겸손한 자세로 스스로에게 안부를 묻는 삶을 산다면
아마도 우리는 아름다운 삶을 영위하게 될 것이다.

우리가 스스로 혹은 상대방을 바라보고 인식할 때, 내면에 담겨있는 '성스러운 힘'을 느낄 수 있다면 아마도 그보다 더 훌륭한 사람은 없을 것이다. 즉, 한 인격체에게 주어진 내면의 영적인 힘을 믿는다는 것, 이 믿음이야말로 진정한 인간관계의 최고의 성숙함이 아닐까 생각된다. 서로에게 이런 믿음의 눈으로 상호간의 존재를 인식하고 바라볼 수 있다면 이 세상을 바라보는 눈은 아마도 맑게 빛날 것이다. 우리의 '맑은 눈'은 태어나면서 이미 내면에 많이 내재되어 있는데도 불구하고, 여러 가지의 조건들('타고난 기질적 현상'이든, '환경적 요인'이든)에 의하여 깊이 묻혀버린 것

같다. 그런 것들이 내재되어 있다는 사실 조차도 모를 정도로 가시덤불속으로 들어가 있다. 오히려 그런 힘을 느끼고 깨달은 사람의 생각들을 이상하게 볼 정도로 '무지無知'의 어두움 속을 헤매고 있고, '악화가 양화를 구축하는' 세상살이를 하고 있다고 해도 과언이 아닐 것이다.

우리는 그 조건들의 가시덤불을 거두어내고, 자신내면에 이미 존재하는 그 힘들을 찾아내어야 한다. 그 가시덤불을 거두어내는 과정이 '수행'이요 '기도'일 것이다. 이 과정이 바로 '진리'를 생각하며 사는 삶이 아닐까 생각된다. 그것이 바로 '영적 여정'이다. 이 여정은 삶의 한 가운데서, 자기 마음에 대한 안부를 묻는 것부터 시작될 것이다. 자기 마음을 가만히 바라보면서 조용히 안부를 물을 수 있는 사람이라면, 아마도 그는 세상의 참된 것이 무엇인가를 깨달아 나가려는 문을 두드렸다고 여겨진다. 그렇게 되면 그는 이미 '진리가 너희를 자유롭게' 하는 여정을 시작하게 된 셈이다.

인간은 그 진리 안에서 쉴 수 있을 때까지는 결코 '진정한 쉼'이란 있을 수가 없다고 한다. 시간을 내어서 쉬어도 끊임없이 내면에서는 쉬지 못하고 있기 때문에, 진정한 쉼은 진리 안에서 쉴 때 가능하다는 뜻이 될 것이다. 어거스틴 성인은 이렇게 표현했다. "오 하느님, 제 영혼은 당신 안에 쉴 때까지는 결코 쉴 수가 없습니다." 나의 존재가 얼마나 존귀하며, 내 존재가 진정 하늘의 '사랑받는 존재'라는 진리를 깨닫는 그 순간부터 우리는 본래의 모습대로 되어가라는 초대에 직면하게 된다. 사랑받는 존재로 되어가는 것은 우리가 갈 수 밖에 없는 위대한 영적 여정이다. 이것은 스스로의 마음상태에 안부를 묻지 않고서는 도저히 느낄 수 없는 것이다. 자기존재에 대한 참된 성찰은 자기의 마음상태에 직면하고 이해하고 수용하는 작업으로부터 시작되기 때문이다.

이러한 작업은 진리 안에 쉴 때까지 계속해야 할 것이다. 마치 매일 몸을 위한 식사를 하듯, 정신을 위한 수련의 식사를 규칙적으로 해야 할 것이다. 항구하게 몸과 마음을 위한 여정을 해야 할 것이다. 보통의 생활을 하는 우리들 중, 종교를 가진 분들은 나름대로 각자가 믿는 절대자의 말씀을 듣고 새기며 따르려는 노력을 할 것이다. 또 종교를 가지지 않은 분들도 더 나은 삶에 대한 가치를 찾고, 항상 충만한 사랑을 발견하기 위하여 애쓰고 있기는 마찬가지라고 느껴진다. 거의 대부분의 사람들은 일상에서 더 나은 생활에 대한 갈망을 지니고 있다. 자신이 그것을 갈망하고 있다는 사실을 알든 모르든 사람들은 '무엇인가를' 갈망한다. 갈망의 방법과 방향만 약간씩 다를 뿐이다. 만약 그 갈망이 없다면, 살아가면 살아갈수록 다가오는 마음, 더 편안해지고 싶고, 더 잘 살고 싶고, 더 행복해지고 싶은 욕구가 있겠는가! 그 갈망이 없다면, 무엇 때문에 우리는 성공 희망 등을 통하여 '자기실현'의 욕구를 펼치겠는가! 따라서, 뭔가 더 나은 것을 갈망하는 사실 자체가 이미 우리가 어떤 특별한 것 혹은 참된 것에 대한 끌림, 맛을 느꼈다는 사실을 말해 주고 있는 것이다. 우리가 비록 의식하지 못했다 할지라도, 내 마음 깊은 곳에서 이미 그에 대한 갈망이 있었다는 말이다. 우리 안에 그 씨앗이 없다면, 어떻게 그 꽃에 대한 갈망이 있을 수 있는가 말이다.

한편, 위와 같은 배경에서 '고통이라는 것을 왜 싫어하는가!' 하는 것을 생각해 볼 필요가 있다. 우리의 존재자체가 고통 그 자체라면, 고통 이전의 편안함, 자유 등과 같은 것들이 내재되어 있지 않는 상태라면, 어떻게 그 편안함과 자유를 갈구할 수 있었겠는가 하는 부분이다. 단맛을 느낄 줄 아는 사람이 단맛에 대한 갈구가 있고, 어떤 음식에 대하여 '한번 먹어 보았으면!' 하는 마음은, 그 음식에 대한 맛을 이미 직접 혹은 간접적으로 느끼고 있기 때문이라는 뜻이다. 어둠 속에 들어가기 전에 우리는 빛 속에 있었고, 집을 찾아 헤매기 전에 집에 있었던 것이다. 빛을 모르는 사람은 어둠이라는 개념이 없고, 집이라는 것을 모르는 사람은 집 자체를 찾을 수 없다는 것이다. 그것이 의식적이든 무의식적이든, 우리의 깊은 내면에 참된 것, 아름다움, 빛, 집 등, 이런 씨앗이 내재해 있지 않고는, 그 열매를 갈망할 수 없지 않겠는가! 마음에 깊이 안부를 물을 수 있을 때 이런 자신의 갈망을 의식할 수 있을 것이다.

말하자면, 우리의 마음 가장 깊숙한 곳에 우리가 찾고 있는 보물이 숨겨진 채 있다. 우리는 그 보물이 얼마나 귀중한지 알고 있으며 우리가 가장 갈망하는 선물을 그 보물이 갖고 있음도 안다. 그 선물이란 생명이 죽음보다 강하다는 진리이다. 단지, 우리는 '안다'라는 사실을 깊이 '느끼지' 못하고 있을 뿐이다.

자, 그렇다면 이제 망설일 것이 없다. 그냥 우리의 '본성'을 찾아가는 여정을 시작하면 된다. 아니, 이미 시작되있다. 없던 것을 찾는 것이 아니고 이미 존재하는 것을 찾기 위하여 가시덤불을 헤치고 발견하는 작업이 필요한 것이다. 깊고 맑은 영적인 삶은 그런 삶이 갑자기 '다가오는' 것이 아니라 '되어가는' 길이다. '되어간다'는 속성은 무엇일까! 진정으로 아름다운 존재로 되어가는 것, 사랑받는 존재로 되어가는 것, 생각하고 말하고 행동하는 모든 것 안에서 '진리'가 육화肉化되어간다는 것이다. 육화, 즉 몸으로 체험되는 삶이 필요한 것이다. '되어간다'는 것은 아마도 삶의 한 가운데서 진리를 '생각하는' 삶을 산다는 것, 즉 늘 깨어있는 삶 혹은

'의식하고' 사는 삶이 아닐까 싶다. '늘 의식하고 사는 삶' '자신의 마음을 바라볼 수 있는 삶' '지금 여기를 포착할 수 있는 삶' '순간순간을 알아차릴 수 있는 삶'! 즉, 마음에 안부를 자주 묻는 삶이다. 이것이 '되어가는' 것이다. 스스로 되묻고 스스로 답하고 스스로 생각하면서 '되어가는' 것이다.

내가 말하는 것, 내가 생각하는 것, 내가 행동하는 하나하나의 것들을 의식하면서 살고, 그 의식된 것이 진리에 가까운가를 성찰하고, 그리고 겸손한 자세로 마음에 안부를 묻는 삶을 산다면 아름다운 인생을 영위하는 것이다.

오늘날, 우리는 수많은 현실적인 압력을 받으며 살아가고 있다. 매일 의식주를 해결하기 위하여 일해야 하고, 가족들, 주변인들과의 관계를 맺으며 살아가야 하고, 자신들이 속한 조직, 사회, 국가, 세계에서 무엇이 일어나고 있는지도 알아야 한다. 그 사회적 환경에 귀속하기 위한 시간과 물질도 가져야 한다. 이 모든 것은 너무나 많다. 진리를 생각할 시간은 없다. 바깥 것만 해도 시간이 너무나 많이 걸린다. 그러나 그 모든 것은 '행복하고 자유스럽고 편안하게(?)' 살기 위한, 인간이 만들어놓은 그물일 뿐이다.

이제, 우리는 삶의 한 가운데서, 마음에 안부를 묻는 삶에 길들여져야 한다.

"요즘, 어떻게 지내십니까?"

"네, 많이 바쁩니다! 아내(남편)는 이러이러하고, 아이는 저러저러하고, 회사는 이것저것……." 이런 질문과 대답이 오고갈 것이다.

"요즘, 마음이 편안하십니까?"

"글쎄요!"

아직, 마음의 안부를 묻는 질문에 대답하기는 쑥스럽다.

하지만 이런 질문과 대답을 연습해야 하고, 차차 익숙해지면 좋을 것이다.

"요즘 어떻게 지내시는지요?"

"바깥의 상황들은 그럭저럭 예전과 비슷하게 지내고 있어요. 제 마음은 이러이러한 일 때문에 다소 불안하고 힘거울 때도 있지만, 저러저러한 일은 행복하기도 합니다. 아, 그리고 저는 요즘 가끔 이러이러한 면에 대하여 생각해보기도 하는데, 뭐라고 딱 말할 수는 없지만 예전에 미처 몰랐던 이러저러한 것을 깨닫게 되네요. 저는 이렇게 지내고 있습니다만, 당신은 어떻게 지내고 계시나요?"

이와 같이 자기마음과 성찰한 내용을 적절히 교환하는 연습부터 하면 어떨까 싶다. 한 집에 살아도 서로 마음의 안부를 묻는 습관에 익숙해 있지 않으면 남남같이 살아가기 쉽다. 서로가 진실로 아끼고 사랑하는 마음이 없다면 정말 깊은 반성과 아울러 노력해야 할 것이고, 이심전심의 마음은 있지만 습관이 되지 않아 서로의 안부를 묻는 삶에 익숙치 않을 경우에도 마치 남처럼 시먹시먹할 뿐이다. 그지 조긴화된 익숙한 생활인으로서 살아가는 것이지 마음을 서로 깊이 사랑하고 존중하며 살아가는 행복감을 느끼지 못할 수 있다. 그러다 보니 어떤 특별한 이벤트로서의 쾌락적 기쁨을 통하여 부족한 부분을 채우고 살아간다고나 할까! 어쩌다 1년에 한두번 만나는 관계라도 서로의 마음에 안부를 묻는 사이라면, 어쩌면 그 관계는 한집에 사는 사람보다 더 깊은 관계일 수도 있을 것이다.

서로에게 안부를 묻는 대화는 상대방이 듣기에도 좋지만, 자신스스로가 표현하고 난 뒤의 느낌이 참으로 차분해짐을 느끼게 될 것이다. 몸은 바빠도 마음이 차분해 진다면, 그것은 정신 차리고 사는 삶이 될 것이다. 바빠도 차분하고 안정된 사람이 있는 반면, 바쁘지 않아도 번잡스러운 사람이 있다. 자신의 마음을 바라보고 살 줄 아느냐의 문제가 될 것이다.

대부분의 사람들이 바쁜 생활 한 가운데서 정신없이 살고 있기가 쉽지만, 지하철에서나 걷거나 화장실에서 등, 어느 장소 어느 시간이라도 조용히 자신의 마음에 안부를 물을 수 있다. "당신, 지금 마음이 어떠세요!" 라고.

스스로에게 묻고 내면에서 나오는 대답을 알아차리는 습관을 길러보자. 어느 누구의 대답보다도 나의 심연에서 울려 퍼지는 소리 가운데에 참된 지혜가 있을 것이다. 진리에 대한 갈구를 지니고, 사소한 것일지라도 '이것이 진정 참인가!' 라는 질문을 던지다 보면, 내면에서 응답해 주는 그 지혜로움이 바로 최상의 길임을 느끼게 될 것이다. '과연 내가 가야하는 길은 무엇일까!'를 생각하는 일상은 진정 빛을 향하여 나아가는 삶이 될 것이다. 이 모든 것은 스스로에게 마음의 안부를 물으며 시작되는 것이다.

10. 바라보고 머무르고 넘어서고

이 세상의 어떤 것도 항상 머무르는 것은 없으며(無常)
이 세상의 어느 것도 나의 것이라고 고정된 것은 없다(無我)
바라보고 머무르다 보면, 넘어서게 된다.

상담 및 심리치료에 관심을 가지는 분들이 '정신역동적 접근'의 교육프로그램을(부모교육, 상담자교육, 기타 각종 특강프로그램 등) 처음 접했을 때 공통적으로 배우게 되는 내용이 있다. '정신역동'이란 개념이 무엇이며, 그 정신역동이 어떠한 심리적 현상으로서 현실적인 상황과 관련이 있으며, 그로 인한 자동화된 감정 및 행동패턴이 무엇이며, 그런 패턴이 현실에서는 어떻게 발전 혹은 극복되어야 하는가 등, 제반 심리학적 접근을 절충하여 다양한 내용을 학습하게 된다. 그런 과정을 통해서 '아, 이렇게 되어서 저렇게 되었구나! 앞으로 이런 부분을 고려해 보아야겠구나. 저런 행동이 이러한 원인으로 인하여 발생되었구나. 따라서 이러이러한 방법을 연습하면 되는구나!' 등, 다양한 통찰insight 작업이 이루어지게 된다. 이런 작업을 인지적으로 알아가는 과정을 흔히 '지적知的 통찰(intelligence insight)'이라고 한다. 단시간의 특강 혹은 워크샵을 통해서도 도움 받지만, 체계적인 단계별 교육프로그램은 이와 같은 지적통찰의 향상에 상당한 도움이 되고 있다.

지적통찰이 인식의 범위 안에서 자신을 알아차려 나가는데 한계를 가짐에도 불구하고, 이 통찰은 한 개인의 감정적 성숙에 꼭 필요한 하나의 과정이다. 즉, 미처 생각하지도 못했던 개념들을 알게 되면서 사고의 전환이 이루어지고 바뀌어야 할 과제를 자각하게 되고, 살아온 습관대로 아무런 생각 없이 살다가 어떤 새로운 방향에 눈이 뜨이기도 한다. 즉시적으로 행동이 변한다는 것이 아니라, 무엇이 문제였고 어떤 상황이라는 것 자체에 대한 인식범위가 확대된다는 뜻이다. 이것은 조건화된 생활패턴에 경종을 울리기 때문에 예상치 않게 현실적인 어려운 문제가 풀려나갈 때도 있다.

하지만, 새로운 길에 대한 인식이 일어나면 바로 어떤 행동이 변할 것이라고 생각했는데, 행동의 변화가 일어나지 않고 예전과 다를 바가 없다는 사실을 깨닫게 되는 시점이 온다. 그러면서 차차 다른 마음이 올라오기 시작한다. '아, 이제 뭔가는 좀 알겠다. 그런데 나의 행동은 고쳐지질 않는데, 왜 그럴까?' '지금까지 내가 안다고 느꼈던 점들이 과연 제대로 안 것이었을까?' '하기야 사람의 마음이 그렇게 쉽게 변할 수는 없지. 그리고 오랫동안의 습관적인 것이 있으니까 쉽지는 않겠지. 하여튼, 알긴 알겠는데 좀 막막하다!' 등의 느낌이 들 수 있다. 이런 의구심은 참 소중한 변화의 조짐이며 마땅히 느껴야 하는 부분이기도 하다. 즉, 지적 통찰의 과정은 행동변화에 상당한 한계를 가진다는 것을 실감하는 순간이다.

그렇다. 지적 통찰은 분명히 그 자체만으로도 도움 되는 것은 사실이지만 그 한계를 가지는 것도 분명한 사실이다. 많은 상담전공자들이 어느 수준에서 '성장'이 멈추면서 더 이상 '내담자'를 대할 수 없는 한계를 가지는 이유가 바로 여기에 있는 것이다. 이런저런 많은 이론학습과 강의내용을 접하면서 스스로에 대한 이해의 폭은 넓혀졌지만, 그것이 지적 통찰의 수준에서 머물기 쉽기 때문이다. 그러다보면 내담자에게 도움이 되지 않는 반복적인 느낌이 들면서 스스로의 한계를 절감하게 된다. 상담자가 내담자에게 도움을 주는 정도는 상담자 자신의 정신건강 수준과 통찰수준에 비례되는 경우가 많기 때문이리라 본다. 따라서 내담자의 깊은 차원의 심리치료 혹은 성장욕구를 함께 하지 못하는 어려움이 발생하기도 한다. 지적통찰을 넘어서 상담자(혹은 부모)의 더 깊은 통찰과 행동변화의 경험이 성공적으로 이루어지면, 머리로 알게 된 지적 통찰 경험은 현실적으로 통합되면서 내담자(혹은 자녀)에게 도움이 되는 발판이 될 수 있을 것이다.

심리적 성장, 머리로 하는 과정에서 가슴으로 하는 과정으로 넘어가야 한다. 즉, 머리로 느꼈던 부분들이 가슴으로 절절히 들어와야 한다. '외로웠구나!'라는 머리로의 인식에서, '너무 외로워서 말을 할 수 없을 정도로, 내가 정말 외로웠지!' 이런 감정을 가슴으로 느끼기 시작하는 과정을 말한다. 글로 표현하기는 좀 어렵지만, 이 과정을 잘 겪게 되면 가슴으로 느끼는 것으로 끝나는 것이 아니라, 그 내면의 머무름을 통하여 현실적인 '나' '상대방' '상황' 등을 똑바로 바라볼 수 있다. 그 '바라봄'을 통하여 변화의 물꼬가 트이는 깨달음이 진정한 통찰인 것이다. 이것을 '정서적情緖的 통찰(emotional insight)'이라고 한다.

심리관련 교육 장면에서 이루어지는 각종 학습은 지적 통찰에서 정서적 통찰로의 이동이 핵심이다. 이 통찰의 수준을 높이게 되면 현실 판단을 건강하게 하는 자아기능의 강화가 이루어지면서 차차 성숙된 인격으로 발돋움하는 계기가 된다.

정서적 통찰을 위한 치료적 작업을 '심리치료' 과정이라고 하며, 개인적으로 하는 것은 '개인 심리치료', 소집단(15-20명 정도) 형태로 하는 것을 '집단 심리치료'라고 한다. '동방'을 비롯한 심리치료 연구단체에서 이루어지는 단계별(미경험자반, 경험자반, 다경험자반) '집단 심리치료'의 과정은, 한마디로 '정서적 통찰'을 위한 장場인 것이다. 이 장은 깊어지면 깊어질수록, 집단원 상호간의 신뢰감이 쌓이면서 미성숙한 방어기능으로 자신을 포장하는 단계에서 건강한 방식으로 진솔하게 스스로를 드러내게 된다. 자기방어의 둑이 점점 허물어지면서 본마음을 표현하게 되고 있는 그대로의 자신과 만나게 되는 것이다. 그렇게 될 때, 현실적인 상황들을 객관적으로 다루게 되고 합리적인 판단과 건강한 행동방침이 표출되는 경험을 하게 된다. 만약 스스로의 내면 성장의 끈을 놓지 않는다면, 마침내 무의식에 대량으로 잠겨있었던 많은 부분들을 의식하게 되면서, 차츰차츰 '자기'라고 부르는 '실체'를 이해하고 수용하고 직면 받는 경험을 하게 된다. 그런 경험이 반복적으로 진행되면서 숨겨진 자신을 더욱 더 자각하게 되고, 정서적 재경험(마치 과거의 감정을 현재에서 생생히 느끼는 경험)을 반복하면서 행동의 교정 작업을 자연스럽게 하게 된다. 그러면 현실의 상황을 점점 성숙한 시각으로 보게 되고 구체적인 문제점을 해결하는 지혜가 나오게 된다.

물론, 이런 치료적 과정을 경험하는 사람들 중에는, 지적 혹은 정서적 통찰과정을 겪게 되면서 약간 혼란스러움을 겪는 이도 있다. 간단히 말하면, 치료적 관계와 일반적 관계의 차이점을 이해하지 못하기 때문에 발생된 오해이다. 즉, 치료적 장면의 행동과 일반적인 상황으로 돌아갔을 때의 행동을 잘 분별하지 못한다는 뜻이다. 이것이 잘못되면 치료의 역효과를 가져오게 되고, 자칫 비현실적인 환상에 몰입할 수 있다는 점을 간과해서는 안 된다. 더욱 더 중요한 것은 이해와 수용을 통하여 도와주려는 장면인 치료내의 장면에서 제대로 되지 않을 경우에는, 각자의 욕구대로 살아가기 쉬운 일반적인 관계에서 실행하기는 훨씬 더 어렵다는 것이다. 그러므로 치료 내의 장면에서 해야 할 행동과, 치료 외의 장면에서 해야 할 것들을 잘 숙지하면 도움이 될 것이다. 그 구체적인 내용을 살펴보자.

바라보고　머무르고　넘어서고… (치료 외의 장면에서)
저지르고　통찰하고　책임지고… (치료 내의 장면에서)

첫 번째 작업은, 치료 외의 장면, 즉 일반적 관계에서는 자신의 마음을 '바라보는' 것이 필요하다.

자신의 마음을 바라본다는 것은 무엇을 말하는가! 말을 하기 전에, 표현하기 전에, 대처하기 전에, 우선 잠시라도 자신의 마음을 바라볼 줄 알아야 한다. 한마디로 자신의 마음을 알아차리고 포착할 수 있어야 한다는 것이다. '내가 이런 욕구를 가지고 있구나! '내가 너무나 화가 났구나!' '난 저 사람이 고통을 받았으면 할 정도로 복수하고 싶었구나.' '내가 저 사람을 너무나 불쌍히 여기구나' '나는 저 사람에게 꼼짝도 못할 만큼 무서워 하구나. 난 겁먹고 있구나!' 등, 자신의 마음, 자신의 감정, 자신의 느낌, 자신의 욕구, 자신의 생각 등을 알아차리는 것이다. 자신의 상태를 있는 그대로(판단과 비난 칭찬 등을 하지 않고) 자각하는 작업을 말한다.

치료 내의 장면[장場]에서는 바라보지 말고, '바로 표현 하여라!'는 뜻으로, '저지르고'라는 권유를 한다.

전문가와 집단원이 있는 장소에서는, 그 마음속의 것이 표현되어 나와야만 치료적 작업의 물꼬를 틀 수 있다. 그래야만 무슨 마음을 먹고 있는지 무슨 생각을 하고 있는지 알 수 있고, 또한 적절하게 진단받고 통찰하도록 피드백 받으며, 아울러 이해받고 수용받고 도움받는 계기를 마련하게 된다. 바깥 장면에서는 상대방의 입장으로 불필요한 상처나 피드백을 받는 경우가 있기 때문에 '바라보는' 작업만 하는 것이 더 유효할 것이다. 하지만 장 안에서는, 우선 저질러 표현하듯 그냥 아무렇게나 자유롭게 표현하도록 한다. 그래야만 표현을 통해 전문가와 구성원들의 적극적 도움을 받게 되어, 바깥의 상황에서 자신을 바라보는 자세가 망상적이지 않고 올바르게 될 수 있다. 더욱이, 외부에서 습관적으로 억압시키며, 미성숙한 방어기제와 행동방식을 극복해 내겠다는 의지를 가진다면, 더욱 더 자신을 저지르듯 드러내어야 한다는 뜻이다. 우스개 소리 같지만, 자칫 치료적 장면에서는 '바라보고', 바깥에서는 '저지르는' 등, 거꾸로 된 행동을 하기 쉽다. 거꾸로 할수 밖에 없는 마음은 충분히 이해할 수 있지만, 사실상 그것은 부작용만 생길 뿐이며 둘 다 도움이 되지 않는다.

두 번째 단계에서, 치료 외의 일반적 관계에서는 '머무르기'를 권한다. 머물러 본다는 것, 앞에서 바라보았던 마음을 머무르면서 지금까지 스스로 통찰되었던 내용을 접목시켜 볼 수도 있다. '내가 이러이러해서 겁을 먹고 있었구나.' '내가 저 사람에게 한마디도 할 수는 없었지만, 사실 내 밑 마음은 깊은 상처를 받은 느낌이었구나. 차라리 죽고 싶은 심정이었어.' '이러이러한 이유 때문에 화가 너무너무 났구나.' 등, 바라보았던 자신의 마음에 머무르면서, 왜 그런 마음이 날수 밖에 없었는지에 대해서 탐색해 보는 과정이다. 물론 탐색과정에서 자책감과 극심한 반성으로 인하여 오히려 감정적 늪에 빠지는 것은 '머무르기'를 잘못하고 있다는 뜻이다. 자신이 왜 그렇게 될 수밖에 없었는가에 대한 통찰작업이 자연스럽게 일어난다면 오히려 '깊은 자기 이해와 수용'의 너그러운 마음이 일어나면 좋을 것이다. 예컨대, '아, 내가 진짜 불안했었구나. 정말 불안했어. 정말!' 라고 느끼면서 '이제 내가 제대로 이해되는구나. 그런 나 자신을 충분히 안아주고 싶어. 음... 수고했어. 그렇게 살아온다고….' 하는 마음이 생기는 것이다. 이런 이해와 수용 작업이 이루어지려면, 자신의 감정 상태에 그대로 머무르고 견뎌낼 수 있어야 한다. 행동으로 표출되기 전에 그대로 그 마음에 머무르면서 지내다 보면, 왔던 마음이 다시 서서히 사라져 가는 것을 느낄 수 있다.

치료 내의 장면에서는 '통찰하기'의 작업이 진행된다.

치료장면에서는 이 감정을 날리지 말고 충분히 느끼고, 조금도 그 느낌을 왜곡하지 말고 있는 그대로 자신을 표현하게 한다. 머무르기가 아니라 그냥 나름 깨달은 것을 표현하게 하는 목적은 '통찰'이 제대로 이루어졌는지를 점검하는 작업이기도 하다. '내가 왜 그렇게 할 수 밖에 없었는가' 하는 진정한 통찰이 비로소 이루어지게 되는데, 이것은 아픈 마음을 잘 수용받을 때 그 통찰은 치료의 빛을 받을 수 있다. 사실 외부에서 우리의 감정을 쉽게 수용받기가 쉽지만은 않다. 따라서 치료 외의 장면에서는 그냥 머무르기를 하지만, 치료 장면 안에서는 방어하지 않는 모습 그대로의 자신을 이해받고 수용받는 경험이 가능하다. 이 때, 비로소 스스로에 대한 통찰이 이루어지는 힘이 나온다. 항상 타인들이 나를 어떻게 볼 것인가에 초점을 맞추다보니 미처 자신 스스로에 대해서 생각조차 하기 어려웠던 사람들은, 스스로에 대한 통찰경험을 통하여, 과거의 자신으로

부터 해방되는 기분이 들 수 있다. 이러한 경험은 인생의 큰 고비를 넘기게 할 수도 있다.

세 번째 단계에서, 치료 외의 일반적 관계에서 '넘어서고' 라는 과정은 참으로 도움 되는 것이다.

넘어선다는 것, 진정 넘어선다는 것은 '마음수양'의 고차원 수준이다. 넘어선다는 것은 무엇일까! 대상이라는 자극을 통하여 들어왔던 그 마음이, 그 자극이 사라져도 계속 남아있는 듯 보이지만, 없던 것이 왔으므로 반드시 사라지게 되어 있다. 그 마음은, 인因이 있어도 연然이 없으면 과果가 맺어지지 않듯, 연然이 있어도 인因이 없으면 과果도 맺어지지 않는다. 말하자면 나의 핵심역동이 있어도 자극이 들어오지 않으면 문제가 일어나지 않고, 자극이 들어와도 건드려질 핵심역동이 없으면 문제가 일어나지 않는다는 뜻이다. 이 말은, 결국 핵심역동도 나의 의지와는 관계없이 만들어진 것이요, 자극도 어떤 요인에 의해서 일시적으로 다가온 것뿐이므로 둘 다 본래 없었던 것이다. 따라서 이미 형성된 핵심역동이 있다고 할지라도 제반 자극이 핵심역동에 접목되지 않고 분리되도록 노력하는 것이다. '나에게 그런 역동이 있었지. 그 역동은 그대로 있고, 이런 자극은 그냥 이런 자극이 온 것뿐이지! 그것은 아무 상관이 없어.' '저 사람은 나를 무섭게 하려고 한 것이 아니라, 그냥 자기 스스로의 어떤 역동 때문에 무섭게 사람을 대하는 거지, 내가 그것에 겁먹을 필요가 없는 거야' 등. 이런 방식으로 과거와 현재의 분리, 핵심역동과 현재자극의 분리, 나의 마음과 상대방의 행동의 분리작업을 할 수 있는 것이다. 결국 넘어선다는 것은 분리과정을 통하여 자신의 마음을 넘어서는 것이다.

치료 내의 장면, 즉 장에서는 '책임지고'의 경험을 하게 한다.

앞의 과정에서 이해되고 수용되어지고 난 뒤에, 어떤 상황에서든, 내가 느끼는 감정이 비례적이든 비례적이지 않든 그 감정의 몫은 '내 몫'이라는 것을 받아들여야 한다. 즉, 어떤 상황에서라도 그 책임의 몫은 '나'라는 것이다. 한마디로 모든 것은 내가 책임져야 하는 것이다. 어떤 마음이든 내가 일으킨 마음이고, 그 마음의 주인공은 '나'이며, 그 마음을 다스리고 넘어서야 하는 것은 바로 '나' 인 것이다. 그것을 '내 몫' 이라고 한다. 이 몫을 받아들이는 과정은, 치료 장면 안에서 존중받고 인정받으면서 하는 경험이므로 무리 없이 받아들이고 수용하게 된다. 단지 내 몫으로 훈습해 나가면 된다. 이 경험은 직접 접해보지 않으면 이해될 수 없을 만큼 중요한 '체험적 학습'이라고 볼 수 있다. '내 몫'의 참된 의미를 알게 되면, 정말 인생에서의 중요한 고비 고비를 넘어서게 될 것이다. 상대와 나를 분리시켜 내고, 외부자극에 내 마음이 걸리지 않도록 분리하여 나의 내면을 점검하는 자세이다. 내 인생을 내가 책임지는 자세야말로 성숙한 인격의 본질이 아니겠는가!

바라보고 머무르고 넘어선다는 것, "이 세상의 어떤 것도 항상 머무르는 것은 없으며(무상無常), 이 세상의 어느 것도 나의 것이라고 고정된 것은 없다(무아無我)." 불교의 핵심교리로 전해지는 이 내용은, 심리치료의 영역에서도 많은 관련성이 있을 것이다. 치료내의 장면이든, 치료외의 장면이든, 결국 삶은 변화의 한 과정으로 느껴진다. 지금-여기의 상황에서 있는 그대로 '바라보는' 것부터 출발한다면, 우리의 인생은 맑은 하늘에 구름이 나타났다 잠시 머물렀다 지나가는 풍경이 될 것이다. 바라보고 머무르다 보면 넘어서게 되는 것은 '삶과 죽음'을 맞이하는 모든 유기체의 근본 이치라는 것을 깨닫게 된다.

11. 본마음을 느낀다는 것

바람이 불면, 그냥 바람이 부는 것이다.
부는 바람에 대한 '느낌'은 나의 몫인 것이다.
바람이 분다고 바람에게 탓을 할 것인가!
상대방으로 인한 내 마음의 자극,
상대방을 향하는 마음은 일단 접어두자.
오직 나의 '본마음'이 무엇일까!

상담 및 심리치료의 장면에서 자주 묻는 말이 있다.

"본마음이 무엇인가요?"

"진짜 하고 싶은 말이 무엇인지요?"

상당히 의미 있는 질문이다. 이런 질문은 꼭 상담 장면에서뿐만 아니라 일반적인 인간관계에서도 꼭 한번쯤 스스로에게 물어 보아야 할 필요가 있는 말이다.

자신의 진짜 마음을 모르면 자꾸만 외부상황에 대한 원망과 야속함이 올라오고 그 상황을 제대로 처리하지 못한 자신을 자책하고 싶어진다. 특히 함께 오래 산 부부나 부모-자녀 관계에서도, 스스로의 본마음을 포착하지 못하면 상대방과의 대화에서 혼란스러워지고 멍해지는 기분이 들 때가 있다. 물론 그 내용에 대한 정확한 판단과 이해가 되지 않아

건강한 대처능력을 상실할 때도 있다. 그러다보면 그 갈등의 탓을 상대방에게 돌리게 되고, 상대방의 변화에 초점을 맞추게 되고, 내 뜻대로 되지 않으면 속상하고 화가 나서 삐진 마음이 생길 때도 많다. 조금 심하면 '정말 마음에 들지 않는데 차라리 헤어지는 것이 낫지 않을까' 라고 생각될 정도로 심각하게 느껴질 때도 있다.

이와같이 스스로의 본마음을 잘 느껴서 대응하지 못하게 되면, 외부대상에 대하여 이런저런 감정이 올라오면서 혼란에 빠지게 된다. 이 때 우리는 표면적인 감정만을 드러내고, 상대방 탓을 돌리는데 많은 시간을 낭비한다. 이런저런 말로 상대방의 잘못을 명백하게 지적하여 비난을 하고 책임을 전가시킨다. 자신이 처리해야 하는 진짜 마음을 전혀 자각하지도 못한 채, 표면적인 분노나 속상함 등의 감정만 상대방 쪽으로 흘러가게 된다. 이 상호작용은 상대방은 상대방대로 인정할 수 없게 만들고, 스스로는 생각하면 할수록 어떤 문제가 풀리지 않으므로 괴롭기는 마찬가지다. '본마음'이라는 말조차도 들어보지 못한 채, 그저 상대방을 향해서 퍼붓는 질타는 서로에게 엄청난 상처만 남긴다.

이런 식으로 말을 한다고 하자. "노대체 당신이라는 사람, 정말 기가 차네요. 어떻게 그렇게 행동할 수가 있나요! 어이없어요. 당신이 그런 식으로 행동하면 어떻게 되는 거예요? 정말 화가 나네." 라는 말이다. 그 분노의 감정이 비례적인 것이라 할지라도, 분노의 감정은 상대방을 다시 분노하게 만들거나 회피하게 만드는 중요한 이유가 된다. 이 때 '저 사람의 저런 행동에 대해서, 내가 이렇게 화가 나는데, 진짜 나의 마음은 무엇일까? 나의 본마음은 무엇일까?' 에 대해서 생각해 보자. 대부분의 공격적인 마음의 밑 마음은 '불안과 두려움'이라는 것이 있다고 본다. 그 두려움의 밑 마음은 선택하여 가야할 길을 스스로가 찾지 못하여, '의존하고 싶고 사랑받고 싶은 마음'이다. 이러한 본마음을 자신도 모르니 어떻게 상대방에게 이 마음을 표현하겠는가!

"오늘 당신의 행동은 당신으로서는 그냥 예사롭게 한 것일지는 모르겠지만 나에게는 자극이 되었는지, 마음이 불안하고 두렵고 위축되었어요." 라고 해 보면 어떨까! 결코, 상대방의 행동 그 자체에 대한 비난과 질책이 들어가서는 안 되고, 단지 나의 마음, 즉 불안이나 두려운 마음, 내가 믿고 의지하고 관심 받고 싶은 대상에 대한 나의 바램이나 기대감을 스스로 느껴야 한다. 상대방의 행동 그 자체에 대한 분노의 화살, 비난, 질책 등이 들어가면, 상대방은 저절로 억울함, 상처, 공격받은 느낌 등으로 역공격 또는 피하는 방식이 나올 수밖에 없다. 상대방의 행동 그 자체에 초점을 맞추는 것이 아니라, 나의 본마음이 이러이러하다는 것을 알리는 것이 핵심인 셈이다. 특히 부부사이에는 본마음을 말하지 않고 사용되는 극단적인 어휘 때문에 서로에게 얼마나 큰 상처를 주고 사는지 모른다.

"그래, 오늘 당신의 그런 행동 때문에 내가 정말 미치겠어!"

"내가 뭘 어쨌다고!!! 그런 식으로 말을 한다면 나도 정말 화가 나! 앞으로 계속 그렇게 내 행동이 못마땅하면 그만… 그래, 그만 살지 뭐. 정말 지긋지긋해!"

"뭐라고? 그만 살자고? 어찌 그런 말을 쉽게 할 수 있어! 좋아. 누가 살고 싶어서 사는 줄 알아? 애들만 아니라면 나 역시 벌써 그만 두었어. 당장 이혼해!"

관계가 좋지 않은 부부사이에서 예사롭게 이런 식의 도전적인 대화를 주고받기 쉽다. 참으로 안타까운 일이다. 무엇 때문에 힘들었는지에 대한 본질적인 사실은 온데간데없고, 표현방식에서 서로에 대한 비난과 탓만 일삼았기 때문에 복수하듯 서로에게 상처를 주기에 바쁠 뿐이다. 스스로의 상처 난 마음을 스스로가 포착하지 못하는 것, 그 본마음을 자각하지 못하는 것이 문제의 본질도 놓치고, 해결해야 할 과제도 논의하지 못하는 것이 가장 큰 이유이다. 이렇게 바꾸어보면 어떨까!

"오늘, 당신이 나에게 이러이러한 말을 했었죠!! 그 말이 지리지리한 내용이었죠. 그 말을 듣고 내가 두려워지면서 불안해졌어요. 당신은 그냥 예사로 한 말이었을 텐데! 분명히."라고 한다면 아마도 상대방은 이렇게 응답할 수 있을 것이다.

"나는 이런 이유때문에 그렇게 말을 했는데 그것이 당신에게 그렇게 들렸구나. 난 이런 뜻이었는데… 정말 별일 아닌 것이었는데!"라는 반응이 올 수도 있고 별 말없이 그냥 지나갈 수도 있을 것이다. 특수한 경우 또 다른 적대감을 표현할 수도 있겠지만, 대체로 정상적인 관계라면 비난을 멈추는 것만으로도, 본마음을 표현하는 것만으로도 대화의 물꼬는 열릴 수 있다. 그리고 이런 대응을 할 수 있을 것이다.

"글쎄 말이에요. 내가 당신께 많이 기내고 싶은 모양이죠! 당신의 그런 작은 행동 하나에 이렇게 불안하다니, 참 나도 상처를 잘 받네요. 힘들어요!"라고 한다면 "아 그래! 나도 나의 그런 말투 등, 좀 생각해 보아야겠네." 혹은 "그냥 좀 편하게 생각해." 하면서 가볍게 넘어갈 수도 있을 것이다.

서로의 본마음을 말하면, 서로에게 상처 주는 말이 훨씬 적어진다. 자신 쪽으로 완전히 초점이 맞추어지기 때문에 상대방에게 그 화살이 가지 않는다. 따지고 보면 그런 반응들은 대부분 내 마음의 '투사(projection)'이다. 투사하지 않고 상대방을 있는 그대로 바라보면 그냥 상대방은 '그렇게 할 뿐인데', 그러나 나에게는 불안하게 느껴지고, 상처가 되고, 공포스럽고, 무섭고, 괴롭고, 힘들어지고, 너무 좋고, 예쁘고, 밉고 등등의 마음이 되는 것이다.

하지만 현실에서는 이것이 쉽지 않다. 투사된 마음들은 모두 내 마음이라고 머리로 생각할지라도, 꼭 사실처럼 상대가 그렇게 하지 않으면 내 마음이 그렇게 될 리가 없는 것 같이 느껴진다. 정말 상대방의 행동 때문에 발생된 나의 마음이라는 느낌이 강력한 것이다. 남들이 아니라고 하여도, 분명 상대방의 행동 때문에 일어난 문제이므로 상대방의 행동이 바뀌면 될 것으로 여겨진다. 상대방의 행동에 대해서 사람마다 느끼는 것이 다를 수 있다는 생각이 잘 들지 않는다. 비록 그것이 나의 비례적인 느낌이라 할지라도, 그것은 나의 마음속에서 바라보아야 하고 머물러야 한다는 사실을 깨닫기가 쉽지 않은 것이다.

일단 상대방 탓을 일체 멈추어보라. 그리고 내 본마음이 무엇인가를 스스로에게 물어보라. 조급하게 생각하지 말고 가만히 멈추어 물어보고, 스스로가 대답하는 여유를 주어라. 눈을 잠시 감고 있어도 좋다.

자신의 본마음에 들어가면 그 마음에 머무르는 힘이 생긴다. 바라보는 힘이 생긴다. 본마음에 들어가지 못하면, 상대방 탓으로 인한 감정으로만 느껴지기 때문에 마음이 엄청나게 괴롭고 상처가 된다. 한마디로 상대방에 대한 적개심으로 인하여 마음에서 불이 나듯 활활 타오르는 괴로움을 가지게 된다. 자신의 내면 감정 때문에 발생된 외부자극에 대한 개인적 반응이라는 사실을 도저히 인정할 수 없다. 상대방의 문제라고만 느껴지는 순간 상대방에 대한 화를 가라앉히는 것이 너무 힘들다. 적개심은 불과 같은 것이다. 결국, 자신내부의 불 때문에 자신의 모든 것이 불타고 있는 것이다. 그래서 확확거린다. 말 내용이나 말투나 표정이나 행동 등이 불붙은 듯 타오른다. 불은 다시 불을 일으킨다. 그때 만약 누군가가 옆에 있다면 그 불똥은 그 사람에게로 튄다. 얼마나 불행한 일들이 연속으로 일어나는지 알 수 없을 정도이다. 불을 가라앉히는 것은 자신의 '깊은 성찰' 혹은 '지성'으로 가능하다. 그 불 아래의 '본마음'을 깊이 바라보고 머무를 때, 스스로의 감정을 조절 통제하는 힘이 생기게 될 것이다.

바람이 불면, 그냥 바람이 부는 것이다.
부는 바람에 대한 '느낌'은 나의 몫인 것이다.
바람이 분다고 바람에게 탓을 할 것인가!
바람은 그냥 불 뿐이다.
다른 것은 없다. 아무 것도…
상대방으로 인해 발생된 내 마음,
오직, 나의 '본마음'이 무엇일까!

12. 인간의 도피처, '과장'

과잉보상이란
의식될까 두려워, 좋지 않고 용납될 수 없는 무의식적인 경향에 대한 방어로
그 반대의 어떤 의식적인 흐름(혹은 경향)을
과장하거나 지나치게 발전시키려는 경향성을 말한다.
이러한 경향성은 긍정적인 방향으로 보상을 받으려는 의지도 있지만
부정적으로 자신을 보상시키는 방향도 있다.

심리학자 아들러는 인간이 자신의 신체상의 결함을 어떻게 메우느냐에 주목했을 때 심리적 현상으로서의 보상에 처음으로 관심을 갖게 되었다. 콩팥 중 하나가 기능을 상실하면 나머지 하나가 두 개의 기능을 떠맡는다고 한다. 하나가 부족할 때 다른 쪽에서의 기능이 더욱 더 보완된다는 뜻일 것이다. 허파 등 다른 장기도 마찬가지이며 한 번 부러진 뼈는 잘 치료해 제자리에 갖다 맞추면 본래보다 더욱 강해진다고 한다. 많은 유명한 사람들이 자신의 어떤 장애를 극복하기 위해 노력하는 도중, 스스로도 미처 생각하지 못한 다른 능력을 놀라울 정도까지 발전시키는 것을 본다.

미국에서 가장 유명한 장거리 달리기 선수인 글렌 커닝햄은 일곱 살 때 생명을 거의 앗아가다시피 한 화재의 결과, 불구가 된 다리를 튼튼히 하려는 노력 끝에 위대한 달리기 선수가 될 수 있었다. 마찬가지로 최고의

육체미로 이름을 날린 찰스 아틀라스도 청년으로서 너무 빈약한 체격 때문에 곤란을 당하여 그걸 보상하고자 노력한 끝에 제일의 육체미 보유자가 되었다. 유명한 화가인 휘슬러는 웨스트포인트 사관학교에서 퇴학당해 군인으로서 입신하겠다는 꿈은 무너졌으나 대신 화가로서의 재능을 계발하여 유명한 화가가 되었다.

'대상 보상'이라는 것이 있다. 그것은 어느 한쪽에 핸디캡이 있는 사람이 어떤 다른 것에서 뛰어나게 되는 것이다. 한 쪽을 보상받기 위하여 다른 한쪽으로 최선을 다하는 모습이다. 누군가가 그것을 가로막지만 않는다면, 누군가가 어느 한쪽의 핸디캡에 대해서 꼬꾸라질 정도의 지배를 가하지만 않았다면, 누군가가 최선을 다하는 사람에게 많은 인정과 사랑을 해 주었다면, 누군가가 그 의지를 무너뜨리지만 않았다면 다른 부분에서 최선을 다하려는 심리적 현상은 자연스러운 것이다.

그런데 다른 대상을 통하여 자신의 부족한 부분을 보상하려는 이러한 심리기제가 조금 더 과잉 혹은 도취되기 시작하면 그것이 '과잉보상' 심리로 작용하게 된다. 과잉보상이란 의식될까 두려워, 좋지 않고 용납될 수 없는 무의식적인 경향에 대한 방어로서 그 반대의 어떤 의식적인 흐름(혹은 경향)을 과장하거나 지나치게 발전시키려는 경향성을 말한다. 우리의 대부분은 '과잉보상'의 심리적 기제를 어느 정도는 가지고 있다고 본다. 한쪽의 방향이 억제됨으로써 나타나는 다른 쪽의 과잉현상은 어쩌면 자연스러운 현상일지도 모른다. 이러한 경향성은 긍정적인 방향으로 보상을 받으려는 의지도 있지만 부정적으로 자신을 보상시키는 방향도 있을 것이다.

존 포웰(1993)은 과잉보상의 사례를 다음과 같은 몇 가지를 통하여 설명하였다. 모든 것을 절대적으로 확신하는 극단적으로 독단적인 사람은 자신의 잠재의식 속에 있는 의혹들을 없애기 위해 더욱 더 '자기 확신'에 찬 태도를 키워 나간다. 왜냐하면 이런 의혹을 지니고(의식하고 머무르면서) 살기에는 자신의 자아이미지가 충분히 강하지 못하기 때문이다. 진정한 자존감이 부족하다는 뜻이다. 내면의 자기 힘이 부족하기 때문에 무엇인지 모를 의혹을 합리화시키고 방어하기 위한 작업이 필요한 것이다. 의심이 많은 자신의 감정에 대하여 직면하기보다는, 그 의심이 많은 자기를 보호하기 위하여 더욱 더 '자기 확신'에 찬 과장된 행동을 한다는 뜻이다.

예컨대, 지나치게 부드러운 사람은 자신의 잠재의식 속에 억압되어 있는 거칠고 잔인한 성격을 보상하기 위해 그런 태도를 취하는 것으로도 볼 수 있다. 물론 기질적으로 따뜻하고 부드러운 심성을 가진 면으로도 해석될 수 있지만, 다소 과장된 배려는 그 심리적 배경이 오히려 '공격성'을 숨기기 위한 반동형성적인 방어기제라고 볼 수도 있다. 또한 극단적인 형태로 얌전한 체하는 것은 정상적인 성욕이 억압되어 쾌적하게 살아갈 수 없는 데 대한 요조숙녀의 과잉 보상행위이다. 연로한 부모의 건강에 대해 지나치게 관심을 쏟는 것은 부모의 죽음에 대한 책임에서 벗어나려는 잠재의식 속의 욕구를 보상하기 위해서라는 연구도 있다.

그렇다고 모든 좋은 의도가 그 반대되는 생각을 심리적으로 감추기 위한 의도라고 의심할 수는 없다. 그러나 보상적인 태도는 앞으로 기울어지지 않으려고 뒤로 기대는 격이다. 이러한 종류의 보상은 일단 작동하면 늘 과장과 극단으로 치닫기 쉽다. 따라서 일반 상식을 벗어나서 비례적이지 않게 보이는 어떤 행위나 뭔가 역작용처럼 여겨지는 것은, 한번쯤 생각해 보아야 할 것이다.

이렇게 볼 때 사람에게서 과장된 행위는 그의 내면에서 작용하는 어떤 심리적 행위에 대한 반사작용이라는 것을 고려해 볼 수 있다. 즉 무엇이든지 과장되었다는 것은 그 이면에 뭔가 그렇지 않는 것이 있다는 것이다. 많은 사람들은 이렇게 자신의 도피처를 만들어 나간다. 그 도피처가 '과장'이라는 탈을 쓸 경우에는, 정도의 차이와 경우에 따라서 다르겠지만 스스로에게도 손해를 입힐 수 있다. 예컨대 '과장'하여 말을 하고 난 뒤에 오는 스스로의 부담감, 죄책감이 작용한다든지, 자연스러운 인상을 남기지 못한다든지, 섣부른 행동으로 뒷감당을 하기 어려워진다든지 등, 남들로부터 건강하지 못한 인상을 남기게 된다. 그렇게 되다 보면 상대방으로부터 자연스럽게 존중, 인정받지 못하는 느낌이 들면서 살짝 무시당하는 느낌을 받게 되기도 한다. 따라서 결국 스스로가 손해를 보게 되는 결과를 초래할 수도 있는 것이다. 과장된 경제적 활동, 과장된 인간관계, 과장된 사랑 등, 결국 이러한 반응들은 부메랑이 되어 스스로에게도 부담을 안겨준다.

물론 이러한 행동들이 사회 도덕적으로 훌륭한 일일 수도 있다. 단지 여기서 말하고자 하는 것은, 어떤 상황에 대해서 그런 행위가 옳다 옳지 않다 하는 판단이 아니라, 그 행위가 비례적이지 않을 경우에는 반드시 그 무의식적인 의도가 있다는 사실을 고려해 보아야 한다는 것이다. 누군가가 재정적수준에 비하여 많은 기부금을 낸다고 하자. 그런 행위는 결코 손가락질 받을 행동은 아닌 것이다. 다 가지고 난 뒤에 베풀려고 하면 평생 베풀지 못할 수도 있다. 그 행위에 대하여 잘잘못을 가릴 필요는 없다. 단지, 그 행위가 현실적 기준과 어울리지 않을 경우에는 친밀한 가족 등 그 주변인이 '과잉행위'의 역작용으로 피해를 볼 수 있다는 점이다. 그런 과장된 행위로 인하여 발생되는 상대방의 피해에 대한 배려심이 없는 상태에서, 사회로 향한 훌륭한(!) 행위가 과연 정당화될 수 있을 것인가 하는 점을 생각해 보아야 한다는 뜻이다. 대의를 위하여 소의를 저버려야 한다는 '대의명분'을 내세울 수도 있을 것이다. 사실 또 그런 대의를 가지는 사람도 이 사회에서는 꼭 필요하다. 그러나 그런 태도가 가정 안에서도 일치되는, 안팎이 통합되는 인격을 가져야 할 것이다. 이 사실을 간과할 경우에는, 사회에서는 훌륭한 인물이지만 가정 안에서는 동일한 대접을 받지 못하고 가족으로부터 소외되는 상태로 남을 수 있다. 즉, 어느 한쪽의 과장은 다른 한쪽을 기울이게 만드는 역작용이 발생한다는 사실이다. 사소한 것일지라도 과장된 것에 대한 통찰력이 부족하면, 자기 행동에 대한 방어를 하게 되고 관계손상 혹은 현실 판단의 문제점이 야기될 수 있다.

남들과 뭔가 다른 과장된 행위라 할지라도, 가족 내의 사랑과 평화, 그리고 사회를 향한 도움으로 통합된다면 정말 아름다울 것이다. 진정한 사랑이 있는 마음상태와 외적인 기준들이 조화되고, 누가 보아도 그 행위가 어느 누군가에게도 (물론 자신에게도) 피해를 주지 않고 진실하다면, 그것은 정말 아름다운 것이며 오히려 지향해야 할 것이 아니겠는가! 인간의 '과장'이, '과잉보상'을 위한 반동 형성적 행위인 도피처로서가 아니라, '네 이웃을 내 몸같이 사랑하라!'는 예수님의 말씀과 같은 성숙한 동기로 행동화된다면, 우리는 아마도 고결한 정신의 소유자가 될 것이다.

13. '전체'를 보는 치우치지 않는 마음

전체를 무시하기 때문에 부분적인 것들에 의해 기만당한다.
우리는 의식의 대상들에 의해 유혹된다.
그리고 열망과 혐오, 탐욕과 분노로 인해
마음이 어딘가를 향하거나
반대로 회피하여 한쪽으로 치우치게 된다.
이것이 바로 '인간의 일상적 고통'이 아닐까 싶다.

이 세상은 다양한 형태로 가득 차 보이지만, '전체'로서의 이 세계는 우리가 생각하는 것과는 달리 아무런 의도도, 경향성도, 마음의 치우침도 가지고 있지 않다. '전체'는 의지적 행동으로는 해낼 수 없는 방식으로 겉으로 드러나는 형태와 유형들을 생성해 낸다. 나무로부터 떨어지는 나뭇잎, 시냇물의 흐름, 바람의 소리와 움직임, 이 모든 것들은 애써 지어내지 않아 자연스러우며 신비스럽고 깊이 살아 움직인다. 그 모든 것들은 의지에 의해 억지로 꾸며진 것들이 아니다. 의지에 의하지 않은 행동은 시간이 지나면서 풀밭에 자연스럽게 떨어진 잎들과 같은 형태를 산출해 낸다.

반면 의지가 개입된 행동은 그렇게 하지 못한다. 즉, 자연스럽게 떨어진 잎이 거름이 되면서 새로운 생명창출의 비료가 되는, 지극히 당연한 순환을 겪게 하지 않는다. 그 잎을 치우고 새로운 인공거름을 넣는 것과 같은 것이다. 더 크게 하고 싶어서, 더 자라게 하고 싶어서, 더 넓게 만들고 싶어서, 더 채우고 싶어서… 끊임없이 인간의 욕구와 동기가 개입된다. 의지적 행동은 우리의 열망과 소망, 혐오와 갈애가 섞인 일상적 마음에 의해 나타난 행동들을 말한다. 의지적 행동들은 환상, 즉 개념들에 근거하고 있다. 지금까지 살아온 '정신역동'에 의하여 구성된 자기 식의 생각들, 즉 선천적 기질적 욕구이든, 환경이 만들어 놓은 욕구이든, 다양한 경험에 의한 욕구이든, 나름대로 자신의 머릿속에서 개념화된 것들에 근거하고 있다. 사실 이것은 환상이며 망상일 경우가 많다. 이러한 개념들은 '이것'과 '저것'이 각각 현실적이며 견고하고 본질적으로 분리된 것이라고 생각함으로써 생겨난다. 즉, 이 세상의 유기체의 본질이 서로 떨어져 있다고 생각하는 데서 오는 것이다. 그렇지만 이런 생각은 의지가 작동하기 위한 활동 무대로 세워진 가정일 뿐이다.

'전체(전체로서의 세계)'는 아무런 의지도 가지고 있지 않다. '무엇을 꼭 해야만 해!' '무엇이 꼭 되어야만 해' 등의 욕구를 고착시키지 않는다. 그것은 어떤 것을 향해 치우치지도 또 그 반대쪽으로 치우치지도 않는다. 그렇다고 해서 무기력하여 아무 것도 못한다는 것을 의미하지 않는다. 자연스러운 방법으로 행동할 수 없다는 것을 의미하지도 않는다. 있는 그대로의 창조성을 드러내면서 자유롭게, 그리고 전체와 조화를 이루어 내며 살고 있다. 깊은 깨달음이 있는 분들의 한결같은 생각과 행동은, 전체의 관점에서 작용하므로 그 태도가 생명감이 있고 자연스럽고 여유롭고 조급해 하지 않는다는 것이 특징이다. 치우치지 않는 마음상태가 있다는 뜻이다. '내 것'이 중요한 우리의 안목으로는, 모든 사물을 '네 것, 내 것'으로 분리된 것처럼 보이겠지만, 전체는 모두 하나로서 나름대로의 법칙으로 돌아가고 있는 중일 것이다.

우리의 만성적 문제는 바로 이러한 의도 (진실로 정당한 것 같고, 누가 보아도 마땅한 것 같아 보이는 의도라 할지라도) 와 관계가 있다. 전체를 무시하기 때문에 부분적인 것들에 의해 기만당한다. 우리는 의식의 대상들에 의해 유혹된다. 물론 의식의 대상들 속에는 자기가 굳게 옳다고 믿고 있는 개념들이 포함되어 있다. 그리고 열망과 혐오, 탐욕과 분노로 인해 마음이 어딘가를 향하거나 반대로 회피하여 한쪽으로 치우치게 된다. 이것이 바로 '인간의 일상적 고통'이 아닐까 싶다.

타인을 배려하고 사랑하며 살아야 한다는 것은 잘 알지만, 내 것을 채우고 싶은 욕망 또한 결코 저버릴 수 없는 이 딜레마에서 나오는 우선적인 길은 무엇일까!

그것은, 오직 자기 자신의 마음을 관찰하는 것이며 언제 마음이 한쪽으로 치우치게 되는지 자각하는 것이다. 어느 가을, 가지에서 떨어지는 나뭇잎을 마음속으로 그려보자. 나뭇잎이 땅 위에 내려앉는 것을 상상해 보자. 그것은 우리의 단순한 의지적 행위로는 도저히 복제할 수 없는 그런 형태라는 것이 느껴질 것이다. 아무런 의도도 열망도 없다. 그냥 나뭇잎의 형태를 지니면서 내려앉을 뿐이다. 자연은 그러한 무작위無作爲적 형태를 만드는 데 아무런 어려움이 없다. 무엇이 그처럼 순수한 무작위적 방법으로 나뭇잎들의 붙음과 떨어짐을 조정하여 놀라우리만치 아름다운 형태를 만드는 것일까!

그것이 바로 '전체(전체로서의 세계)'이다.

우리는 '전체'를 보는 것이 약하다. 환경적인 예를 들어보자. 만일 우리가 이 지구상의 기후 체계에 대해 모두 안다면 먼 미래의 날씨를 정확히 예보할 수 있을 것이다. 그러나 정확한 예보를 위해서는 각각의 원자의 위치와 운동에 이르는 모든 미세한 사항까지도 알아야만 한다. 물론 당연히 보통사람들인 우리는 그렇게 할 수 없다. 지구의 기후와 마찬가지로 자연의 조직 체계는 언제나 작위적 성격이 없는 '전체'의 통제 아래 있기 때문이다. 최고의 과학적인 힘도 전체의 조화 앞에서는 사실 무력해 질 수 있다. 과학적으로 증명할 수 있는 것이 이 세상의 전체 중 몇 퍼센트나 될까! 전체의 힘은 상상을 초월할 만큼 놀랍지만 전체를 보는 힘이 정말 약하다. 또 하나의 예를 보자. 아이가 꼭 좋은 대학을 가야한다는 마음으로 치우쳐 있는 상태에서 '아이를 위하여 최선을 다해야 한다'라는 생각을 가지고 있다면, 최선을 다하는 내용이 '치우치기 위한' 최선이기 때문에 결코 도움이 되지 않는다. 좋은 대학을 보내지 말아야 한다는 것이 아니다. 아이의 전체(전 인생)를 생각해 볼 때, 과연 아이에게 무잇이 도움이 될 것인가 하는 지혜로운 부모의 조언과 충고, 적절한 정보와 대화 등이 이루어지지 않으면 사실 도움을 주기 어렵다. 전체적으로 상황을 보고 아이를 바라보는 그런 생각이 들어야 한다. 그때 아이와 나누는(함께하는) 여러 가지의 대화내용은 훨씬 평화롭고 지혜롭게 되는 것이다.

전체적으로 보지 않고 치우쳐 있는 상황에서 서로 소통하는 것은 결국 '자신의 의지'를 드러내는 주장일 수밖에 없으므로 대화의 단절을 초래하기도 한다. 내 뜻대로 원하는 무엇 무엇을 가지지 못하면 이 현실을 어떻게 살아나갈 수 있느냐! 라고 생각할지 모르지만, 전체적으로 볼 때 그 무엇 무엇을 가지든 가지지 않든 살아나가는 것에는 문제가 없을 것이다. 꼭 가져야한다는 욕구가 있는 입장에서, 가지지 못했을 경우에는 마치 삶이 실패한 것처럼 보일 것이다. 하지만. 그 과정에서 만약 다른 밑거름을 제공하는 하느님의 뜻, 즉 전체적인 차원에서의 흐름을 잡아내면, 오히려 우리의 행복과 그 다음 세대에 도움이 될 것이라는 믿음을 가져도 좋을 것이다.

사실 우리는 전체를 알 수 없다 하더라도 이미 그런 전반적인 것을 생각하지 않는 것은 아니다. 나름대로 충분히 생각한다. 타인들과 의논하기도 한다. 각자의 살아온 관념대로 전체를 느끼고 통합하려는 노력을 한다. 하지만 실제상황에 들어가면 외부를 제대로 바라보기는 쉽지 않다. 그러므로 내 마음 깊은 곳에서는 무엇을 느끼고 있으며 어떤 상태인가를 자각하는 연습이 늘 필요하다. 가끔 조용히 눈을 감고 '나는 지금 행복한가!' '나는 무엇을 원하고 있는가!' '나의 마음은 어떠한가!' 등의 마음안부를 스스로에게 물어야 할 것이다. 이런 매일 매일의 기도와 같은 '자기반조'의 자세를 통하여야 만이 자연스럽게 전반적인 것에 대한 통합력을 유지하게 되리라 본다. 작은 하나하나의 실천이 모여 성공을 이루듯, 일상의 조그마한 습관들이 인격성숙에 큰 획을 긋게 될 것이다. 그러한 작은 것들은 출발점에서는 성날 비비한 것 같아 보이지만, 세월이 흘러 누적되면 인격의 큰 차이가 벌어지리라 예견된다. 순간순간, 자신의 본마음이 어느 쪽으로 더 치우치는지를 자각하는 일은, 전체의 과정에서 '현재의 나'는 어디에 위치해 있는지를 알아내는 중요한 발판이 될 것이다.

대부분은 스스로의 마음이 무언가를 향하거나 혹은 무언가를 회피함으로써 내부의 균형을 찾으려고 한다. 그러다보면 현실적으로 어떠한 갈등이나 문제점이 발생하게 된다. 그때 사람들은 자신이 어떤 열망과 혐오에 사로잡혀 있음을 알아차리고 그 마음이 한쪽으로 치우치지 않게 하려고 노력한다(그나마 이렇게라도 할 수 있는 사람은 비교적 건강한 편이지 않을까!). 즉, 이미 치우치고 난 뒤 그것을 고치려고 한다는 뜻이다. 치우치고 난 뒤의 마음을 바라보고 머무르면, 대체로 힘든 마음이 지속된다. 치우친 마음을 치우치지 않게 하려고 노력하는 것이 결국 또 다른 형태의 마음의 치우침을 낳기 때문이다. 진정으로 자신의 치우칠 수밖에 없는 본마음은 모른 채로 말이다. 치우쳐 가는 바로 그 때, 치우치는 마음을 알아차리는 연습이 필요하다.

반복적으로 자신의 마음을 알아차리는 연습을 하면서, 언제 우리의 마음이 치우치는가를 자각하고, 마음의 치우침이 실제 무엇을 의미하는지 깨달으면 된다. 지금-여기 이 순간을 바라보는 훈련과 주의집중을 통해 마음은 저절로 균형을 잡게 되고 치우침이 줄어들 것이다. 그렇게 되면, 하나의 나뭇잎이 땅바닥에 사뿐히 내려앉듯 우리의 마음도 가장 자연스러운 방법으로 평화로워질 것이며 애쓰지 않아도 주변과 조화를 이루게 될 것이다.

14. "사람은 변하기가 쉽지 않다!"

변화는, 나 자신을 멈추어 바라보는 데서부터
변화는, 나 자신의 힘을 믿는 데서부터
변화는, 나를 있는 그대로 사랑하는 것에서부터

"사람은 변하기가 쉽지 않다!"라는 말을 흔히 한다. 인간의 내면이 변화하기까지는 많은 고통과 혼돈, 환희와 성공경험 등 다양한 어떤 것들이 작용한다. 개인마다 하늘이 내린 달란트와 기회 등, 이루 말할 수 없는 독특한 환경이 주어질 것이므로 변화를 기대한다는 것은 매우 복잡한 상황들이 내포되어 있을 것이다. 긍정적으로든 부정적으로든 우리는 변화의 물결을 피해갈 수 있는 사람은 단 한 명도 없다고 본다. 변화하기가 그리 간단하지 않을 것이라고 하지만, 변화하는 자연의 질서가 있듯, 자연의 일부인 우리 인간도 어떤 형식으로든 변화하고 있는 것은 사실이다. 그 변화가 어떤 방향인가 하는 것이 중요할 것이다. 당연히 우리 모두는 좋은 방향으로의 변화를 기대한다. 심리적인 변화에 있어서는 정신이 건강하고 성숙한 방향으로의 변화가 이루어질 때 편안하고 자유로워질 것이다. 모든 유기체가 순간순간 변해가는 한 과정의 삶을 살고 있다면, 우리는 한번쯤 어떻게 하면 바람직한 변화를 맞이할 수 있을까를 생각해 보는 것도 좋을 듯하다.

'상대방을 과연 어떻게 하면 변화시킬 수 있을까! 그렇다면 나는 과연 건강한 방향으로 변화하고 있는가!' 가끔 이런 고민을 할 때가 있을 것이다. 우선, '어떻게 하면' 이라는 것과 상대를 변화시키려는 의도는 일단 접어두자. 왜냐하면, 나 스스로의 변화가 얼마나 어려운가를 느낀다면, 상대방 역시 변화하기가 그리 쉽지 않다는 것은 저절로 알게 될 것이기 때문이다. 또한 스스로가 변화된 경험을 가진 사람은, 그 자체로서 다른 사람을 변화시킬 수 있는 소중한 모습이라는 것도 알 것이기 때문이다. 자신을 진정 객관적으로 바라볼 수 있는가 라는 문제와 연결되는, 변화한다는 것….

출발점은, 우리는 과연 변화에 대한 욕구가 있는가라는 질문에서부터 시작되어야 할 것이다. 물론 변화라는 의미는 부정적, 긍정적인 방향을 다 포함하고 있다. 바람직한 방향으로 변화한다는 것을 전제로 할 때, 이 변화라는 것이 그리 간단한 것이 아니다. 그렇다. 변화라는 것이 그리 녹녹치 않은 것이기 때문에 '변화에 대한 욕구가 있는가?'라는 질문부터 해야 될 것이다. 지금까지의 우리의 삶의 방식은 조건화되고 가속화되어 있는 과정이라고 보아진다. 살아가는 습관대로 한쪽방향으로 계속 되어 간다는 뜻이다. 가끔 다른 방향의 삶을 기웃거려보지만 아무래도 익숙한 방향으로 습관화되어 갈 것이다. 그것이 잘못된 방향의 것 일 때는 가끔 다른 쪽으로 생각해 보기도 할 것이다. 하지만, 그 관성의 힘을 멈추고 거꾸로 돌리기는 쉽지 않다. 그냥 가만히 서 있는 수레도 굴리기가 힘이 드는데, 한 쪽 방향으로 계속 돌아가고 있는 수레를 거꾸로 돌리는 방식으로 힘을 쓴다는 것이 과연 가능할 것인가라는 의문까지 든다. 더욱이 이것이 병리적으로 조건화되어 있다면 다른 방향으로 삶의 방식을 바꾼다는 것이 그리 녹녹치는 않을 것이다.

어려운 변화과정, 삶의 습관적인 태도를 바꾸는 과정이 상담 및 심리치료 장면에서는 반복적으로 이루어지는데, 상담자와 내담자 쌍방의 여러 가지 조건의 차이(내담자의 병리적 수준과 의지력, 상담자의 전문성과 인격 등)에 따라 성공할 수도 있고 실패할 경우도 있다.

실패할 경우의 주요원인을 따져보면 몇 가지로 정리될 수 있다. 가장 중요한 것은 내담자의 병리적 정도가 깊은데다 스스로의 의지가 약하고 불신과 불안으로 인하여 치료자체를 거부할 경우이다. 또한 상담자의 전문성과 인격성의 부족함이 함께 작용하게 되면 사실상 한계를 지니게 된다. 반대로 성공할 경우를 보면, 여러 요인이 있겠지만 가장 핵심은 내담자 스스로의 인내력과 의지로 새로운 방식의 자아기능을 반복적으로 훈련하는 사례이다. 물론 상담자의 인격수준과 전문성이 병행되었을 경우이다. 이러한 내담자와 상담자의 긍정적 요인이 치료동맹을 맺는다면 놀랄 만큼의 변화를 가져올 때도 많다.

그렇다면 그것이 어떻게 가능한가를 구체적으로 살펴보자. 우리의 패턴은 지금까지 무의식적으로 한 쪽 방향으로 계속 돌아가고 있으므로 무조건 거꾸로 돌리려고 하면 오히려 힘에 밀려서 넘어진다. 그러므로 일단 멈추는 연습을 해야 한다. 가만히 멈추어야 한다. 다른 쪽으로 돌리려고 하지 말고(변화시키려고 애쓰지 말고) 우선 조건화된 방향의 힘을 쓰지 않는 작업부터 필요하다. 수레바퀴를 우선 잡아야 한다. 즉, 수레바퀴를 멈추는 힘부터 우선 길러야 한다. '멈추는 힘', 가만히 자신의 행동과 마음을 바라보아야 한다는 뜻이다. 거꾸로 돌리는 것은 고사하고 우선은 멈추어야 한다는 것, 이 의미는 무슨 일이 생기면 '어떻게 해야 하나요?'라고 질문부터 하는 보통사람들이 다시 새겨보아야 할 것이다. '어떻게 해야 하는 행동'이 아니라, '멈추는 작업' 부터! 지금까지의 잘못된 습習을 거꾸로 돌리려고 애쓰지 말고, 먼저 그 습을 잠시 바라보고 구경하는, 즉, 알아차리는 작업이 필요한 것이다.

예컨대, 의지하고 싶은 마음을 공격적인 패턴으로 사용하였다면, 우선 그 공격적인 패턴부터 일단 포착하여야 한다. 멈추어서 공격적인 자신의 감정과 행동패턴을 알아차릴 줄 알아야 한다. 더 좋은 방향으로 (예컨대, 좋은 말씨나 인상으로 다가가는 방향) 바로 나아가기보다는 우선 멈추어서 자신을 바라보지 않으면 관성의 힘에 자신도 모르게 휘말리기 때문이다. 멈추는 것을 잘 못하시는 분들은, 혼자서는 한계가 있을 것이므로 타인들의 피드백을 참고할 수 있는 '소집단'을 활용하면 더 효과적이다. 집단 상담을 활용한다면, 자신에게 돌아오는 피드백은, 우선 가만히 멈추어 경청해야 한다. 그리고 진솔하게 그에 대한 느낌을 표현해야 한다. 특히 치료장면에서의 피드백은 상당한 도움이 되므로 비용과 시간과 수고를 투자하더라도 귀 기울여서 들으면 큰 소득이 될 것이다. 가만히 한번 들어보는 것이다. 그리고 솔직한 내 마음을 드러내어야 한다. 그것이 자신의 상태를 정확하게 직면하는 방법인 것이다.

그 마음을 방어하지 않고 있는 그대로 드러내는 방식, 즉 직면하게 되면, 자연스럽게 그 마음상태에 대한 원인과 동기, 그에 따른 행동양식, 의도, 판단 등 각종 통찰이 일어난다. 자연스럽게 어떻게 올바른 방향으로 나아가야 할지에 대한 지혜로운 방법도 나오기 시작한다. 서두르는 것은 금물이다. 서두름은 '과거'의 잘못된 습관을 되풀이하는 통로가 된다. 왜냐하면 서두르지 않고 조용히 알아차리면서 직면하게 된다면, 지혜로운 방향에 대한 탐구는 자연스럽게 따라올 것이다. 이리저리 연구하다 보면, 어떤 구체적인 실행방향이 정해지면서 그때부터 좋은 방향의 습(習)을 익히는 작업이 시작된다. 그것이 훈습(working-through)이다.

훈습하기 전에, 잠깐 멈추어서 바깥으로 향하는 마음을 잘 붙잡아 자신 내면으로 돌려야 한다. 일단, 자신을 방어하지 말고 상대방에게 투사되었던 마음을 조용히 자신 쪽으로 들여다보아야 한다. 이때 나 자신이 스스로를 어떻게 보고 있는지에 대한 탐색을 하면 많은 도움이 된다. 자아상(self-image)을 다시 한 번 느껴본다는 뜻이다. '스스로를 우월한 사람으로 보는가 아니면 열등한 인간으로, 바보 같은 사람으로, 가치 없는 사람으로, 누군가가 손가락질 할 것 같은 사람으로, 잘난 것 같지만 아무래도 확신하지 못하는 어정쩡한 인간으로, 아기 같은 사람으로, 허풍이나 떠는 사람으로, 알고 보니 별 볼일 없는 사람으로, 너무나 인정을 갈망하는 사람으로, 누군가 옆에 있기를 간절히 바라는 사람으로' 등등, 스스로의 이미지를 객관적으로 바라보아야 한다. 마치 '나'가 타인이 되어 '나'를 봐 주듯이….

타인이 나를 어떻게 볼 것인가를 생각하지 말고, 오히려 '나' 스스로가 '나'를 어떻게 보고 있는가에 집중하는 것이 도움이 된다. 나 자신에 대한 힘을 점검하는 것이다. 이 과정은 정말 중요하다. 여기까지만 할 수 있다고 해도 변화는 시작되었다. 이 과정만으로도 많은 내담자들은 새로운 느낌을 가지게 되고 새롭게 길을 열어가는 경우가 많다.

그리고 차분하게 자신이 더 나은 성장을 위하여 지속적인 변화의 물꼬를 틀고 싶은가를 진지하게 자문해야 한다. 수없이 자신 스스로와 대화를 하는 것이다. 자문자답을 통하여 내면에서 울려 퍼지는 맑은 소리를 듣게 된다는 것은 소중한 체험이다. 진정 변화의 물꼬를 틀고 싶다면, 자유롭고 편안함의 상태로 길을 열고 싶다면, 내면의 좋은 힘을 깊이 믿어야 한다. 자신을 깊이 들여다보는 자세가 발달되면 이 힘을 느낄 수 있다.

집단 심리치료나 참된 인간관계의 경험에서 '무조건적인 존중과 사랑'을 받아 본 사람들은, 내면의 힘이 어떻게 올라오는지를 경험했을 것이다. 내면의 힘, 이것은 말로 표현하거나 글로 표현하기는 어려우며 오직 체험으로만 느낄 수 있다. 그러한 내면의 힘이 우리를 어떻게 살려내는지, 그것을 통하여 조금씩 마음의 키가 성장한다는 것을 경험할 수 있을 것이다. 물론 개인적인 차이는 있으나, 자기가 알든 모르든 이 성장된 내면의 힘은 저절로 현실적으로 어떤 변화를 초래하게 된다. 그 내면의 힘이 짧은 순간이라 할지라도 그 경험은 매우 값진 것이다. 일상으로 돌아갔을 때 완전히 보통의 모습으로 돌아간 것 같아도, 그 경험의 누적은 아주 놀라운 심경의 변화를 가져다준다. 애써서 되는 것이 아니라, 그런 경험의 축적물을 통하여 자신도 모르게 변해있는 스스로를 발견할 것이다.

만약 그 힘이 자신 내면으로부터 지속적으로 반복적으로 일어나는 경험을 한다면, 스스로를 상당한 수준의 다른 사람으로 변하게 할 것이다. 진정 변하고 싶다면 내면의 참된 힘을 믿어야 한다. 어쩌면 이 힘은 성스러울 것이다. 그리고 조용하게 자신에게 물어보아야 한다. '나는 그 힘을 진짜 내면에 채우고 싶을까?' 라고. 만약 채우고 싶다면 그 힘을 원해야 한다. 갈구해야 한다.

입술로 원하는 것만으로는 충분치가 않다. 그 힘을 받으려면 자신의 자책감과 오만함을 버려야 한다. '만들어진 핵심역동의 힘'을 충분히 깨닫고 그 힘으로부터 자유로워지려는 갈구가 있어야 한다. 진정한 내면의 힘이 자리할 거처를 마련해 주어야 한다. 내면에 그 힘이 자리 잡게 좀 비워두자는 뜻이다. 비우기 위해서는 우리가 갖고 있는 많은 심리적 물리적 우상을 자각해야 한다. 심리적 물리적 우상은 사회적 인간으로서 어쩔 수 없는 것이지만, 진실로 그것은 '조건'이 만들어낸 망상이며 언젠가 반드시 사라질 허깨비인 것이다. 내가 지금까지 꼭 옳다고 생각했던 것들, 아름다운 외모, 돈, 권력, 학벌, 사람, 완벽한 배우자, 완벽한 자녀, 이것들로 가득 찬 자리를 조금씩 내어주어야 한다. 내면에서 지금까지 최고라고 생각했던 우상들을 하루아침에 벗어던질 수는 없을 것이므로, 그 마음 한쪽 옆에라도 성스러운 힘이 들어오게끔 자리를 비켜주어야 한다.

심리관련 학습이나 심리치료 과정에서, 지식적인 교육을 넘어서 정서적인 작업으로 들어가는 것을 경험하게 되는데 그 작업들은 이런 내면의 성스러운 힘들을 경험하기 위한 일종의 훈련이다. 소집단 심리치료는 진정한 힘들을 내면에 자리 잡게 하기 위한 작업이다. 지금까지 굳게 나의 힘이라고 믿고 있었던 심리적 물리적 우상을 하나하나 점검하고, 그 우상들을 비워낸 자리에 내면에서 진정으로 갈구하는 아름다운 힘이 자리잡을 수 있도록 하는 것이다. 누군가가 퍼 주는 것이 아니라 내 안의 깊은 샘물이 자연스럽게 나오게 되는 것이다. 인격의 변화가 일어나는 것이다.

만약 상대방이 변해서 나의 모든 것을 채워주기를 바란다면, 이것은 스스로가 변화하기를 힘들어할 때 요구되는 의존적인 태도이다. 명백하게 상대방의 자극 때문에 발생된다고 느끼는 나의 불편함은 상대방의 자극이 사라질 때 불편함도 함께 사라진다. 그럴 때 그 '사라짐'은 나에게 도움이 되는 것 같지만 그것은 일시적이다. 상대방이 변할 때만이 내가 변할 수 있다는 태도는, 시간이 흐르면서 다시 '힘듦'으로 원상복귀 될 가능성이 높다. 그런 변함은 잠시 의존심이 채워진 것뿐이며, 채워진 것이 사라질 때 또 다시 똑같은 상태가 되는 것이다. 그것은 진정한 변화가 아니다. 그러므로 타인의 변화에 의한 나의 편함은, 자신의 내면 변화에 의한 편함에 비하면 너무나 미소한 것이다. 그리고 타인의 변화에 의한 내적 힘은, 진정한 나의 힘에 비하면 너무나 일시적인 것이다. 그러므로 변화하는 주체는, 바로 '나' 로부터 출발해야 할 것이다. "사람은 변하기가 쉽지 않다."라고 생각하는 분들이 있었다면, 지금부터는 다음의 글귀를 새겨보길 바란다.

변화는, 나 자신을 멈추어 바라보는데서 부터.
변화는, 나 자신의 힘을 믿는데서 부터.
변화는, 나를 있는 그대로 사랑하는 것에서 부터.

15. 버티는 것도 지혜로운 분별력으로!

'안 돼!'라는 말은 때로는 '널 사랑해'라는 말이다.
'이번에만 하고 다음부턴 진짜 안 돼!'라는 말은
'난 널 감당 못하겠어. 우선 이 상황을 피해야겠어.'라는 말이 되기도 한다.
사랑이 깃든 지혜로운 분별력,
이것은 문제해결의 중요한 힘으로 작용될 것이다.

자식에게 필요한 것을 제대로 못해 주어서 문제가 되는 것도 많지만, 자식에게 너무 잘해 주어서 문제가 되는 것도 많다. 너무 잘해주고 싶은 심정, 그 마음을 접고 그냥 있는 그대로 봐 주는 것도 때론 '마음수양'일 경우가 있다. 부모-자녀 관계뿐만 아니라 일반적인 관계에서도 마찬가지나. 보통 같으면 그냥 지나칠 수 있는 일이지만, 남들의 애로사항에 대하여 그냥 넘어갈 수 없는 안쓰러움과 안타까움을 유달리 많이 가지는 사람이 있다. 이것이 옳다 나쁘다 좋다 좋지 않다는 윤리적인 문제를 다루려는 것은 아니다. 단지, 때론 그런 배려와 사랑도 접어두는 것이 더 필요할 때도 있다는 것을 말한다. "더 잘해주고 싶은 그 마음을 접는 것도 마음수양이라니, 해 주지 않으면 얼마나 힘들고 편치 않은데!" "너무 냉정하지 않느냐! 타인을 사랑하고 배려하며 살아야 하는데…." 라고 말하는 사람들도 많다. 어쩌면 잘해주고 싶은 안타까움을 참는 것이 더 어렵다는 뜻이리라. 그러나 힘들어도 해 줘야 하는 것도 있고, 아무리 해 주고 싶어도 해 주지 말아야 하는 것이 있다. 그 양쪽이 다른 것 같지만 '분별력'이라는 개념을 생각해 본다면 같은 맥락에서 고려해 보아야 할 것이다. 즉, 상대를 진정으로 사랑한다면 버티면서 해 줘야 하는 일과 해 주지 말아야 하는 일에 대한 지혜로운 분별이 있어야 한다는 뜻이다.

한 인간의 심리적 탄생 시기인 어린 시기에 제대로 필요한 것을 받지 못한 아이는, 자라면서 누구로부터 그것을 제공받기 시작하면 끝도 없이 채우려고 한다. 부모의 입장에서 과거에 못해주었던 마음 때문에 아이가 저런 행동을 한다는 생각이 든다면, 죄책감을 느끼면서 가능하면 잘 해주고 싶은 마음이 든다. 그러다 보면, 어느새 아이는 부모 마음의 약점을 알고서 적절한 정도를 지나칠 만큼 요구하게 된다. 부모는 자신의 죄책감으로 인하여 적절하게 조절이 안 되는 문제점을 안게 되고, 자식은 그것을 이용(?)하면서 자신의 욕구내로 무언가를 채우셨다는 문제점을 야기할 수 있다.

반면, 어린 시기에 지나치게 충족된 아이는, 제대로 충족되지 않으면 마치 낭떠러지로 가는 것 같은 불안으로 끝까지 물고 늘어지면서 자기의 욕구충족을 위하여 떼를 쓴다. 만약 이럴 경우에 부모가 '특별히 경제적으로 어려운 것도 아니고, 꼭 비싼 것도 아니라서, 아이 성질 나빠질 것 같아서' 등의 이유로 슬그머니 그냥 해 줘버린다고 하자. 또한 자녀가 좀 심하게 요구한다 싶어도 '이번 한번만, 이번 한번만…' 혹은 '이번이 마지막이다.' 하는 심정으로 해 준다고 하자. 그러면, 어느새 아이는 '떼쓰고 난 후의 보상' 때문에 끝까지 떼를 쓰게 되는 습관을 가지게 된다. 그리고 부모와의 힘겨루기에서 이길 수 있다는 자신감(!)마저 가지면서 부모의 어정쩡한 통제를 떼씀으로 이겨낸다! 해주고 싶어도 경제적 혹은 시간적인 상황 때문에 못해 주었던 옛날에는, 그 환경자체로 인하여 자연스럽게 통제가 될 수 있었다. 그때와는 달리 요즘은 오히려 환경적인 통제(?)가 안 되니 심리적으로 절제해야 하는데, 이것이 보통 어려운 것이 아니다. 지금 세대에서는, 아주 많이 제공해주고 싶은 부모의 욕구를 어떻게 조절하느냐, 아이의 현실적 상황과 어떤 조화를 이루느냐, 혹은 아이의 정서적인 부분과 어떻게 조율하느냐, 이런 것들이 매우 중요하다는 느낌이 든다.

부모는 버틸 때는 버티고, 도와줄 것은 흔쾌히 도와주는 지혜로운 분별력이 필요하다. 안 되는 것은 안 되는 것으로, 되는 것은 가능하면 망설이지 말고 유쾌하게 해 주는 것으로 수용해 주면 어떨까!

하지만 일상으로 들어가면 이것이 결코 쉬운 것은 아니다. 부모 나름대로는 자식에게 많이 버티고 있다고 느낄 것이다. 그리고 '버틴다'는 것에 대하여 '어떻게 버티는 것을 버틴다고 말하느냐?'라는 의문을 가질 수 있다. 버티는 힘의 밑 마음이 중요할 것이다. 즉, 버티는 밑 마음이 '분노와 짜증, 죄책감과 비참함' 속에서 발생되면, 그 힘은 '무서운 총알'처럼 상대방에게 나가게 될 것이다. 그 총알은 과격한 행동적인 방식도 있지만, 소리 없는 분위기로서 느낌으로서 공기로서 모든 것이 나타날 수도 있다. 그런 분위기가 되면 아무리 버티는 힘이 강하다고 하여도 아이에게는 역효과다. 그 행동자체는 통제될 수 도 있고 통제되지 않을 수도 있는데, 문제는, 아이가 다시금 부모를 조종하면서 반항하는 마음이 생길 수도 있고, 급기야는 부모를 무시하고 거부하고 단절할 수도 있다는 사실이다. 조용한 듯이 보이지만, 깊은 도피적 무기력증적인 태도로 수동적 공격을 일삼을 수도 있다. 그것은 훗날 인간관계 손상의 핵심적 관계패턴이 되기도 한다. 경우에 따라서는 버티는 것이 '참는다.'라는 뜻이 될 수도 있는데, 어느 정도까지는 괜찮겠지만 참는 것도 누적되면 훗날 폭발하게 되는 불씨를 만드는 정말 무서운 총알이 될 수도 있다.

또한 버틴다는 것이 두려움과 불안 속에서 진행되다보면, 자꾸만 부정적인 예측이 꼬리에 꼬리를 물고 일어나고, 이것저것들이 모두 문제로 보이기 시작한다. 이런 상태로 버티는 것 역시 상대방으로 하여금 불안하게 만들고 불신하는 느낌이 들어 기분이 좋지 않을 것이다. 말없는 것 같아도 부정적인 느낌들은 상대방에게 정확하게 감지되어 마음이 함께 편치 않는 것이다.

그렇다면 어떤 '버팀'이 참된 것일까! 버티는 것도 사랑의 힘으로 버텨야 한다. 자기의 마음을 잘 알아차리고, 그 버티는 마음속에 상대방을 위한 진정한 자비심과 사랑이 있는지를 계속 확인해 보이야 한다. 상대에 대한 진심어린 사랑이 있다면, 아이를 위해서 어떻게 해 줘야 하는 것이 지혜로운지, 어떻게 말을 해야 하는 것이 적절한지, 어떻게 행동해야 슬기로운 것인지, 기타 다양한 측면을 연구하게 되고 고민하면서 서서히 자연스럽게 내면에서 그 해답이 일어난다. 바로 이런 점 때문에 '건강한 공동체 모임'이나 '집단상담'과 같은 장 안에서 서로간의 피드백을 통하여 객관적인 나의 정서나 행위 상태에 대한 점검이 꼭 필요한 것이다.

물론 처음에는 노력한다는 차원에서 억지로 상대방을 위해서 참는 것도 버티는 것일 수 있다. 직접적인 투쟁을 하지 않고 버티는 것을 연습하는 것, 이것도 상당히 중요하리라 본다. 그러한 참는 태도도 승화되면 좋으리라 여겨진다. 인내력도 생겨서 차분하게 생각하는 것도 배우게 된다. 하지만, 그런 과정에서 계속 자기의 마음을 잘 갈무리해 나가지 못하면, 문제가 생길 수 있다. 예컨대, 화가 나고 억울할 수 있는 마음이 억압되어 자꾸만 이런저런 생각들이 올라오고 트집을 잡는 문제점이 생긴다. '내가 이만큼 최선을 다했는데, 내가 이렇게까지 했는데, 정말 너무하다. 이럴 수는 없다!' '저렇게 해서 저 녀석이 어떻게 커 나갈 것인가!' 등, 온갖 상대에 대한 원망과 분노가 용솟음친다. 상대방의 입장에서는 '누가 그렇게까지 참으라고 했는가!' '그냥 평소 하던 대로 하지.' '결국 그 정도밖에 안되면서…' 등, 상대방에 대한 '무시와 배척감'을 가지게 된다. 그러다보면 버티는 것은 정말 힘들다는 느낌이 든다. 그냥 금방 상대방이 좋아하는 방식으로 해 주고 싶다. 내가 좋아하는 방식으로 해 버리고 싶다. 한마디로 도피하고 싶은 마음인 것이다. 이렇게 우리는 자주 버티기 어렵고 그냥 순간적인 '욕구'의 노예가 되어버리기 일쑤다.

버티는 것은 아이에게 책임감과 인내력을 기르게 한다. 안 되는 것은 안 되는 것인줄 아는 사회성을 기르게 만든다. 독립심과 분별력을 길러낸다. '안 돼'라는 말은 때로는 '널 사랑해'라는 말이기도 하다. '아이고 모르겠다. 그냥 이번에만 하고, 다음부턴 진짜 안 돼'라는 말은, '난 널 피하고 싶어.' '난 널 감당 못하겠어.' '빨리 이 상황에서 도망가고 싶어.'라는 말이 되기도 하다. 부모자신이 의존적인 사람들은 버티기가 더 힘들다. 의존적인 사람들은 그냥 상대의 요구를 다 들어줌으로써 갈등상황을 회피하고 싶어 한다. 갈등자체를 해결할 힘이 부족하다는 뜻이다. 갈등자체를 그냥 피하고 싶고 누군가 빨리 종결시켜주었으면 한다. 아이를 버티지 못하는 것이 아니라 갈등자체를 버티지 못한다. 자기와의 싸움에서 진다는 뜻이다. 갈등자체에서 발생하는 자기감정에 결국 굴복하는 셈이 되는 것이다.

부모를 비롯한 주변인의 사랑의 바탕 하에서, 자기의 욕구를 조절하고 통제하는 것을 배운 아이들은 세상을 살아나가는 중요한 칩을 받은 것이다. 이 칩이 없다면 세상을 살아나가는 중요한 에너지가 빠지게 될 것이다. 사랑으로 버티는 것을 알게 된 아이들은, 자신과의 싸움에서 이길 수 있는 힘을 받은 것이다. 힘든 것을 참고 견디는 힘을 가졌다는 것은 그 아이가 평생을 살아가는 힘을 얻은 것이다. 욕구의 좌절은 때로는 엄청난 약이 된다. 그 좌절 끝에 오는 안정감은 경험해 보지 않으면 알 수 없을 정도이다. 적절하게 좌절된 후, 오히려 그것이 자신에게 이익이 되어 돌아온다는 것을 느낄 때 희열을 맛볼 것이다. 지나치게 흔들리지 않고 상황을 지그시 바라보고 머무는 힘, 갈등이라는 바람의 한 가운데서 그 바람을 맞고 버티는 힘은 우리의 내면을 더욱 더 강하게 만들 것이다.

사랑이 깃든 지혜로운 분별력, 그 분별력이 받침이 된 버티는 힘. 이것이 문제해결의 중요한 거름이 되리라 본다.

16. 참된 기쁨

'우리가 서로에게 무엇을 줄 수 있는가?'가 아니라
'우리는 서로에게 어떤 존재가 될 수 있는가!'이다.
어떤 달란트로써 무엇을 내어 준다는 것에
초점을 맞추는 것이 아니라,
'상대방에게 나는 어떤 존재가 될 수 있는가!'이다.

대부분의 우리들은 간절히 원하는 것이 이루어졌거나 오랫동안의 미해결된 욕구가 충족되었을 때, 기뻐하고 감사하며 세상을 다 얻은 것 같은 환희를 맛본다. 뜻밖의 행운이 뒤따르거나 오랜 갈등이 해결된 상황일 때도 굉장히 기쁘고 안심이 된다. 일일이 다 언급할 수는 없지만 대체로 우리의 갈망과 욕구가 채워졌을 때 행복하다고 느낀다. 그렇다. 가지고 싶은 것을 가지는 것은 정말 기쁘다. 흥분된다. 꿈같은 기분이 든다. 그리고 감사하다. 그런데 시간이 흐르면 이 기쁨이 계속되는가 아니면 또 다시 새로운 것들이 필요한가! 일상을 사는 우리들은 새롭게 채워야 하는 것이 필요하고 뭔가는 모를 또 다른 미해결된 욕구 속으로 들어가기 쉽다. '난 이미 알고 있었고, 지금도 잘 인식하고 있어!'라고 할지 모르지만, 우리의 본마음에서는 또 다른 무엇인가가 갈구되고 있다는 것을 뒤늦게 알아차리는 경우도 많다. 사실 머리는 알고 있다고 생각할지는 모르지만,

가슴은 머리와는 상관없이 또 다른 욕구충족을 원하는 것이 일반적이기도 하다.

사람들은 욕구충족을 위하여 인생의 많은 시간을 투여한다. 사실 욕구충족을 한다는 것은 개인적인 만족감과 안정감을 유지하기 위하여 필요하기도 하지만, '자기실현' 이라는 정상적인 인간본연의 창조성이며, 그 창조성은 사회적인 승화작용으로도 필요하다. '자기'로부터 한발 떨어져서 삶에 대하여 진지하게 자문해보려는 태도는 자기욕구를 어느 정도라도 채워 본 사람들이 건강하게 하는 것이니만큼, 채울 수 있는 한은 채워보는 것도 좋으리라 여겨진다. 미해결된 욕구가 있는 채로 초월된 삶에 대하여 논의할 때는 때론 그것이 '삶에 대한 회피'의 합리화로 느껴질 수도 있다. 그러나 어차피 인간은 모든 것을 다 채울 수 없다는 엄연한 사실을 만날 때가 온다. 어느 정도 욕구충족을 해 본 많은 사람들 중 지각 있는 사람들의 '진정한 기쁨은 무엇인가!'라는 한결같은 의문의 시작은, 행복은 개인적인 욕구의 해결여부와 관계있을 것이라는 가설에 고개를 갸우뚱할 때이다. 아무리 개인적 욕구가 해결되었다 할지라도, 마음 밭이 과연 행복할 수 있고 기뻐할 수 있는 터전이 되어있는가 하는 생각을 해 볼 때가 비로소 '성장의 문'을 노크할 시기라고나 할까!

가지려고 노력하면 할수록 힘들다. 고달프다. 삶이 고통스럽다. 가만히 살펴보라. 내가 무엇을 성취해서 기쁜 것도 좋지만, 사랑하는 사람이 기뻐하고 행복해 할 때, 정말 한없이 행복하지 않았던가! '상대와 나를 동일시하여 기쁜 것이다.'라고 심리학적으로 분석하며 설명하기도 할 것이다. 하지만, 대상에 대한 사랑과 기쁨 등을 심리학적인 해석만으로는 어쩐지 아쉬운 감이 있으며, 아마도 더 깊은 하늘의 뜻을 느껴야하지 않을까 싶다. 대상의 행복을 통해서 나 스스로도 행복할 수 있다는 사실을 생각해 볼 수 있다면, '사랑'의 힘의 위대성과 절대성과 참된 기쁨에 대한 새로운 국면을 느낄 수 있을 것이다. 생각하기 나름으로는 이것은 놀랍고 신비로운 과정으로 느껴진다. 예컨대 일상적인 가정안에서의 상황을 느껴보자. 우리가 가장 행복할 때는 나의 '어떤 것'으로 인하여 '자녀'나 '배우자'가 정말 행복해하고 감사하고 기뻐하는 경우가 아니었는가! 내가 원하는 것을 만족하였다 할지라도, 내 사랑하는 가족이 아파하고 힘들어한다면 나의 만족은 결코 나를 기쁘게 하지 않을 것이다. 사랑하는 대상이 아프면 함께 아파지고 힘들면 같이 힘들어진다. 상대를 위해서 최선을 다 했을 때 상대방이 진정 행복해 한다면, 그것 자체가 주는 행복은 이루 다 말할 수 없을 만큼 소중한 것이다. 즉 참된 행복은 걸림 없이 타인에게 무엇인가를 줄 수 있을 때이며, 타인과 내가 '하나'가 된 듯, 함께 기뻐할 때이다.

대상에게 자신의 무엇인가를 '내어 줄 수 있다는 것'은 무엇을 의미할까! 내어 줄 수 있는 마음이 있다는 것은 크게 두 가지로 설명될 수 있다. 첫째는, 이제 더 이상 '가지려는 힘듦' 에서 탈피할 수 있을 만큼 충족되었다는 뜻이다. 둘째는, 아무것도 가지지 않아도 너무나 사랑하기 때문에 다 줄 수 있는 마음자세가 되었다는 뜻이다.

우선 첫 번째의 것, 즉 '가지려는 힘듦'에서 자유로워질 수 있게 되었다는 의미를 생각해보자. 더 이상 가지려고 힘들게 살지 않아도 될 만큼 너그러워졌다면, 이것은 그것 자체가 가져다주는 편안함이 있을 것이다. 남에게 내 자신(혹은 내 자신의 무엇)을 내어주어도 걸림이 없는 것, 이것은 결코 어떤 교만이 아니라 여유로움의 힘이다. "이미 많이 가졌기 때문에 '가지려는 것'에서 탈피되지 않았나!"라는 해석, 부러움과 시기심을 합리화한 객관적인 듯한 표현 등을 통하여 다소 부정적인 의미로 생각하는 사람도 있다. 그런 마음도 들 수 있다고 본다. 그러나 이미 어느 정도 채웠기 때문에 비워지는 것, 이것도 있는 그대로 받아들여야 한다. 감사하면서 그 '채워짐'이 타인에게 베푸는 힘으로 작용하면 좋은 것이다. 물론, 가득 채워지지 않아도 '있는 그대로의 만족감'을 통하여 이미 채워진 것과 다름없는 삶도 생각해 볼 수 있다면 성숙한 느낌을 줄 것 같다. 미래를 위한 끝없는 욕망보다는 지금 이 순간의 만족감이 필요할 것이다. 이것을 느끼지 못하면 늘 '미래' 때문에 '현재'는 불행할 것이다. 현재는 없고 항상 '미래'만 대비하여, 현재는 아무것도 없는, 허기짐을 느낄 것이다.

두 번째의 것, 즉 소유의 여부와 관계없이 사랑이라는 것 자체로서 기쁨을 느낀다는 측면이다. 불교의 경전 해석 중에는 "중생을 통하여 부처는 자신을 깨닫기 때문에, 중생이 곧 부처요 부처가 곧 중생이다."라는 말이 있는데, 이것은 결코 중생을 '낮은 자'로 보는 것이 아니라 그들을 통하여 '서로가 서로에게 도움'이 되는 것을 느끼고 참된 기쁨을 깨닫게 된다. 사실 가장 큰 성취감은 다른 사람들의 고통과 아픔, 축하와 기쁨을 '함께 느끼는 마음'을 통해서 행복해질 수 있다는 것임을 이해해야 할 것이다. 비록 사람들이 받기 위하여 주는 것처럼 보일 때가 있지만, 인정받고 보상을 받으며 칭찬 받기를 원하는 그 모든 욕구들 너머에는, 건강한 형제자매처럼 서로 사랑하려는 단순하고도 순수한 갈망도 있을 것이다. 혹시 우리는 온전하게 상대방을 위하여 가게에서 기쁘게 물건을 고른 경험이 있지 않는가! 상대방을 위한 선물을 마련하고자 이곳저곳을 행복하게 다녀본 적이 있는가! 상대방을 위하여 진정으로 악수하고 포옹하고 사랑의 말을 전달한 적이 있는가! 불편한 몸을 가진 분들을 사심 없이 도와준 적이 있는가!

'무엇인가'를 내어 줌으로써 온전하게 우리의 삶이 완성된다는 진실! 고도로 경쟁적이고 탐욕스러운 세계 속에서 '주는' 기쁨을 더 이상 느끼지 못하기 쉬운 현실을 살고 있는 우리! 마치 행복이란 '가지는 것'에 있다고 생각하면서 살아가는 우리들! 그러니 가만히 주변을 보라. 과연 가진 것 때문에 참으로 행복하다고 느끼는 사람이 있는지! 그건 진실이 아니다. 가지면 더 가지고 싶은 것이 보편적인 마음이다. 탐욕은 탐욕을 부르는 씨앗이다. 참다운 기쁨, 행복 그리고 내적인 평화는 우리 자신을 다른 이들에게 내어줌으로써 얻어진다.

행복한 삶이란 다른 이들을 위한 삶이다. 하지만 이 진리는 우리가 자신의 '부서짐'과 대면할 때에만이 느낄 수 있는 것이다. 빵은 나누어지기 위하여 쪼개져야 하는 것처럼 삶도 그렇다. 우리의 가진 것을 내어줘야 한다고 해서 고통 속에서도 그렇게 해야만 한다는 것은 아니다. 고통을 받으면서까지 다른 사람들이 우리를 더 주는 사람으로 느끼게 해서는 안 된다. 더 빛나게 하기 위하여 멀쩡한 유리를 깨뜨리는 것은 바보나 하는 짓이다.

마음의 측면에서도 마찬가지이다. 자신을 서로 나누려는 가장 깊은 갈망을 느끼지 못하고, 자신의 마음을 진정하게 거짓 없이 드러내고 상대방의 마음을 진실하게 나누는 경험을 하지 못한 사람들은 '인생의 참맛'을 정말 모를 수 있다. 내 마음을 그대로 내어주는 것, 나의 마음을 있는 그대로 표현하는 것, 나를 완전히 내어놓는 순간, 내어놓을 때의 해방감과 기쁨은 이루 다 말할 수 없다. 내어놓기까지가 두렵고 괴로울 따름이지, 사실 내어 놓는 것만으로도 깊은 두려움과 절망감이 사라질 수 있다. 마음의 돌덩이가 내려진 것이다. 더욱이 내 온 마음을 상대방을 위해서 드러낸다고 할 때 그것은 한마디로 '신비'이다. 그대로 내 마음 전부를 상대방을 위하여 에너지를 쏟는다고 한다면, 그 던짐은 저절로 상대방을 사랑하게 만드는 '존재의 기술'이 될 것이다.

상담 및 심리치료, 특히 '집단 심리치료' 등의 장면에서 상대방을 위하여 진정하게 나의 마음을 피드백 할 때, 그것은 '무조건' 상대방에게 도움이 되는 것이다. 경우에 따라서는 부적절한 내용이라 할지라도, 심지어 상처 주는 말이 되었을지라도, 상대를 위해서 무엇인가를 한다는 그 마음 때문에 '그냥' 그것자체가 도움이 되는 것이다. 상대방을 '위하는' 마음은 상처 되는 표현방식이나 태도를 뛰어넘을 만큼 결국에는 소중한 에너지가 될 수 있다. 물론 바람직한 방식으로 피드백 하는 것이 더 좋을 것이다. 마음을 내어주는 것은 큰 축복이다. 그것은 가치 있는 '내어 줌'이 된다. 그 축복은 상대방은 물론이고 내어주는 자신 스스로가 받는 가장 큰 축복이기도 하다.

이쯤에서 '내어 줌'의 진정한 의미를 한 번 더 생각해 보자.

우리는 자주 이런 이야기를 하곤 한다. "부족한 나 자신이 과연 무엇을 내어줄 수 있다는 말인가?" "나는 제대로 된 달란트가 없어. 나는 아직 그럴 수준이 아냐!" 이렇게 달란트에 집중하여 말할 때에 우리는 '나 자신이 어떤 존재인가' 라는 것을 잊어버리는 성향을 갖게 된다. 진정한 질문은 '우리가 서로에게 무엇을 줄 수 있는가!'가 아니라, '우리는 서로에게 어떤 존재가 될 수 있는가!'이다. 어떤 달란트로써 무엇을 내어 준다는 것에 초점을 맞추는 것이 아니라 '상대방에게 나는 어떤 존재가 될 수 있는가!'이다. 내가 이웃에게 줄 수 있는 가장 큰 선물은 삶에서 느끼는 즐거움, 나의 내적 평화, 나 자신의 편안함이라는 사실이 중요하다.

나의 내적평화와 편안함을 통해서 상대방이 저절로 편안해 질 수 있는 삶, 이것은 최고의 선물인 것이다. 가장 많이 내어주는 것이다. 진정한 기쁨을 주는 것이다. 무엇이 잘나서 남에게 내어준다고 생각하는 것은 아주 큰 착각이나. 우리 자신의 존재자체가 그대로 드러날 때, 나의 진정한 마음이 그대로 내어질 때, 상대방을 위해 보겠다는 마음이 그냥 전달될 때, 그 자체가 바로 상대방에게 도움이 되는 것이다.

말하자면, '가진 것'보다 더 중요한 것은 '스스로의 존재 자체'인 것이다. 그 존재자체의 내어짐이 인간관계에서는 '진실한 마음표현' 인 것이다. 특별히 가진 것은 없으나 상대를 위한 말과 행위를 해 본 경험이 있는 사람은 그것만큼 행복한 순간이 없음을 알 것이다. 우리는 아주 적은 달란트밖에 가지고 있지 않더라도, 줄 수 있는 많은 선물들을 가지고 있다. 우리의 선물들은 우리 자신의 인간성을 표현하는 수많은 방식들이다. 이 선물들은 우리 자신의 작은 부분들, 예컨대 우정, 친절함, 인내, 기쁨, 평화, 용서, 부드러움, 사랑, 희망, 신뢰, 진심어린 피드백, 그리고 기타 많은 것들이다. 이런 것들이 모두 이웃에게 나누어야 할 참다운 선물들인 것이다. 오히려 이런 선물들이 눈에 보이는 달란트 아래에 숨겨져 묻혀 있음을 더 깊이 깨달아야 한다. 장애가 있는 사람들을 위해 봉사하는 사람은 더 많은 것을 느끼고 온다고 한다. 그들은 자신 존재 자체의 부서짐을 통하여 우리 자신에게 너무나 많은 선물들을 주고 있지 않는가! 아무것도 준다고 느끼지 않으면서 너무나 많은 것을 주고 있는 사람, 그들은 신비스러운 방식으로 참된 선물들을 주저함 없이 내 놓는 자유로운 영혼들이다. 아무것도 없는 것 같으면서도 가장 많이 주는 사람들, 그들이 바로 행복한 '가난한 자'들이다. 아무것도 가지지 않아서 '가난한 자'가 아니라 더 이상 필요로 하지 않는 '가난한 자'들이다. 그 가난한 자는 '최고의 부자'인 셈이다. 사실, 아무것도 필요로 하지 않는 자가 가장 큰 부자가 아니겠는가!

진정한 기쁨은 존재자체로서 상대방에게 무엇인가를 내어줄 수 있다는 것, 참된 기쁨은 나의 존재를 내어 줌으로써 시작되는 것 같다.

17. 불행의 한 이유

–가만히 머무르지 못하는 것–

"때때로 사람들의 다양한 행위에 대하여 생각해 볼 때,
불행을 일으키는 유일한 이유는
그가 가만히 머무를 줄 모르기 때문이라고 본다."

어느 주말 '생활수행반'의 독서강독 중에, 좀 더 깊이 묵상하고 싶은 자료가 있었다. 일상을 살아가는 누구라도 공감할 수 있는 어렴풋이 느끼고 있는 내용이었다. 즉, 현재를 살아가는 우리에게 '더 행복해지기 위하여 무엇이 필요한가!' 라는 것에 대한 논의였다. 그 핵심은 '너 행복해지기 위하여 우리는 덜 산만해져야 한다.'였다. 이 내용은 우리 모두에게 공감되었는데, 그 중에서도 특히 파스칼의 삶에 대한 통찰력이 중심이 된 '팡세'의 일부내용은 많은 것을 생각하게 해주었다. 그 내용 일부를 인용 혹은 재해석하면서 우리 스스로를 고찰해 보는 자료로 활용하면 좋으리라 여겨진다.

이 세상은 끝없이 산만함과 여흥의 기회를 제공하고 있다. 요즘은 휴대폰을 들고 말하면서 군중이 가득한 거리 속에서 볼 일을 보러 이리저리 헤매고 다니는 사람들의 모습이 우리 문화의 전형이 되어 버렸다. 마치

그렇지 못한 사람들이 우울한 사람들인 것 마냥, 세상에 뒤쳐진 사람들인 것 마냥, 우리를 끝없이 산만함으로 몰아가는 이 세상의 방법들은 다양하게 나타나고 있다. 17세기 철학자이며 과학자인 블레즈 파스칼은 이 문제에 대하여 날카로운 분석을 하고 있다. 그는 이렇게 생각한다.

"때때로 사람들의 다양한 행위에 대하여 생각해 볼 때, 불행을 일으키는 유일한 이유는 그가 방에서 조용하게 있는 것을 모르기 때문이라고 본다."

파스칼은 조금 더 자세하게 다음과 같이 표현하고 있다.

"사람들은 이미 안다. 세상의 방법들이 실제로 행복을 가져다주는 것이 아니라는 것도, 참다운 행복이란 도박에서 이길 돈을 갖거나 사냥해서 잡힌 토끼를 가지는 것이 아니라는 것도. 조금만 생각이 있는 사람이라면 행복이란 그냥 돈이나 토끼 그 자체가 아니라는 것을 안다. 사람들은 그 결과를 통한 성취를 원하는 것 같지만, 실제로는 그 결과를 향하여 나아가는 과정을 겪지 않으면 불안한 것이다. 좀 산만하게 바쁜 행동을 하여야 안심을 하는 것이다. 뭔가 우리 마음을 빼앗는 일이 있어야 하고, 우리의 깊은 심연을 방해하는(!) 일들이 벌어져야 안심을 하는 것이다. 말하자면 선동(!)을 일으키는 무엇인가가 있어야 편안해지는 것이다. 우리는 포획물보다 사냥 그 자체를 더 좋아하는 것이다."

이 말은, 사람들이 세상의 방법들에 끌리는 것은 '그것이 행복을 가져다주기보다 우리의 불행으로부터 다른 곳으로 주의를 돌리게 해 주기 때문이다.'는 뜻이다. 그리고 세상의 방법들은 적어도 일시적으로나마 불행을 앞질러 막아준다.

파스칼에 의하면, 우리의 산만함은 재물 권력 명예 등에 집착하는 것으로 나타난다. 그래서 그는 이렇게 외친다. "인간의 마음이란 얼마나 공허하고 비열한가." 그는 언짢은 염세주의자가 아니었다. 그는 자연의 실체, 특히 수학의 원리로 드러나는 자연의 모습에 끊임없이 호기심을 보였다. 천재신동으로 기하학에 관한 책도 썼고, 스무 살이 되기 전에 계산기를 발명했다. 진공의 존재를 증명했고, 공기의 무게를 정하며, 파리의 공공교통체제를 처음으로 고안하기도 하였다. 그는 머리만 움직이는 철학자가 아니었고 지극히 논리적이고 과학적인 수학자였다. 그는 그 수학적인 원리를 통하여 인간의 깊은 불행의 원인을 주의 깊게 느끼게 된 것이었다. 참고로, 오늘날에도 파리 시는 그를 지하철의 은인으로 존경한다.

파스칼은 과학적인 많은 업적을 남긴 후 <실재에 관한 이해>라는 책을 쓰면서 그의 사고와 마음상태는 극적으로 열리고 확대된 것 같다. 그는 '하느님'과 깊고도 신비스러운 만남을 경험하게 되었던 것으로 기록되어 있다. 그는 이때의 감동을 양피지 한 조각에 적었고 그것을 윗저고리 안쪽에 꿰매었으며 죽는 날까지 간직하였다. '마음속에서 우러나오는 기쁨, 평화, 기쁨의 눈물…. 오, 하느님!' 이 이상의 말로는 더 표현할 수 없는 정도의 깊은 감동에 빠졌고, 그는 온 몸으로 진실의 체험을 하게 된 것 같다. 그는 그런 체험이 있었던 8년 후인 서른아홉 살에 세상을 떠났다. 파스칼은 이 체험에 대해 말하지 않았다. (너무 깊은 체험은 본래 말이나 글로 표현할 수 없는 것이 아닐까!) 그러나 체험 이후로 그의 탁월한 능력은 원추와 미적분에 대한 연구보다 신앙의 문제를 집중하는 데 사용되었다. -흔히 최고의 지성인들이 그렇듯- 특히 그는 그때부터 하느님에 대한 진실의 글을 쓰고, 당대의 고전적인 지식인들에게 도전했다. 그의 신앙에 관한 글 <팡세>는, 역설적이게도 사후 1662년에 발간된 미완성의 글로 파스칼을 이 세상에 가장 잘 알려지게 한 작품이 되었다. 천재적인 수학자가 아닌 철학자 종교가로 더 많이 알려지게 된 것이었다. 그 내용은 '1부: 하느님 없는 인간의 비참함' '2부: 하느님과 함께 하는 인간의 행복'이었다. 그를 수학자로 기억하는 사람이 별로 없을 정도로 위대한 종교철학자로서의 통찰력을 발휘한 것이다.

"우리는 절대로 현재에 머무르지 않는다. 우리는 과거를 회상한다. 우리는 마치 미래가 너무 천천히 온다고 하면서 그것을 서둘러 오게 하려는 것처럼 미래를 기대한다. 혹은 마치 과거가 너무 빨리 날아간다고 생각하며 과거를 기억한다. 우리 각자의 생각을 살펴보라. 그러면 과거나 미래에 대해서만 생각하고 있다는 것을 발견할 것이다. 우리는 결코 현재에 대하여 거의 생각하지 않는다. 생각한다고 해도 현재가 우리의 미래계획에 어떤 도움을 준다고 할 때에만 바라볼 뿐이다. 현재는 결코 우리의 목적이 되지 못한다. 과기와 현재는 그저 우리의 수단일 따름이고, 미래만이 우리의 목표가 된다. 이처럼 우리는 결코 '있는 그대로의 실재'에 살아있지 못하고 '살아있기를' 바랄 뿐이다. 그리고 항상 행복해지려고 계획하기 때문에 우리가 절대로 행복해질 수 없다."

"항상 행복해지려고 계획하기 때문에 현재에서 절대로 행복해 질 수 없다." 참으로 얼마나 놀라운 삶의 통찰력인가! 삶은 결과가 아니라 과정이 아닌가! 파스칼은, 인간이란 행복에의 욕구와 그것을 찾을 줄 모르는 혼동 사이에서 찢겨진 존재라고 보았다. 우리의 비참함에 있어 가장 심각한 징후는 조용히 있을 수 없는, 즉 현재에 존재할 수 없는 무능력이다. 대신 우리는 영원히 이것저것 우리를 산만하게 만드는 것들을 추구한다.

"만일 사람이 행복하려면 성인들처럼 덜 산만하게 되는 만큼 더 행복할 것이다."

그렇다. 가만히 머무는 것부터 해야 할 것이다. 습관처럼 배어 있는 '산만함', 그것을 방어하기 위한 '합리적 대용물들', 그 속에 묻혀 평생을 살아가는 우리 삶을 다시 한번 숙고해 본다. 사실은 이미 이런 것들을 조금씩 느끼고 있지만, 그것을 머무르며 성찰하지 않기 때문에 순간적으로 느꼈던 생각들은 어디론가 날아가 버린다. 산만함은 우리를 너무나 피곤하게 만들고 힘들게 만든다. 마음이 분주하므로 쉬어도 쉬는 것 같지 않다. 그래서 또 다른 무엇인가를 찾는다. 쉬기(!) 위하여. 우린 그 산만함을 잊기 위하여 다시금 또 다른 산만함을 만들기 때문에 쉴 수 없다. 머무름이 없기 때문에 쉴 수 없는 것이다. 제발 머무를 수 있어야 할 것 같다. 머무름의 시간을 가져야 할 것이다.

우리가 삶의 장면에서(집단 심리치료 장면 안에서) 지금-여기에서 느끼는 자신의 마음으로부터 모든 것을 출발해야 함을 반복적으로 훈련하고, 자신의 마음에 머무를 줄 아는 연습을 해야 하는 중요한 이유가, 바로 이런 관점 때문이다. 과거가 중요하지 않다거나 미래를 생각하지 말자거나 하는 문제가 아니다. 바로 지금-여기에 머무르지 않을 때 결코 우리는 행복해 질 수 없다는 사실을 꼭 명심해야 할 것 같다.

지금-이순간의 집중은 과거와 미래의 모든 것을 녹여내는 치료의 힘이라고 본다. 맑은 눈빛, 순수한 아기의 피부와 웃거나 잠자는 모습, 자연스러운 풍경, 깊은 심성을 가진 인격체를 만나보라. 순간을 사는 자 들이다. 순간순간을 한번 느껴보라. 그 찰나의 에너지는 모든 것을 녹여낸다. 행복해지기 위하여 미래까지 갈 것이 있을까! 지금 이 순간을 깨어있으면서 느끼고 산다면 바로 그것이 '영원한 행복'이라 말할 수 있지 않을까 싶다.

18. 공포감이 많은 사람들

공포감이 많은 사람들의 내면은 상처가 많고 약하고 두려움이 많다.
아직 자신의 힘이 부족한 어린 시기에
부모 혹은 주변 사람들, 사건으로부터
공포의 경험을 많이 했던 사람들은
별로 무서운 상황이 아닌데도
낯선 사람들이 모여 있기만 하여도
자기의 마음에 들지 않는 누군가의 태도만 보아도
자신의 내면에서 슬며시 무서움과 불안과 두려움이 밀려온다.

심리치료의 장면을 접하다 보면, 겉으로는 별로 표시가 나지 않을지는 몰라도 의외로 공포감이 내재된 많은 사람들을 만날 수 있다. 필자 스스로도 한번 돌이켜 생각해 본 적이 있는데, 역시 그런 감정들로 인한 불안과 두려움이 잠재해 있음을 느낄 수 있었다. 내담자를 만나다 보면 우리 모든 인간의 심리상태를 공감적으로 함께 느낄 수 있는 부분들이 어디 한두 가지이겠는가! 내담자를 도와주는 역할에서 상담자 스스로가 자신의 심리상태를 통찰하고 극복해 나가는 노력을 한다면, 그 자체가 소중한 치료도구가 되기도 한다. 공포감을 가지는 당사자는 그런 마음을 가지고 싶어서 가지는 것이 아닐 것이다. 자기 스스로가 '난 그렇지 않아. 난 간이 커! 전혀 무섭지 않아!' 라고 생각할지라도, 그렇게 말하는 사람일수록 오히려 무의식적 공포감을 억압하는 경우가 흔히 있다. 이런 부분은 공포감의 증상을 살펴보면 좀 더 이해할 수 있다.

공포감 때문에 자신감이 부족하다든지, 자신을 주체성 있게 드러내지 못하여 오해를 받는다든지, 세상일에 자신을 투여하는 태도가 미약하다든지 등이다. 한편, 공포감 때문에 남들을 더욱더 공포스럽게 한다든지, 도전적으로 철저하게 대비를 한다든지, 항상 까칠하게 남의 말이나 태도에 민감해 있다든지 하는 증상들도 나타난다. 자신의 정신역동으로 인한 공포감 때문에 스스로의 발전에 방해가 되는 것뿐만 아니라, 공포감을 마치 현실인 것처럼 느껴 외부현실 혹은 상대방에게 그 마음을 투사시키는 경우도 꽤 있다. 즉, 다른 사람이 날 무섭게 하여 내가 공포감을 느꼈다거나 다른 사람이 자신을 공포스럽게 한다고 여기기 쉽다는 뜻이다.

사실, 그들은 자기 내면의 공포감 때문에 타인을 공포스럽게 대하기 쉽다. 성격에 따라 좀 온순한 느낌을 주는 사람은 한 번씩 폭발적으로 혹은 두고두고 수동적인 방법으로 공포감을 조성한다. '수동적'이라는 것은, 아무런 말을 하지 않고 표정자체가 어두운 채로 사람을 대한다든지, 침묵하며 게으름을 피운다든지, 자신이 해야 할 일을 핑계를 대면서 하지 않는다든지, 기분 나쁜 인상을 쓰고 상대방을 본체만체 한다든지 등이다. 이런 '수동적 공격'은 상대방을 힘들게 하는 요인이 된다. 또한 성격이 다소 투쟁적인 사람은 그 사람의 말과 표정 등, 표출되는 언어 혹은 비언어적인 모습이 공포스럽기 짝이 없다.

온순한 느낌이든 강한 느낌이든 대부분의 공포감이 많은 사람들은 이런 두 가지 방법을 모두 극단적으로 쓰며 살아간다. 즉, 수동적인 방법으로 공격을 했다가 한 번씩 폭발적으로 하고, 평소에 공포스럽게 사람을 대하다가 갑자기 무기력해져서 뱀처럼 똘똘 뭉쳐진 느낌의 표정으로 숨어들어가는 등, 공포감을 투쟁-도피양식의 양극단으로 드러낸다.

공포감이 많은 사람들의 내면은 어떤 특수한 부분에서 상처가 있고 두려움이 클 가능성이 있다. 아직 자신의 힘이 부족한 어린시기에 부모나 주변 사람들, 혹은 어떤 경험으로 인하여 공포스러운 감정을 느꼈을 것이다. 스스로가 자신을 아직 지켜내지 못하는 시기에 닥친 외압은 한 인간에게 커다란 충격을 가져다 줄 수 있다. 결코 그들이 그런 감정을 가지고 싶어서가 아니라, 그런 상황을 경험했다면 누구라도 가지지 않을 수 없는 감정일 뿐이다. 하지만 이러한 자신을 제대로 성찰하지 못하면 '자신만의 감정'으로 간직하고 방어하고 직면하기를 꺼려하게 된다. 이렇게 되면 현실에서 어려움이 발생한다. 예컨대, 별로 무서운 상황이 아닌데도, 낯선 사람들이 모여 있기만 하여도, 소집단이 모여 있는 장소에서 자기에게 직접 하는 말도 아닌데도, 자신을 주시하고 있다고 느껴지기도 한다. 특히 자기 뜻과 반대되는 말이나 태도를 보이는 누군가를 만나면, 그 사람이 직접 나와 대면하는 사람이 아닌데도, 내면에서 슬며시 무서움과 불안과 두려움과 불편한 마음이 밀려온다. 위축되고 피하고 싶은 마음이 생긴다. 거꾸로 이런저런 이유를 내세워서라도 상대의 탓으로 돌리고 싶은 적대감이 올라온다. 자기도 당할 것 같은 겁이 올라온다. 낯선 사람들이 자기를 꾸중할 것 같고 비난할 것 같고 질책할 것 같고 무시할 것 같은 불안이 올라온다. 화도 나기 시작한다. 심지어 자신을 좋아한다고 하여도 '관심은 곧 비난과 질책이 들어오는 시작'이라는 등식을 성립시켜, 칭찬조차도 불안해한다. 그래서 웅크리고 있다. 가만히 뭔가 속으로 이리저리 복잡하게 느끼며 앉아있다. 그러다가 자기에게 약간의 말들(그냥 보통으로 할 수 있는 예사로운 말들)만 오고가도 금방 불안해하여 어쩔 줄 모른다든지, 버럭 화를 낸다든지, 단절하겠다는 식으로 극단적인 표현을 한다든지, '너는 뭐 잘났느냐'는 식으로 역공격을 한다든지, 비합리적인 이유를 붙여 비난하려고 한다든지, 변명이나 구실을 붙여 합리화시킨다든지, 각양각색의 방향으로 상대에게 접근한다. 말하자면 자기의 공포심을 투사시킬 대상을 찾아내기 시작하는 것이다. 투사시킨 대상에게 모든 덧을 하며 상대방을 자신의 공포심의 원인제공자처럼 취급하기도 한다. 상대방은 자기의 공포심을 보게 된 하나의 대상일 뿐 그 이상도 그 이하도 아닌데도 불구하고, 마치 상대방이 자신을 공포감으로 몰아넣은 장본인인 것처럼 마구탓을 돌리게 된다.

논리적이거나 지적수준이 높은 사람 중 공포심이 많은 사람은, 상대방에게 궤변을 늘어놓으며 이성적이고 합리적인 듯한 내용으로 상대방을 공격해 들어간다. 이것은 순전히 '자기식의 변론'일 확률이 높으나, 워낙 논리성이 있기 때문에 다른 사람들은 할 말이 없게 될 가능성이 많다. 따라서 다른 사람들은 넋이 빠져서 듣고 있는 경우도 많다. 차분하게 들어보면 그 말은 앞뒤가 맞지 않는 말이고 스스로도 혼돈스러운 발상난에 불과한 것인데 말이다. 말하는 자신도 자신이 무슨 '마음'으로 이런 말을 하고 있는지를 모르는 경우가 대부분인 것을... 자신을 방어하기 위하여 그저 흥분해서 자기의 생각을 주장하고 있는데 말이다. 무슨 말을 해도 그 말은 다시금 꼬투리를 잡힐 수 있는 준비자료(?)이기 때문에 그 말을 되받을 생각을 하지 말아야 하는 것을... 단지 마음만 간단하게 표현하고 조용히 상대방의 상태를 바라보며 침묵을 지켜야 하는데 말이다. 안타까운 일은, 비슷한(?) 사람끼리는 주고받고 하는 과정에서 '치고

받기', 즉 상호 공격성을 주고받게 된다는 것이다. 꼬리에 꼬리를 물고 벌어지는 '주고받기'는 정말 서서히 서로를 멀어지게 만들고 그 후유증은 황당하고 힘겨운 상황까지 몰고 갈 수도 있다. 이처럼 '공포심이 많은 논리적인 듯한' 사람과의 만남은 상대방을 피곤하게 하고 짜증나게 만들 가능성이 높다.

지적 수준과 관계없이 감정에 휘말리는 사람, 특히 공포심이 많은 사람은, 너무나 불안해서 말 자체를 횡설수설한다. 어떻게 무슨 말을 해야 할지 모르고, 자기가 무슨 말을 하고 있는지도 모르는 채로 말을 한다. 당연히 상대방은 그 말을 알아들을 수가 없다. 자신도 무슨 말을 하고 있는지 모르는데 어떻게 상대방이 그 말을 이해할 수 있겠는가! 그런데 상대방이 자기의 말을 이해하지 못한다고 오히려 상대방 탓을 돌린다. 자기를 제대로 이해하지 못한다고 투덜거린다. 자기를 알아주지 않는다고 화를 낸다. 두고두고 상대방을 원망하고 슬며시 뒤통수를 치는 '수동적 공격'을 한다. 답답한 것은 자기 자신인데, 상대방이 제대로 이해하지 못한다고 답답하다면서 더 짜증을 낸다. 늘 외부에 신경을 쓰기 때문에 얼굴이 펀치 않고 인상이 찌푸려져 있는 듯이 느껴진다.

주변에서는 자기내면의 공포심을 인식하지 못하고 투쟁적인 방식으로 혹은 도피적인 방식으로 외부로 투사시키면서 상대방을 괴롭히는 경우를 흔히 볼 수 있다. 안타까운 일이다. 자기의 공포심을 잘 직면하다보면, 자기가 얼마나 힘들게 살았는지, 얼마나 무섭게 살아왔는지, 자기 자신이 얼마나 불쌍한지, 자기 자신이 얼마나 안쓰러운지를 느낄 수 있다. 이러한 자기감정과의 만남, 자기 심리상태의 자각, 자기 마음에 대한 주시, 즉 '자신에 대한 알아차림'이 조금씩이라도 이루어지면, 외부로 던져지는 투사된 마음이 자기내면으로 향할 수 있다. 이것은 서서히 자신을 진심으로 이해하는 발판이 된다. 상대방 탓을 중지하고 나의 내면 몫이라는 것만으로도 외부의 갈등에 에너지가 뺏기지 않아 편안해진다. 또한 그때그때 불안한 마음을 포착하고 나면 잠시 머물다가 사라진다. 이런 경험을 축적시켜 나간다면, 신기한 '자가 치료'적인 효과를 가지게 되는 셈이다.

자신에 대한 자책보다는 '있는 그대로의 바라봄'을 통하여 자신을 제대로 이해하고 수용해야 할 것이다. 공포감이 발생되기까지 얼마나 자신스스로가 자기를 지켜내느라고, 자신을 방어하면서 보존하느라고 용을 썼겠는가! 그런 자신을 잘 안아주어야 하고, 사랑해 주어야 하고, 인정해주고 관심을 가져주어야 하지 않겠는가! 정말 우리는 스스로를 사랑하는 것을 배우지 못했다. 깊이 이해받고 수용 받아 본 경험이 있을 경우에는 이런 '자기사랑'이 훨씬 더 쉬웠을 것이다. 하지만, 걱정할 것 없다. 바로 지금부터 그 경험을 만들어 나가면 된다. 이제는 주체적으로 자신에 대한 깊은 이해와 수용하는 마음을 통하여 공포감을 극복하는 문을 열면 된다.

정리하자면, 공포감을 가진 사람은, 일시적으로 방어하려는 '상대방으로 향한 투사된 마음'을 반드시 자기 쪽으로 돌려 자기의 마음을 잘 살펴야 한다. 그 마음이 상대방으로 향하지 않고 자신 속으로 향하는 것부터 시작한다면, 바로 '극복시작'의 문을 열게 될 것이다. 그리고 새로운 연습을 해야 할 것이다. "공포의 상황은 과거였으며, 지금-여기에서는 그 공포의 대상은 사라지고 없다. 과거에는 어린아이였지만, 지금의 나는 어른이다. '지금의 나'는 '나'를 지킬 수 있는 존재이다!"라고 스스로에게 말해줘야 할 것이다. 주문처럼 자신에게 반복적으로 알려줘야 할 것이다. 마치 스승이 제자에게 가르치듯, 잊어버릴 만한 하면 또 반복해서 알려주듯,

자주자주 입력시켜야 할 것이다. 이런 방식의 반복적인 되뇌임은 지금-여기에서 자기인식과 자기사랑의 힘에 많은 도움이 될 것이다. 스스로에게 주문을 외워보자. "난 이제 어른이다. 무서워하였던 어린아이가 아니다. '지금의 나'가 바로 '나'이다."라는 주문을 속삭이자.

19. '참된 의미'로서의 고통

'고통'이라는 열쇠를 통하여 자신의 내면을 바라볼 수 있다.
그 열쇠를 통하여 참 자기'를 느낌 수 있다.
열쇠를 열고 안을 바라보지 않고,
그 열쇠를 쥐고 벌벌 떨면서 괴로워만 하는 것은
'고통의 참된 의미를 찾지 못하는 불행 그 자체이다.
그야말로 고통이 고통으로 끝나는 것이다.

누구나 고통스런 삶을 피하고 싶어 한다. 고통은 절망적이고 힘겹게 느껴져서 사람을 무기력하게 만들고 마치 지옥의 늪으로 빠져 들어가는 기분이 들게도 한다. 고통은 너무 아프고 쓰려서 잠을 이루지 못하고 밥맛을 잃을 정도로 심신을 파괴하기도 한다. 종교를 통하여 자신을 마음을 다스리려는 사람들은 '고통을 통해서 부활한다.' '고통은 십자가의 길이며, 그 길은 우리의 삶을 알차게 만들어 준다.' '부처님도 인간은 타고날 때부터 고苦가 있다고 말씀하셨다.' '인간의 원죄原罪는 어쩔 수 없다.' '고통을 겪지 않는 사람에게는 깊은 맛이 없다.' '고통은 사람을 성장시키는 원동력이다.' 등의 이야기들을 한다. 이러한 말들이 가슴에 와 닿아 훨씬 편해질 수도 있지만, 또 어떤 사람에게는 그런 말들이 전혀 와 닿지 않을 수도 있다. 시간이 흐른 후에는 이런 말들이 도움 되기도 하지만, 고통을 당하는 그 당시에 그러한 말들은 별로 도움이 되지 않고 그 뜻이 잘 와닿지 않을 수도 있다. 어떤 사람들은 고통의 그 당시에는 정말 이런 말을 하는 사람과는 얘기도 하기 싫다고 말한다. 고통이 끝난 한참 후에 이런 말들이 얼마나 도움 되는지를 생각해 볼 수 있을지 모르나, 그 당시에는 힘겹기 때문이다. 또 어떤 사람은 그 고통 때문에 성격적인 파탄을 가져오기도 하고 생활을 유지하기 힘든 정도라서 목숨을 끊기도 한다. 한편 일부의 사람들은 오랜 기간이 흘러 진정으로 그 고통이 잘 승화되어 비로소 그 고통에 대한 의미를 깨닫기도 한다. 사실, 대부분의 사람들은 고통이 오는 그 순간만은 차분히 생각할 여유도 없이 그저 그 고통을 피하고 싶은 마음이 더 클 것이다.

가톨릭교회 주기에서는 '사순시기'라는 것이 있다. 예수님의 생애에서 죽음 직전, 박해와 수난을 받았던 시기를 뜻한다. '예수'라는 한 청년이 자신의 육肉이 고통당하는 것을 통하여 진정한 '하늘의 뜻'을 깨닫게 만든 위대한 죽음을 의미한다. 다른 두 도둑과 함께 십자가에 못 박힌 예수님의 고통은 두 도둑의 고통과는 그 의미가 다를 것이다. 다른 두 도둑은 고통이 고통으로서 끝났고 예수님은 고통이 부활로서 끝났다. 고통에 대한 논문 <철학의 위안>을 쓴 보에티우스 성인은, 고통과 행복의 관계를 명료하게 쓴 내용에서('우리를 행복으로 이끄는 성인들'에서 일부 인용, 이 책으로 그는 명망 높은 그의 지위가 박탈당하고 반역죄에 휘말렸지만!) '삶은 천천히 돌아가는 운명의 수레바퀴'로 묘사한다.

보에티우스에 의하면 지상에서 재물, 권력, 명성 등을 이루고 즐기는 사람들은 '떠오르는' 지점에 있는 사람들이다. 반대로 재물과 권력 명성 등을 가지지 못하여 괴로워하는 사람은 수레바퀴의 '내려오는' 지점에 있는 사람들이다. 그러나 운명의 수레바퀴는 계속 돌아가기 때문에, 떠오른다고 하여 계속 되는 것도 아니고 내려온다고 하여 계속 내려가는 것도 아니라는 것이다. 계속 돌고 있는 것이다. 지나가고 있는 중이다. 지나가 버리는 것들로부터 행복을 추구하는 것은 어리석은 일이다. 바퀴의 표면에만 매달리는 한, 우리는 결코 만족할 수 없다. 우리의 발전과 충족감은 걱정과 불안 때문에 늘 그늘져 있으며, 무엇인가 부족한 것을 메꾸려고 쿵쿵거려야 한다는 뜻이다. 혹은 이웃과 우리 자신을 끊임없이 비교하면서 우월감을 느끼며 일시적으로 만족하기도 한다. 그 만족을 통하여 즐겁다 해도 그것은 가차 없이 지나가고 있다. 많은 시간동안, 새로운 것을 찾으며 행복을 다른 곳에서 얻어야 한다고 생각하기 쉽다. 이렇게 대롱대롱 매달려있는 수레바퀴에서 얼마나 불안하고 두렵고 긴장하며 살고 있는가.

그렇다면 우리는 고통의 수레바퀴에서 과연 무엇을 깨달을 수 있을까! 우리의 삶이 행복하고자 한다면, 우선 스스로가 수레바퀴의 바깥부분에 매달려 있다는 사실을 잘 인식하여야 한다. 끊임없이 흔들리는 수레바퀴의 끝자락에서 거의 정신을 차리지 못할 정도로 불안해하고 있다는 사실, 수레바퀴 안쪽으로 옮겨오면 올수록 덜 흔들린다는 이 사실을 명백히 자각해야 할 것이다. 이러한 자각은 마음이 어디로 향하여야 하는지를 선명하게 가르쳐주고 있다.

수레바퀴의 중심, 즉 진리의 핵심을 향하여 눈을 돌려야 한다. 진리의 핵심을 하느님의 뜻이라고 보아도 좋다. 예수님 혹은 부처님의 깨달음을 향해 움직여야 한다고 하여도 좋다. 참된 나와의 깊은 만남이라도 하여도 좋다. 핵심은, 중심을 잘 잡고 있는 수레바퀴의 중앙, 말하자면 진리의 핵심으로 향해 가야 한다는 것이다. 그렇게 될 경우, 행복으로 가는 길은 참으로 거룩한 것이라고 보에티우스는 생각하였다. 그의 이러한 통찰은 처형되기 직전의 감옥에서, 고통 중의 자신을 들여다보면서 발견한 삶의 방향이었다. 세상의 걱정에서 이탈하고 오직 최고의 선, 하느님, 부처님, 창조주에 몰두해야만 진정한 평화와 평온함이 온다는 사실이었다. 더 이상 바깥의 상황에 따라 좌우되지 않을 것이라는 것을 깊이 느꼈던 것이다.

하지만 이것은 쉽지 않다. 고통이 운명의 한 수레바퀴의 바깥 축일 뿐이라는 인식이 있을지라도, 그것이 늘 고통으로만 끝나지 않을 것이라는 인식이 있을지라도, 정말 고통은 피하고 싶은 것이다. 가능하면 만나기 싫은 것이다. 우리에게는 어떤 의미로든 고통이 온다. 인간은 스스로가 가진 수많은 본능적인 욕구, 욕망, 기대, 동기 등, 이 모든 것을 채우기를 원하기 때문에 고통은 오지 않을 수 없다. 생존을 위한 기본적인 욕구를 가지는 그 순간부터 우리는 고통을 맛보지 않을 수가 없는 것이다. 이 사실은 결코 부정할 수 없으며 당연한 것이기도 하며 어쩔 수 없는 것이라고도 볼 수 있다.

피할 수 없는 고통이 우리의 삶의 순간순간이라면 그 고통을 어떻게 바라보아야 하는가! 그 고통이 참된 의미를 가지려면 어떻게 느껴야 하는가! 고통의 관점을 새롭게 생각해 보아야 할 것이다.

오리게네스라는 학자는 '이단'을 논리적인 그리스 철학으로 잘 반박하였을 뿐만 아니라, 자신의 삶도 완벽하리만치 철저히 살았던 분으로서 유럽사회에서는 대단한 명성을 얻은 분이었다. 하지만 그 분은 '성인'의 대열에 오르지 못했다. 그 이유는 죽은 후 관 뚜껑을 열어 시신을 확인해 보니, 거세한 것을 확인할 수 있었기 때문이었다. 하느님을 열망한 나머지, 더욱 헌신적으로 하느님께 충실하려고 자신의 성적욕망의 씨앗을 없애 버렸던 것이다. 자기로서는 그 고통의 원인 자체를 없애야 한다고 느꼈던 것이다. 그가 성인의 대열에 오르지 못했던 중요한 이유는 고통을 받아들이는 방법이 틀렸던 것이다. 즉 하느님 쪽으로 잘 나아가기 위해서는 고통을 '없애기'보다는 '받아들여야' 했던 것이다. 고통을 있는 그대로 바라보아야 했던 것이었다. 가장 자연스럽고 가장 인간적인 사람이 하느님께로 잘 갈 수 있는 것이다. (2006.3. 김대선, '고통, 참 아름다운 것'에서 인용)

그렇다. 고통은 누구의 탓으로 원망하기 위한 것이 아니다. 내가 그것을 느껴야 하고 감내해야하는 것이다. 그 과정에서 자신의 신비로운 성장을 맛볼 수 있는 것이다. 고통의 과정을 통해서 자신의 내면을 정화시킬 수 있어야 한다. 자신의 탐욕을 깨닫고, 내면의 감옥을 깨닫고, 마음속의 어둠을 느끼고, 그리고 '나는 누구인가!'라는 물음을 통한 '자기존재의 진실'을 느낄 수 있게 해 주는 것이 바로 '고통'이라는 열쇠인 것이다.

'고통'이라는 열쇠, 그것을 통하여 내면의 문을 열고 '참 자기'를 느낄 수 있다. 열쇠를 열고 안을 바라보지 않고, 그 열쇠를 쥐고 떨면서 괴로워만 하는 것은 '고통의 참된 의미'를 찾지 못하는 불행 그 자체이다. 그야말로 고통이 고통으로 끝나는 것이다.

고통을 있는 그대로 바라볼 수 없는 사람은, 상대방의 고통스러운 상황을 직면할 수 없고 돕는 방식도 '자기 방식'이기 쉽다. 고통을 있는 그대로 받아들이는 구체적인 훈련이 바로 '상담 및 심리치료의 과정'이다. 일종의 생활수행이다. 진정으로 고통의 아픔 속에서 내면의 참된 성품을 만날 수 있다. 고통스러운 자신을 미워하고 멀리하고 밀어내어버리면, 그 고통으로 인해 상처받았던 마음은 어디로 갈까! 그 아픈 마음은 어디로 갈 것인가! 한번 생각해 보라. 결국 자기의 무의식 속으로 저장될 뿐이다. 억압될 뿐이다. 그 억압된 고통의 흔적으로 인한 상처들 때문에 또 다른 고통을 야기시키고 있다는 사실을 다시 한 번 생각해야 할 것 같다.

고통스러운 자신을 조용히 직면하여 안아주면서 사랑해 주기 시작하면, 그 고통의 상처는 아물기 시작하고 그 고통의 자리에 새살이 돋아나기 시작한다. 주변의 '돕는 이'가 안아주면 좋겠지만, 스스로가 자신을 안아주기 시작해도 '자기사랑'의 아름다운 마음의 탄생이 시작되는 것이다. 새롭게 태어나는 것이다. 그 과정에서 우리가 느끼는 '참된 영적 성장'의 아름다움을 어디에 비길 수 있을까! 고통을 통하여 이런 아름다움을 맛볼 수가 있다면 그 고통은 '참된 의미'를 맛볼 수 있는 양식이 될 것이다.

20. 인정을 많이 받은 사람들

인정 자체가 감옥이 되지 않고
자기의 현재의 삶에 만족하는 태도,
자기가 할 수 있는 영역에서
최선을 다하는 자세를 보일 수 있는 태도,
인정받은 힘을 타인과 공유하면서 사랑하며 사는 태도,
그것이 인정을 건강하게 받은 사람의 바람직한 인격이 아닐까!

대부분의 사람들은 어린 시절에 인정을 받고 살았느냐 받지 못하고 살았느냐 하는 점이 남은 인생에 많은 영향을 미치고 있다는 사실을 익히 느끼고 있다. 일반적인 인간관계에서 발생하는 많은 부분들이 인정욕구에 대한 문제라는 사실은 매우 상식적인 원인이라고 느껴진다. 자랄 때 인정을 받지 못하고 자란 사람은 인정받은 사실에 대한 부러움과 질투심이 있을 수 있다. '나도 당신처럼 충분히 인정을 받고 살았다면, 자신감있게 살아 갈 텐데…' 하는 아쉽고 안타까운 스스로에 대한 마음이 있다. 왜곡되어 살아간다면 적개심의 형태로 드러나면서, 상대방을 편파적으로 판단하고 공격하는 문제점도 있다. 문제점이긴 하지만 그들의 입장에서는 인간적으로 이해될 수 있는 부분이기도 하다. 현실적으로 만족감이 부족한 사람일 경우에는 더욱 더 문제가 될 수도 있다. 객관적으로 인정받을 만한 위치에 있는 분들 중 과거에 인정을 받지 못하고 살았을 경우에, 남들이 아무리 "그 정도면 괜찮다." 라고 하여도 어쩐지 동정을 보내는 것 같고, 왠지 그 말은 믿기지 않아 자꾸만 거부하고 싶은 사람도 있다. 못난 자신만을 받아들이는 생각으로 돌아간다. 안타까운 일이다. 비록 충분하게 관심과 사랑을 받지 못하였다 하더라도 부분적이고 조건적인 인정을 받은 사람들도 많다. '똑똑해서' '귀여워서' '춤을 잘 춰서' '노래를 잘 해서' '착해서' '일을 잘해서' '말귀를 잘 알아 들어서' '심부름을 잘 해서' '밥을 잘해서' '순해서' '남자동생을 얻게 한 딸이라서' 등이다. 수많은 이유로 받은 부분적인 인정도 분명히 자신의 힘이 될 수 있지만, 정서적으로 너무나 힘이 들고 억울한 감정이 내재되어 있을 경우에는 그런 인정은 그리 달갑지 않을 수도 있다. 배척과 박탈 받은 경험으로 인하여 자신의 인생이 온통 외로움과 서러움에 뒤범벅 된 것 같아도 가만히 자신을 들여다보면 그래도 주요인물이나 주변사람들로부터 인정을 받은 경험을 기억할 수 있다. 심리치료 장면에서, 많은 내담자들이 처음에는 인정과 관심을 받지 못한 것만 생각하다가 차츰차츰 내면의 감정적 변화가 일어나면, 인정받은 경험을 기억해서 말하는 경우도 꽤 있다.

어떤 종류의 인정이었다 할지라도 인정을 받은 사람들은, 어려움이 닥쳐도 삶의 고통 속에서 완전히 쓰러지지 않는 경우가 많다. 인정받은 경험이 무의식적으로 자기의 자존감을 세워주었기 때문에 자신 스스로를 결코 그냥 놓을 수 없는 것이다. 예컨대, 기질적 특징으로 인하여 잘 노는 아이일지라도, 인정을 받은 아이는 꼭 그 인정을 되찾기 위하여 뭔가를 하려는 내면의 힘을 가지고 있다. 성실하고 지능이 우수한 아이들은 그 인정받은 경험을 한껏 사회화시켜 능력을 발휘하기도 한다. 마치 그 인정은 보이지 않는 생명줄이요 양식과 같은 것이다. 그러므로 그 생명줄을 놓지 않고 자신을 발전시키려고 하는 것이다. 성공한 사람들의 심리적 이면에는 항상 '아주 큰 인정'이라는 배경이 있는 것이다.

인정받은 사람은 그 인정받는 양식을 성인이 되어도 그대로 반복하는 경향이 많다. 공부로 인정받은 아이는 공부로 승부를 보려고 하고, 착해서 인정받은 사람은 착한 아이의 패턴을 그대로 유지하고, 사랑스러운 몸짓을 잘해서 사랑받은 아이는 어른이 되어도 자동으로 사랑받을 수 있는 몸짓이 나온다. 남을 돌보면서 인정받은 아이는 타인을 돌보는 태도가 자연스럽게 나온다. 이렇게 우리는 자신이 인정받았던 패턴을 그대로 성인이 되어서도 적용시키는 경우가 많다. 많은 감정과 행동양식이 전이되어 현실에서도 과거의 방식을 사용하는 것이다. 누가 하라고 하지 않아도 인정받는 그 자체가 삶의 패턴이기 때문에 의식적으로 무의식적으로 최선을 다해서 노력하며 살아간다. 누가 인정해줄지 안 해줄지에 대한 관심이 없어도 스스로가 자신을 인정하기 위해서라도 최선을 다한다.

인정을 많이 받은 사람은, 특히 과도한 인정과 사랑을 받았을 경우에는, 그 부분 때문에 삶의 힘을 많이 가지는 측면도 있지만 인정받지 못했을 때의 불안감도 내재되어 있다. 더 인정받고 싶을 때, 누군가로부터 인정이 오지 않았을 때, 어떤 상황에서 인정이 올 것 같지 않을 때, 스스로가 인정되지 않을 때 등, 많은 경우에 그들은 인정받기 위하여 최선을 다하는 힘이 있다. 문제는, 최선을 다한다 할지라도 뭔가 잘 되지 않는 부분이 발생하는 생활이 누구에게나 있지 않는가! 최선을 다해도 자기가 원하는 것만큼의 인정이 오지 않는 상황, 예컨대 자신의 진로문제라든지, 부부의 문제라든가, 직장 내부에서의 관계, 예상 밖에 닥친 사고나 기타 어려움

등이다. 도저히 자신으로서는 어떻게 해 볼 수 없는 상황이 도래할 경우에는, 자신도 모르게 강박증적일 정도로 불안이 가중된다. 어떻게 해 볼 수 없다는 느낌 때문에 상당히 괴로울 수 있다. 속수무책의 상태가 될 수도 있다. 현실을 살아가면서 대부분의 상황에서는 열심히 하면 되었는데, 문제는 최선을 다 해도 되지 않는 것들에 있다. 이런 경우에는 난감하고 좌절하기도 한다. 너무나 화가 나고 신경질이 나고 짜증이 나서 죽을 지경이 되기도 한다. 혹은 자기 스스로 자책이 되기도 한다. 때로는 주변 사람을 괴롭힌다. 상대방의 모자란 부분을 꼬투리 잡아 계속 자신의 못마땅한 마음을 투사시켜 강박적으로 상대방을 변화시키려고도 한다.

특히 인정을 많이 받은 사람 중 미성숙한 사람은, 그 인정이라는 것 자체가 또 다른 감옥이 될 수 있다. 인정 그 자체가 삶의 목적이 된다면, 사실상 늘 감옥 속에서 사는 것과 마찬가지이다. 인정받지 않으면 살아갈 수 없는 세상, '인정'이라는 감옥의 굴레 속에서 자신을 가만 두지 못한다. 가만두면 불안해진다. 힘겹다. 인정이 자신의 굴레가 되어있다. 힘겨운 줄도 모르고 정신없이 살다가 가족관계나 신체적인 문제에 어려움이 발생되기도 한다. 긴장과 불안 속에서 힘이 든다. 허덕거리며 살기 때문에 상대방이 볼 때는 불편하다. 여유가 없고 무거운 느낌을 주기 때문이다. 또한 누군가가 제대로 인정해 주지 않으면 그 사람을 무시하고 싶고 회피하고 싶고 미워진다. 자신보다 더 잘난 사람을 보면 속으로 '음, 나보다 더 괜찮은 사람이 있네!' 라고 느끼면서 의기소침해지기도 한다. 약간의 질투심이 발동될 때에는 '당신 잘났다고 해도, 글쎄! 두고 보자. 분명 무엇인가 문제가 있을 거야!' '나도 최선을 다하면 언제든지 당신만큼은 될 거야!' '분명히 잘 못하는 것도 있을 거야!' 등의 생각으로, 상대의 가치를 낮추려고 하고, 잘못한 부분을 찾아내어서 그 사람을 끌어내리고 싶어 한다. 외적인 조건에 의해서 인정을 받은 경우, 상대방의 외적조건이 눈에 잘 띄고 그것이 중요한 가치로 끌린다. 그 조건에 대한 스스로의 만족감이 없을 때 불안하고 불편한 삶을 사는 것이다.

인정을 많이 받은 사람 중에 건강하고 성숙한 사람은 그 인정을 긍정적인 에너지로 타인에게 사용한다. 자기가 충분히 인정받았으므로 부족한 부분에 연연하지 않게 되어 불필요한 집착이 없다. 남이 아무리 잘나도 그냥 그 자체로서 수용되고 인정해 주고 싶다. 예컨대 사회적으로 인정하는 A대학을 나온 사람 중 건강한 사람은 누가 A대를 다닌다고 하면 그냥 'A대를 다니는구나!' 라는 생각뿐, 그 학교가 부럽고 질투나고 대단하게 생각하지를 않는다. 그냥 하나의 현상으로 보일 뿐, 그것이 내 안으로 침범되지 않는다는 것이다. 그리고 F대를 다닌 사람에게도 그냥 'F대를 나왔구나.' 하는 것이지, 그 사람을 특별하게 F 급으로 본다든지 다르게 생각하질 않는 것이다. 본인 스스로가 그런 잣대가 없는 셈이다. (미성숙한 방식으로 인정받은 사람과는 이런 측면에서 차이가 난다.) 인정 자체가 감옥이 되지 않고 자기의 현재의 삶에 만족하고 살 수 있으며 자기가 할 수 있는 영역에서 최선을 다하는 자세를 보일 수 있는 인격이다. 그러므로 타인을 볼 때는 현재의 상태에 초점을 맞추는 것이다. 인정을 건강하게 받은 인격은 자신도 편하지만 타인에게도 편한 느낌을 준다. 특히 이들은 자기의 인정받은 부분자체를 겸손하고 감사한 마음으로 받아들이고, 남들의 가치와 인격을 존중해 주는 태도를 가지기 때문에 인간관계에 큰 이득을 보게 된다. 또한 그들 스스로가 긍정적인 눈으로 외부상황을 바라보기 때문에 세상을 '배움의 터전'으로 보는 고결한 정신의 바탕이 되기도 한다. 혹, 어려움이 닥쳤더라도 크게 좌절하지 않는다. 고통도 인생의 한 부분임을 받아들이고, 그것을 이겨내는 힘이 비축되어 있다는 점에서 아주 좋은 토양을 갖추고 있다.

인정을 받지 못하였던 사람도, 현재의 주변에 인정을 많이 해 주는 사람을 만나게 되면, 내면의 마음들이 자꾸만 바뀌어져, 어느덧 자신이 인정되고 잘난 상대가 그렇게 부러워지지 않는 수준이 될 수 있다. 과거에 인정을 받지 못하였다고 하더라도 너무 자기를 비하할 필요가 없으며, 인정을 많이 받았다 할지라도 그것이 감옥이 될 수 있으므로 자기도취할 필요도 없을 것이다. '과거의 나'가 '현재의 나'를 구속해서는 안 된다는 뜻이다.

결국 자신 스스로가 자신을 얼마만큼 인정해 줄 수 있느냐의 문제로 귀착될 수 있다. 그러나 우리는 자칫 타인에게 얼마만큼 인정을 받느냐 받지 못하느냐로 투시시킬 가능성이 많다. 진정한 자존감을 가지기 위해서는 스스로를 객관적으로 인정하느냐의 문제, 즉 자신이 '나는 나를 어떻게 느끼는가!' 의 자문을 조용히 해 볼 필요가 있는 것이다. 자신을 깊이 바라보는 작업을 통해서, 자기상(self-image)을 솔직하게 개방적으로 만날 때라야 만이 '진정한 자존감'이 생기면서, '건강한 인정'을 할 수 있을 것이다.

또한, 과거의 인정받은 상황은 과거의 경험이지 현실에서는 인정받지 못할 수 있으며, 과거에 인정받지 못하였던 상황 역시 과거의 경험이지 현실에서는 인정받을 수 있다는 사실을 분리해서 느껴야 할 것이다. 즉 과거와 현재를 서로 분리해서 느낄 줄 아는 '지혜로운 분별심'을 가져야 할 것이다. 과거에 인정받았든 받지않았든 간에 '지금-이 순간의 나'를 있는 그대로 인정해 줄 수 있는 인격이 필요할 것 같다.

이런 점을 생각해 볼 때 부모나 주변인이 자녀에게 건넨 건강한 인정의 말 한마디가 아이의 인생에 얼마나 큰 영향을 미치는지 알 수 있다. 그로 인한 '자기상'을 통하여 세상을 바라보는 눈이 달라진다는 사실, 어른으로서 다시한번 고려해보아야 할 점인 것 같다.

21. 집착(욕망)의 색깔들

개인의 욕망 혹은 집착으로 어둠이 물든 삶에
빛을 비추어 주는 것이 바로 '자기인식'이다.
영혼의 성장을 위한 필연적인 작업은 정확한 자기인식이며
그 구체적인 작업이 바로 '개인마다 다른 욕망의 색깔'을
정확하게 간파하는 것이다.

모든 사람들은 나름대로 어떤 것에 대한 집착이 있다. 그 집착의 강도와 빛깔에 따라 일상적인 행위와 사고방식에 영향을 받는다. 이런 집착으로 말미암아 분노와 희망, 두려움과 안정감, 공포와 안심 등 각양각종의 감정들의 굴레가 만들어지고 그 속에서 계속 살아간다. 그것이 흔히 말하는 '일상의 삶'일 것이다. 그러나 막연하게 누군가가 나에게 '당신은 집착이 많아!'라고 한다면, 인정은 되지만 기분이 나쁠 수도 있다. 집착도 사람의 성격적인 특징에 따라서 그 색깔이 틀릴 뿐만 아니라, 집착을 승화시켜 삶의 끈질긴 인내심과 성취감, 자기극복을 위한 노력도 무시할 수 없기 때문이다. 따라서 무조건 그냥 '집착이 많은 사람'이라고 말을 하면 조금 오해받은 기분이 들 수 있다.

이런 집착에 대한, 즉 인간 내면의 심리적 힘의 중심에 대한 것을 잘 설명해 놓은 것이 '에니어그램Enneagram'이라는 검사도구이다. 다른 방식

의 심리검사 도구가 인간의 인식구조와 행동상태를 이해하는 데 유용하다면, 에니어그램은 개인의 성격에 따른 방어기제나 집착의 색깔을 잘 설명해 놓은, 즉 내면의 무의식적 기제를 이해하는 데 유용하다는 느낌이 든다. 집착에 의한 인간의 욕구가 소위 말하는 '욕망'이라는 것이다. 에니어그램에서는 인간의 타고난 성격에 따른 욕망을 '감옥'으로 비유하면서 좀 더 특징적인 측면을 기술하면서, 그 종류를 9가지 유형으로 구분하고 있다. 구체적으로 보면, 완벽함에 대한 욕망 (1번), 사랑에 대한 욕망(2번), 성취에 대한 욕망(3번), 특별함에 대한 욕망(4번), 유능함에 대한 욕망(5번), 안전에 대한 욕망(6번), 즐거움에 대한 욕망(7번), 힘에 대한 욕망(8번), 평화에 대한 욕망(9번) 등이다.

욕망은 간단하게 말하면 '집착'이다. 대체로 집착은 고통이 따른다. 보통의 사람들은 그 욕망을 채우지 못했을 때 고통이 뒤따르게 된다. 하지만, 이러한 욕망을 잘 알아차리고 그것을 긍정적인 자아기능으로 승화시켜내면 우리의 생활에 도움을 받을 수 있을 것이다. 모든 욕망은 각각 긍정적으로 발현되는 힘과 부정적으로 미치는 영향이 공존한다. 그 구체적인 내용을 우선 살펴보도록 한다.

1번 유형은, 완벽에 대한 욕망이 더욱 더 나은 자신을 발전시키는 원동력은 있으나, 끊임없이 자신과 타인에 대한 비판으로 이어질 수도 있다.

2번 유형은, 사랑받으려는 욕망으로 성실하고 열심히 생활을 하기는 하지만, 남에게 죄책감을 불러일으키고 애정을 강요하는 수동적 공격을 할 수가 있다.

3번 유형은, 성취를 향한 끊임없는 노력으로 능력 있는 사람이 되기는 하지만, 훌륭한 직위나 역할을 할 수 없었을 때의 비참함과 좌절감으로 타인을 괴롭힐 수가 있다.

4번 유형은, 특별하고 독창적인 아이디어를 가질 수 있는 멋있는 사람이 되기는 하지만, 자기도취식의 분위기에 어울려 현실적이지 못할 경우가 있다.

5번 유형은, 지적인 수준에서 현명하고 사색적인 모습을 통하여 통찰력 있는 사람이 되기는 하지만, 타인과 더불어 사는 것이 미숙하고 자기식의 탐구에 함몰되어 강박적으로 살 수 있다.

6번 유형은, 책임감 있고 주어진 일에 최선을 다하는 사람이 되기는 하지만, 자신에 대한 두려움을 타인에게 투사시키고 의존하여 남 탓을 할 경우가 있다.

7번 유형은, 행복하고 멋진 인생을 살아가는 모습에서 자신과 타인에게 즐거움을 줄 수는 있지만, 자신의 실패나 뼈아픈 체험을 직면하지 못하는 위험성을 가지고 있다.

8번 유형은, 스스로 강하고 힘이 있어서 자기의 길을 확신 있게 헤쳐 나가는 사람이 될 수는 있으나, 자기의 약점을 부정하고 힘의 한계를 인정하지 않고 '강함'으로 타인을 지배하려는 문제점을 가지고 있다.

9번 유형은, 만사에 만족하고 평화로운 사람으로 보일 수 있으나, 고집스럽게 자신의 태만함을 평화로 가장하고 도피하는 경향을 가질 수 있다.

에니어그램에서는 위의 각 유형을 도형화 (원, 오각형, 삼각형)하여 분열과 통합 패턴의 역동적인 방향을 제시하고 있다. 즉, 1→4→2→8→5→7→1, 9→6→3→9의 방향은 분열, 1→7→5→8→2→4→1, 9→3→6→9의 방향은 통합으로 설정한다. 성숙한 자아기능을 갖추기 위해서는 '통합'의 방향으로 나아가도록 제안하고 있다. 사실, 스스로에 대한 통찰력과 꾸준한 성장

욕구를 가지고 노력하지 않으면 저절로 분열방향으로 가기 쉽고, 그렇지 않으면 자기색깔의 욕망대로 평생을 살아가는 것이 대부분의 상황이다. 따라서 우선적으로는 원만한 전인격으로 향한 갈망이 있다면 분열로 향하고 있는 측면을 잘 자각하여야 한다. 아울러 자신의 현실적 기능을 인식하고 확장하면서 통합방향으로 의식하면서 연습해 나간다면 더욱 더 도움이 될 것이다. 출처미상인 다음의 이야기를 한번 들어보자.

자물쇠 장수의 이야기 : 수피 이야기

"옛날에 누명을 쓴 채 깊고 어두운 감옥에 갇힌 자물쇠 장수가 있었습니다. 그가 감옥에 갇히고 얼마의 시간이 지난 후였습니다. 그를 매우 사랑한 아내는 왕을 찾아갔습니다. 그러고는 그녀의 남편에게 기도할 때 쓰는 무릎 방석을 주어서 그가 하루 다섯 번의 기도를 할 수 있도록 해 달라고 간청했습니다. 왕은 그녀가 남편에게 기도 방석을 기꺼이 주도록 허락했고, 자물쇠 장수는 아내가 가져온 방석에 감사하며 매일 충실히 기도를 했습니다.

얼마 후, 그는 감옥에서 도망쳤습니다. 사람들이 그에게 어떻게 도망쳤냐고 묻자 그가 설명했습니다. 그는 몇 년 동안 감옥에서 나올 수 있게 해 달라고 기도하면서 자신의 코앞에 있는 것을 보았습니다. 그것은 기도 방석에 짜인 패턴pattern이었습니다. 그는 아내가 기도 방석을 직접 만들 때, 그 방석의 실의 형태나 구성 연결과정 등을 통해서 감옥 자물쇠를 열 수 있는 패턴을 짜 놓았다는 것을 알았습니다. 이것을 깨달은 그는 감옥에서 나오기 위해 필요한 모든 정보를 손에 넣었습니다. 그리고 그는 자신과 함께 감옥에서 도망치면 더 행복하게 살 수 있다고 간수들을 설득했습니다. 간수들 역시, 자신들도 갇혀있는 죄수와 다름없이 감옥에 갇혀 있다는 것을 깨달았기 때문에 동의했습니다. 이렇게 사는 삶 자체가 감옥인 줄도 모르고 살았는데, 이제는 그들도 도망치고 싶어진 것입니다. 지금까지는 자유로워질 수 있다는 생각이나 그 방법을 꿈에도 몰랐던 것입니다.

그래서 방석에서 제시된 패턴을 잘 연구하고, 그것으로부터 빠져나오는 길들과 방법들을 깊이 숙지하고 모의연습을 반복적으로 하게 되었습니다. 간수와 자물쇠장수는 각자 나름대로의 기능적 특기를 잘 활용하여 D-day를 잡고 구체적인 행동을 하기 시작했습니다. 각 방마다의 자물쇠는 다르며, 그 자물쇠의 열쇠도 달라야 한다는 것입니다. 특히 자물쇠장수는 간수를 시켜 감옥 곳곳의 강력한 자물쇠를 풀기 위한 열쇠를 만드는 재료를 구입하였습니다. 겹겹이 닫혀있는 각각의 문들을 열기위한 열쇠를 만들기 위한 재료나 정보를 꾸준히 수집하고 고민하여 행동으로 옮기게끔 하였습니다. 모든 준비가 끝나자, 자물쇠 장수와 간수들은 한밤중에 감옥을 도망쳐 나왔습니다. 그리고 자물쇠 장수는 자신을 기다리는 사랑하는 아내에게 갔습니다. 또한 그는 영리한 다른 죄수들이 자신처럼 감옥에서 도망쳐 나올 수 있도록 기도 방석을 감옥에 남겨 두었습니다. 이렇게 해서 자물쇠 장수는 아내를 다시 만나고 간수들과 친구가 되어서 모두 행복하게 살았습니다. 아내의 간절한 남편에 대한 사랑과, 자물쇠장수의 의지와 기술이 발휘된 것입니다. 즉, 사랑과 열정과 기술이 승리를 거둔 것입니다."

이 이야기는 우리가 에니어그램을 통해서 어떤 삶을 살 수 있는가를 그려낸 상징적인 내용으로 느껴진다. 자물쇠는 각기 다른 우리의 성격 유형이며 기도 방석은 에니어그램의 모형일 것이다. 그리고 열쇠는 '작업'을 의미한다. 아내가 기도 방석을 가져다주기는 했지만, 중요한 사실은 자물쇠 장수가 간수들과 함께, 혼자가 아닌 공동의 작업을 통하여 실질적이고 유용한 것을 알아냈다는 점이다. 어떤 내용을 지식으로 아는 것도 중요하지만, 함께 워크샵 등의 실제적인 체험이 유효하다는 것을 의미하고 있다. 직접적인 행동이 이루어지지 않고는 도망쳐 나올 수가 없는 것이다. 고민하고 탐색하고 연구하고 훈습하는 구체적인 과정이 필요한 것이다. 더욱 중요한 사실은 그가 자유로워지고자 기도를 했다는 점, 즉 의지와 갈망이 꼭 필요했다는 뜻이다. 처음엔 그가 방석의 패턴을 보고도 이해하지 못했지만 자유로워질 수 있는 방법은 바로 그의 코앞에 있었다. 그리고 어느 날 그는 깨어나서 방석의 패턴을 알아보고 도망칠 방법을 드디어 찾아냈다. 그리고 그들은 서서히 자유로워져 갔다.

우리 모두는 감옥에 구속되어 있다고 해도 과언이 아닐 것이다. 공동선을 향하여 함께 그 감옥 에서 자유로워지기 위한 작업을 해야 함을 깨달아야 할 것이다. 또한 우리는 그 감옥에서 스스로를 도망치게 해 줄 수 있는 자물쇠의 패턴을 '읽어 내서', 즉 제대로 인식하여 깨어나야 함을 느낀다.

우리는 스스로도 모르게 '자기 식의 욕망'이라는 감옥에 갇힌다. 말하자면, 스스로의 욕망이 바로 자신의 감옥이 되는 것이며 그것에 속아 넘어가는 것이다. 예컨대, 쉴 수 있는데도 쉴 수 없게 만드는 욕망, 진지해질 수 있어도 즐거움에 탐닉되는 욕망, 기쁘게 살 수 있어도 늘 진지하게 고민해야 하는 욕망, 아프면서도 괜찮다고 자기 힘을 과신하는 욕망 등, 자기의 욕망 때문에 자기기만이 이루어진다. 자기의 욕망은 스스로의 감옥이다. 감옥 속에 갇혀 평생 자유로운 인생을 살지 못할 수 있다. 그 감옥이 무엇일까! 그 욕망의 구체적인 것이 무엇일까! 이런 물음을 스스로에게 던지면서, 자신을 객관적으로 이해하는 과정이 필요할 것이다. 한발 떨어져 자신을 있는 그대로 인식하는 것이다.

'자기인식'은, 자기기만 즉 '스스로에게 속아 넘어가는 것'으로부터 우리를 보호한다. 성격검사는 내면의 인식을 공고히 해 주는 하나의 도구이다. 자기인식 없이는 한 개인의 영적여행에서 성숙된 방향으로 나아가기가 어렵다. 어떤 면으로는 지금까지 발전해 온 정도를 더 유지시키기도 곤란하다. 과거방식의 습관은 우리를 다시금 옛날로 회귀시킬 수 있기 때문이다.

여기서 주의할 점이 있다. 자기의 의식에 대한 지속적인 성장을 원하고 있을 때, 의식개발 방법의 가장 위험한 점 중 하나는, 너무 조급하게 '의식의 도약'을 경험함으로써 자신의 약함을 회피하는 것이다. 사람들이 자기를 조금 알고 나면, 즉 약간 자신에 대한 무엇인가를 느끼고 나면, 그것을 너무 크게 생각한다는 점이다. 즉, 아주 작은 한 문제점을 알았을 뿐인데도 불구하고 자신으로서는 아주 큰 것을 느꼈기 때문에 마치 그 부분을 너무 확대하여 고민하거나 집착하듯 탐구할 수 있다는 점이다. 이 작은 부분에 대한 깨달음이 마치 자기를 다 안 것처럼 생각하는 것은 위험한 일이다. 자기인식은 자책도 아니요 도취도 아니다. 자기인식은 자기개발의 한 작업일 뿐이다. 인생의 긴 여정에서, 혹은 깊은 우리 내면의 엄청난 잠재의식의 강물에서, 어떤 한 줄기의 정신적인 측면, 영적인 측면에 대한 여행을 하는 중이다. 즉 여행 중에 일부의 아름다움 혹은 고통 등의 경험을 하는 것뿐이다. 긴 여행 중에 잠깐(아주 작은 일부분) 만난 것들이 성격검사 도구를 사용하는 프로그램이며 지식과 개념일 뿐이다.

개인의 욕망 혹은 집착으로 어둠이 깃든 우리의 삶의 측면들에 빛을 비추어 주는 것이 바로 '자기인식'이다. 영혼의 성장을 위한 필연적인 작업은 정확한 자기인식이며, 그 구체적인 작업이 바로 '개인마다 다른 욕망의 색깔'을 정확하게 간파하는 것이다. 그러므로 사람마다 각기 다른 욕망의 색깔을 일괄적으로 동일시하는 것은 경계하여야 한다.

그러나 욕망의 색깔이 서로 다르다 할지라도, 인간 모두는 근본적으로 '사랑받는 존재'가 되면 그 보다 더 좋은 약이 없다. 사랑의 주고받음은 그 모든 고통으로부터 치유된다. 내 존재가 조건적이 아닌 무조건 사랑받을 때 마음 깊이 담고 있던 외로움 괴로움 분노 슬픔 고통 등이 서서히 사라져간다. 엄마 품 같은 안정되고 따뜻한 마음을 만나게 된다면, 아마도 그동안 받지 못하였던 사랑 때문에 멍해졌던, 위축되었던, 혼란스러웠던 내면이 안개 걷히듯 조금씩 회복해 갈 것이다. 건강한 사랑은 이러한 '만들어진 자기'로 부터 서서히 '참 자기'로 향하도록 도와주는 약이 될 것이다. 지금-여기에서 사랑을 주고받기 위하여 우선 자신의 욕구를 정확하게 알아차려야 한다. 그 욕구를 똑바로 인식하면서 건강하게 타인과 사랑을 주고받는 연습이 꼭 필요하다.

어른이 된 지금, '사랑'은 추상적인 것이 아니라, 서로서로 이해받고 공감받고 수용 받을 때 느껴지는 구체적인 감정이며, 그것은 나의 존재가 누구인지를 잘 알아차림으로써 이루어지는 산물인 것이다.

22. 반면교사

"높은 산이 있는 곳에는
깊은 골이 있다."

훌륭하고 존경받는 사람에게 배울만한 것은 많다. 그러나 전혀 그 반대의 사람에게도 배울 것이 많다. '정말 저렇게는 살지 말아야겠구나.' '정말 끔찍하구나! 어떻게 저런 생각을 할 수 있을까. 저런 행동을 할 수 있을까!' 하면서 나의 앞으로의 행동에 대하여 고려해 볼 수 있고 스스로에 대한 반성과 나짐을 하게 되는 경우도 있다. 일반적으로 우리는 사회적으로 문제가 되는 사람 혹은 정신적인 문제점을 가진 사람을 만날 경우, 그런 사람들을 피하려고 한다. '아예 저런 사람과는 상대를 하지 말아야 한다.' 라고 생각하면서 말이다. 그러나 곰곰이 생각해 보면 우리 자신 역시, 다른 사람이 생각할 때는 바로 그런 사람이 되어있을 경우도 허다하다. 일정한 시간이 흐른 후 스스로를 생각해 볼 때 부끄럽고 창피스러운 행동을 했을 때의 기억이 날 때가 있다. '아 그렇게 하지 말아야 했어.' '어떻게 그런 행동을 내가 했단 말인가!' 하는 경우이다. 그러나 그 당시에는 나름대로 그것이 최선의 행동이었지 않았던가! 남을 함부로 탓하고 남의 행동을 마음대로 재단하는 것은 때로는 우리 스스로에게 침을 뱉는 행동이 될 수가 있다. 그러므로 우리는 상대방의 그런 행동을 보면서 새롭게 나 자신을 느끼고, 다음 기회를 위한 나의 행동을 변화시킬 수 있으므로 그런 사람을 '반면교사'라고 할 수 있을 것이다.

주변에는 이런 반면교사 역할을 하는 사람들이 제법 많다. 미성숙한 태도로서 상대방에게 상처를 주는 사람, 그런 상처를 주고 있다는 사실조차도 모르는 사람, 남을 예사로 무시하는 사람, 무조건 상대방의 잘못으로 반 보든 섯을 말하는 사람, 무시한 상태에서 사너에세 함부로 하는 사람, 너무나 비례적이지않는 행동방식을 취하면서도 스스로는 의식하지 못하는 사람 등, 여러 가지를 검토해 보아야 할 보통사람들의 행동은 많다. 물론 우리 스스로도 포함된다.

인간관계를 함에 있어서, 정작 나 자신이 어떤 행동을 할 때는 잘 모르고 습관적이고 자동적으로 하지만, 상대방이 어떤 행동을 할 때는 눈에 잘 띈다. 그리고 나 자신의 행동에 대한 피드백을 받을 때는 부인하고 싶고 자존심도 상하여 거부해 버리기 쉽다. 상대방이 수용하지 않을 때는 '왜 저 사람은 저런 자기 모습도 모를까!'라고 느낄 정도로 안타깝고 '잘 받아들여 자신에게 이익이 되었으면' 하는 기대를 가질 수 있다. 다른 사람들이 스스로에 대하여 하는 말을 귀 기울이면서, 또 서로에게 하는 피드백을 들으면서 자신을 탐색할 수 있는 일들은 '집단교육 및 치료' 장면에서 얻는 큰 소득이다. 나 자신이 직접 들을 때는 당황하고 억울하기까지 할 정도로 힘겨울 수 있지만, 다른 사람이 받는 피드백을 통하여 내 자신을 스스로 느껴 볼 수 있다는 점도 반면교사로서의 큰 역할이 된다. 물론 직접 받는 피드백은 처음에는 쑥스럽고 어려울 수 있다. 그러나 점차 정서적인 체험으로 다가오게 되면, 마음깊이 느껴지는 것이기 때문에 반면교사보다도 더욱 더 직접적인 스승이 될 수도 있다. 내면의 성장을 위해서는 직접 직면하는 용기가 필수적이지만 이것은 생각보다 쉽지 않다. 앞으로 자신과의 만남, 즉 자신의 마음을 직면하여 바라보는 것은 큰 과제가 될 것이다.

이렇게 생각할 때, 누구나 좋은 일을 통해서 행복해질 수 있지만, 불행할 수 있는 일을 통해서도 행복해질 수 있다는 사실을 알 수 있다. 즉, 불행할 수 있는 일은 또 다른 '반면교사'인 것이다. 그 일을 통하여 내 인생을 새롭게 점검해 보고, 나 자신의 행동을 새롭게 조명해 볼 수 있다면, 불행은 행복으로 전환될 수 있는 좋은 기점이 될 것이다.

사람들은 누구나 다 행복한 일과 원하는 일이 이루어지기를 바란다. 가능하다면 고통 받는 일은 피하고 싶고, 고통스러운 일은 생각하기조차 싫어하기도 한다. 그만큼 고통스러운 일은 고통스러울 뿐이다. 고통스러운 일을 당할 때는 정말 고통스럽기만 하다. 그 고통이 성장의 발판이 된다는 것을 생각하기에는 너무 힘겨운 것이 현실이기 때문이다. 아픈 만큼 성숙해진다고 하지만, 그것은 아픔이 지나가고 난 뒤의 이야기이지 아플 때는 그냥 아플 뿐이다.

그러나 인간성이 진실하고 성품이 담담하고 편안하고 성숙된 사람을 보라. 그들은 험한 고통 속에서 인생의 참맛을 아는, 깨달음을 얻은 사람들이 대부분이다. 흔히 쓰는 말이 있다.

"높은 산이 있는 곳에는 깊은 골이 있다."

높은 산은 그냥 높은 산이 된 것이 아니다. 높은 산이 하루아침에 될 리가 있겠는가! 깊은 굴곡과 수많은 비바람과 철따라 떨어진 나뭇잎, 많은 사람들의 발자국 등, 수많은 인고의 세월 후에 생긴 위대한 정상이 아닐까! 높은 산과 같은 인품의 뒤안길에는 깊은 골과 같은 번민과 숱한 아픔들이 함께 하였던 반면교사가 있었던 것이다. 그 당시에는 엄청난 고통이었던 일들이 '그런 고통이 만약 내게 오지 않았다면, 나는 과연 어떤 사람이 되었을까!'라고 생각될 정도로 소중하고 귀한 삶들이 있었다는 뜻이다.

이 세상에 완벽한 사람은 없다. 수많은 세월의 굴레 속에서 참된 인품이 손상당했기 때문에 어느 정도의 문제점은 다 가지고 있다. 다만 우리는 그것을 조금씩 극복하고 성숙에 대한 욕구를 가지면서 노력하는 자세를 가지고 살 뿐이다. 노력하는 가운데서 상대방을 비난하거나 스스로를 자책하지 말고, 그 모든 것을 '좋은 것은 좋은 것으로 받아들이고 문제가 되는 것은 반면교사'로서 받아들인다면 참으로 건강한 인생을 살 수 있을 것 같다. 물론, 고통의 그 순간에는 이러한 말들이 오히려 속상할 정도로 마음이 쓰라릴 것이다. 충분히 이해되고 공감되는 얘기이다. 그러나 고통은 피하면 피할수록 더 잠수되어, 언젠가는 그 고통의 증상을 아주 심하게 맛보게 되면서 쓰러질 수도 있다. 예컨대, 청소년이 자신의 기분을 다스리지 못하여 학교자체를 거부해 버리는 식, 부부간의 갈등상황을 직면하여 헤쳐 나가는 것보다는 바로 이혼해버리는 식 등과 비슷한 것이다.

그러므로 피하는 것보다는 오히려 그 고통을 진하게 머무르고 느끼면서, 즉 직면하면서 누군가와 함께하면서, 전문가(전문가와 다름없는 건강한 대상)의 도움을 받는 것이 좋다. 더 나아가 그 고통속으로 들어가서 구체적으로 해결해 나가는 과정, 말하자면 이해받고 수용 받고 직면하고 해결책을 모색해 나가는 경험을 한다면, 얼마나 많은 깨달음을 얻을 것인가 하는 희망을 가져야 할 것이다. 어쩌면 아무런 고통이 없었던 것보다 훨씬 더 아름다운 삶의 순례가 될 수도 있지 않겠는가! 즉, 그 고통을 철저하게 반면교사로서 이용하는 것이다. 높은 산이 되기 위한 깊은 골을 만나는 것이다.

많은 사람들에게 삶은 고통의 연속이다. 물론 어떤 사람의 삶은 행운의 연속일 수도 있다. 그러나 행운의 연속이라고 해도 그 행운이 진정한 행복과 연결되는 문제는 별개의 이야기일 것이다. 만약 고통으로 느껴지는 사람들이 그 어려움을 승화시켜 나가면서 내면의 그릇을 키워 나간다면 그것은 값진 십자가가 될 것이다. 십자가의 길이 반면교사로 작용되어, 새롭게 부활되는 삶을 살아갈 수도 있을 것이다. '집단 심리치료' '소집단 공동체에서의 솔직한 주고받기'와 같은 장면은 '삶의 실험적 장소'로서 주고받는 피드백을 통하여 반면교사의 역할이 될 수 있다. 또한 스스로에게 직면된 것들을 통하여 높은 산을 만들 수 있는 여행이 될 것이다.

23. 진정한 힘은 하늘의 뜻을 아는 것으로부터!

"자기의 뜻대로 하려는 자는 자기의 뜻 때문에 쓰러지게 되고,
자기의 뜻을 느끼되 하늘의 뜻을 받아들이는 자는
결국 이 세상을 이긴다."라는 말이 있다.
즉, 일어나는 모든 것들을 있는 그대로 받아들이는 힘이
진정한 힘인 것이다.
그렇다고 하여 아무것도 하지 않거나
현실을 외면하라는 뜻은 결코 아니다.
겸손하면서도 현실에 적극적이고
드러내지 않으면서도 주체성이 있는 것이 진짜 힘인 것이다.

신학자 다니엘 베리간은 '현대세계에서의 하느님 현존'이라는 주제로 강연한 적이 있었다(참사람 되어, 2004). 이 내용은 하느님께 기도하는 사람들에게 뿐만 아니라 '종교를 떠나서' 현대를 살아가는 사람들에게도 많은 것을 느끼게 해 준다. 우선, 진정한 힘에 대한 것을 논하기 전에 '종교를 떠나서' 라는 의미에 대하여 약간 언급하면 도움이 될 것 같다.

필자는 철학이 없는 삶은 등대 없이 항해하는 배와 같은 것이라고 느껴질 때가 많다. 삶의 철학이 없는 사람을 만나보면, 정체성이 희박하고 목적 없는 일상 속에서 표류하기 때문에 작은 일에도 쉽게 흔들리는 모습

을 볼 수 있다. 사실 대부분의 사람들은 이런 생활을 하고 있다. 신앙생활을 나름대로 하는 사람들도, 개인의 정신역동(내면의 감정세력)에 휩쓸려 순간순간 삶의 목적을 상실한 채 하루하루 힘겨운 생활을 하는 사람들은 흔히 있다. 오히려 신앙의 핵심을 왜곡한 채, 신앙자체가 자기의 마음을 방어하는 수단이 되어 일어나는 문제점이 더 많을 정도로 느껴질 때도 있다. 때때로 일반 사람들의 눈에는, '기본이 되어 있지 않다.' 는 듯한 느낌을 주는 사람이 신앙 그 자체만을 강요할 때 더욱 더 문제가 큰 것처럼 보인다. 속과 겉이 다르고 이상적인 것만 추구할 뿐 비정상적인 생활을 하고 있는 것 같아서 고개를 내젓기도 한다. 그 사람 때문에 특정한 종교 자체를 왜곡시켜 문제가 되기도 한다. 하지만, 건강한 사람들의 기준으로 볼 때 '삶의 참된 목적과 방향'을 비교적 진실에 가깝게 설명해 주고 있는, 즉 항해하는 배에 등대역할을 해 주는 어떤 힘(그것이 종교이든, 철학이든, 무엇이든 간에) 은 흔들리는 일상을 지켜주는 방향이 된다는 사실, 이 점은 간과할 수 없을 것 같다. 가만히 지켜보면, 삶의 철학이 있는 사람과 없는 사람의 차이는 현실적으로 삶의 질에서 아주 크다는 것은 확실한 것 같다.

그런데 그 수많은 철학자들이 말하고자 하는 핵심내용으로 들어가 보면 대부분 종교적인 측면에 바탕을 둔 개념으로부터 시작된다는 것을 느낄 수 있다. 이것은 우리에게 '참된 믿음, 건강한 신앙'의 중요성을 시사해 주는 바가 크다고 본다. 우리가 외부로부터 뭔가를 끊임없이 채워야만 만족할 것 같지만, 내면의 허함은 외부의 것으로 채워지지 않는다는 것을 이성적으로는 알고 있을 것이다. 특히 절망 가운데서는 더욱더 그럴 것 같다. 아무것도 손에 잡히지 않을 것 같은 낙담 속에서, 바로 그 속에서 '무엇이 내게 주어지는가! 하늘은 내게 무엇을 말하려고 하는가!' 하는 것을 알기란 그리 쉽지 않을 것이다. 생활 가운데 작은 고통이든 큰 고통이든 우리를 조금씩 불안하게 만드는 것은 늘 존재한다. 그렇게 불안함이 몰아칠 때 흔들리지 않고, 그 고통이 나에게 주는 의미를 생각할 수 있는 수준이 된다는 것이 어디 쉽겠는가! 쉽지 않다. 하지만 분명한 것은, 평정심을 유지하는 생활이 가능한 이유는 아마도 평소에 '건강한 삶의 철학'이 확고할 때 얻는 소득이라는 사실이다. 그런 의미에서 종교의 유무를 떠나, 건전한 삶의 철학으로서 종교적 이해를 하는 것은 열린 마음으로 세상을 바라보는 하나의 방편이 되리라 본다.

이런 배경에서 다음의 내용을 보는 것이 좋을 것이다.

다니엘 베리간은 그의 강연에서, 청중들에게 죽어가는 사람들을 위한 호스피스 활동을 들려주었다. 매주 몸과 마음이 완전히 무능력한 상태에 빠진 한 어린 소년의 침대 밑에 앉아 있기 위하여 찾아갔던 경우였다. 어린 소년은 침대에 그렇게 누워있을 뿐이었다. 그는 말할 수도 없고 몸이나 그 어떤 방법으로도 그의 방에 들어오는 사람들에게 자신을 표현할 수 없었다. 그렇게 말없이 무기력하게 아무런 의사소통도 할 수 없는 상태로 누워있기만 할 뿐이었다. 베리간은 이러한 상황을 설명하고 나서 소년이 침묵과 무력함 속에서, 그 속에서도 말하고자 하는 그 무엇인가가 있을 것으로 믿고, 그것을 듣기 위하여 침대 머리맡에 앉아 있으려고 정기적으로 그를 찾아갔다고 했다. 어쩌면 그 아이의 말을 듣고자 하는 것이 아니라 그 아이를 통한 하느님의 존재를 느끼고자 하였을까! 계속하여 정기적으로 그렇게 찾아다닌 후, 베리간은 다음의 이야기를 덧붙였다.

"이 어린 소년이 침상에 누워있는 방식, 침묵과 무기력 속에 누워있는 모습은 어쩌면 우리 자신의 모습, 즉 우리가 하느님의 뜻을 모르고 이 세상을 살아가는 방식이 아닐까! 혹은 우리의 이러한 것을 그대로 바라보고 계시는 하느님이 우리 세상에 누워 계시는 방식이 아닐까! 이 소년을 통하여 하느님이 말씀하는 것이 무엇인가를 듣는 법을 배워야 한다."

이 말은 세상살이 한 가운데 현존하는 하느님의 힘과 그 힘이 어떻게 드러나고 있는지를 이해하는 데 도움이 되는 지극히 유용한 메시지이다. 하느님의 힘은 이 세상 속에서 마치 그 소년과 같다. 그분의 힘은 어떤 사람도 어떤 것도 제압하지 않는다. 그 힘은 조용히 말없이 사물의 깊은 도덕적 영적 근저에 누워있다. 근육, 재빠름, 아름다움, 뛰어난 재능, 기적 같은 은총 같은 것들로 제압하지 않는다. 사실, 종교는 '욕구'의 해결방식으로 접하는 사람들이 많다. '이러저런 것들을 도와주십시오!'라고 절대자에게 무엇인가를 구하는 방식으로 종교를 믿는 사람들이다. 일종의 청원기도이다. 때론 이런 것들이 하느님의 대단한 힘을 반영하지만, 이것이 이 세상에 절대자의 힘을 보여주는 중요하고도 근원적인 방식은 아닐 것이다. 이 세상에 나타나는 하느님의 힘은 매우 다른 모습을 지니고 있으며 매우 다른 느낌을 준다.

하느님의 힘은 어떤 모습인가! 이 세상에서 하느님처럼 느낀다는 것은 어떻게 느끼는 것일까! 바로 이것을 깊이 성찰할 수 있다면, 우리의 진정한 힘이 무엇인가에 대한 자연스러운 지혜가 나올 것 같다. 몇 가지 예로 '과연 진정한 힘은 무엇일까!'를 느껴보자.

만일 우리가 신체적으로 제압당하여 무력함을 느꼈다면, 어떤 사람이 우리를 때렸고 우리 자신은 스스로를 보호할 수도 상대방을 응징할 수도 없었다면, 분명 이것은 나의 힘으로 어떻게 해 볼 수 없는 참담함을 느끼게 될 것이다. 처음에는 분하고 억울하고 참담하게 느끼겠지만 차차 누워

있다 보면 마음이 달라진다. '이것이 나의 운명일까! 분명 내 힘이 아닌, 어떤 다른 힘이 있는 것이 아닐까! 도대체 나에게 왜 이런 일이 일어날까! 내게 이런 일이 닥친다는 것은 뭔가 다른 메시지가 있는 것이 아닐까!'라는 의문을 가질 수 있을 것이다. 어쩌면 하느님이 이 세상의 여러 가지를 혹은 인간을 느끼는 그런 방식으로, 우리 자신이 이렇게 벌어진 상황을 느끼게 될 수도 있다. 즉 그것을 그냥 참담함으로 느끼는 것이 아니라, 있는 그대로 느끼는 방식, 그러면서 믿음과 사랑으로 버텨내는 방식, 그렇게 진행되면서 궁극적으로 새롭게 변화해 가는 과정으로 느끼는 것이다.

만약, 우리에게 꿈이 있었지만 그 꿈의 실현을 위한 모든 노력이 우리에게서 희망을 앗아가고 결국 꿈이 실현될 수 없었을 때, 우리 자신의 무능력함에 눈물을 흘리고 부끄러움을 느꼈다고 하자. 처음에는 스스로의 무능력함에 실망하고 좌절하고 괴로워할 것이다. 그러나 차차 우리는 나의 힘으로 어떻게 해 볼 수 없는 일이 이 세상에 있다는 그 사실에 직면하게 될 것이다. 인간의 한계가 있다는 것을 인정하게 될 것이다. 이것이 더욱더 발전되면 하느님이 이 세상에서 느끼시는 것처럼, 바로 나 자신이 이 세상을 느끼게 될 수 있다. 즉 실현되지 않는 꿈으로 인한 깊은 좌절감으로 그 감정이 끝나는 것이 아니라, 있는 그대로 내게 주어진 상황을 느끼는, 마치 '나'라는 것과 '나에게 닥친 상황'을 별개로 느끼는, '나의 존재'와 '나의 환경'을 분리된 것처럼 느끼는, 그러면서 그런 상황에 끄달리지 않는 마음이 될 것이다. 그리고 난 뒤 자연스럽게 나에게 닥친 어려움이라는 한계를 '삶의 한 과정'으로 바라보고 포용하는 방식으로 될 것이다.

한 개인으로서는 조직사회에서 일어나는 어쩔 수 없는 것도 있으며,

가정 안팎에서 개인적으로 어려운 일들도 많다. 예컨대, 어떤 집단에서 마음을 함께 나누지 못하고 홀로 다른 생각을 하고 있는 것처럼 느낄 수 있고, 뜻하지 않는 재난이나 깡패들의 약탈을 직접 당한 경험이 있을 수도 있으며, 혹은 가족 안에서 나만 완전히 소외된 느낌을 가진 경험들도 있을 것이다. 이 경우, 처음에는 한없는 소외감과 외로움에 눈물을 흘리는 세월을 보낼 것이다. 짜증나고 억울하고 속상하고 버려진 듯한 외로움에 힘든 시간들이 분명히 있을 것이다. 그러나 차차 그것은 상대방도 어쩔 수 없는 '상대의 몫'이었고, 나라는 존재가 그 환경 속에 있을 수밖에 없는 상황은 '나의 몫'으로서 그냥 바라볼 수 있게 될 것이다. 즉, 이 두 몫을 있는 그대로의 하나의 현상으로 받아들이는 힘을 가지게 될 수 있다. 이것이 바로 진정한 정서적 분리이며, 이 분리는 인격의 고결함으로 이어진다. 그때 우리는 하느님이 이 세상에서 느끼는 것을 우리 자신이 느끼게 될 것이다.

하느님은 절대로 우리를 위압하지 않는 분(그 무엇)이다. 이 세상에서 하느님의 힘은 결코 근육질, 속도, 육체적 매력, 똑똑함, 혹은 당신을 사로잡아서 "그래! 그래! 저기 하느님이 계신다!"라고 떠들게 하는 그런 '강력한 힘'이 아니다. 그렇다면 어떤 힘일까! 때로는 하느님의 힘은 더 말 없고, 더 무력하며, 더 치욕스럽고, 더 소외되는 방식으로 표현된다. 그러나 그 힘은 더 깊은 차원에, 사물의 최종적인 근저에 자리 잡으며, 마지막에 가서 부드럽게 '너는 탄생부터 사랑받는 존재였단다. 사실 늘 사랑받고 있었단다. 물론 지금-현재에도… '라는 말을 할 것이다. 우리는 이 소리를 들을 수 있어야 한다.

이 세상에서 정의와 평화의 활동을 한다는 것은, '마더데레사 수녀님'과 같은 겸손과 사랑의 힘으로 하는 것이지 람보나 배트맨과 같은 힘으로 하는 것이 아니다. 평화와 정의를 지탱하시는 하느님은 아무도 때려눕히지 않으며 그분의 뜻은 절대로 그런 방식으로 실현되지 않을 것이다. '인간의 뜻'을 '하늘의 뜻' 위에 두는 한, '인간의 뜻'으로 인하여 끝없는 고통 속에서 살아갈 가능성이 많다. 그것은 결코 진정한 힘이 아니며 자신을 나라 속으로 힘겹게 만드는 것이다. 우리의 뜻을 세우지 말라는 의미가 아니라, 겸손한 마음으로 우리 자신의 뜻을 바라볼 수 있어야 한다는 의미이다.

정리하자면, '하늘의 뜻'을 '인간의 뜻' 위에 두는 겸손함, 진정한 힘은바로 이것이다. 그래서 "자기의 뜻대로 하려는 자는 자기의 뜻 때문에 쓰러지게 되고, 자기의 뜻을 느끼되 하늘의 뜻을 받아들이는 자는 결국 이 세상을 이긴다."라는 이야기가 나온다. 즉, 일어나는 모든 것들을 있는 그대로 받아들이는 힘이 진정한 힘이다. 그렇다고 하여 아무것도 하지 않거나 현실을 외면하라는 뜻은 결코 아니다. 겸손하면서도 현실에 적극적이고, 드러내지 않으면서도 주체성이 있는 것이 진짜 힘이다. 하늘의 뜻을 느낄 수 있는 사람은 세상을 다 얻게 되는 것이다. 그것이 신성한 힘일 것이다

24. 싫지만, 비굴한 자세를 …

'고개 숙인 자'가 '힘(?)'이 생기고 나면,
그 힘은 약한 자를 '고개 숙이게' 만드는 것에 일부 사용한다.
이것을 '공격자와의 동일시'라고 한다.
악순환의 '연(緣)'이 습관화되므로 그 사슬은 반드시 끊어야 한다.

때로는 비굴한 태도도 밑천(!)일 때가 있다. '비굴하다'라는 말조차도 거부감이 드는데 누가 그렇게 살고 싶겠는가! 하지만 어쩔 수 없이 비굴함이 삶의 밑천이 되어 살아갈 수밖에 없는 경우도 얼마든지 있다. 자신이 하고 싶은 말을 다 해 버려서 손해 보는 사람들은, 비굴한 태도로 자신의 것을 취득하는 사람을 보면 '치사하다!'라고 생각하면서 '나는 손해 보았으면 보았지, 저렇게는 못산다!'라고 단언할지는 모르지만 사실상 부러울 때도 있다. 비굴하다는 것은 한쪽 입장에서의 판단적인 표현일 뿐, 그 당사자는 좋건 싫건 간에 우선 상대방을 맞춰주어야 하는 입장일 수 있고, 오히려 그것이 더 현명하게 처신하는 방법일 수도 있다. 그런 점에서 '비굴하다'라는 평가 자체는, 남의 입장을 고려치 않는 자신의 적대적인 마음을 투사한 것일 수도 있다. 오히려 자기 할 말을 그냥 다 해버려야 속이 시원해지는 사람들은, 주장하고 싶다고 주장하고, 말하고 싶을 때 참지 못하고 말해버려서 상대방에게 쉽게 상처주고, 불필요한 말까지

하여 상황을 그르치고, 좀 기다려야 하는 것까지 조급하게 종료시키는 등의 문제가 생길 수 있다. 내용 자체는 맞는 말일지라도 때와 시기가 적절하지 못하여 낭패를 볼 수도 있다. 이런 의미에서, 어느 정도 남에게 맞추는 태도를 취하는 것도 일종의 삶의 한 방식이 될 수 있다.

자기주장을 너무 강하게 하여 상대방과 단절되는 인간관계를 쉽게 하는 사람은, 남에게 뭔가를 맞추어주는 사람을 볼 때, 굽신거리는 것 같아 보기 싫을 수 있다. 또, 심하면 온갖 방법으로 아부하고 비굴하게 굴어 단물(?)을 빼 먹을 수 있는 얄미운 사람으로 느껴지기도 한다. 하지만, 곰곰이 그 밑마음을 살펴보면 자신도 상대방에게 무엇인가를 얻어내고 싶은 마음도 있을 것이다. 그런 경우에는 비굴하게 굴면서 남에게 뭔가를 잘 얻어내는 사람이 더욱더 보기 싫을 수 있다. 말로는 싫다고는 하지만, 마음 한켠에서는 스스로도 무엇인가를 받고 싶고, 의지하고 싶을 수 있다. 어쩌면 보통사람들의 본마음이지 않을까 싶다. 오히려 그렇게 하지 못하는 자신에 대한 속상함도 있을 것이다. 속으로는 온갖 생각을 다 하고 있지만 철저하게 자기를 내세우지 않는 사람들이 때로는 더 무서울 수도 있다. 하여간, 우리는 살아가면서 싫지만 비굴해질 수밖에 없는 상황도 있을 수 있다는 점을 느낄 수 있다.

다소 비굴하게 굽신굽신하면서, 저(抵)자세를 취하면서, 그냥 살살 웃으면서, 상대를 맞춰주면서 살아가는 사람들, 그들은 사실 그런 태도자체가 그들 나름대로 살아가는 하나의 방법이다. 어떻게 본다면 그 방식이 그 사람의 삶의 밑천이기도 하다. 낮은 자세의 상태로 살아온 사람들은 상대방에 대한 눈치가 빠르다. 평생을 남의 눈치를 보며 살아왔기 때문에, 타인의 손짓 발짓 하나에도 민감하게 감지하여 얼른 상대방의 비위를 맞출 수 있다. 잽싸게 상대방이 자신에게 바라는 것을 알아차리고 그것을 배려해 줄 수 있다. '입에 혀처럼 한다'는 말이 있는데, 보기 나름으로는 그렇게 보여질 수 있을 정도로 잘 맞추기도 한다.

그들은 그 나름대로의 생존방식으로서 '비굴함'을 택한 것일 뿐이다. 어떻게 해 보아도 나의 힘으로 되지 않았기 때문에, 오히려 잘 맞추어주면서 (비굴해지면서) 내가 원하는 것(?)을 취득했을 것이다. 고개를 바짝 들어서 취하는 것이 아니라 고개를 숙여서 내가 취할 것을 취한다는 뜻이다. 고개를 아무리 들려고 해도 너무 무거운 삶의 역경 혹은 강력한 어떤 힘의 지배 때문에 몸을 엎드렸던 사람은, 그렇게 될 수밖에 없을 것이다. 고개를 숙이면서 무엇인가를 얻었던 경험이 있기 때문이며, 혹은 너무나 무서워서 저절로 그렇게 되어버린 경우 등 다양한 이유가 있을 것이다. 비굴함은 그들의 슬픈 역사이다. 비웃을 필요도, '그렇게는 살 수 없다'는 호기도, 상대방의 태도에 대한 비난도 할 필요는 없을 것 같다. 비굴해지는 것을 좋아하는 사람은 어느 누구도 없기 때문이다.

또 다른 측면에서 생각해 보면, 어쩌면 자신이 비굴하게 살고 있는 것을 모르는 사람도 많다. 남에게 맞추어 주면서 살수 밖에 없었던 그들에게는 그것이 무엇인지도 모르게 그들의 삶의 행동패턴이 된 것이다. 그들도 그렇게 하는 자신이 편치는 않을 것이다. 사실 그들도 무의식적으로 혹은 의식적으로 스트레스를 받는다. 생활패턴이 남에게 맞추어주는 방식을 쓰다 보니, 정작 소중하게 대하여야 할 가정에서는 오히려 반대가 될 수 있다. 다른 곳에서 맞추다 보니, 이제 가정에서는 내가 원하는 것을 가족들이 도와주었으면 좋겠다는 뜻이다. 즉 부모의 입장이라면, 밖에서는 남에게 맞출 것을 다 맞추고, 집에 들어와서는 무기력해지거나 자녀에게 부모가 원하는 것을 좀 맞추라는 식의 지배와 강요가 들어갈 수 있는 것이다. 자신의 비굴함에 대한 억눌린 감정 때문에, 자신이 무너뜨려도 될 만한 약한 자가 나타났을 때는 상대방을 비굴하게 만든다. 무릎 꿇게 만들어서 스스로가 '비굴했던 그 웅크림'을 다시 용수철처럼 펴게 하고 싶다. 그래서 감정의 평형을 유지하게 되는 것이다. 이런 끊임없는 작용-반작용을 통하여 자신의 심리적 균형을 잡아가는 패턴을 반복한다. 지배당한 만큼 지배하고, 지배한 만큼 다시 지배당하고, 즉 '지배-피지배' 심리적 악순환을 형성하다 보면 어느새 그것 자체가 생활화되어 버리기 일쑤다.

삶의 방법으로서 택했던 비굴한 태도…

그들이 혼자가 되었을 때는, 속에서 비굴하게 고개 숙였던 그 상대방에 대하여 '적대적인 마음'을 가진다. 속으로 이런 생각도 할 것이다. '내가 당신이 대단해서 무릎 꿇은 줄 알아요? 나는 당신이 무서워서, 혹은 무엇인가를 취득하기 위해서는 어쩔 수 없었어요. 어쩌면 고개 숙인 내가 오히려 고개를 바싹 든 당신보다 더 강해요. 훨씬! 아마도 당신은 꿈에도 모를 거야! 고개 숙인 내가 당신을 비웃고 있나는 사실을…. 내가 당신보다 더 강하다는 것을!'

고개 숙인 자가 자신 스스로가 힘이 생기고 나면, 그 힘은 대체로 약한 자를 비굴하게 만드는데 어느정도 사용한다. 이것을 '공격자와의 동일시'라고 한다. 나를 비굴하게 만들었던 자에 의하여 비굴해진 내가, 힘을 가졌을 때 다시 그 사람을 동일시하여 닮게 되는 것이다. 그래야 살아남았다는 느낌을 저절로 가지게 된다.

이것은 부정적인 방향의 '연緣'을 끝없이 가지는 것이기 때문에, 다음세대에 이어질 가능성이 있으므로 그 사슬은 반드시 끊어야 할 것이다. 악순환이 되는 것이다. 지배하고 지배당하고, 다시 지배하고 지배당하고…. 이런 악순환은 자식에게 부모의 부정적인 생활패턴을 모델화되어 물려주는 셈이 될 뿐이다. 비굴해질 필요가 있었던 것은 과거이지 현재가 아니다. 현재는 그냥 한 인격체로서 상대방과 대등한 관계로 되어야 한다. 이제는 어린이가 아니라 어른인 것이다. 몸은 어른이면서 행동은 과거의 어린이 시기에 하였던 그 방식을 그대로 사용하면 곤란한 것이다. 현재는 누군가에게 지배당하는 것도 아니고 누군가를 무서워 할 필요가 없는 어른이 된 것이다. 서로 똑같은 인격체로서의 관계인 것이다. 비굴해져야 살아남을 것이라는 불안하고 두려운 자신의 마음을 잘 관찰하고 인식하여, 스스로가 비굴해질 필요가 없으며 상대방을 다시 비굴하게 만드는 악순환을 가지지 않도록 하여야 한다.

만약 이렇게 비굴하게 살지 않을 수 없었던 자신을 제대로 이해하고 수용하면서 자신을 진심으로 사랑한다면, 건강한 자존감이 형성되면서 그 비굴함은 인내심으로 전환되어 오히려 성숙의 발판을 마련하게 될 것이다.

좋은 환경을 만나 건강한 인격을 가진 사람은 감사하고 행복한 마음을 잘 느끼면서, 스스로는 물론 타인을 사랑하고 함께 더불어 살아가는 인격으로 잘 연결되도록 자기를 닦아나가야 할 것이다. 또한 불행한 환경을 만나 힘겨운 심리상태를 가지고 있었다 할지라도, 자신에 대한 깊은 성찰을 통하여 일궈낸 인격 또한 매우 고귀하다. 과거에 내 자신에게 주어진 환경은 나의 선택도, 나의 의지도, 나의 의도도 아니었으며, 단지 운명처럼 다가온 인연이었을 것이다. 이제는 다시금 나의 선택과 의지와 의도로서 '나'를 진정한 주인공으로 하여 새롭게 인연을 만들어 가면 좋을 것이다. 과거에 행복하고 좋았던 생활이었다 할지라도 현재의 나를 똑바로 인식하고 살아가는 것이 중요하듯, 비록 힘겨웠던 과거였다 하더라도 현재의 나를 진정한 나로 느끼며 살아가는 생활이 필요한 것이다. 그렇게 되면, 싫지만 비굴하게 살았던 상황은 과거였다는 것을 깨달으며, 현재는 겸손하면서도 당당하게 살아갈 수 있을 것이다.

우리는 항상 '지금-여기'를 살고 있다. 어느 한순간도 과거나 미래에 살고있는 것은 아니다! 어느 한순간도! 단지 지금-여기의 이 순간만을 살고 있을 뿐이다.

25. 진정한 당당함

당당한 사람은 삶의 과정이 '채움'에 있지 않고,
'비움'에 있다.
당당한 사람은 삶의 종착역이 '있는 것이 없어짐'에 있지 않고,
'본래 없음'에 있다.
당당한 사람은 인간의 뜻을 느끼되
하늘의 뜻을 우위에 두는 겸손한 사람이다.

모든 인간은 누구나 당당하게 살고 싶어 한다.

그러나 생각보다 많은 사람들은 가진 것도 남보다 부족한 것 같고, 배운 것도 그리 대단하지 않는 것 같고, 외모도 별로 잘생긴 것 같지도 않고, 내세울 것도 그리 많지 않는 것 같은 이유 등으로 당당하지 못하다. 가진 것이 많지만 내세우려니 남들이 어떻게 생각할까 두렵고, 분명히 내가 옳다고 생각하지만 잘난 척 한다는 소리 들을까봐 드러내기가 다소 껄끄럽고, 그것을 뽐내려니 남들이 유치하다고 할 것 같고, '내가 이런 사람이요!'라고 명함을 내 보이고 싶은데 미성숙한 사람으로 보일 것 같은 이유 등으로 자기를 드러내고 싶은 마음을 당당하게 드러내 보이기도 쉽지 않다. 남들의 잘난 모습을 보면 부럽기도 하지만 얄밉기도 하고, 나도 가졌으면 하는 간절한 염원도 있다 보니 시기와 질투심이 올라오기

도 하는 등 마음이 복잡하다. 때로는 '과연 제대로 된 경로를 통해서 저런 것을 가졌을까?' 하는 근거 없는 불신감, 존경스럽기도 하지만 '뭔가 부족한 것도 있을 거야!'라는 부정적인 측면으로 의심하는 마음, '지금은 잘 나갈지 몰라도, 두고 봐야지'하는 노골적인 시기심과 질투심, 위축되고 부담스러우면서도 괜스레 올라오는 자책감 등, 각종 심리적 현상으로 불편하고 괴로워하기도 한다.

또한, 자기가 가진 것을 자꾸만 자랑하고 싶고, 남들이 내가 말 하지 않아도 알아주었으면 싶다. '왜 저런 것도 하지 못할까?' 하는 생각 때문에 무시하고 경시되는 마음이 생기기도 하고, '별로 잘난 것도 없으면서 뭘 저런 것을 가지고 자랑할까?' 싶어서 인정해 주고 싶지 않고, '내가 당신보다 훨씬 우월해!' 라고 말해 주고 싶다. 그러나 그렇게 하는 것은 그들과 다름없는 인간이 될 것 같아서 참으려니 다시는 그 사람 만나기도 싫은 등, 무엇인가를 '소유하고' 있지만 마음이 편하지 않는 경우도 있다.

그동안 우리는 알게 모르게 죄책감을 가지게 되고 주체성을 상실하는 삶을 살아왔을 수 있다. 모든 인격체는 태어나면서부터 자신이 가진 각종 날개의 씨앗이 있었을 것이다. 그 씨앗이 잘 자랐을 경우에는 날개가 자신의 빛깔과 크기를 한껏 발현되도록 키워졌을 것이고, 그렇게 되면 그 날개는 펼쳐져서 나름대로의 세상으로 날게 될 것이다. 정말 당당하게 날개를 활짝 펼치며 하늘 높이 비상하게 될 것이다. 하지만 날개를 가지고 있되, 마치 날개가 없는 것처럼 꺾인 인생을 산 사람들은, 즉 씨앗을 피우지 못한 사람들은 스스로 위축되고 부러진 것처럼 삶을 살게 될 것이다. 예컨대, 독수리의 알이 어쩌다 닭장 속에 떨어져 닭이 그 알을 품은 후 새끼가 태어났다고 하자. 그 독수리 새끼는 닭이 자기 어미인 줄 알고 어미를 따라 아장아장 걷고 어미의 방식대로 조금씩만 날고 어미의 방법대로 먹이를 주워 먹는 등, 각종 생활방식을 배우게 될 것이다. 어느 날 우연히 쳐다본 하늘에 몇 마리의 독수리가 높이 날고 있는 것을 볼 때, '아, 저렇게 나는 새들도 있구나! 나도 그렇게 날 수 있었으면 좋겠다!'라고 생각하지만, 자신이 그런 독수리인 줄은 꿈에도 모르고 살 것이다. 아예 그렇게 될 수 없다는 듯 체념하고 하늘높이 비상하는 독수리를 신기한 듯 쳐다보게 될 것이다. 한없이 부러운 눈으로 구경하며, 자신이 바로 그 독수리라는 것은 상상조차 하지 못할 것이다. 그러나 그 독수리가 어른이 되어, 닭처럼 생활을 하지만 한번쯤 마치 자신이 독수리인 것처럼(!) 날아보기를 시도한다면 어떨까! 아마도 엄청난 놀라움을 맞이하게 될 것이다.

'아! 내가 날 수 있다니! 내가 독수리처럼 날 수 있다니! 아니, 내가 독수리라니!'

우리는 누구나 다 내면에 무한히 잠재되어 있는 독수리와 같은 날개가 있다. 당당함은 누구에게나 다 있다. 닭은 닭으로서의 정체성을 가지면서 그 당당함을 드러낼 수 있다. 독수리는 독수리로서의 정체성을 가지면서 당당함을 가질 수 있다. 자신의 진정한 정체성, 자신의 날개의 능력과 가치가 무엇인지를 잘 깨닫고, 수용하고, 당당하게 펼쳐 나갈 수 있도록 '나는 누구인가!'에 대한 개념을 다시한번 정립해야 할 것이다.

그렇다면 당당하다는 것은 무엇일까! 어떠한 태도가 진정으로 당당하다는 말일까!

예컨대, 내가 없는 것을 타인이 나에게 제공할 때, '아, 정말 감사하구나. 요긴하게 잘 사용하겠습니다.' 하면서 당당하게 받을 수 있는 것을, '내가 이런 것을 받아야 하다니, 이렇게 비참하게 살아야 할까!' 라는 마음이 생기면 당당하지 못한 것이다.

누구라도 부러워할 만한 것을 상대방이 지니고 있으면, '와, 정말 보기 좋다. 참 훌륭하구나! 저 사람은 많은 능력이 있어서 사회를 위하여 좋은 사람이 되겠구나!'하면 좋은데, '나는 이것밖에 되지 않구나! 저 사람은 부모를 잘 만나서 그렇겠지. 저 사람도 어떤 흠이 반드시 있을 거야. 반드시 저런 사람은 문제 있어! 자기라고 뭐 별것 있겠어?'라는 '상대방 끌어내리기'를 한다면 그 역시 당당하지 못한 태도일 것이다.

나보다 덜 가지고 덜 배운 사람과 접촉했을 때 '음, 저 사람은 이런 부분까지 생각하고 있구나. 저 사람 입장에서는 그럴 수 있지! 아! 저 사람은 저렇게 말을 하는 스타일이구나!'라고 생각하면 그냥 상대방에게 편하게 느낄 수 있는데, '저 사람은 불쌍하다! 딱하다. 가치 없는 저 태도! 저 말씨! 저것 밖에 안 되니까 저렇게 살지!' 혹은 '아예 상종을 하지 말아야겠군!'이라고 생각한다면, 당당하지 못한 태도라고 본다.

굽신거리며 걸식을 해도, '감사하게 잘 먹겠습니다.' '나의 걸식을 통해서 상대방이 공덕을 쌓게 되어 감사하고, 나도 얻어먹을 수 있어서 참으로 고맙습니다.' 하는 마음을 가질 수 있다면 걸식을 해도 당당한 것이다.

여러 가지 이유로 부자로 살 수 있게 된다면 '부자든 가난한 것이든 아무 차이가 없어. 그냥 여러 가지 이유로 내가 돈이 많지만, 그 부는 하늘이 내려준 것을 잠시 관리하는 것일 뿐, 진정한 내 것이 아닐진대 부자라고 할 것도 없다! 기회가 있을 때마다 서로 공존하며 살아가는데 사용해야지!'라는 태도를 가진다면 진정한 부를 가진 당당함이 느껴지는 것이다.

이렇게 볼 때, 당당함이란 있는 그대로의 사랑하는 것이 핵심이 될 수 있다. 이것은 '자기'라는 것에 대한 정체성을 확고하게 가진다는 의미로도 볼 수 있는데, 그 이면에는 깊은 자기이해와 수용이 깔려있을 것이다. 그래서 다음과 같은 내용으로 정리될 수 있다.

당당한 사람은 남의 것의 유무에 끄달리지 않고 자신의 것을 있는 그대로 느끼면서 살아갈 수 있는 사람들이다.

당당한 사람은 남의 것에 마음이 흔들리지 않기 때문에, 남을 비판하거나 시기하거나 모함할 일이 없다.

당당한 사람은 외부의 것에 내 것이 위협당하지 않기 때문에, 외부의 것이 어떻게 변하든 마음의 평정심을 별로 잃지 않는다.

당당한 사람은 자신이 가진 것이 많아도 그것이 자기만의 소유가 아니라고 생각하기 때문에, 불필요하게 자랑하거나 내세우려는 마음자체가 거의 없다.

당당한 사람은 다른 사람의 말에 별로 흔들리지 않기 때문에, 그의 존재가 상대방의 말로 인하여 크게 상처받지 않는다.

당당한 사람은 자기가 바로 서 있되, 자기의 것에 집착하지 않는다.

당당한 사람은 자기주체성이 있으면서도, 남의 것을 그대로 따를 수 있다.

당당한 사람은 자기 것을 잃지 않으면서도, 남의 것을 그대로 수용할 수 있다.

당당한 사람은 누군가로부터 사랑을 받았다고 해서, 그 누군가에게 무조건 집착하지 않고 진정한 사랑이 무엇인지를 심사숙고한다.

당당한 사람은 누군가로부터 미움을 받았다고 해서 그 누군가를 비난하지 않는다. 미움을 받을 수밖에 없는 나 자신이 누구인지를 먼저 챙긴다.

당당한 사람은 삶의 과정이 '채움'에 있지 않고 '비움'에 있다.

당당한 사람은 삶의 종착역이 '있는 것이 없어짐'에 있지 않고 '본래 없음'에 있다.

당당한 사람은 인간의 뜻 위에 하늘의 뜻을 두는 겸손한 사람이다.

26. 심리적인 것이 신체화로 될 때!

심리적인 것이 신체적으로까지 영향을 미쳤다는 것은,
정상적인 욕구가 차단당할 정도로 힘들었다는 뜻이다.
스스로가 버텨낼 수준을 벗어날 정도의
벅찬 그 무엇인가가 있었다는 뜻이다.
우리는 알게 모르게 스스로 버텨내지 못할 정도의 아픔과 고통을
가족 혹은 주변상황으로부터 받았을 수 있다.
웬만큼 힘들고 괴로운 것은 마음으로 버텨내고 시간을 보내다 보면
날아갈 수 있는데
너무 힘들고 괴로우면 마음용량이 부족하다 보니
몸 수준까지 상처를 입히는 것이다.

주변의 사람들이 이렇게 말하는 경우를 들은 적이 있을 것이다. "머리가 아프다. 배가 아프다, 잠을 쉽게 이루지 못한다. 잠을 자도 계속 잠이 온다. 조금만 일을 하면 온 몸이 피곤하다. 잘 체한다. 오줌이 자주 마렵다. 다른 사람들이 볼 때는 멀쩡하여 아프다는 소리를 하는 것이 부끄럽고 괴롭다. 병원에 가도 특별한 약도 없고 그냥 '신경성'이라고 한다. 내과에 가면 피부과에 가보라. 피부과에 가면 신경외과에 가보라. 신경외과에 가면 정신과에 가보라는 말을 들었다." 등의 이야기이다. 때때로 우리는 신체적 고통의 원인을 알 수가 없어 종합병원의 각 진료 과를 이리저리

돌아야 할 때도 있다. 스스로도 딱히 아픈 곳을 알 수가 없기도 하다. 남들이 볼 때는 아무리 보아도 꾀병인 것 같지만 사실 본인은 힘들고 아프고 괴롭다. 타인이 이것을 이해하지 못한다는 점이 더욱더 괴롭기도 하다.

누구나 한번쯤은 느껴 볼 수 있는 신체화 증세는 전문적인 입장에서 별도의 다양한 설명이 필요하겠지만, 심리적인 것이 작용한다는 사실을 부정하는 사람은 거의 없을 것이다. 겉으로 보기에는 아무 이상이 없고, 사실 병원의 전문검사를 받아도 구체적인 원인이 밝혀지지 않는 경우가 종종 있다. 하지만 당사자의 입장에서는 온 몸이 힘겹고 축축 늘어지고 꼼짝도 할 수 없을 정도로 고통스럽다. 몸이 아플 뿐만 아니라 남들이 이 아픔을 정말 이해해 주지 않고, 심지어 꾀병이라고까지 하니 이것 역시 스트레스로 작용한다. 어떻게 해 볼 수가 없을 정도이다. 차라리 이대로 잠들고 싶기까지 하다. 딱히 무엇이라고 할 말은 없지만, 심신이 푹 쳐져서 움직일 수 없을 정도이다. 그냥 침대에 몸을 딱 붙여 꼼짝도 하기 싫을 정도이다. 외롭고 허전하지만 아무도 만나기 싫고 사는 것이 재미도 없다. 그런 느낌을 감지하지 않으려고, 종일 스마트폰을 끼고 이리저리 뒤지면서 자극적인 것을 찾아 헤매기도 한다. 그런 사람들을 보고 '너는 아무것도 하지 않고 빈둥거리며 종일 무엇을 하느냐?'라고 다그치지만, 사실 자신이 이런 상황이 되어보지 않고는 이 무기력한 우울감을 알기가 힘들 것이다.

살아가면서 주변의 일이 제대로 풀리지 않고 갈등들이 계속 되면서 스트레스 상황이 닥쳐왔다고 상상해 보자. 그 상황이 나로서는 도저히 어떻게 해 볼 수 없을 만큼 힘이 든다. 현실 자체가 절망스러워 도저히 희망의 햇살이 나타나지 않는 상태가 지속된다. 누군가가 현실적으로 무엇이 문제냐 라고 물으면 딱히 뭐라고 할 말이 없는 것 같지만, 뭔가 모르는 지속적인 스트레스 요인을 받고 있다. 이럴 때 우리들은 어떠하였던가! 온 몸에 맥이 빠지고 몸을 움직여도 생기가 없고 사는 것도 재미가 없는 듯, 왠지 모르게 우울하고 무기력한 증세가 자연스럽게 나타나지 않았던가! 현실적으로 뭔가는 하고 있지만, 내 마음 한곳에서는 우울감과 허무감 같은 것이 깔려 있는 듯한 기분이 될 수 있다.

만약 위와 같은 상황들이 어린시기부터 형성되었다고 본다면 어떨까를 생각해 보자. 다시 말하면, 스트레스가 반복되는 현실이 자아의 힘이 생성되기 이전부터 발생되거나, 어느 정도 나이가 든 시간까지도 지속적으로 나의 주변에 있었다면 어떨까! 맥이 빠지고 힘겨운 상황들이, 그로 인하여 불안하고 공포스러운 마음들이 지속되었다면 신체적으로 힘을 내기가 그리 쉽지는 않았을 것이다. 즉, 아주 어린 시절부터 지속된 어려움을 청소년기까지, 아니 성인에 이르기까지 계속되었다면 그 '마음의 아픔'이 당연히 신체화되어 '몸의 아픔'으로 이어질 가능성이 높다. 스스로의 힘으로 도저히 어떻게 해 볼 수 없는 상황이 밀어닥칠 때, 두 손 두 발 모두 힘이 빠지고, 하고자 하는 의욕도 없어지면서 그냥 잠만 자고 싶고 의미 없는 TV 채널만 돌리고 싶지 않겠는가 말이다. 온 몸에 힘이 빠진 세월이 하루 이틀이 아니고 수십 년이 된다면 '정당하게 써야 할 에너지'를 생성 혹은 발현시키지 못하여 실제적으로 생물학적인 신체적 에너지가 소실될 수 있을 것이다. 말하자면 몸이 굳어질 것이며, 자연스럽게 드러나야 할 에너지가 나오지 않으므로 다른 몸의 기능에 손상을 입힐 수 있을 것이다.

상대방의 입장에서는 이런 대상을 두고 여러 가지로 상상하여 말할 것이다. 예컨대, 꾀병이라고 할 것이고, 의지가 약해서 그렇다고 판단해 버릴 것이다. 게으르고 책임감 없고 심리적으로 나약해서 그렇다고 단언지어 말할 것이다. '몸이 별로 피곤해 보이지도 않는데 그대로 종일 잠만 자거나 노는 것을 보면, 의지가 약하고 정신상태가 걸러 먹었어!'라고 단호하게 말하는 사람도 있을 것이다. 물론 현상적으로 보면 그렇게 느낄 수 있으며, 상대방은 피해를 보게 되고 답답하게 될 수도 있다. 그러나 그 당사자가 되어본다면 이런 말들은 쉽게 하지는 못할 것이다. 그들은 정말 꼼짝도 할 수 없을 정도로 신체적으로 힘드니까 말이다. 정말이지 그들은 아픈 것이다. 웬만큼은 버티고 시간을 보내다 보면 날아갈 수 있는데 너무 힘들고 괴로우면 마음 수준에서 몸 수준으로 상처를 입는 것이다.

의식하든 의식하지 못하든 한 개인의 스트레스는 인간이 더욱 더 무기력해지고 몸이 쑤시고 괜스레 아프지않는 곳도 아프기 시작하여 진짜 몸이 아프게 되는 중요한 원인이 되는 것 같다. 기계를 어느 정도 사용해 주어야 잘 돌아가는데, 그냥 방치하면 그 기계의 부속은 오히려 고장이 나는 것과 꼭 같은 이치이다. 몸도 움직여야 그 기능이 퇴색되지 않고 계속 더 발달될 것이다. 즉 팔을 움직이고 다리를 움직여야 팔과 다리의 근육 힘이 더욱 더 생성되고 더 발현되는데, 팔과 다리를 움직이지 못하게끔 하는 요인들이 계속 밀어닥쳤다고 할 때, 저절로 신체 기능을 쓰지 못하게 되는 것이다. 예컨대, 날개가 있다면 그 날개를 펴고 날라야 하는 신체작용을 가지고 있는데, 어떤 이유로 그 날개를 펼치지 못할 때 어떻게 힘을 발휘할 수 있을 것인가를 생각해 보아야 한다. 날개짓을 하면서 에너지를 생성시키고 그 에너지를 통해서 다른 기능들을 더욱 더 활성화시켜야 할 것인데, 원천적인 에너지를 차단당하였다고 상상해 보라. 에너지가 중지되었으니 다른 기능들이 어떻게 힘을 쓰며, 에너지가 몸에 돌지 않으므로 전체적인 근육은 굳어 딱딱하게 되면서 병이 되지 않겠는가 말이다.

다시 말하면, 정상적인 힘을 써야 할 시기나 상황에서 계속 쓰지 않으면 무기력해지고 아프지 않을 수 없는 것이다. 선천적인 측면에서 자기의 본질적인 에너지가 있는데, 그 에너지를 제대로 사용하지 못하게 되면 괜히 다른 쪽에서 짜증이 나고 삶의 의욕이 상실되고 몸이 근질근질 좀이 쑤시는 것처럼 불편해지는 원리와 꼭 같은 것이다. 인간뿐만 아니라 창조된 모든 유기체들은 그 나름대로의 본질적 에너지를 가지고 태어났을 것이다. 지렁이가 기면서 자기를 유지해 나가고, 새가 날면서 생명체를 유지해 나가듯, 인간은 각자가 가진 고유한 에너지가 있을 것이다. 그 에너지가 차단당한다는 것은 바로 그 자신의 생명력을 멈추게 하는 것과 같을 것이다. 생명력이 굳어 힘겨워 지고 있으니 바로 그것이 신체적으로 힘든 것이 아니겠는가.

정상적으로 사용하여야 할 선천적 기질에 따른 개인적 에너지나 기본적인 육체를 정상적으로 사용하지 못할 때, 오히려 다른 곳이 더 아프고 마음이 병들게 되는 것이다. 심리적인 것이 신체적으로까지 영향을 미쳤다는 것은, 정상적인 욕구가 차단당할 정도로 힘들었다는 뜻이다. 스스로가 버텨낼 수준을 벗어날 정도의 벅찬 그 무엇인가가 있었다는 뜻이다. 우리는 알게 모르게 스스로 버텨내지 못할 정도의 아픔과 고통을 가족들로부터 주변상황으로부터 받을 수 있다. 그 고통이 신체적인 수준으로까지 올 때는 이제는 마음이 더 이상 버텨내지 못할 수 있다. 담배 중독이나 알코올 중독이 자신의 몸을 망치는 것을 모르는 당사자가 어디 있겠는가! 다만, 상처받고 괴로워하였던 아픔을 '마음'으로만 이겨내지 못하고 '신체'를 괴롭(!)히는 방향으로 돌아가는 행동적 패턴일 것이다. 이제는 그런 패턴 자체가 중독되어 스스로도 어쩔 수 없이 되어버린 상태일 수도 있다. 육체를 위한 운동도 일종의 '몸의 소통'이 아니겠는가! 몸과 마음의 '소통하지 못함'은, 고여 있는 물에서 나오는 나쁜 유충의 피해를 입는 것처럼 심리적 신체적 어려움을 가지게 될 것이다.

신체적인 부분까지 힘이 들 때 우리는 그 정도까지 도달되지 않도록 자기의 마음을 소통할 수 있는 누군가를 만나면 좋을 것이다. 정서적 교류가 꼭 필요하다는 말이다. 대화를 통해서 정상적인 심리상태와 신체적 상태를 유지하도록 평소에 '마음소통' 하는 훈련과 교육을 받아두면 도움이 될 것이다. '마음소통'이 되는 사람이 주변에 있다면, 그 사람은 나의 '마음의 의사'요, 또한 '몸의 의사' 역할까지 하는 셈이 된다. 서로서로가 그런 역할이 되어주고 서로서로가 그런 힘이 되어 줄 때 삶은 아름답게 되는 것이다. '소통'은 흐르는 물과 같으며 소통하지 못함은 고여 있는 물과 같은 것이다. '소통'은 고여 있는 물에서 발생하는 나쁜 유충을 예방한다. 우리는 몸의 나쁜 유충을 소통으로 예방하고 치료하여야 할 것이다.

우리는 누구라도 살아가면서 어떤 어려운 상황이 닥쳤을 때 멍해지고 혼미해질 수 있다. 나의 상황에서는 정신이 없을 수도 있지만 남들이 그런 상황이 되었을 때는 지혜롭게 조언이나 충고를 해 주기도 한다. 자신의 상황보다 상대방의 것이 훨씬 더 객관적으로 보이고 도움을 주고 싶은 내용들이 많을 수 있다. 자기 문제 앞에서는 다소 정신을 놓을 수도 있다. 스스로의 문제 앞에서는 과거의 습관대로 생각하고 느끼고 행동하는 경향이 있지만, 타인의 상황에서는 과거의 습관이 아닌 현실적인 입장에서 그 상황을 볼 수 있기 때문이다. 그러므로 어려움이 닥쳤을 때, 서로 간의 '건강한 의존적 관계'를 통하여 서로가 사랑하는 마음으로 도움을 주고받는 것은 매우 중요하다고 본다. 독불장군처럼 자신이 모든 것을 다 헤쳐 나가겠다는 자세는 그 완고한 태도 자체가 '불통'이며 그것은 신체적으로 어려움을 야기 시킬 수 있다.

타인과의 교류는 '자신 내면의 교류'와도 상통한다. 대상과의 정서 혹은 영적인 교류는 결국 '자신의 몸과 마음의 교류'와 맥락을 같이 할 것이다. 우리가 자기내면의 교류에 대한 훈련이 약하기 때문에, 우선적으로 타인과의 교류, 즉 건강한 의존적 관계를 통해서 내면을 그때그때 치료해 나가는 것을 배워야 할 것이다. 교류가 성숙된 사람들은 눈에 보이지 않는 만물의 생명체와의 교류가 가능해질 것이고 자신 스스로가 '지극히 자연스러운 우주만물'의 일부로서 사계절을 맞이하며 변화해 나간다는 것을 느낄 수가 있을 것이다. 아마도 이것이야말로 진정한 교류가 될 것이다. 이 정도의 교류수준은 차차 자연스럽게 깨달아 가면 좋을 것 같다. 이러한 깨달음은 우리를 진정으로 건강한 심신을 유지하게 할 것임에 틀림없다. 그러한 경지는 내면이 성숙되어 갈 때 가능할 것이며 우선적으로 주변 사람들과의 교류를 먼저 원활하게 하는 생활이 중요할 것이다. '주변인과의 교류' 와 '자기 내면과의 교류'는 심리적인 것이 신체화로 진행되는 것을 예방하는 좋은 약이 될 것으로 여겨진다.

27. '용서'는 솔직한 자기 마음을 보는 것으로부터!

상대방에 대한 용서는 나 자신을 위한 것이다.
용서할 수 있는 마음은,
내 마음을 정확하게 바라보면서 직면하고,
그리고 나의 마음이 회복되었느냐 회복되지 않았느냐를 살피면서…

세상을 살다보면 도저히 용서할 수 없는 일들이 있다. 아무리 이성적으로 '어떠어떠한 이유로 인하여 그럴 수 있어. 나도 잘못할 때가 있잖아. 용서해야지!'라는 생각을 하여도, 감정적으로 상대방을 쳐다보기 싫고 만나기 싫은 마음, 마음을 추스르려고 애를 써도 자꾸만 못마땅한 마음 등, 어쩔 수 없는 경우들이 종종 있다. 예컨대, 나의 재산에 명백한 손해를 입혔다든지, 나의 명예를 실추시켰다든지, 나의 자존심에 큰 상처를 입혔다든지, 인격적인 모독을 당했다든지, 내 자식에게 상처를 주었다든지, 나와 나의 가족의 육체를 망가뜨렸다든지, 나의 존재에 치명적인 아픔을 주었다든지 등이다.

대체로 우리는 그런 상대방들과는 단절하고 싶고 사실상 단절하기도 한다. 단절하는 이유는, 또 다시 당할 것 같은 두려움 때문일 수도 있고 그를 대할 때마다 그들로부터 당한 '아픔'이 재생되기 때문일 수도 있다.

나의 약한 모습을 직면해야 하는 고통이 오기 때문일 수도 있고, 대응하지는 못하고 내면에서 화는 나고, 어쩔 수 없는 내 마음의 괴로움 때문일 수도 있다. 그들을 보지 않아도 그 흔적과 그 결과 때문에 어려움을 겪고 있는데, 정작 당사자는 멀쩡하게 잘 살고있는 것이 너무나 화가 나기 때문일 수도 있다. 어떤 이유에서건 그들을 다시 만난다는 것은 정말이지 생각조차 하기 싫을 수 있다. 당사자의 고통은 자기밖에 모를 정도로 그 심정들이 이해되고 공감되며 (사실 스스로도 얼마나 고통스러운지 모르는 경우도 많다!), 그들에게 "일곱 번 아니라 일흔 일곱번이라도 용서하라!"는 예수님의 말씀은 참으로 부담스럽고 힘겨운 내용이기도 하다.

용서할 수 없는 사람과의 관계가 직장이라는 공동체, 가족관계 안에서 일어난다고 가정해보자. 아울러 그들을 용서하지 않으면, 그들과 화해하지 않으면, 누구의 마음이 불편할 것인가에 대하여 생각해 보자. 그들과 마음교류를 재개하지 않으면 사실 내 마음이 괴롭고 불편하다. 놀랍게도 상대방은 상처를 주었다는 생각도 없고 그토록이나 상대방을 아프게 했다는 기억조차 없을 수 있다. 오히려 상대방이 '왜 저렇게 나를 피하고 단절할까!' '성격이 좋지 않군! 별것 아닌 것 가지고 꽁하게 있는 것을 보니!' 하면서 거부감을 느끼거나 이상하게 볼 수도 있다. 때론 상처를 주었다는 것을 의식하고 있어도 자신의 자존심이나 차마 입을 열지 못하는 두려움 등으로 인하여 그런 인식을 애써 회피할 수도 있다. 의식을 하든 못하든 당했다고 느끼는 입장에서의 상처는 정말 힘든데, 문제는 그 힘겨움이 나 자신의 정신건강에 적신호를 주고 그 여파가 단순하게 끝나지 않을 수도 있다는 데 있다. 후속적으로는, 나 자신을 둘러싼 주변인들에게 전이되어 괜스레 아무 죄도 없는 주변사람들에게 힘겨움을 안겨주게 되므로 그것 또한 마음 아픈 일이 될 것 같다. 그들을 용서하지 않으면 괴로워하는 것은 바로 '나 자신'이다. 그리고 나의 가족, 나의 사랑하는 주변인이 바로 그 피해의 당사자들이다.

우리는 대체로 이런 심리를 간과할 수 있다. '난 당신을 용서할 수 없다'라는 생각의 이면에는 '내가 당신을 용서하기 이전에, 아직 내 마음의 두려움과 충격, 아픔과 분노가 가셔지지 않았어!'라는 감정들이 있다. 사실 이 감정들이 해결되지 않았다는 뜻이다. '난 당신과 아직은 관계할 수 없다. 보기 싫다.'의 이면에는 '내가 당신을 보기에는 아직 두렵고 무섭고 겁이 나!'라는 마음이 있을 수 있다. '난 당신과는 마주 대하기 싫고 무시하고 싶다.'라는 이면에는 '난 당신을 대하면 상처가 곧바로 와!'라는 심리상태가 잠재해 있을 수 있다.

한마디로 남아있는 본마음을 포착하고 바라보지 못한다는 것이다. 스스로의 마음에 대한 알아차림이 부족하다는 뜻이다. 아직은 자기 마음상태를 느끼지 못한 것이다. 상대방을 향한 원망과 분노의 마음만 드러내고 있을 뿐이지, 본마음에는 집중이 안 되는 것이다. 예컨대, 내 마음이 아직 그들을 용서할 수 있을 만큼 아픔이 가셔지지 않았으며 아직은 상대를 보기가 두렵고 공포스럽다. 밑 마음에서는 상처가 남아있어 대면하기 힘들다. 아직은 내 마음이 건강하게 회복되지 못했다. 시리고 아픈 마음이 남아있기 때문이다. 억지로 아프지 않은 척하고 용서하라고 하면 할 수도 있으나 정말 그것은 머리이지 내 마음은 힘들다. 어쩔 수 없이 만나야 하는 상황이면 억압하면서 보기는 하지만 마음은 여전히 닫혀있어 편치는 않다. 더욱더 중요한 것은 이와 같은 내 마음을 가만히 바라보고 머무르기 싫다는 것이다. 그냥 잊어버리려고 애쓰고 회피하려고 노력한다.

바라볼수록 감정이 올라오고, 그 감정의 회오리 속에서 나 스스로가 괴롭기 때문이다. 결국 자기 마음을 자신이 감당해 낼 수 없는 문제점이라 볼 수 있다.

내 마음을 감당해 낸다는 것은 무엇일까! 용서할 수 있는 마음은 내 마음을 정확하게 바라보면서 직면하고, 그리고 나의 마음이 회복되었느냐 회복되지 않았느냐를 살피면서 시작될 것이다.

예수님은 인간으로서 용서할 수 없는 상대방에 대하여 "저들은 자기들이 하는 행동이 무엇인지를 모릅니다. 하느님, 저들을 용서하소서."라고 말씀하셨다고 성경에는 기록되어 있다. 도저히 용서할 수 없는 그들을 향한 "저들은 모릅니다. 자기가 하는 행동이 무엇을 하는 것인지!"라는 말씀은 얼마나 중요한 내용인가! 모르는 저들 때문에 나 자신은 그 아픔을 계속 겪을 수밖에 없는, 이 심리적 구조를 우리는 지성적으로 꿰뚫을 수 있어야 한다. 모르고 하는 행동의 주체는 상대방의 몫이지만, 모르는 것을 알아야하는 것은 내 몫이다. 상대방은 자신의 몫을 스스로는 알 수 없다는 뜻이다. 알 수 없는 것은 변화하기 힘들다. 그러므로 상대방은 변화하기가 아직은 이르다. 때가 아닌 것이다. 억울하더라도 그에 대한 마음은 내 몫이다. 모른다는 사실에 직면해야 하는 것은 나의 몫이다. 상대방의 몫은 그들에게 돌리면서 자연의 순리에 따라서, 하늘의 때와 시기에 따라서, 예측할 수 없는 상황에 따라서, 어떤 변화를 가져올 것이라는 믿음을 가져야 한다. 그 변화의 시기와 때는 하늘에 맡겨야 할 것이다.

결국, 상대방의 몫은 하늘에 맡기고 문제는 '나 자신'을 깊이 있게 느껴야 할 것이다. 변화시킬 수 없는 것에 대하여 '편안함'을 느껴야 하는 것이 우리의 몫인 것이다. 상대방을 용서한다는 것은 상대방을 위해서가 아니라 나 자신을 위해서이다.

이렇게 생각해보자. 나 자신이 어떤 잘못을 저질렀을 때의 상황을 가정해보자. 자신의 행동으로 인한 괴로움을 한번 느껴보라. 스스로가 도저히 용서할 수 없어서 자책하고 미워하고 죽었으면 좋겠다는 그 심정을 한번 느껴보라. 얼마나 괴로운가! 얼마나 내 발등을 찍고 싶은지를 말이나. 정말이지 죽을 것 같은 느낌이다. 더욱 더 놀라운 것은 이런 심정이 있어도 같은 행동을 반복한다는 것이다. 우리는 수없이 이런 과정의 연속선상에 있다. 그런데 그 속에서도 가만히 우리의 마음에서 울려퍼지는 내면의 목소리를 들어보라. 가만히!

'아, 어쩔 수 없었어. 정말 내가 정신이 없었는가봐! 그러니 어쩔 수 없었잖아. 몰랐어! 정말 몰랐어. 알고 할 리가 없지. 왜 그렇게 나는 몰랐을까. 정말 어이가 없어. 정말 괴로워. 너무 속상해. 내가 왜 그랬을까! 내가 미쳤어. 진짜 몰랐어. 아! 이럴 수가 있구나! 내가 이런 마음과 행동을 하는구나! 그래, 그럴 수밖에 없는 나의 무엇인가가 있겠지. 알았어! 다음에는 꼭 신경을 써야지! 정말 다음에는 이렇게 하지 말아야지!'

사실 내면의 이러한 속삭임을 느끼지 못할 뿐이지, 의식적으로든 무의식적으로든 우리의 내면에는 조용히 울려 퍼지고 있다. 즉, 우리는 수없이 잘못하고 또 수없이 스스로를 용서하려고 한다. 스스로를 용서하지 못할 때, 우리는 엄청난 죄책감에 시달리면서 자신은 물론 상대방까지도 괴롭히기 시작한다. 괴로워하지만 대체로 우리 스스로는 잘못한 것이 있을지라도, 내면의 성스러운 마음에서는 스스로를 용서하는 마음으로, 인간적인 마음을 도와준다. 그렇지 않고는 우리 스스로가 지금까지 버텨오기 어려웠을 것이다. 잘못하고 용서하고, 또 잘못하고 용서하고, 우리는 우리 자신을 용서하듯 타인을 있는 그대로 바라보면서 용서해야 한다. 수없이 반복하는 우리 자신의 생각과 말과 행위를 괴로워하면서 또 용서하듯, 상대방을 용서할 수 있어야 하는 것이다.

스스로에 대하여 느끼기를 힘들어 하시는 분들을 위하여, 내가 무엇인가를 잘못했을 때 상대방이 어떻게 해 주기를 바라는지에 대하여 느껴보자. 말하자면 입장을 바꾸어 생각해 보자. 예컨대, 누군가가 우리의 잘못을 결코 용서해 주지 않는다고 하자. 처음에는 잘 몰랐지만, 조금 더 생각해 보니 미안하다고 사과하고 싶지만 시간이 지나면서 여의치 않아 미루다 보니 그냥 자꾸 세월이 흐른다. 그러다보면 자연스럽게 할 말을 더욱 못하게 된다. 사실은 사과하고 싶은 마음이 있었는데, 점점 더 그 사람과 사이가 멀어지고 새삼스럽게 말하기도 곤란하다. 시간이 갈수록 점점 더 불편하고 나중에는 상대방에게 속상하고 심지어 미워지기까지 한다. '나는 사과하고 싶었는데, 잘못을 알았는데, 저렇게 나를 내치니 속상하구나. 이제는 화도 난다. 자기는 다 잘했나?'라는 반발심까지 생긴다.

그런데, 그 상대방이 먼저 말을 걸어주고 나의 상태를 물어주면서 나와 관계하기를 요청하면, 바로 그 순간에 그 분에게 진심으로 다시 미안한 마음이 들 수 있다. 또한 용서한다는 말을 굳이 하지 않아도 용서받은 느낌이 들고 감사하는 마음이 일어날 수 있다. 그리고 지금보다 훨씬 잘 하고 싶은 마음까지도 생기고, 생각한 것보다 더 진정한 회심과 참회의 마음이 생긴다. 말하자면 새로운 마음이 태어나는 것이다. 즉 그 사람과의 관계에서 서로가 새로 태어난다. 우리는 상대방이 나에게 마음을 풀고 먼저 다가와 주기를 간곡하게 바랬던 것이다. 잘못했다는 것을 본인 스스로가 알고 있어도 다가가기 어려웠는데, 상대방이 나를 흔쾌히 받아주고 교류해 줄 때 우리는 오히려 더 미안하고 고맙고 감사한 것이다. 스스로를 용서하는 마음으로 상대방을 용서해야 하는 것이 얼마나 중요한지를 생각해야 할 것이다.

예컨대, 용서할 수 없는 아버지가 있다고 하자. 과거의 폭행, 놀음, 술 등, 자식으로서 아버지의 여러 가지 행동으로 인하여 많은 상처를 지녔다. 하지만, 아버지라는 그 자체로 마음이 쓰리고 아프기도 하다. 자식으로서 이 아버지를 완전히 내치려니 마음이 찝찝하고 안타깝고, 받아들이려니 도저히 용서할 수 없는 분노감도 함께 있다. 정말 다시는 보고 싶지 않을 정도로 피하고 싶지만, 그 대상에 대한 미움만 있다면 왜 그토록 내 마음이 괴로울 것인가! 그것은 그에 대한 사랑과 미움이 엉겨 있는 것이다. 즉, 내 마음이 정말 양가적인 상태로 힘든 것이다. 그 어느 쪽의 감정이든 이해되고 공감될 수 있는 마음이다. 단지, 힘겨운 마음을 풀어가야 하는 몫은 나의 책임일 뿐이다. 아버지를 용서하는 마음은 아버지를 위해서가 아니라 나 자신을 위해서이다. 아버지를 미워했다기보다는, 그로 인한 내 마음이 너무 아팠던 것이다. 아버지라는 존재를 원망하고 분노했다기보다는, 아버지의 그 행동으로 인하여 상처받고 무섭고 불안했다는 것이다. 아버지 때문에 괴로웠다기보다는, 아버지라는 환경으로 엄청난 고통을 맞이한 셈이다. 그것들은 아버지라는 존재가 아니라, 아버지의 행동과 환경이라는 조건이었고, 현재가 아니라 과거의 것들이었다.

상대방의 존재와 행동을 분리해서 느껴보며, 아울러 과거와 현재가 다르다는 것을 깨달으며, 새롭게 '지금-이 순간'의 대상을 바라보고, 내 마음을 다시금 점검하는 시간을 가져야 할 것이다. 용서하는 마음은 나도 살고 상대방도 살린다. 그러기 위해서는 자기마음을 솔직히 바라보는 것부터 시작해야 할 것이다.

28. 여백

'비어있음' 그 자체가 여백으로서 '본래자리'인 것이며
그 자리는 더 채워야 할 공간도 아니요
더 메꾸어야 할 공간이 아닌 것이다.
그냥 그것 자체가 '본래자리'인 것이다.
'여백' 그 자체가 '근본'이다.

마음이 잘 다스려지지 않을 때 '여백'이라는 단어를 생각하면 조금 잔잔해진다. 어떤 상황이 닥쳤을 때, 지나고 나서 생각할 때는 그렇게 어려운 것도 아니지만 상황이 발생되는 그때 그 당시에는 힘겨울 때가 있다. 돌이켜 생각해 보면 '그저 그런 일이 있었구나!' 하는 정도로 남의 일처럼 느껴지지만 그 당시에는 이런저런 생각에 잠 못 이룰 때도 있다.

'나는 그 상황에서 아무것도 한 것이 없는데 내가 왜 그 사람에게 이런 말을 들어야 하나! 참 억울하다. 이걸 어떡하나'

'아내(남편)가 이럴 줄은 몰랐어. 이런 일을 저지르다니. 너무 암담해. 내가 어떻게 해 볼 수도 없고, 속이 탄다.'

'아이가 이러이러한 면이 보이는데 걱정된다! 불안하다.'

'세상에! 직접 나에게 하는 말도 아니고 이런 이야기들을 내가 없는 곳에서 뒷담화를 하다니! 만나면 말을 좀 해야겠어. 무슨 말부터 시작할

까! 아, 복잡해! 정말 너무 괘씸해!'

'솔직하게 말하는 것도 아니고 내 앞에서는 은근히 이런저런 근사한 말로 포장하며 대하더니, 결국은 공격적인 태도를 드러내는군! 나는 왜 바보처럼 그 앞에서 한마디도 못하고 멍해서 눈만 껌뻑껌뻑하고 있었을까! 아, 정말 속상해.'

'난 정말 잘못한 것이 없는데, 나를 공격하고 무시하다니! 사실 너무 두려워! 솔직히 말해서 할 말이 없어. 도대체 어떻게 말을 꺼내야할지 모르겠어. 이럴 때는 내가 꼭 바보 같아! 속상해!' 등등.

우리는 이런 말들을 노골적으로 하지는 않았지만, 내면에서는 어떤 사건이나 상황 혹은 사람에 대해서 화나고 억울하고 걱정되고 불안하고, 뭔가 끝장날 것 같은 마음, 뽀글뽀글 북적대는 마음 등, 각종 복잡한 생각과 느낌들이 하루에도 수없이 우리 머릿속에서 오고간다. 이런 마음들은 한 인간으로서는 충분히 일어날 수 있는 마음이지만, 부모역할이나 누군가를 도와주어야 할 입장에서는 걸림돌이 될 때도 있다.

주변인들은 '누구나 그런 마음을 가질 수 있지. 세상을 살다보면 다 그렇고 그런 것 아니냐', '조금 지나면 괜찮아질 거야. 뭘 그렇게까지 생각하느냐!' 하고 위로나 격려를 보내기도 한다. 또 '쓸데없는 망상을 이렇게 하고 살다니! 이러면 안 돼!'라고 스스로 다짐을 하기도 한다. 그러나 그런 말들은 상황이 종결되고 난 뒤에는 가슴에 들어올지 모르지만, 그 당시에는 그냥 그 '복잡한 마음들' 속에서 허우적대며 괴로울 뿐이다.

대부분은 이런 마음들의 한 가운데에서 살아가고 있고, 지금도 그런 상황들이 많을 것이다. 구체적인 어떤 역할을 하는, 특히 상담자 혹은 부모역할하는 사람뿐만 아니라, 한 인간으로서 누구나 다 이런 마음들을 다스리고 싶을 것이다. 필자 역시 부족한 한 인간으로서의 한계를 많이 느꼈고, 또한 상담자의 길을 가기 위한 목적으로, 이런저런 심리치료 혹은 각종 교육과 개별적인 가르침, 기도나 명상 모임 등을 반복적으로 접하였다. 그 과정에서 '돕는 이'가 되어주셨던 선생님들은 한결같이 '마음 다스림'의 중요성과 다양한 방법을 가르쳐주셨다. 공통적인 핵심내용은, 자신 스스로의 '마음수양'과 '돕는 자'로서의 자질을 위한 마음공부의 과정에서, '독불장군'처럼 자존심을 내세우거나 완고하고 오만한 태도가 가장 걸림돌이 된다는 것이다. 어떤 사소한 것이라도 '자아팽창' 혹은 '자기함몰'로 발생되는 결과물은 항상 문제가 된다는 것을 느끼게 되었다. 즉, 자기를 확대하거나 자기 속에 빠져있는 상태는, 바로 투쟁-도피의 양식을 반복적으로 사용하기 쉽기 때문에, 훗날 그 반응양식으로 인하여 더 큰 문제가 야기된다는 점을 새롭게 느꼈다. 깨달았다고 느꼈으나 반복되는 습관의 힘은 무서울 정도로 굉장하여 '내가 이렇게까지 공부하고 나름대로 수련을 했는데, 이것밖에 안되구나.'라는 자괴감이 들 정도로 허무하게 옛날의 습을 그대로 반복하는 경우는 허다하다. 따라서 겸손하게 엎드려서, 늘 지금-여기에서 새로 시작하는 기분으로, 누구에게라도 다시금 피드백을 받거나 지도를 받는 것은 매우 중요하다고 본다. 따라서 스스로 하는 마음공부도 소중하지만, '자아'를 점검해 주고 지도해 주는 구체적인 대상이 필요하다는 것을 진정으로 느꼈다. 그분이 실제적인 인물이든, 성인이든, 누구이든 간에 진심어린 스승의 역할을 해 주는 멘토가 필요하다는 뜻이다. 그 필요성을 느끼게 될 때는, 즉, 간절한 욕구를 가지는 바로 그때, 하느님은 자연스럽게 새로운 인연으로 알맞은 스승과의 만남을 주선해 주신다는 것을 느낀다.

필자 역시 좋은 인연으로 여러 선생님들을 만나, 상담실이나 연구실에서, 때로는 찻집이나 식사하면서, 진지하게 혹은 차 한 잔 마시는 기분으로 일주일에 한차례씩 이야기를 나누었다. 예수님을 믿는 신앙인이면서 불교 교리에 박식하신 선생님들, 철학적인 안목으로 상담적 접근을 보시는 선생님들, 유교나 도교적인 입장에서 심리상담을 느끼는 분들, 불교교리 자체를 잘 알지만 예수님의 일생에 대하여 깊은 존중과 감동을 받으신 선생님 등, 그들의 '진리'에 대한 관점은, 필자 인생에 소중한 지표가 되었다. 필자도 특별히 그 부분에서는 자유롭게 종교를 느끼고 포용하고 싶었던 것이 희망사항이었기 때문에, 열린 마음으로 종교와 철학을 논의하고, 심지어 물리학 응용운동학 의학 약학 등 다양한 접근방식을 심리상담 영역과 관련시켜 논의하는 대화를 할 수 있어 참으로 감사하게 생각한다. 특히 편견을 가지지 않는 여러 종교와 타 학문과의 연계성을 말씀하시는 지혜와 겸손함과 따뜻함에 늘 감사함을 느꼈다. 나의 내면에도 이런 열망이 있었던 관계로 선생님들의 그런 태도는 진실되게 살아가고 싶은 목마름을 많이 채워주셨다. 이 글을 쓰면서도 스승들과의 인연에 감사하는 마음으로 다시한번 고개가 숙여진다.

이런 만남 속에서 수첩이나 노트 곳곳에 적혀있는 많은 메모들이 있다. "우리가 힘들 때, 그러니까 예를 들어. 내가 원하지 않는 상황, 기대한 만큼 되지 않는 상황 등이 있지. 누구나 힘들지! 충분히 힘들어! 바로 그때, 우리는 스스로가 좁아지기 쉽지. 바로 그 순간이 중요해. 좁아지지 않는 것…, 여백을 느끼는 것이지. 힘든 상황, 난감한 상황 등…, 그런 것을 '여백'이라고 생각하면 어떨까 싶어! 모자라는 것이 아니라 그냥 '여백'이라는 것, 마치 동양화의 여백처럼…. 동양화의 여백이 미완성된 것이라고 보는 사람이 없겠지. 그냥 비어있는 그 모습 자체로서 감상해 내는 것, 감상해 보는 거지 뭐. 그 여백을…. 그래, 도저히 손댈 수 없는 부분은 '여백'으로 보는 거야. 한번 봐 보자고!"

'여백', 도저히 자신의 힘으로 어떻게 해 볼 수 없는 상황에 맞닥뜨렸을 때, 내 힘으로는 대처할 수 없는 정도의 어떤 대상을 직면했을 때, 이 '여백'을 떠올리게 된다. 그러면서 이런 깨달음이 올라온다.

'나의 힘으로 무엇을 해 보겠다는 것 자체가 문제가 있구나. 그냥 그 문제 자체로서 '여백'인 것을! 어떤 문제가 '없다' '있다'에 매여 있구나. 말하자면 무엇 무엇이라는 상相이 있는 것이다. 그 모양[相]이 언제부터 있었단 말인가! 본래 없었던 것인데! '있다 없다'가 아닌 그냥 '여백'이라는 것이다. 자칫, '여백'이란 '없는 것'이라는 등식으로밖에 생각이 기울여지지 않았는데, 그 '여백'은 '있는 것'도 아니고 '없는 것'도 아닌 그냥, 그 '여백' 자체이구나.'

이러한 깨달음은 '정신역동적 부모교육 기초과정 워크북'에 인용이 되어 피교육자들에게 도움을 주고 있다.

'자녀의 손댈 수 없는 부분에 대하여 부모가 자꾸 반복해서 건드리게 된다면 서로에게 큰 상처를 남기게 되고, 그것이 지속될 경우에는 씻을 수 없는 깊은 골을 만들기도 한다. 부여된 본성 그대로 자녀를 바라볼 수 있는 부모라면 아마도 성인에 가까울 것이나, 비록 성인의 경지는 아니라 할지라도 자녀를 있는 그대로 인식하고 바라볼 수 있을 때 풀리지 않을 것 같았던 문제는 서서히 해결의 실마리를 찾아갈 수 있을 것이다. 누구나 가지고 있는 손댈 수 없는 부분, 이것을 어떤 사람은 단점이라고, 제일 큰 문제점이라고, 고칠 수 없는 부분이라고 말하지만, 어떤 사람은 매력이라고 장점이라고 특별한 부분이라고 말할 것이다. 만약 부정적인 의미로 받아들이는 사람이 있다면 이 점을 '여백'이라고 생각하면 어떨까? 여백! 동양화의 여백이 허점으로, 단점으로 보였던가! 오케스트라의 쉼(여백)이 지속적인 음의 흐름을 방해하였는가! 여백이 있기 때문에 아름다운 것. 꽉 차 있음으로 해서 오는 충만감도 즐겁지만, 비어있음의 너그러움을 보는 것도 때로는 행복하지 않겠는가! 여백의 예술품을 감상할 수 있는 눈, 여백을 즐겨보자. 기다림의 여유를 배워보자.'

대부분의 사람들의 심리적 문제는 '의존적 사랑의 욕구의 과잉과 결핍'으로 인하여 어떤 힘(명예, 권력, 재물, 학벌 등)에 의지하여 '인정받고 사랑받고 싶은 마음' 이라는 것이 정신역동적 관점이다. 필자가 처음 이런 내용을 접했을 때는 이런 관점이 너무 일방적이지 않을까, 너무 결정적이지 않을까 라는 비판적인 안목을 가졌다. 그래서 의구심을 안은 채로 그에 대한 임상적 평가를 계속 해나갔던 것이 사실이다. 그러나 내담자들을 겪어보면 볼수록 이러한 초기 대상관계와의 심리적 배경이, 보통사람들의 심리적 뿌리가 된다는 것을 깊이 느끼게 된다. 즉, 그 마음이 채워지지 않아 상처받고, 그 마음이 상대방에게 투사되어 밉고 화나며, 채워도 더 채워야 할 것 같은 마음 때문에 스스로 좌절스러운 것이다.

뭔가 더 채워야 할 것 같고, 무엇인지는 모르게 비워있는 것 같은 마음, 우리의 근원적인 욕구는 누구나 다 있다. '비어있음'은 '있는 것'도 아니지만 '없는 것'도 아니라는 것. 그냥 '비어있음'이라는 것이다. 없는 것이 아니라 그냥 '비어있다는 것' 뿐이다. '비워있음' 그 자체가 여백으로서 '본래자리'인 것이며, 그 자리는 더 채워야 할 공간도 아니요 더 메꾸어야 할 공간이 아닌 것이다. 그냥 그것 자체가 '본래자리'인 것이다. '여백',

그 자체가 '본래'인 것인데, 뭔가 더 채워야 할 것으로 혹은 모자라는 것으로 생각되는 것은, 바로 우리의 마음이 투사된 '망상(妄想)'이며, '전도된 몽상', 즉 '착각'인 것이다. 한마디로 환상이요 꿈인 것이다. 따라서, 그 여백 자체가 현실적으로 문제가 된다면, 현실에 맞는 적절한 자리바꿈을 지혜롭게 그리고 겸손되게 연구해야 하나, 그 여백 자체에 대한 비난이나 질책은 금물이다. 그 여백은 다른 곳에 가면 매력적인 대체물로 사용되어 질 수 있기 때문이다. 한마디로, '여백'을 더 채워야 하는 것으로 생각한다면 그것이 '망상'인 것이다.

조용히 기도하는 자세로 그냥 머물러서 바라보자. 하느님이 인간과 인간을 위한 모든 것을 창조해 내신 직 후, 그냥 있는 그대로의 모습으로서 '참 좋았다!'는 그 사랑, 그것이 무엇인지를 느껴보자. 가끔 먼 산을 아무 생각없이 바라보자. 허공을 멍하니 바라보자. 여백이 본래자리임을…, 공이 본질임을….

'여백'은 채워야 할 '여백'이 아니라 감상해야 할 한 폭의 '그림'인 것이다.

'여백'은 더 채워야 할 자리가 아니라, 그 자체로서 '본래자리'인 것이다.

-이 글은 필자의 삶에 좋은 영향을 주셨던 안형관 선생님(전 대구가톨릭대 철학과 교수)의 고희를 맞이하여 제자들이 펴낸 글 모음집인 '스승의 향기'(2006) 에 실린 내용의 일부입니다.-

29. 가식적인 힘의 노예가 될 수 있는 우리들

우리 대부분은 이런 지팡이와 총을 힘으로 생각하고 살고 있다.
지팡이와 총이 진정한 힘인 줄 알고 살아가는 대부분의 사람들은,
그 힘이 점점 사라져갈 때, 그 힘이 점점 먹혀 들어가지 않을 때,
그 힘을 점점 사용할 수 없을 때,
허전함과 허무감과 외로움과 고독감에 사로잡히면서
비참함과 고통과 분노와 회환과 슬픔의 현실을 맞이하기도 한다.

상담 장면에서 제시하는 많은 문제의 원인을 되짚어 들어가면 힘의 사용이 잘못되어 있음을 느낀다. 내담자의 '주 호소문제'의 뿌리가, 과거 주요양육자 혹은 주변 환경에서 발생되었던 '힘'의 과잉 혹은 부족현상이, 타고난 기질적 힘, 다른 요인들과 어떻게 상호작용 되었는가라는 뜻이 된다. 즉, 힘의 적절성 여부가 될 것이다. 가해자의 입장에서 힘을 잘못 사용하여 상대방이 당하는 수도 있고(예, 부모로 인하여 자녀가 어려움을 겪는 경우 등), 가해하는 당사자가 스스로 당하는 고통의 경우도 있고(예, 부모의 힘에 의하여 자식이 부모가 원하는 쪽으로 되지 않아서 부모자신이 고통을 당하는 등), 그 힘에 당하는 쪽의 피해자가 견디다 못하여 어떤 정신적인 문제를 일으키는 경우(예, 부모에게 반항하는 학생이 다른 곳에서 비행이나 절도, 혹은 우울증이나 불안장애 등)도 있다. 또한 각자 타고난 기질적 힘도 색깔만 다를 뿐 모두

다 가지고 있는데, 그 힘의 사용정도에 따라서 좋은 것도 있지만 나쁜 것도 있을 것이다.

살아가자면 '힘'이 있어야 할 것이다! 그런데 살아가는 데 진정 필요한 힘은 어떤 '힘'이어야 할까! 우리가 진정으로 알고 있는 힘은 과연 '진정한 힘'일까, '가식적인 힘'은 아닐까! '가식적인 힘'이라는 말에 대하여 동의하기도 하지만 언뜻 이해하기 어려운 점도 있을 것이다. 그렇다면 힘이 없는 것이 다 좋은 것일까! '힘없음'이라고 하는 것을 부정적으로만 볼 수 있는가! 과연 진정한 힘이란 무엇일까! 이런 명제를 가지고 헨리 나웬(1995)의 글을 인용하면서 논의해 보고자 한다. 그는 우선 인간의 가식적인 힘에 대한 서두에서 이렇게 언급하고 있다.

"이제 우리 자신의 마음속을 들여다보자! 우리는 끊임없이 누군가의 주의를 끌고 있는가 아닌가에 매달려 있지 않은가? 우리 자신이 인정을 받는가 아닌가, 보상을 받는가 아닌가에 말이다. 우리는 우리 옆에 가까이 있는 사람보다 더 나은가 아닌가, 더 강한가 약한가, 더 빠른가 느린가를 스스로에게 묻고있지 않는가?

초등학교 시절부터 우리 동료들과의 관계에서 성공, 영향력 그리고 인기의 경주에 있어 경쟁자임을 경험해 오지 않았던가? 그리고 우리 자신에 대해 너무나 불안한 나머지 스스로가 누구이고 무엇을 하며, 어디로 가는지에 대해 조금이라도 지배할 수 있게 해 주는 어떤 형태의 힘이라도 움켜쥐려고 하지 않는가! 말하자면 우리는 끊임없이 어떤 힘에 의지하고 싶어 한다.

우리는 지팡이와 총이 필요하다. 그 지팡이와 총은 무엇을 말하는가 하면, 나보다 더 많은 영향력을 가지고 있는 친구이며, 때로는 돈이나 학위, 또 때로는 다른 이들이 갖지 못한 약간의 재능일수도 있고 어떤 때는 특별한 지식, 혹은 숨겨진 기억, 심지어 차가운 시선일 수도 있다. 그리고 지배할 필요가 있다고 생각될 때에 주저 없이 그 지팡이를 재빨리 움켜잡는다. 그리고 즉시 총이 되어 상대방에게 날아갈 수도 있는 것이다.

우리가 그 사실을 완전히 깨닫기도 전에는 계속해서 지팡이와 총을 가지기를 원하며, 그것을 가져야 만이 살아갈 수 있다고 생각되는 것이다. 말하자면 진정한 나의 친구들이 누구인지는 도저히 알 수가 없다."

우리 대부분의 내면은 이렇듯 진정한 나 자신은 없고, 오직 타인만 있고, 그 타인이 나의 잣대요 기준이요, 경우에 따라서는 주인이 된다는 것을 느낄 수 있다. 더욱이 진정한 나 자신이 되지 못할 때, 하늘이 내게 준 진실한 달란트 혹은 내면의 힘을 느끼지도 못하고 스스로를 사랑하지 못한다는 것을 예시하고 있다. 진실한 힘이 뒷받침되지 않는 자아의식의 팽창은 여러 측면에서 참된 것과 멀어지게 한다는 뜻이다. 그는 이어서 이렇게 말하고 있다.

"우리가 자아의식을 가지기 위하여 어떤 힘을 사용할 때마다 우리는 하느님으로부터 멀어지고 이웃으로부터도 분리되며 우리의 삶은 악마적이 되어간다. '가식적 힘' 중에서 가장 많이 사용하는 것은, 놀랍게도 경제적 정치적 권력보다 더 강력한 종교적인 권력이다. 수많은 사람들은 '주님, 주님!' 하고 외치면서 말로만 나와 가까운 체하고 입술로만 나를 높이는 체하며 그 마음은 나에게서 멀어져만 간다(이사 29.13). 그들이 하느님을 공경한다 하여도 사람들에게서 배운 관습일 따름이다. 종교 때문에 우리는 수없이 상처받을 수 있고, 잘못된 가치관을 가질 수 있고, 편협한 신앙심에 의하여 타인과 격리될 수 있으며 진실이 왜곡될 수도 있다."

잘못된 종교관에 대해서도 지적하고 있는 대목이다. '종교적 합리화'를 통한 인간내면의 심리적 현상이 드러나는 상황들이 얼마나 많은가! 정치화, 사회화, 권력화의 현상을 심도 있게 들어가보면, 결국 인간내면의 투영체를 느낄 수 있다. 종교가 자기내면을 투사시키는 강력한 도구가 되어, 마치 성역처럼 다른 중요한 것들을 침범하지 못하게 만드는 문제점을 지닐 수도 있다는 것이다. 아무리 참된 진리라 할지라도, 그 진리를 접하는 사람의 마음이 잘못되면, 그 진리는 '잘못된 마음의 투사체'로써 부정적 영향을 미치는데 한몫을 하게 되지 않겠는가.

여기서 가식적인 힘을 마치 지팡이와 총을 가진 것과 비유한 것에 주목해 보자. 지팡이처럼, 우리는 무엇인가에 의지해서 살아가지 않으면 안 된다. 권력에 돈에 성공에 재능에 학위에 명예에 친구에 스승 등, 수많은 지팡이 같은 의존대상이 필요하다. 많은 지팡이 중에서도 특히 필요한 것은 개인적인 성향에 따라 다르겠지만, 어쨌든 지팡이는 계속 필요하다. 그런데 그 지팡이는 어느 정도 도달되었을 때는 총으로 사용될 수도 있다. 총으로 남을 상처주기도 하고 죽이기도 하고, 포획하여 잡아먹기도 하고, 쓰러뜨리기도 하고, 모함하고 시기하여 위협하고 겁주고 할 수도 있고, 나보다 더 나은 자를 꿇어앉게도 한다. 한마디로 지배의 도구로 쓰여지며, 기타 각양각색의 양태로서 사용정도가 다르다.

우리 대부분은 이런 지팡이와 총을 '힘'으로 생각하고 살고 있다. 지팡이와 총이 진정한 힘인 줄 알고 살아가는 대부분의 사람들은, 그 힘이 점점 사라져갈 때, 그 힘이 점점 먹혀 들어가지 않을 때, 그 힘을 외부환경으로 인하여 점점 사용할 수 없을 때, 허전함과 허무감과 외로움과 고독감에 사로잡히면서 비참함과 고통과 분노와 회환과 슬픔에 젖기도 한다.

그렇다. 가식적인 힘의 종말은 대부분 허무하고 슬프다. 그것을 깨닫지 못하고 허전하기만 하다 보니, 끝없이 힘을 가지고자 평생을 노력한다. 힘을 가지고 나면, 또 다른 것이 필요하고, 또 필요하고, 끝없이 다음 세대에까지 그 힘이 필요하다고 느낀다. 예컨대 자식이 그 힘을 물려받기를 원하고, 자기의 명성이 두고두고 남겨지기를 희망한다. 그러나 그 힘은 가지면 가질수록 더욱 더 평화롭지 못하다. 평화롭고 안정되기 위하여 힘을 가지는데, 그 힘을 가지는 쪽으로만 진행되면 더욱 불안해진다는 사실을 깨달아야 할 것이다. 그 힘이 진정한 것이라면 왜 힘의 종말이 대부분 허무하단 말인가! 그것은 바로, 그 힘이 가식적인 것이기 때문이지 않겠는가!

힘이 없어진다면 어떻게 될 것인가! '힘없음'을 느낀다는 것, 인간의 한계를 경험하면서 겸손해진다는 것, 어깨가 내려가면서 오히려 편안해진다는 것, 이것에 대한 깊은 통찰은, 삶의 진정한 목적을 다시금 생각해보는 계기가 될 것이다.

일상에서 가식적인 힘을 쓰지 않고 가만히 있어보자. 이렇게 제시한다면 어떤 분은 '아무런 힘을 쓰지 않으면 난 무력해진다.'라고 할지 모르나, 그것은 사실 내면의 또 다른 힘들이 작용하기 때문일 것이다. 복잡한 생각들, 망상들, 욕구들, 과거경험에서 오는 감정 등등의 생각들로 가득 차 있는 것이지, '힘없음'은 아닐 것이다. 진정한 힘없음이란 '나의 것으로부터 자유로워지는 것'이 아닐까!

'나의 것' '나의 소유' '나의 사람' 등, '나'라는 '자아'가 팽창하여 나의 모든 것이 나를 지킬 수 있으리라는 것은 엄청난 망상이 아닐까 여겨진다. 가식적인 힘은 '나' '나의 것' '나의 소유'를 위한 끝없는 전쟁일 뿐이다.

참된 힘은 '나'라고 하는 것은 말할 것도 없으며, 이 세상에 존재하는 모든 유기체가, 그 어느 것 하나도 생주이멸(生住異滅 생겨났다 머물렀다 변했다 사라지는) 과정을 겪지 않는 것이 없음을 깊이 깨닫는 것으로부터 얻어지는 선물이다. 이 깨달음을 놓치는 순간 우리는 가식적인 힘의 노예가 될 수 있다.

가식적인 힘이 없어진 자리에 참된 힘이 들어간다면, 우리는 새 생명이 내면에 탄생하게 될 것이다. 그렇게 된다면 아마도 '힘없음이 가장 큰 힘' 임을 느끼게 되지 않을까 싶다. 자동적으로 별 의심 없이 가식적인 힘의 노예로 살아가기 쉬운 현대생활을, 이런 기회를 통하여 다시한번 생각해 보게 된다.

30. '힘없음'에 대하여!

'힘없음'은 우리를 가장 불행하게 만들 것 같고
우리를 인생의 밑바닥으로 내려갈 것 같이 생각되겠지만
그 밑바닥은 내면의 깊은 심연과 만나는 중요한 계기가 된다.
'힘없음'은 지금까지의 가식적인 힘으로 무장된 자신이
결코 느끼지 못했던 '평화스러움과의 만남'이라는
선물을 안겨줄 것이다.

자칫 우리는 '가식적인 힘'을 가지기 위하여 평생을 투자할 수 있다. 가식적인 힘, 우리를 행복하게 해 줄 것 같았던 그 힘, 명예 재산 사람 권력 외모 성공 등, 그것들은 의심의 여지없이 나를 지켜줄 것 같다. 그러나 그 힘은 시간이 흐르면서 오히려 나를 지배하는, 즉 나 자신이 그 힘의, 바로 그 힘의 노예가 되어버릴 수 있다. 분명 그것으로 인하여 인생의 행복을 누릴 수 있을 것 같았는데 오히려 그 힘의 노예가 되어, 그 힘의 시종이 되어, 그 힘의 중독이 되어, 이제는 그 힘이 없으면 살아남지 못할 것 같은 '마약'과 같은 힘이 되기도 한다.

보통사람들은 힘(특히, 가식적인 힘)을 가진 사람을 음양으로 두려워한다. 그들은 우리를 다스릴 수 있고 원하지 않는 것을 하라고 강요할 수 있기 때문이다. 한편, 어떤 사람은 힘을 가진 사람들을 존경한다. 그들은 우리가 갖지 못한 것을 가지고 있고 그들 마음대로 줄 수 있거나 거부할 수 있다고 믿기 때문이다. 또 어떤 사람들은 그들을 부러워한다. 그들은 우리가 갈 수 없는 곳에 갈 수 있고 할 수 없는 것을 할 수 있다고 믿기 때문이다. 사실 그들은 대체로 친밀함을 원하지 않는다. 지배하길 원한다. 그러나 부러워하는 대상의 입장에서는 그 힘을 가지고 있으면 편할 것이라고 굳게 믿는다.

우리의 깊은 내면을 보라. 깊은 내면에 있는 자아는 우리가 무서워하거나 부러워하기를 바라지 않는다. 우리는 주체적이면서 자유롭게 살기를 원한다. 그러면서도 따뜻하고 부드럽게 공존하기를 원한다. 우리의 내면은 마치 엄마 품에 있는 아이들처럼 친밀함 속에 쉴 수 있도록 가까이, 매우 가까이 세상과 조화롭게 살기를 원한다. 서로가 편하게 다가가 마주하기를 원한다. 아기처럼, 아무런 힘이 없는 아기처럼 편안하게 다가갈 수 있고 부러움과 두려움이 없는 아기처럼 되기를 원한다.

아기처럼 된다는 것, '건강한' 아기처럼 된다는 것은 무엇을 의미할까! 남들이 다 부러워하고 두려워하고 마음대로 할 수 있을 것 같은 그 힘이 신성한 힘이 아니라는 사실을 깨닫는 데는 우리는 참으로 깊은 지혜가 필요하다. 그러한 지혜는 힘을 더 얻기 위한 과정보다, 오히려 우리 내면의 '힘없음'을 느끼는 과정에서 얻게 될 것이다. 즉 아기와 같은 마음의 태도인 것이다. 아기는 부모의 절대적인 사랑에 대한 믿음, 부모와의 완전한 일체, 한 치의 의심 없는 의탁으로 자유로워지는 모습을 가지고 있다. 어른이면서 아이와 같은 마음이 되려면, 누구의 보살핌 혹은 어떤 것으로도 해 볼 수 없는 무력함(무력하게 보이는!) 속에서 자신의 깊은 내면과 만나는 작업이 요구된다. 그 작업을 통하여, 우리가 진짜 의지해야 하고, 진정으로 함께해야 할 힘이 무엇인가를 어렴풋이 느끼게 된다. 어쩌면 그것이 우리의 '성스러운 힘(성령聖靈)'이 아닐까 싶다.

헨리 나웬(1995)은 이 '힘없음'에 대하여 이렇게 언급한다.

"하느님은 자신의 사랑을 드러내어 기쁜 소식을 선포하기 위하여 인간 존재에게 의존하셨다. 그렇다. 참으로 하느님은 너무나 무력한 처지가 되기를 택하셔서 당신 사명의 실현을 전적으로 우리에게 의존하게 되었다. 당신의 팔에 안겨 흔들거리는 아기를 당신이 어떻게 두려워할 수 있겠는가! 당신의 부드러움에 그저 웃기만 하는 아기를 어떻게 부러워할 수 있겠는가! 이것이 바로 '육화의 신비'인 것이다. 하느님은 인간, 다른 인간들과 전혀 차이가 없는 사람이 되셔서 전적인 약함으로 권력의 벽을 깨뜨리셨다. 이것이 바로 예수의 이야기이다."

하느님이라고 부르는 존재는, 영적인 것이기 때문에 눈으로 보이는 모습으로 나타날 수가 없다. 그리다보니 인간을 구원하기 위한 소중한 메시지를 보내기 위하여, 예수라는 한 인격체를 세상에 내어 놓았으리라 본다. 우리의 존재가 진정 소중하고 존귀한 하늘의 피조물이라는 것을 어떻게 깨달을 수 있을까! 진정 하늘은 인간존재를 깊이 사랑하고 있다는 것을 어떻게 사람들이 느낄 수 있을까! 그들과 같은 모습을 취하는 누군가를 내세우지 않고는 말이다. 아마도 예수님이나 부처님 일생과 그에 대한 기록들을 통하여 힘없는 것처럼 보이는 아기의 존재가 얼마나 대단한 것인지를 깨닫게 해주는 것 같다. 계속하여 연결된 내용(1995)을 살펴보자.

"나사렛 예수를 통하여 무력한 하느님은 권력의 환상이 지닌 가면을 벗겨버리기 위하여, 세상을 지배하는 어둠의 왕자를 무력하게 만들기 위하여, 그리고 분열된 인류를 새로운 일치로 이끌기 위하여, 우리들 가운데 나타나셨다. 하느님은 우리에게 전적으로 무력한 상태를 통하여 당신의 거룩한 자비를 보여주신다. 무엇보다도 힘없는 상태를 통하여 사랑을 드러내고자 하는 선택이었다."

힘없는 상태를 통하여 인간이 얼마나 사랑받고 있는가 하는 사실을 드러낸다는 것, 그런 진실을 일상에서 느낄 수 있으면 좋을 것 같다. 이런 저런 생활을 하다보면 가끔 모든 것이 좌절된 것 같은 느낌을 가지는 상황들이 있다. 주식투자가 바닥을 칠 때, 아이가 부모의 원함대로 뭔가를 잘 하지 못하거나 선천적인 결함을 안고 있을 때, 남편의 직장이 해고당할 상황이 될 때, 가족 중 누군가로부터 극심한 오해를 받고 뒷 담화를 들을 때, 도저히 용납될 수 없는 어떤 사건을 접했을 때 등, 스스로 어떻게 해볼 수 없을 만큼 깊은 좌절을 느낄 때가 있다. 즉, 가지고 있었던 모든 것이 다 없어져 나갈 때, 세속적인 표현으로 '바닥'을 칠 때 뭔가 전혀 다른 전환점을 생각해 볼 때가 있다. 새로운 길이 열림을 느낄 수 있다. 깊은 수렁에 빠지고 어떻게 해 볼 수 없는 깊은 무력함을 느끼게 되고, 정의에 굶주리고 목마르며, 뭔가 아무것도 없는 허선함과 슬픔이 밀려올 때, 오히려 마음이 착 가라앉으면서 모든 것이 비워지는 느낌이 들 때가 있지 않았던가!

또한, 지배하려 하지 않는, 아니 도저히 지배할 수 없는 가장 나약한 사람을 만나게 되었을 때, 오직 평화를 위하여 일하는 사람만을 볼 때, 아무런 힘은 행사할 수 없으나 마음이 깨끗한 어떤 누구인가를 볼 때, 맑은 심성을 지닌 아이 같은 사람을 만날 때, 우리의 마음은 어떠하였는가! 그냥 나락으로 떨어졌는가! 아니면 오히려 새로운 어떤 길이 열리기 시작하였는가!

대상들을 통하여 더 이상 인간의 힘을 행사할 수 없는 한계를 만나게 되면, 자연스럽게 마음을 비우게 되는, 즉 '무엇인가 알 수 없는 평온함'을 느낄 때가 있다. 극단적인 바닥상태를 통하여 '진정 내가 무엇을 원하였고, 나에게 진실로 필요한 것이 무엇인가!'를 느끼게 될 때가 있다. 아무런 힘을 행사할 수 없는 상황에서, 오히려 힘이 올라옴을 느낄 수도 있다. 또한, 상대방의 무력함을 통하여 우리는 그들과 함께 하고자 하는 마음으로 초대되고 있음을 느낀다. 그들을 통하여 나 자신의 숨겨진 모습을 느끼게 되고, 그들을 통하여 그들과 일치하고 싶은 마음을 느끼게 된다. 그들의 가장 인간적인 모습과 만나게 되면서, 그들의 진실한 마음을 느끼게 되고, 심연의 바닥에서 만나고 싶어 하던 어떤 모습을 만나게 된다. 한마디로 그들의 껍데기를 벗겨낸 가장 아기 같은 사랑스러운 모습과 만나게 되는 것이다.

우리는 '힘없어짐'을 정말 두려워하고 평생을 투자하여 '힘'을 가지려고 하지만, 사실상 '힘없음'을 통하여 만나게 되는 것은 정말 많다. 인간의 무력함은 우리의 진정한 힘을 만나는 필연적이고 중요한 문이다. 즉, '힘없음'은 우리를 불행하게 만들 것 같고 밑바닥으로 내려갈 것 같이 생각되겠지만, 그 밑바닥은 내면의 깊은 심연과 만나는 중요한 계기가 된다.

상담 및 심리치료의 장면에서, 자신의 '본마음'과 만나게 되면, 아기같이 유치하고 우습고 부끄럽고 도망가고 싶은 마음이 들 때가 있다. 근사하고 합리적이고 논리적인 내용으로서 합리화시켰던 그 말들이 '그냥 아기같이 사랑받고 싶었다!'는 자신의 본마음과 만나게 될 때 우리는 신기하게 마음이 편해짐을 느낀다. 가장 아기 같은 모습, 가장 힘없는 스스로와 맞닥뜨리는 내담자를 만나게 될 때, 오히려 상담자는 그와 함께 가장 친밀해질 수 있고 가장 이해할 수 있고, 가장 그가 사랑스러울 수 있다. 무엇보다도 자신의 진정한 모습과 마주하는 스스로, 바로 자기 자신이 다른 누구보다도 가장 편해질 수 있다. 자기를 지키려고 포장하려는 힘보다는 자신을 벗겨내고 부족한 부분을 드러내는 힘이 '진짜 힘'으로 느껴진다.

온갖 것으로 포장된 자기마음에서 그 모든 것을 벗겨낸 자기의 '힘없음'과 마주하게 되면, 그것이 불행하고 괴로운 것이 아니라 오히려 이해되어 맑아지고 수용되어 포근해지는 느낌을 어떻게 말로 표현할 수 있을까! '힘없음'은 지금까지의 가식적인 힘으로 무장된 자신이 결코 느끼지 못했던 '평화와의 만남'이라는 선물을 안겨준 것이다. 그런 후, 자신이 무엇을 향하여 살아가야 함을 진정으로 깨닫는 고귀한 힘이 발현되기 시작한다. '진정한 힘은 무엇인가!' 에 대한 새로운 성찰의 문을 두드리는 것이다. 모든 것은 '힘없음'으로부터 새롭게 열린다.

31. '진정한 힘'을 위한 실천적 노력

진정한 힘은 무엇인가!
그것은 초탈의 힘이다.
사랑과 자비의 힘이다.
자유와 책임의 힘이다.
그러기 위해서는 다음과 같은 훈련이 필요하다고 생각된다.
첫째, 이 세상의 가난한 이들에게 관심을 가지는 것이다.
둘째, 우리들에게 주어진 모든 일들에 감사하는 마음이 필요하다.
셋째, 일상에서 발생하는 고통스런 일들을 깨달음의 기쁨으로 전환시켜야 한다.

살아가면서 스스로를 힘들게 만들고 서로를 분열시키고 경쟁하고 나를 내세우기 위한 어떤 '가식적인 힘'에 의하여 다스려지고 있다고 생각한 적이 없는가? 만약 가식적인 힘을 빼어버린 '힘없음'이 그냥 그 자체로서 무력한 힘으로 생각되고 '아무것도 아닌 것'으로 이끌린다면, 우리는 과연 어떻게 평화의 길을 세울 것인가! 어떻게 행복의 길로 들어설 것인가? 무력함의 의미는 어떤 힘(권력, 명예, 지배욕, 잘나고 싶은 욕망… 등)에 굶주린 사회 속에서 '아무렇지도 않은 것처럼 보이기 위한 도피양식'의 구실로 전락하는 것인가? 그렇다고 부드럽고 수동적이고 비굴하게 되는 것이 좋다는 의미인가? 어둠의 세력들이 우리의 삶을 지배하도록 허용하면서 우리의 약함, 즉 경제적 약함, 체제적 약함, 전 인격적 약함이 덕이 된다는 의미인가? 가난을 감사해야 할 축복으로 자랑하여야 한단 말인가? 이런 의문이 뒤따를 수 있다.

가식적인 힘이 '힘없음의 방어작용'임을 알아차리는 순간에 진짜 무력한 상태가 되어버리기 쉽다. 또한 가식적인 힘을 빼어버린 '힘없음'이 오히려 자신의 낮은 자존감을 합리화시키는 도구가 될 수 있다. 마치 '힘없는 삶'이 옳다는 식의 함정에 빠지는 위험도 올 수 있다. 어떤 힘이 '참된 힘' '진정한 힘'인지를 생각하지 않고는, 이 모든 것들이 자신의 마음을 방어하기 위한 수단으로 해석되어질 수 있다는 뜻이다. 예컨대, "나의 힘은 약함 속에서 완전하게 됩니다."는 경구(고린도 후서 12,9)를 잘못 해석한다면 상당히 위험하다. 즉 "약함의 신학이 약골들을 위한 신학이 된다면 그런 신학은 부적당함, 복종, 자기비하 그리고 모든 분야의 패배에 대한 편리한 변명에 불과하다!"라고 주장한 헨리 나웬(1995)의 단호함은 생각해 볼만한 여지가 있다. 약함이 마치 '약함은 옳다!'는 식의 합리화의 도구로 된다는 것은, 패배를 정당화시키는 꼴인 것이다. 더욱이 자신의 낮은 자존감으로 의학적 심리학적 치료를 받아야 하는 사람들이, 그런 합리화에 사로잡혀 치료적 시기를 지연시키거나 회피하는 것은 전혀 적절한 자세가 되지 못한다는 것이다.

무력함, 약함, 작음의 심리적 성향에는 극히 위험스러운 함정이 있다. 성경에서는 그들에 대해 "그들은 자신의 무거운 짐을 꾸려 남의 어깨에 메워주고 자기들은 손가락 하나 까딱하려 하지 않는다."(마태 23,4)라는 예수님의 말씀이 기록되어 있다. 이렇게 약함이 자신을 무너지게 하는 합리화의 도구로 활용되지만 않는다면, 그 약함은 인간이 자신의 한계를 겸허하게 받아들이는 소중한 도구가 될 수 있다. 이런 의미에서 헨리 나웬은 '약함은 진정한 힘을 드러내기 위한 중요한 도구'라는 것을 언급하면서 '약함은 스스로 걸어가는 진정한 힘을 주는 것이다.'라는 것을 강조한다.

'약함'이 '스스로 걸어가는 힘'을 준다는 것, 의존하지 않고 '스스로' 걸어가는 힘을 준다는 것은 어떤 의미일까? 자신의 진정한 힘을 찾으려면 우선 자신의 약함부터 인정하는 심리학적 개념을 다소 응용하면 도움이 되리라 여겨진다. 자신을 있는 그대로, 그것이 좋은 힘이든 약한 힘이든 상관없이 모습 자체를 자각하고 인정하게 되면, 모든 것은 그것으로부터 새로운 길이 열리게 된다. 어느 누구라도 강하고 싶어서 강하고 약하고 싶어서 약한 것이 아니다. 그것은 그렇게 될 수밖에 없는 하늘의 뜻이 있었던 것일 뿐이다. 단지 우리가 해야 할 일은 그것을 있는 그대로 인정해야 한다는 것이다. 그리고 그 약함에 대한 인정을 통해서 '나 스스로 바로 지금 이 자리에서 해야 할 것은 무엇인가, 나의 인생여정을 걸어가게 하는 진짜 힘은 무엇인가'를 성찰하는 것이다.

이 점에 대하여 "약함의 신학은 거룩한 힘에 의해 강화되는 것에 관한 신학이다. 그것은 약골들을 위한 신학이 아니라 자신들을 자유롭게 해주고 램프에 불을 밝혀 하느님 나라를 위해 일할 수 있도록 해 주는 사랑의 힘을 청하는 사람들을 위한 신학이다." 라고 언급되기도 한다. 자신의 약함을 인정함으로써 새롭게 태어나는 힘을 가지는 것, 바로 이것이 우리가 이 세상에 초대된 삶이지 않을까 싶다.

그렇다면 진정한 힘은 무엇인가!

아마도 그것은 우선적으로 '모든 것을, 일체의 모든 것을 내려놓음'의 힘부터 시작할 것이다. 초월의 힘, 이 세상의 그 어느 것도 영원한 것이 없다는 것, 생겨난 것은 사라지게 되어있는 삶의 원리를 깨닫는 것, 즉 나의 것이라고 움켜잡을 것이 없다는 것, '나의 것'이라고 이름하는 모든 것들은 사회적 인간이 서로에게 피해를 주지 않고 서로 존중하기 위하여 정해놓은 어떤 '틀'일 뿐이라는 것, 이것으로부터 모든 것은 시작되는 것 같다.

또한 진정한 힘은 무한한 사랑과 자비의 힘이라고 본다. 상대에 대하여 파괴하고 무너뜨리고 경쟁하는 힘이 아니라, 서로의 장점을 강화시켜주고 아껴주고 지지해주고 지혜로운 조언이나 충고를 해 주는 '공동체적' 사랑의 힘이 아닐까 싶다. 이것이 어렵게 생각되는 분들은 가만히 느껴보라. '내 것'을 채우기 위해서 남의 것을 탐하고 시기와 질투의 감정을 가졌을 때 과연 내 마음이 편했는가를! 내 마음이 편치 않다는 것은, 그 자체가 진실이 아니기 때문일 것이다. 물론 그런 감정들을 이해하지 못한다는 것은 아니다. 인간적으로 충분히 공감됨직한 감정이다. 단지 사랑과 자비의 힘이 아닌, 경쟁과 투쟁, 시기와 질투의 대상으로서 외부세계를 생각하는 그 순간, 우리 스스로가 파괴되고 있다는 느낌을 가질 수 있다. 이 점은 '내 것을 채웠으니 행복하다!'는 생각은 진정한 힘이 아니라는 것을 의미한다. 내 것을 채웠든 부족했든 상관없이 공동체적인 사랑과 자비의 힘이 드러나지 않으면 우리는 가식적인 힘의 노예가 되므로 마음에 불안과 고통이 늘 엄습하는 것이다. 아직, 우리의 마음속에 '내 것'을 채우기 위한 많은 불철주야의 노력이 이루어지고 있다면, 아마도 그것이 이루어졌을 때 '허탈함과 불안함'도 같이 채워질 것이리라! 우리의 마음속에 '공동체적인 사랑과 자비'를 위한 노력이 이루어진다면, 아마도 훗날 '평화와 담담함'도 같이 채워질 것이다. 남의 일이 내 일처럼 느껴져서 피드백하면서 도와주고 기꺼이 축하해주는 생활 자세가 절실하리라!

또한 우리의 진정한 힘은 자유와 책임의 힘이다. 우리를 진정하게 일으키는 힘은, 분리시키고 파괴적이고 남과 겨루는 힘이 아니라 치유시키고 옳은 힘을 강화시키는 것을 말한다. 낮아져도 무너지지 않는 것이 진정한 힘이다. 가난해져도 자존감이 있고, 자신을 지탱하는 진정한 내면의 힘이 있기 때문에, 그로 인하여 흔들리거나 괴로워하지 않는 것이 진정한 힘인 것이다. 흔들리지 않는 힘은 자신이 자유로운 사람일 때 가능하다. 아울러 자기 스스로가 자기를 책임져 나가는 힘이 있을 때 가능할 것이다. 자유롭지 못하는 것은 스스로가 자신을 책임지지 못하고, 누군가가 나의 것을 도와주었으면, 의지가 되어 주었으면 하는 마음이 많기 때문이다. 서로 사랑하며 도움을 주고받는 것과 일방적으로 의지하는 것은 차이가 크다. 건강한 의존과 병리적 의존의 차이를 말한다. 건강하게 힘을 가진 사람은 자유롭게 도움을 받으며 청하고, 그 어떤 상황에서도 자신의 것을 스스로 책임져야 한다는 '진정한 자유의지'를 가지고 있다.

세 가지 힘, 즉 '나의 것으로부터 내려놓는 힘' '사랑과 자비의 힘' '자유와 책임의 힘'은 서로 밀접한 관련성이 있다. 예컨대 자유와 책임의 힘은 자연스럽게 자기스스로를 사랑하듯, 외부대상을 사랑하는 힘으로 전이된다. 자기 자신이 평화로우므로 자연스럽게 그와 함께 하는 사람은 평화롭다. 자기 자신을 투사시켜서 상대를 평가하지 않고 있는 그대로 바라보므로 자연스럽게 인간을 건강하게 사랑하게 되는 것이다. 또한 '내려놓음' 즉 초월의 힘은 저절로 자유의 힘이 되고, 스스로의 책임으로서 스스로가 편해지는 놀라운 힘이 나오게 되는 것이다. 그러므로 자기의 달란트와 한계를 잘 인식하게 되고, 그 인식을 바탕으로 하게 되면서 외부상황에 크게 흔들리지 않고 또 다시 초월하게 되는, 그리고 사랑의 힘이 나오게 되는 등, 서로가 상호 작용되면서 에너지가 나오게 되는 수레바퀴와 같은 역할이 되는 것이다.

그러기 위해서는 다음과 같은 훈련이 필요하다고 생각된다.

첫째, 이 세상의 가난한 이들에게 관심을 가지는 것이다. 좋은 것도 많은데, 왜 하필 가난한 이들에 관심을 가지냐고 반문할 수도 있겠지만, 그것은 매우 근시안적인 안목이라고 본다. 사실 우리 주변에는 어려운 이웃들이 훨씬 더 많다는 사실에 대한 사회 양심적 차원도 있겠지만, 더욱 더 중요한 것은, 공동선을 향한 관심은 집단이기심과 무력함으로부터 '참된 것'을 생각해 보는 계기를 마련하는 것이기 때문이다. 물론 '가난함'이라는 개념은 물질적 가난에 국한되는 것이 아니라, 인간 심리의 가난함, 인간 마음의 한계, 약함도 여기에 속할 것이다. 사실 '가난함'은 모든 인간의 조건이기도 하지 않는가! 우리는 '가난함'이라는 것에 대하여 좀 더 깊게 다루어야 하며, '공동선'의 개념을 통하여 '참된 힘'이 무엇인지를 느끼게 될 것이다.

둘째, 우리들에게 주어진 모든 일들에 감사하는 마음이 필요하다. 너무 평범한 말 같지만, 있는 그대로의 것들에 만족하고 행복해 하는 것은 '도道'의 경지이다. 이것은 지금 이 순간을 느끼며, 존재하는 모든 것들에 감사하는 생활로부터 시작된다고 본다. 내가 원하는 모든 것들이, 바로 이 순간에 이루어지고 있는 것을 느끼기가 쉽지 않다. 지금-여기에서 이미 모든 것이 이루어지고 있다는 것을 느껴야 하고 감사하게 받아들일 수 있는 자세를 연습해야 할 것이다.

셋째, 일상에서 발생하는 고통스런 일들은 깨달음의 기쁨으로 전환시켜야 한다. 그리고 그 전환에 경이로움을 느껴야 한다. 살다보면 가끔 말도 안 되는 상황을 맞이하게 되고 어이없는 일들을 당할 때도 있다. 시간이 약간 흐른 후, 그 상황들이 내게 어떤 깨달음을 주었는지, 무슨 가르침을 주었는지, 그것이 얼마나 큰 기쁨인지를 느껴본 적이 있는가! 하루하루의 모든 일상 속에는 '깨달음의 도구'들이 있고 그것은 경이롭고 기쁜 것들이 산재해 있을 것이다. 가난한 이들에 초점을 두는 눈으로, 우리가 원하는 것을 얻으리라고 신뢰하는 마음으로, 그리고 늘 기쁨으로 놀라는 정신을 가지고 있으면 어떨지를 생각해 보라. 아마도 하루하루의 사소한 일상을 믿음과 경이로움의 눈으로 바라본다면, 어쩌면 매 순간순간마다 진정한 힘을 느끼게 될 것이다. 그런 정신으로 살아야 만이 우리는 진정한 힘을 가지게 되어 이 암흑의 골짜기를 걸어가면서 기적을 보는 듯 감사하게 행복하게 될 것이다.

32. 좋은 방향으로 운명이 바뀔 수 있다.

진인사대천명盡人事待天命이라는 말도
먼저 자기 일을 다 한 후 하늘의 명령을 기다려야 한다는 말이 아닌가.
우리는 부모님의 육체를 통하여
하느님이 주신 고귀한 달란트와 '자유의지'를 통해
'일용할 양식'을 위하여 세상일에 땀 흘려야 한다.
먼저 세상일을 열심히 하면서 하늘의 뜻을 잘 성찰하여야 한다.

어떤 극한 환경이나 힘든 일이 생겨 도저히 그 상황을 해결할 수 없을 정도로 무기력해져 있을 때가 있다. 그럴 때, 스스로를 합리화시키거나, 안심시키기 위하여 또는 괴로움을 피하기 위하여 "어쩔 수 없죠. 팔자가 그러한데!" 하는 말로 체념한다. 혹은 공격적일 정도로 무리하게 헤쳐 나가려고도 하고, 누군가가 이 일을 좀 도와주지 않나 하고 두리번거리며 의존하려고도 하고, 모든 것을 포기하고 무기력해 있기도 하는 등, 여러 가지 반응을 나타낸다. 각자의 성향에 따라서 어려운 상황을 견뎌내거나 처리하는 방법이 다를 것이다.

우리 주변에는 생각보다 운명이나 팔자를 신봉하는 사람이 예상외로 많다. 그들은 개인이 아무리 노력하여도 자신의 운명을 거역할 수 없다고 생각한다. 종교를 생활화하고 있는 사람들 중에서도(일부 종교는 교리 상 금지하고 있는 것으로 알고 있다.) 무당이나 점쟁이에게 물어 보거나, 물어보고 싶은 충동을 가지고 관심을 가지기도 한다. 운명론적인 예언들이 우리 자신을 너무나 잘 설명하는 내용 같기도 하여, 우리의 미래를 그들의 해석과 말에 고착시켜 인정하기도 한다.

아마도 그들의 마음속에는 "모르는 소리! 정말 사람에게 주어진 운명은 결코 거역할 수 없다. 될 일들은 되고, 안 되는 것은 안 되는 것일 뿐이다. 아무리 해도 안 되는 것이 있지 않느냐!"라는 단언적인 울림이 있을 것이다. 이러한 울림도 이해될 수 있다. 하지만 우리가 이렇게 생각해 볼 수 있다. '된다, 안 된다'의 기준이 무엇일까? '운명이 있다 없다'의 문제가 아니라 좋은 운명이니 나쁜 운명이니 하는 기준이 무엇일까? 그 운명이라는 것이 과연 고정불변한 것인가?

모든 것은 흘러가는 것이지 고정된 것은 없다고 본다. 마치 운명을 고정된 것처럼 생각하는 것은, '지금-여기에서 내가 무엇을 할 것인가!'에 대한 흐름을 느끼지 못하는 것이 아닐까 여겨진다. 신학자 고든 카프만이 말했듯이 "선악에 대한 지식은 하느님의 영역이지 인간의 것이 아니다." 그는 무엇이 진짜 악이며 우리와 온 우주를 위한 최선은 무엇인지에 관한 모든 이념은 "늘 의심해보아야 한다."고 결론지었다(앨버트 놀런, 2011). 우리가 생각하는 '선악' '된다, 안 된다' '옳고 그름' '좋고 나쁜 운명이나 팔자' 등의 판단이 과연 '지금-여기'에서 적절한 것인지를 다시 한번 점검해 보아야 한다는 뜻이다.

조금이라도 삶에 대한 직관력과 통찰력이 있는 많은 사람들은 '운명도 생각에 따라 바뀌고 팔자도 자기 노력에 따라 바꿀수 있다.'고 생각할 것이다. '인간은 생각에 따라 의식과 태도가 달라지고, 의식과 태도가 바뀌면 행동과 습관이 달라지고, 행동과 습관이 달라지면 그 결과물인 운명과 팔자도 바뀐다.'는 현대 심리학자들의 정설에 전적으로 동의한다. 생각자체도 자신의 마음이 변하면서 바뀌어 진다는 것을 느껴볼 때, '오직 마음'을 어떻게 먹느냐가 우리 운명에 지대한 영향이 있을 것으로 본다. 그 마음을 변화시키기 위한 노력을 어떻게 하는 것이 좋을까 하는 것이 아마도 우리가 마음공부를 해야 하는 방향이 될 것이다.

예컨대, 우리 주변에는 제법 큰 사업을 하다 힘든 상황으로 실패하는 사람들이 종종 있다. 어떤 사람은 사업의 실패로 인하여 본인만 망한 것이 아니고 그의 가족, 주변 친척 재산까지 모두 날려버리고, 자신 스스로는 자살의 길로 가고 싶은 충동을 금치 못하기도 한다. 구체적으로 '자살'까지 시도하는 사람도 있다. 그만큼 현실의 고통이 크다는 이야기일 것이다. 주변의 어느 분의 경험담이다. 그분은 실제적으로 주식으로 몇억을 날리고 사업까지 내리막을 걸으면서 자살의 직전까지 갈 정도로 극도의 최악의 상황을 맞이하였단다. 더 이상은 못 버티겠다는 마음으로 가족을 생각하면서도 스스로를 용서할 수 없는 죄책감에 사로잡혀 자살하기로 마음을 먹었다고 한다. 하루 밤만 더 생각해 보자는 심정이 되어, 뜬눈으로 밤을 새면서 가장 마음에 설리는 것이 부엇인가를 생각하였단다. 최우선적으로 자식을 떠올렸다. 자식을 생각하면서 조금만 더 버티며 '살자'고 생각을 고쳐먹었단다. 죽는 심정으로 무엇을 못하겠느냐는 심정이 되어, 새로 태어난 사람처럼 마음을 움켜잡았단다. 닥치는 대로 가리지 않고 밤낮으로, 마치 잊기 위하여 일하는 사람처럼 돈벌이를 하였단다. 그리하여 전혀 다른 제 2의 인생을 살게 되어, 오히려 사업할 때보다도 더 알찬 삶을 가지게 되었다. 세월이 흘러 '아… 그러한 실패가 다 하느님의 오묘한 섭리였구나.'라고 절절히 깨달았다 한다. 많은 사람들이 젊은 시절 겪었던 '돌이킬 수 없는 실패 같은 인생'은 "지금 생각해보면 '하느님이 나를 도우려는 최대의 사랑'이었고 그 사실을 깨닫는 데는 약 20-30여 년의 세월이 걸렸다."라는 말을 한다. 그런 깨달음이 없다고 할지라도, 그 실패를 최대한 활용하여 마음과 생각을 변화시키면서 새로운 인생전환을 위한 노력을 가지면, 오히려 본래 생각했던 것보다 더 나은 삶이 기다리고 있는 것이다.

이처럼 생각하기에 따라 인생의 행로는 달라진다. '자살'이라는 말도 글자 위치만 바꾸면 '살자' 라는 말이 된다는 어떤 분의 말이 재미있기도 하다. 영어에는 '아무 데도 없다'는 'no-where'라는 단어가 있는데, 이를 다르게 띄어 읽으면 '여기에 있다'는 'now here'가 된다는 유머도 의미가 있다. 세상을 부정적 비관적 체념적으로 보지 않고 긍정적 낙관적 희망적으로 보아야 할 이유가 여기에 있다.

간혹 종교를 지닌 분들중에는 모든 것은 전지전능한 부처님께서 혹은 하느님께서 알고 점지하시고 능력까지 발휘하시기 때문에 우리는 기도만 하면 그분께서 다 이루어 주신다고 생각한다. 이것 또한 아주 잘못된 생각이며 일종의 종교적 운명론과 다를 바 없다고 본다. 그렇다면, 우리는 어떠한 생각을 하고 어떻게 생활하여야 할 것인가?

진인사대천명盡人事待天命이라는 말도 먼저 자기 일을 다 한 후 하늘의 명령을 기다려야 한다는 말이 아닌가. 우리는 부모님의 육체를 통하여 하느님이 주신 고귀한 달란트와 '자유의지'를 통해 '일용할 양식'을 위하여 세상일에 땀 흘려야 한다. 먼저 세상일을 열심히 하면서도 하늘의 뜻을 잘 성찰하여야 한다. 우리는 성경의 말씀대로 불륜, 방탕, 만취, 우상숭배, 적개심, 분쟁, 시기, 격분, 이기심, 분열, 분파, 질투라는 육적이고 본능적인 생각을 버리고, 성스러운 열매인 사랑, 기쁨, 평화, 인내, 호의, 선의, 성실, 온유, 절제(갈라 5,17-22)라는 맑은 생각으로 보충하여야 한다.

물론 신앙을 가졌다고 하여도, 아직 한 인격체로서의 한계가 너무나 크므로, 생각을 바꾸기가 그리 쉽지 않고, 더구나 자구적 노력만으로 되지 않는다. 육적인 존재인 우리는 타성에 따라 살아가기 쉽고, 눈에 보이지 않는 영적인 하느님을 생각하는데도 한계가 있기 때문이다. 그러므로 우리는 늘 깨어있어야 한다. 화가 밀레의 '만종'에 나오는 '열심히 일하면서 제 시간에 맞추어 기도하는 모습'처럼 일하면서도 겸손되이 조용히 기도하는 자세를 가질 수 있어야 한다. 즉, 우리는 하루의 생활 중 의도적으로 시간을 내어 하느님과 함께하는 시간을 차츰 늘려가야 한다. 꼭 종교를 가지지 않는 분일지라도 '진리'라고 생각되는 좋은 글귀를 명상하는 시간을 가지면 좋을 것이다. 즉, 영적 독서를 한다는 마음가짐으로 독서명상의 시간도 매우 의의 있을 것이다. 명상(기도)은 하느님을 생각하는 시간이며, 하느님과 함께하는 대화이며, 하늘의 뜻을 귀담아 듣는 시간이며, 진리의 깊은 의미를 깨닫는 시간이다. 한마디로 거룩한 시간이다.

그러한 시간을 통하여 마음이 변화되고, 마음이 변화되면서 생각도 변화되고, 생각이 변하면 행동과 태도가 변하고, 행동과 태도가 변하면 우리 주변의 복된 것들이 몰려들게 되면서, 우리의 운명은 긍정적인 에너지가 모여들게 되지 않을까 싶다. 팔자나 운명론적으로 자신의 상태를 고착시키는 것은 어리석은 일이지 않을까! 이 세상의 모든 유기체는 끊임없이 변화하기 때문에 인격도 얼마든지 변화될 수 있다고 본다. 그 변화하는 인격의 흐름이 바로 우리의 운명이 되지 않을까!

33. 마음에 머문다는 것

대상과 관계없이 순수하게 내 마음에 머물게 되면
이제는 대상은 대상으로서 인식할 뿐,
그 대상으로 인하여 나의 마음이 흔들리는,
그런 투사된 감정으로부터 자유로워진다.
이중적인 에너지-상대 때문에 괴롭고, 그러한 나 자신 때문에 또 괴로운-가
오직 나에게만 집중되기 때문이다.
그렇게 될 때 자신도 모르게 자기의 감정을 이해하고 수용하게 되면서
넘어서는 경험을 하게 된다.

바라보고
머무르고
넘어서고

이 세 줄의 짧은 문구는 우리 연구소 '집단 심리치료' 장면에서의 주요한 '치료과정'이며, 슬로건처럼 핵심 용어로 자리 잡고 있다. '심리상담' 혹은 '심리교육' 프로그램은, 우리가 가지는 일상생활의 현실적인 문제, 스스로 느끼고 있는 문제점의 원인을 머리로 혹은 가슴으로 알게 도와준다. '알게' 되었다는 것은, 어느 정도의 지적 정서적 통찰을 하였다는 뜻이다. 하지만 치료가 되었다는 뜻은 아니다. '알아도 잘 안 된다.' '알면 다

되는 줄 알았다.'라고 하는 사람들은 통찰이 되면 치료가 되는 것으로 알고 있지만, 통찰은 치료에 들어가기 전의 필수적인 과정일 뿐이다. 물론 행동의 변화가 잘 안될지라도 통찰만으로도 많은 부분 도움 받는 것은 사실이다. 즉, 통찰은 '이래서 이렇게 되었구나! 저래서 저렇게 되었구나.' 하는 인과관계를 이해하게 되고(지적 통찰의 경험), 내 가슴을 움직이게 만드는 어떤 작용들이 일어나면서 깨닫게 되는(정서적 통찰의 경험) 긍정적 작용이 매우 크다. 정서의 교정 작업이 구체적으로 이루어져서 행동 변화까지 이루어진다면 바람직할 것이다. 하지만 이러한 통찰작업을 '아! 정말 이해하게 되었고 가슴으로 깊이 느꼈어!'라는 것까지만 한다면, 제대로 된 치료를 했다고 볼 수 없다.

통찰이 되었다 할지라도 아직도 남아있는 습관적 힘이 대단하기 때문에, 과거의 습을 현실에 맞는 방향으로 전환하는 더 많은 자기치료의 장이 필요하다. 한마디로 악습을 바꾸는 반복적인 연습이 계속 필요한 것이다. '치료 과정'은 한마디로 '통찰작업' 후 '자기와의 대면을 통한 극복의 과정'이다. 이 과정에서의 핵심적인 내용이 바로 '바라보고, 머무르고, 넘어서고'이다. 물론 자기 자신에 대한 통찰이 제대로 되지 않은 분들은 이런 말들에 대한 의미가 가슴에 와 닿지도 않을 것이다. 뿐만 아니라 가슴에 와 닿았다고 느낄지라도 직접적으로 자신의 일상과 결부시키기는 작업에 아직은 어려움이 있을 것이다.

치료의 과정을 나타내는 핵심적인 말, 즉 '바라보고, 머무르고, 넘어서고' 중에서도, '머무르고'라는 내용은 치료하는 과정에서 너무나 중요한 관문이다. '바라보는 것'까지는 여러 경로를 통하여 해 보려는 노력을 많이 하지만, '머무른다는 것'에 대해서는 개념 이해도 어렵고 실제 적용도 힘들어하는 경우가 많다. 이것은 자기와의 만남의 시간이며, 자신과의 직면의 시간이기 때문에 다소간 혼돈과 고통과 상처를 재경험해야 하는 어려움을 동반하기 때문이다. 경우에 따라서는 아무런 거부감 없이 직면할 때도 있지만, 많은 방어와 거부감 속에서 직면해야하는 경우도 있기 때문이다.

'마음에 머문다는 것'

자기의 마음에 머문다고 할 때, 망상의 방향으로, 엉뚱한 소설을 쓰면서, 자기 식의 생각으로 혼란스러워지기 시작하다가 그냥 '아이고 모르겠다. 머리만 더 복잡하네. 답답하다.'라고 하면서 그냥 덮어버리기 쉽다. 그것은 마음에 머무는 것이 아니라, 계속 자기의 마음을 재구성하고 분석 진단하여, 자책하며 피학적으로 빠진다든지, 합리화를 통하여 자기를 이상화한다든지 등등, '자기함몰'이 되기 쉽다. 이렇게 되면 오히려 추후 후유증으로 인하여 더 문제가 발생될 수도 있다. 오히려 대상에게 여러가지 반응을 야기 시킬 수도 있다. 그것은 마음에 머무는 것이 아니라, 그 마음 때문에 혼란에 빠지는 것일 뿐이다.

마음에 머문다는 것을 말로 설명하거나 표현하기는 참 어렵다. 그것은 느끼는 과정이지 머리로 설명할 수 있는 과정은 아닌 것 같다. 만약, A 라는 사람이 B 의 부적절한 행동을 보고 너무너무 답답하고 화가 난다고 하자. 이럴 때, 그런 자기 마음을 '바라본다' 는 것은 이렇게 느낄 때이다. '아, 내가 B의 저런 행동을 보니 답답하고 화가 나는구나.' 혹은 '이런 마음이, 왜 이런 마음이 올라오는가 하는 것은 이제 알겠는데(통찰), 그래도 이 마음이 올라오는구나. 정말 화가 나구나.'라고 인식하고 자각할 수 있는 수준을 말한다. 이렇게 자각되면 우리는 차분히 이 감정에 머무르는 시간이 필요하다. 묵상 혹은 명상 혹은 기도 혹은 침묵의 시간 등등이 요구된다. 즉, 여러 가지 표현으로 '머무름'을 나타낼 수는 있으나, 결국 '자신의 마음을 깊이 느끼는 작업'이 바로 '머무르기'의 과정이다.

예컨대, '아, B의 저러저러한 행동이 나에게 잠재되어 있는 화를 이렇게 자극시키는구나. 분노, 화, 나 자신도 놀랍구나. 이렇게 나에게 화가 많다니!' 하면서, 내면의 분노감을 충분히 느끼는 작업이다. 그냥 '아, 내가 이렇게 화가 나구나.' 하고 바라보는 차원이 아니라 그 '화'를 깊이 느끼며 조용히 '내면의 분노감'과 친구하듯 젖어드는 것이다. 그것이 행동화되거나 표현하는 등, 외현화 되기 전에 내 속에서 그냥 머무르고 있는 것이다. 머무르지 못할 정도로 화가 나거나 답답할 경우에는 대부분 그것을 어떤 방식으로든 표출하기 쉽다. 그러나 이것은 표출되기 전에 내 안에서 그대로 그 화를 느끼면서 사라질 때까지 머무르는 것이다.

대부분의 사람들은 이 과정에서 '머무르기'에 실패하고 외부로 표출한다. 그래도 바람직하게 표출되는 방법은 건강한 누군가에게 상담을 하는 것이다. 좋은 대화를 통하여 풀지 않으면 이것은 상대방에게 그 화가 투사되어 상대방의 어떤 꼬투리가 화의 원인이 된 것처럼 외부로 내던지기 쉬우나, 머무른다는 것은 자기 내면에 그 감정들을 그대로 자리 잡게 한다는 것이다. 예컨대, 이런 작업이 내면에서 일어날 수 있다.

'아, 정말 화가 나구나! 그렇구나. 정말 화가 나구나! 상처가 많은 것일까. 그렇지, 상처가 많지. 저 사람의 저런 행동이나 말이 나를 망치로 때리는 것처럼 가슴이 아프구나. 많이 나아졌다고 생각했지만 난 아직 많이 아프구나. 상처의 흔적을 건드리구나. 그래! 아프다! 아프지 않으려고 공격하고 싶다. 되갚아주고 싶은 마음이 생기는구나. 복수하고 싶은 정도로 가슴이 부글부글 끓구나. 아프구나. 난 아프다! 정말 너무 아프구나!, 그 사람은 어쩌면 누구라도 할 수 있는 행동이나 말을 했을 뿐인데…. 물론 그렇다고 저 사람이 잘한 것은 아니지만, 사실 대부분의 사람들이 저런 말은 예사로 하지!... 정말 나는 큰 상처를 받았구나! 상처를 받고 아파하고 있구나. 아프다 정말 아프다!'

'나'를 '너'로 바꾸어 느껴보는 것도 좋은 방법이다. '경험적 자아'를 '관찰적 자아'와 나란히 공존하게 하는 형식이다. 마치 경험적 자아인 '나의 행위'를, 관찰하는 입장으로 바라보는 또 다른 나, 즉 '관찰적 자아'의 입장에서 느껴보는 것이다. 즉, 관찰적 자아인 '나'가 경험적 자아인 '나'에게, 상대방에게 말하는 것처럼, 마치 내 앞에 거울처럼 내가 앉아서 '관찰하는 입장'처럼 이인칭으로 객관화시켜 대화하는 작업인 것이다. 내가 너에게 하는 것처럼 말이다. "내가 많이 아프구나!"가 아니라 "너가 많이 아프구나!"라고 하는 것이다.

아마도 시간이 흐르면서, 그 아픔은 서서히 사라지기 시작할 것이다. 만약 머무르기에 실패하면, 과거 속으로 빠져서 불안하고 우울에 빠지거나, 자책과 좌절감 등으로 자신을 학대하기 시작할 수도 있다. 이것은 제대로 된 머무름이 아니다. 즉, 진정한 머무름은 상대방과는 분리가 되어 그냥 내 마음과의 만남을 통해서 넘어서는 과정을 겪는 것이다.

분리된다는 것…

대상과 관계없이 순수하게 내 마음에 머물게 되면, 내 마음을 아프게 했던 대상과 그 대상에 대한 나의 감정이 분리되는 것을 느끼게 된다. 그 대상은 그렇게 할 수 밖에 없는 어떤 역동을 가지고 있지만, 나의 감정은 그 대상과는 사실상 관계없이 아픈 것이다. 그 대상 때문에 아프다고 생각하는 것은 아직도 그 대상에 대하여 분리가 안 된 것이다. 즉 뭔가 그 대상에게 애착하거나 의지하여, 그 대상에게 무엇인가를 바라면서 향하고 있는 중이다. 다른 말로 하면 아직 진정한 자기마음에 머물지 못하고 있다는 뜻이다.

그 대상 때문에 아픈 것이 아니라, 그 대상은 단지 나의 아픔을 자극한 것일 뿐, 아플 수밖에 없는 내 마음 밭이 이미 있는 것이다. 바람이 불면 약한 뿌리는 흔들리는 것이다. 이미 존재하는 마음 밭에 잠깐 바람이 불어 가지를 흔든 것이다. 흔들릴 수밖에 없는 마음 밭을 있는 그대로 바라보게 해 준 그 대상은 어쩌면 '나를 일깨운 스승'이 될 수도 있다. 그래서 우리는 아픈 만큼 성숙해지고 마음이 아프고 나면 "한 소식 한다!"는 말이 있는 것이다. 역경과 고통이 가져다 주는 선물은 생각보다 참으로 값진 것이다. 돈으로 환산할 수 없을 정도이다.

대상과 관계없이 순수하게 내 마음에 머문다는 것은 참 놀라운 경험이다. 이제는 대상은 대상으로서 인식할 뿐, 그 대상으로 인하여 나의 마음이 흔들리는 그런 투사된 감정으로부터 자유로워진다. 왜냐하면 이중적인 에너지가(상대 때문에 괴롭고, 그러한 나 자신 때문에 또 괴로운) 오직 나에게만 집중되기 때문이다. 그렇게 될 때, 자신도 모르게 자기의 감정을 이해하고 수용하게 되면서 넘어서는 경험을 하게 된다.

34. 심리적 감옥

내 마음을 제대로 바라보는 작업…
바로 나의 심리적 감옥을 제대로 인식하고
그 감옥의 실체를 본 후에
빗장을 푸는 가장 첫 과제인 것이다.
"너 마음이 어떠하니?"라고 스스로에게 마음안부를 물어보는 일상…

감옥!

감옥이라는 공간을 상상해 볼 때 어떨까! 좁은 공간, 아무것도 해 볼 수 없는 작은 공간, 내 힘으로는 무엇도 할 수 없을 것 같은 공간, 제대로 된 창 하나 없는 갑갑한 공간, 나의 몸을 구속당한 공간 등으로 느껴질 수 있다. 우리 자신도 물리적으로는 그런 감옥에서 살지는 않지만, 심리적 감옥에 갇혀 버릴 때가 많다. 어떤 일이 발생했을 때 혹은 별다른 일이 없을 때라도 마음이 복잡할 때는 '창살 없는 감옥이 따로 없구나.'라는 느낌을 가져볼 때도 있지 않았는가! 마음이 괴롭고 심란하면, 아무리 좋은 것이 옆에 있어도 모든 것에 갇혀있는 느낌이 든다. 바로 내 마음이 감옥 그 자체인 것이다. 정말이지 마음이 지옥과 같은 감옥일 때도 있다.

심리적인 감옥!

바깥세상은 어제와 똑같이 돌아가고 있는데, 어떤 날벼락 같은 일이 내 앞에 닥쳤을 때는 앞이 깜깜하고 막막하고 모든 것이 깜깜한 어두움 속으로 들어가는 듯하다. 멋진 집에 살아도 모든 것이 힘겹고 암담할 때는 그냥 침대 한켠에 쪼그리고 누워있을 뿐이다. 심리적 감옥은 우아한 아름다운 집의 방 한켠에 하루 종일 쓰러져 있는 우리 모습과 같은 것이다. 갇혀있다는 측면에서 실제적인 감옥과 같다. 거꾸로 생각해보면, 물리적인 감옥 속에서 살아도 마음이 자유롭다면 과연 그 감옥이 한 인격체의 자유로움을 가두어놓을 수 있겠는가! 마음이 감옥과 같이 깜깜할 때면, 세상에서 도피하고 이탈하고 싶고, 죽고 싶고, 어디라도 훌쩍 날아가고 싶지만, 마음이 자유롭고 평화로워지면, 그것만큼 행복한 것도 없을 것이다.

그 감옥은 어디에서 왔을까! 지옥같은 심정일 때, 우리의 생각은 그런 원인들이 최초의 자극을 준 대상 혹은 상황을 떠올리게 되고, 아무리 생각해도 자극을 제공한 외부대상 때문이라는 느낌을 지울 수 없다. 분명 그 감옥의 원인을 바깥에서 제공하였다는 생각이 든다. 예컨대, 자식이 내가 원하는 방향으로 해 주면 내가 괴롭지 않을 것 같고, 배우자가 내가 바라는 대로 해 주면 힘들지 않을 것 같고, 시어머님이 이렇게 대해 주면 편안할 것 같고, 일이 내가 원하는 대로 풀렸다면 이렇게 괴롭지 않을 것 같고, 내가 원하는 돈이 벌렸다면 이렇게 고통스럽지 않을 것 같고 등등, 수없이 많은 외부 원인으로 귀속될 수 있다. 내면의 감옥이 외부로 투사되어, 즉 나의 원하는 마음, 의지하고 싶은 마음 등을 외부가 채워주어야 할 것으로 느끼게 되어, 수없는 번민과 괴로움 속에서 허우적거리게 된다. 다시 말하면, 내 마음에서 발생된 것을, 마음의 투사체인 외부대상, 바로 그 대상(사람, 상황, 상태 등의 외부자극)이 발생시킨 것이라고 굳게, 정말 확실하게 믿는 것, 이것이 우리의 일상이 된다는 것… 오히려 이렇게 느끼고 사는 사람들이 '비례적'이라고 말할 수 있을 정도로, 대부분의 사람들은 어떤 환상을 실재처럼 느끼며 살아간다고 해도 과언이 아닐 것이다.

정말이지, 외부에서 어떤 일이 발생하여도 감옥은 '내 마음'에서 일어난 것이다. 발생된 일은 그냥 일어나는 하나의 현상일 뿐, 그것에 대하여 느끼는 것은 바로 내 마음이다. 그래서 어떤 일이 일어났더라도 내 정서가 편안하면 감옥이 아닌 것이다. 그러므로 그 감옥의 열쇠를 푸는 것은 '나 자신'이다. 내 마음을 어떻게 풀 것인가가 감옥으로부터의 자유이다. 자유로움과 평화로움은 심리적 감옥의 열쇠를 풀 때 얻어지는 선물이다.

우리는 스스로의 '심리적 감옥'이 무엇인가를 인식하여야 한다. 가끔, 살다보면 태풍처럼 강한 어려움이 올 때가 있다. 바로 그때 우리는 스스로의 감옥을 직면하게 될 때도 있다. 특히 그 감옥을 도피하였던 사람은 그 영향으로 인한 손실을 손실 그 자체로서 끝날 것이 아니라, 감옥의 실체를 깨닫기 위한 성찰이 필요할 것이다. 그리고 감옥의 실체를 똑바로 바라보고 헤쳐 나가야 할 것이다. 그리고 그 감옥의 사슬로부터 나와야 한다. 문제는 아무도 나를 끄집어 낼 수 없다는 점이다. 단지 나 스스로가 나의 감옥의 빗장을 풀어야 한다. 자신의 감옥에서 자유로워지기 위한 노력이 필요한 것이다. 아마도 이런 노력을 하게 되면, 너무나 큰 어려움이 기적같은 평화로움으로 전환되기도 할 것이다.

감옥은 환경으로부터 온 것도 있지만 기질적인 것도 있다. 각자가 타고난 기질에 따라 욕구의 방향이 다소 틀리기 때문이다. 인간 근본의 욕구는 뿌리가 유사하다 할지라도, 그 욕구를 채우고 싶은 색깔이 서로 다르다.

관계를 통해서 사랑받고 싶은 욕구가 많은 사람도 있지만, 관계보다는 성취를 통해서 잘나고 싶은 욕구가 더 많은 사람도 있다. 또한 타인과 관계없이 이상세계를 추구하여 새로운 것을 지속적으로 추구하고자 하는 욕구도 있다.

각자의 욕구색깔이 어떤 것이든 상관없이, 개인적인 욕구는 성공이나 성취를 선물하기도 하므로 일상생활에 꼭 필요한 것이기도 하나. 오히려 이 욕구가 파괴되면 무기력해지고 부적응적인 인간관계와 사회생활을 하기 때문에 문제가 클 수도 있다. 나름대로 자기에게 주어진 생존본능과 창조본능을 펼치는데 큰 힘이 된다는 뜻이다. 하지만, 욕구 자체가 나의 감옥이 되어버린 채 휘말려 버리게 되면, 서서히 나를 살려내었던 욕구가 나를 다시 옭아매는 욕구가 될 수 있는 것이다. 그렇게 되면 비로 그 욕구는 심리적 감옥이 되는 것이다. 이런 배경에서, 감옥의 실체를 똑바로 인식하여 직면하는 시간을 반복적으로 가져야 할 중대한 이유가 된다.

어느 누가 자유롭고싶지 않고, 평화롭고 싶지 않겠는가! 어느 누가 그 감옥 속에서 살고 싶겠는가! 만약 감옥 속에 살았던 사람이 자유로워졌을 때를 상상해 보라. 그것은 새롭게 태어나는 것과 같다. 역으로 생각하면 감옥 속에 갇혀본 사람만이 자유의 행복감을 제대로 느낄 수 있다. 탁한 공기 속에서 살아본 사람들은 맑은 공기에 대한 무한한 감사를 느끼고 살 수 있다. 늘 맑은 공기를 맡고 사는 사람은 의식하지 않으면 맑은 공기에 대한 감사함을 그냥 지나친다. 스스로도 어쩔 수 없는 물리적 정서적 환경이나 선천적 기질에서 발생할 수밖에 없는 감옥을 알아차리는 기회를 가진다면, 우리는 본질적인 인간성을 회복하게 될 것이다. 우선, 스스로의 감옥이 무엇인지를 인식하고 인정하여야 한다. 감옥 속에서 살고 싶어서 사는 사람은 없지만, 때로는 감옥의 생활도 감사해야 할 인격적 성장의 거름이 되는 것으로 깨닫는다면, 감옥은 자유의 열쇠가 될 것이다.

다시 한번 언급한다면, 외부의 모든 것들이 바로 외부가 아니라 나의 마음의 감옥으로부터 출발된다는 깊은 인식을 통해서 그 감옥을 푸는 열쇠를 돌려야 한다. 만약 '나는 누구인가!'에 대한 관심을 가지고 이런저런 마음학습을 하시는 분들이 있다면, 그 분들은 그 감옥으로부터 서서히 자유로워지는 시간들의 여정에 서 있다고 본다. 그 길에 들어선 것이다. 길에 서서 우두커니 서 있는 것이 아니라 '걸어야' 한다. 매일매일 수행하듯 심신을 잘 조절하며 나름대로의 보폭으로 꾸준히 걸어가야 한다. 너무 뛰다보면 넘어질 수도 있으니 쉬지 않고 뚜벅뚜벅 걸어가면 된다. 감옥으로부터 탈출하는 여정에 이미 들어섰기 때문에 믿음을 가지고 기쁜 마음으로 그 길을 그냥 걸어가면 된다. 주변풍경도 보고 공기도 느끼면서 한 걸음 한 걸음 내딛으면 될 것이다.

'아, 내 마음이 이러이러 하구나….'

'아, 나의 기질에서 이런 욕구가 있는 사람이구나….'

'아, 내면의 이런 측면이 바로 감옥이구나….'

내 마음을 제대로 바라보는 작업이 바로 그 감옥의 빗장을 푸는 가장 첫 과제인 것이다. "단지, 바라보기만 하라!"에서 고엔카는 오직 "바라보기"를 권한다. 일체의 판단과 분석과 비난, 자아도취나 자책을 중단하고 오직 자신의 마음을 바라보기만을 권한다. 어떤 평가나 판단도 금물이며, 어떤 자괴감이나 질책도 금물이다. 오직 바라보는 것이다. 그리고 나면 우리는 자연스럽게 나 자신과 혹은 다른 사람들에 대해서 너그러워질 것이다. 이 우주의 모든 대상들이 있는 그대로 보일 수 있으니 말이다.

현실에서는 우리의 마음을 자연스럽게 타인과 나눌 수 있으면 그 또한 좋을 것이다. 물론 그렇게 한다고 해도 그리 쉽게 되는 것은 아니며, 또 타인이 나의 감옥을 풀어줄 수 있는 것은 아니다. 왜냐하면 그 열쇠는 본인이 가지고 있기 때문이다. 다만 그 길에서 인간적인 힘듦이 있을 수 있으므로, 지지세력의 역할을 해 줄 타인들에게 잠시 의지하는 것이나. 서로 도와주는 가운데, 도움을 받는 자나 주는 자 모두 도움이 될 수 있도록 상호 건강한 의존을 하는 것이다. 즉, 우리 모두는 서로가 눈에 보이지 않는 망으로 연결되어 있으므로 그 여정을 함께 할 뿐이다. 다른 사람들과 함께 공감하고 이해하고 수용하고 지지하고 격려하고 위로하고 성숙한 조언 등을 하면서 건강하게 의지하는 시간도 필요한 것이다. 그리고 열쇠를 푸는 것은 본인이라는 사실을 받아들이고, 내적인 힘을 키우는 것이다.

오직, 스스로의 마음으로 심리적 감옥을 만들 뿐이라는 것을 잘 알아차리자! 그리고 주변인들의 도움을 받아서 자기통찰을 해 나가는 과정, 그리고 힘겨운 마음, 구속된 감옥으로부터 빗장을 열어가는 작업, 이것을 우리는 시작하는 것이다.

그 빗장을 열기 위해서는, 늘 생활 속에서 자기 마음에 안부를 묻자. "잘 있니? 음, 힘들다고? 그래, 힘들구나! 행복하다고? 그래, 행복하구나. 그랬구나. 이러이러해서 힘들었겠구나. 저러저러해서 행복했구나…." 이런 식으로 '바라보기'를 하는 것이다. 규칙적인 '마음안부'를 묻다 보면, 자기와의 만남을 통한 스스로에 대한 통찰이 일어나기도 한다. 일종의 '통찰명상'을 하는 셈이다. 다시 말하면, 우리 안의 두 자아, 즉 '관찰적 자아'가 '경험적 자아'와 대화하는 것이다. '주시자'와 '행위자'가 만나는 것이다. 관찰적 자아(주시자)가 경험적 자아(행위자)를 있는 그대로 만나면서, 경우에 따라서는 현실에 대한 지혜로운 판단이 생기면서, 경험자 자아(행위자)를 통제 조절하게 되는 내적인 힘이 생기게 된다. 깨달음의 시각으로 관찰하는 자신(주시자)이 습관적으로 행동하는 스스로(행위자)에게 늘 마음의 안부를 물으면서, 그 마음과의 만남을 시도하는 것이 바로 '마음공부'일 것이다. 그 만남 속에서 다른 사람과 공유하고 싶은 것은 표현하고, 도움 받고 싶은 것도 열린 마음으로 드러내고, 남들에게 도움이 될 만한 것도 배려하면서 일상생활을 해 나가면 좋으리라 느껴진다. 홀로 마음 챙기고, 함께 마음 나누면서, 서로 사랑하며 살아가길 기도한다.

35. 오직, 바라보는 것

우리가 선과 악이라는 불안정하고 상대적인 관념을 넘어서
존재하는 것에 대한 편안함을 느낄 수 있는 것은
평가 없이, 오직 있는 그대로 바라봄으로써만 가능하다.

우리는 종종 '마음수양'의 목적이 나쁜 행동에 반대되는 좋은 행동을 하기 위한 것이라고 생각한다. 판단의 물결 속에서 살고있는 우리의 가장 큰 한계점은 바로 이렇게 모든 대상을 선악으로 판가름 하는 것이다. 물론 현실에 맞는 적절한 행동을 취해야 할 때, 어떤 것이 더 그르고 옳은가 하는 분별력을 가지지 말라는 뜻이 아니다. 그러나 그 선악의 기준이 되는 잣대는 과연 무엇이며, 그것을 누가 만들며, 선악이라는 것 자체가 누구를 위한 것인지 등, 그 기준은 각 시대마다 각 지역마다 각 문화마다, 제각각 그때그때의 변화하는 흐름에 따라 모두 다르다는 점을 생각해 보아야 할 것이다.

우리가 마음공부를 할 때 '선하게 살기 위하여 혹은 착한 행동을 하기 위하여!'라는 목적으로 한다면, 이것은 착오가 있는 것이라고 본다. 붓다(부처님의 이름)가 가르친 법에 따르면 이것은 완전히 핵심을 잘못 짚은 것이라고 일갈했다. 오히려 핵심적인 것은 우리가 언제 어떻게 우리의 의도에 따라 행동하는가를 인식하는 자세라는 것이다. '내가 어떤 의도로

이것을 하는가!' 하는, 자기 마음을 관찰하는 자세를 말한다.

대다수는 많은 시간 동안 어떤 바라는 결과를 가져오기 위해 노력하는, 즉 어떤 의도를 가지고 행동하는 경향이 있다. 그러나 자연은 의도적으로 행동하지 않는다. 깨달은 자도 역시 그렇다. 의도적이지 않게 행동하는 것은 '전체'로부터 행동하는 것(전체를 봄으로써 행동하는 것)을 의미한다. '어떤 의도인가를 관찰하는 것이 중요하다!'고 하였는데 '자연은 혹은 깨달은 자는 어떤 의도를 가지고 행동하지 않는다.'는 것은 무슨 뜻일까!

어떤 행위가 단순히 나쁘다 옳다라고만 할 때, 왜 나쁜 것에 반대되는 선한 행동을 하도록 철저히 배우지 않는가! 그것은 어떤 것도 만고불변의 '선'이라거나 '악'이라고 할 만한 것이 없기 때문이다. 선과 악은 절대적인 것이 아니다. 그것들은 마음의 경향성(기울어짐)과 한정된 지식에 근거한 믿음, 사회적 기준에 의한 판단, 관념들일 가능성이 많기 때문이다.

다음의 유명한 일화를 살펴보자. 우리가 살고 있는 현실을 말(馬)을 잃어버린 어느 현명한 중국인 농부의 상황과 연결하여 숙고해 보자.

그 시대, 말은 재산과 같은 것이었기 때문에 잃어버린 말은 참으로 애통했다. 그러나 그의 이웃이 그 농부를 위로하고자 찾아왔을 때, 그는 이렇게 말했다.

"무엇이 좋은지 나쁜지 누가 알겠소?"

다음날 그의 말이 따르는 한 떼의 말들과 함께 돌아왔을 때, 그 이웃은 농부의 행운을 축하해 주기 위해 또 찾아왔다. 그 농부는 말했다.

"무엇이 좋은지 나쁜지 누가 알겠소?"

그 후, 농부의 아들이 새로 들어온 말 중 하나를 타다가 다리가 부러지자, 그 어리석은 이웃은 또 다시 그를 위로해 주기 위해 찾아왔다. 그 농부는 말했다.

"무엇이 좋은지 나쁜지 누가 알겠소?"

전쟁이 발발하여 군대가 지나가면서 남자들을 징병하였는데 농부의 아들은 다리가 부러졌기 때문에 끌려가지 않았다. 그 어리석은 사람은 농부의 아들이 목숨을 구할 수 있게 된 것을 축하해 주기 위하여 다시금 찾아왔다. 다시 농부가 말했다.

"무엇이 좋은지 나쁜지 누가 알겠소?"

우리는 위와 같은 새옹지마塞翁之馬에 대한 이야기를 이미 알고 있다. 과연 무엇이 나쁜 것이고 무엇이 좋은 것인지를 어떻게 알 수 있을까!를 생각해 보는 대목이다.

소크라테스는 다음과 같이 지적했다. "우리는 마치 죽음이 가장 큰 재난인 것처럼 행동한다. 그러나 우리모두가 아는 것처럼 그것은 가장 큰 축복일 수도 있다. 우리는 무엇을 선이라고 부를 것인가? 무엇을 악이라고 부를 것인가? 선이나 악은 결코 우리의 선택 사항이거나 또는 심지어 논쟁거리가 아니다." 죽음을 삶의 끝이라고 생각하는 사람도 있지만, 죽음은 영원한 생명으로 보는, 축복 어린 삶의 연장으로 보는 관점도 있는 것이다. 어떤 한 사람에게는 선이 되는 행위가 다른 사람에게는 악이 되는 것일 수도 있지 않는가!

심리치료의 장면에서 대상에 대한 평가나 판단보다는 스스로가 느끼는 감정을 표현하라는 조언을 반복적으로 한다. 선악, 옳고 그름으로 대상을 보는 것이 아니라, 단지 대상에 대한 나의 마음을 있는 그대로 바라보는 훈련을 하는 셈이다. 또한 스스로가 느끼는 감정이 다른 사람과의 관계에서 비례적인가 아닌가의 여부를 판단하기도 한다. 사회생활과 인간관계를 해야 하는 우리들은 현실적응을 위한 대처능력과 건강한 자아기능을 가져야 하기 때문이다. '보통사람들은 이렇게 느끼고 행동하구나.'라는 것을 알게 됨으로써, 감정에 대한 평가를 하는 것이 아니라 현실적인 보통사람들과 적응해 나가기 위한 훈련을 한다는 뜻이다.

우리가 선과 악을 판단하는 이 게임을 오래 하면 할수록 우리는 스스로를 더욱더 기만할 뿐이다. 선과 악은 분명히 중대한 문제가 아니다. 그것보다 더욱 근본적인 위급한 문제가 있다.

자신을 솔직하게 바라보는 것이다.

자신의 의도, 욕구, 감정 등을 똑바로 보는 것이다.

외부의 대상에 대한 내 마음을 똑바로 바라보는 것이다.

오직, 바라보는 것이다.

만일 우리가 선에 대한 관념이 다른 무엇에 대한 반대라고 생각한다면 '선'이라고 부르는 것은 절대적이거나 확실한 것이 아니라고 할 수 있다. 우리가 선과 악이라는 불안정하고 상대적인 관념을 넘어서 존재하는 것을 찾는 것은 오직 바라봄으로써만 가능하다. 만일 상대적 세계의 불확실한 이원성을 넘어서 살고자 한다면 반드시 우리 마음의 경향성, 즉 우리의 의도, 의지, 목마른 욕망을 관찰하는 법을 배워야 한다.

우리의 욕구를 눌러 압박하거나 또는 멈추게 하려고 노력하지 말자! 그러면 오히려 억압되어 욕구를 더욱 더 키우거나 강화시키게 될 것이다. 그렇다. 우리의 욕구 감정 기대 등을 억지로 없애려고 하지 말자! 요점은 오직 바라보는 것이다. 바라보다 보면 모든 것은 의도가 있었든 없었든 관계없이 머무르다 흘러가는 것이다. 머무르다 흘러간다는 것을 상상할 때, 참 평화로운 느낌이 들지 않는가! 가만히 하늘을 바라보자. 구름이 머물다 지나가는 광경을 바라본다고 상상해 보라. 그 얼마나 평화로운 풍경인가! 우리는 이 순간을 자주 경험해야 할 것이다. 매일매일 매순간마다 경험해야 하는 것이, 바로 바라보면서 흘러가는 것을 보는 것이다.

그러나 이것은 쉽지 않다. 왜냐하면 현실은 행복한 일만 있는 것이 아니다. 고통과 아픔을 직면하고 머물러야 하고, 괴로움과 슬픔도 바라보며 머물러야 하기 때문이다. 그러므로 많은 사람들은 이 바라봄을 멀리하고, 머무름을 피하고, 결코 넘어서지 못하고 집착하면서 살아갈 수밖에 없는 것이다. 이것은 많은 사람들이 내부로 향하지 못하고, 외부로만 탓을 돌리거나 도피하는 방식을 사용하는 중대한 이유인 것이다. 충분히 인간적인 세상에서 이해되고 공감되는 일이지 않는가! 하지만, 외부로 향하면 향할수록 그 문제는 핵심에서 멀어지기 때문에 고통은 세대를 넘어가며 이어가기 쉬운 것이다.

힘들고 고통스럽더라도, 물론 평화롭고 행복한 상황에서도, 그것에 너무 도취하거나 함몰되어 빠지지 않고, 오직 바라보는 자세를 가진다면 어떨까! 아마도 우리는 그 모든 것을 감상하듯 즐길 수 있을 것이다. 바라보는 것은, 결코 머리로나 생각으로 할 수 있는 것이 아니라 많은 훈련이 필요할 것이다. 살아오면서 자신의 마음을 바라보는 훈련이 되어 있지 않으므로 그리 간단한 것은 아닐 것으로 본다. 문자로 말하는 것과 실제 경험하는 것은 너무나 큰 차이가 있을 것이다. '바라보는 것'도 꼭 학습이 필요하다는 사실! 그 훈련의 결과로 얻어지는 평화로움을 어떻게 다 말로 표현할 수 있을까! '바라보는' 작업을 통하여, 삶에서 각종 복잡한 마음들이 어떻게 조절 통제되고 해결되어 가는지를 경험해 본다면, 아마도 인생의 참맛을 얻게 되지 않을까 싶다. 이것은 오직 체험적인 훈련을 통해서 얻어질 것이다.

심리치료의 장면에서는, '바라보는 것'보다는 우선 '표현하는 것'을 제시한다. 그냥 저지르듯 솔직하게 표현하는 것을 중요한 심리치료의 도구로 임시 활용한다. 왜냐하면, 지금까지의 삶의 방식은 '바라보는' 것이 아니라 자기 속으로 함몰되거나 도피하는 방식으로 철저하게 자신을 방어해 왔기 때문이다. 그래서 자기내면을 탐구하여 통찰하게 하면, 저절로 방어하는 다양한 기제가 전자동으로 작동하여, 기존의 습관이 나오게 되므로, 우선 치료 장면에서는 방어의 둑을 무너뜨리는 작업부터 해야 하기 때문이다. 그래야만 자신의 참된 마음이 무엇인지를 알아차리게 되는 것이다. 한마디로 말하면 '제대로 된 바라보기'를 위한 훈련을 위하여 우선 '있는 그대로 평가 없이 드러내고 수용받기' 연습을 하는 셈이다. 따라서, 치료 장면 안에서는 '그냥 표현하라!'라고 권하고, 치료 장면 밖에서는 있는 그대로 '바라보고'를 강조하는 것이다.

이러한 과정이 반복된다면, 이 세상의 유기체가 '나 너'라고 할 것 없이 전체적으로 느껴지고 공동선을 향하여 나아가게 되면서, 서로 사랑하며 산다는 것이 무엇인가에 대한 새로운 깨달음의 길이 열릴 것으로 본다. 그러므로, 오직 바라보는 것을 통하여 각종 상황들이 어떻게 머물렀다 넘어서는지를 경험하는 것이 마음공부의 목적인 것이다.

* 이 글은 <모든 것은 내 안에>(스티브 헤이근, 2001)의 일부를 인용하였습니다.

36. “가진 자는 더 넉넉해진다!”

정신적으로 성숙한 사람은
점점 더 마음이 풍요로워져서 가진 수준만큼 누릴 수 있는 마음의
부자가 되어가지만,
정신적으로 병적인 상태를 그대로 유지하는 사람은
그나마 가지고 있는 힘마저 무기력해져서 우울한 상태로 가라앉으며
점점 개인의 능력과 가치 등의 힘을 잃게 될 것이다.

성경에는 ‘씨 뿌리는 사람의 비유’라는 유명한 이야기가 있다. 성경을 접하지 않으신 분이라도, 이 비유의 말씀을 통하여 삶에서 나아가야 할 방향을 생각해 볼수 있는 기회를 가져보는 것도 의의가 있을 것 같다.

『씨 뿌리는 사람이 씨를 뿌리러 나갔다. 그날 예수님께서는 집에서 나와 호숫가에 앉으셨다. 그러자 많은 군중이 모여들었고, 예수님께서는 배에 올라앉으시고 군중은 물가에 그대로 서 있었다. 예수님께서 그들에게 많은 것을 비유로 말씀해 주셨다. “자, 씨 뿌리는 사람이 씨를 뿌리러 나갔다. 그가 씨를 뿌리는데 어떤 것들은 1) ‘길’에 떨어져 새들이 와서 먹어 버렸다. 어떤 것들은 흙이 많지 않은 2) ‘돌밭’에 떨어졌다. 흙이 깊지 않아 싹은 곧 돋아났지만, 해가 솟아오르자 타고 말았다. 뿌리가 없어서 말라 버린 것이다. 또 어떤 것들은 3) ‘가시덤불’ 속에 떨어졌는데,

가시덤불이 자라면서 숨을 막아 버렸다. 그러나 어떤 것들은 4) '좋은 땅'에 떨어져 열매를 맺었는데, 어떤 것은 백 배, 어떤 것은 예순 배, 어떤 것은 서른 배가 되었다. 귀 있는 사람은 들어라." 제자들이 예수님께 다가와, "왜 저 사람들에게 비유로 말씀하십니까?" 하고 물었다. 예수님께서 그들에게 대답하셨다. "너희에게는 하늘나라의 신비를 아는 것이 허락되었지만. 저 사람들에게는 허락되지 않았다. 사실 가진 자는 더 받아 넉넉해지고, 가진 것이 없는 자는 가진 것마저 빼앗길 것이다. 내가 저 사람들에게 비유로 말하는 이유는, 저들이 보아도 보지 못하고 들어도 듣지 못하고 깨닫지 못하기 때문이다. (중략) 누구든지 하늘나라에 관한 말을 듣고 깨닫지 못하면, 1) 악한 자가 와서 그 마음에 뿌려진 것을 빼앗아 간다. 길에 뿌려진 씨는 바로 그러한 사람이다. 2) 돌밭에 뿌려진 씨는 이러한 사람이다. 그는 말씀을 들으면 곧 기쁘게 받는다. 그러나 그 사람 안에 뿌리가 없어서 오래가지 못한다. 그래서 말씀 때문에 환난이나 박해가 일어나면 그는 곧 걸려 넘어지고 만다. 3) 가시덤불 속에 뿌려진 씨는 이러한 사람이다. 그는 말씀을 듣기는 하지만, 세상 걱정과 재물의 유혹이 그 말씀의 숨을 막아 버려 열매를 맺지 못한다. 4) 좋은 땅에 뿌려진 씨는 이러한 사람이다. 그는 말씀을 듣고 깨닫는다. 그런 사람은 열매를 맺는데, 어떤 사람은 백 배, 어떤 사람은 예순 배, 어떤 사람은 서른 배를 낸다."』 (마태오 13:1-23)

'씨 뿌리는 사람의 비유' 내용을 가만히 보면, 똑 같은 씨가 뿌려져도 그 씨가 뿌려진 땅이 어떤 땅이냐에 따라서 그 열매가 달라진다는 것을 알 수 있다. 우리의 마음에 뿌려진 씨가 동일하더라도, 각 개인의 마음

밭에 따라서 그 결과물이 달라진다. 이 씨를 행복이라는 열매를 맺을 수 있는 각종 진리의 말씀, 글귀, 사람, 상황 등, 각종 깨달음의 장場이라고 생각해 보자. 예컨대, 똑같은 '소중한 가르침의 말씀'을 누군가에게 들었다 하더라도, 사람에 따라서 그 가르침의 말씀을 받아들이는 태도가 대략 4 종류로 나눌 수 있다.

1) 그냥 흘러듣고 다른 생각이나 다른 말에 휩싸여 가슴에 새기지 못하는 사람(길에 떨어진 상황)

2) 말씀을 들으려고 했지만, 내면의 뿌리가 약하여 잠시 후 잊어버리는 사람(돌밭에 떨어진 상황)

3) 주변여건이 복잡하고 마음이 혼란스러워, 그런 가르침을 금방 날려버릴 수밖에 없는 사람(가시덤불에 떨어진 상황)

4) 가르침을 가슴에 새겨 자기 것으로 소화하여 스스로의 삶을 지혜롭게 사는 사람(좋은 땅에 떨어진 상황)

심리학적으로 이야기한다면, 다른 사람의 글이나 말씀을 똑같이 읽고 들어도, 내면의 자아강도 수준이 어떻게 되어있느냐에 따라서 그 내용을 받아들이는 정도가 결정된다. 이는 단순한 인지적 능력을 말하는 것뿐만 아니라 정서적 능력을 의미하며, 좀 더 깊은 정신기능 경험을 가능하게 하는 영적 능력을 말하기도 한다. 머리가 우수하고 학습능력이 뛰어날 수 있는 인지적 능력을 갖추었다 할지라도, 정서적 능력과 영적 능력이 부족하면, 그는 사실상 내면의 뿌리가 약하여 좋은 인지적 능력을 제대로 사용할 수 없을 것이다. 때로는 영적으로 깊이가 있고 정서적으로 민감하지만, 인지적 능력의 한계로 인하여 현실적인 어려움을 겪을 수도 있다. 인지적능력은 우수하고 가슴 깊이 영적능력의 민감성이 있다 하더라도,

정서적 능력이 부족하면 교류의 한계가 있어 어떤 지점에서의 막힘을 느끼게 될 것이다. 이 세 능력이 통합되고 조화로운 사람을 보면 아마도 인격적으로 훌륭한 느낌이 들 것이다. 즉 똑같은 진리의 내용을 들어도 자아강도의 수준에 따라 달라진다고 말할 수 있을 것이며, 특히 이 세 능력이 잘 통합된 인격을 가진 사람의 자아강도는 매우 성숙하고 지혜로워서 타인에게도 많은 도움을 안겨줄 수 있게 될 것이다. 마땅히 우리는 땅에 뿌려진 씨앗이 제대로 된 열매를 맺는 것을 원할 것이다. 하지만 그것은 우리의 각종 능력, 즉 인지능력 정서능력 영적능력 등의 에너지가 모여 있는 개인의 마음 밭이 어떠한 가에 따라서 달라진다.

대부분의 사람들은 각자의 심리상태에 따른 마음 밭에 따라서 씨앗의 열매가 달라질 수 있다는 사실은 충분히 이해할 것이다. 그렇다면 예수님이 말씀하신 "가진 자는 더욱더 넉넉해질 것이다."라는 표현은 어떻게 받아들일 수 있을까! 예수님이 말씀하신 '사실 가진 자는 더 받아 넉넉해지고, 가진 것이 없는 자는 가진 것마저 빼앗길 것이다.'라는 내용은, 인간적 소견으로는 다소 부당하거나 의아스럽다. 심지어 '빈익빈 부익부?'라고 느끼는 사람도 있을 것이다. "아니, 가진 것이 없는 자를 도와줘야지, 그것마저 빼앗길 것이라니 이게 무슨 말인가?" 그리고 "가진 것이 있는 사람은 어려운 사람들을 위하여 나누어 주어야지, 왜 그들은 더욱 더 넉넉해진다고 말씀하시는가!"라는 단순한 물음도 가지게 될 것이다. 하지만, 수 천 년 동안 이어온 경전의 글귀들이 그렇게 간단하게 해석될 리는 만무하다. 그 깊이를 어찌 다 가늠할 수 있을까마는 참으로 심오한 뜻이 담겨있음은 확실한 것 같다. 그냥 평범하게 생각해 볼 때 이 말씀은, 좋은 땅과 같은 심리상태를 가진 자는 그 심성 때문에 백배 천배 더 많은

복을 받을 수 있고, 아무리 좋은 가르침을 주어도 그것을 자기 것으로 수용할 수 없는 마음상태를 지니고 있는 사람은 그나마 지니고 있는 것마저 점점 더 소진될 수 있는 것 등으로 느껴질 수도 있다. 어쨌든 깊은 묵상거리를 제공하는 이 구절은 현실을 살아가는 우리들에게 깊은 여운을 남긴다.

예수님의 이런 말씀은 무조건 '가진 것이 없으니 당신을 도와주겠다!' 하는 막연하고 무책임한 자비와 사랑의 태도가 아니라, 진리를 깨우치려는 마음의 힘이 있으면 어떤 상황에서도 거두어들여 수확의 기쁨을 맛볼 수 있다는, 매우 지혜롭고 의미 있는 지적이 아닐까 생각한다. '가진 것'은 바로 영적인 부를 쌓는 것을 말하며 내면의 힘을 말한다. 즉 정신건강의 수준을 의미한다고나 할까! 정신적으로 성숙한 사람은 점점 더 마음이 풍요로워져서, 자기의 있는 그대로의 수준으로 누릴 수 있는 마음의 부자가 되어갈 것이다. 하지만 정신적으로 병적인 상태를 부족한 성찰로 인하여 극복이 되지 않은 채 살아가는 사람은, 그나마 가지고 있는 힘마저 무기력해져서 우울한 상태로 가라앉으며 점점 개인의 능력과 가치 등의 힘을 잃게 될 것이다. 물질적으로 가지고 있다고 해서 '가진 것'이 아니라, 영적으로 성숙하여 진심어린 선행과 자비를 베풀지만, 베풀었다는 것에 걸리지 않는 사람이 진짜 '가진 것'이라는 말이 아닐까 싶다.

그렇다면 좋은 땅은 어떻게 만들까! 건강한 마음가짐을 어떻게 이룩해 나갈까!

우리가 평범하게 가꾸는 땅을 생각해 보라. 좋은 땅이 어떻게 만들어지는지를! 정말이지 '만들어지는' 것이다. 어떤 땅이라도 만들고 가꾸지 않고 약 일 년가량 내버려 둔다면, 그 땅은 완전 폐허처럼 된다는 것은 누구라도 알 것이다. 어느 누구라도 처음에는 비슷한 땅과 씨앗을 받을 수 있다. 하지만, 그 땅과 씨앗을 어떻게 뿌려서 가꾸었느냐에 따라 그 수확은 완전히 다르다는 것은 자명한 사실이다. 즉, 우리에게 주어진 진리의 말씀들, 글귀들, 조언이나 충고를 어떻게 받아들이며 사는지가 중요하다는 뜻이다. 자연의 땅도 가꾸지 않으면 버려진 땅이 되고, 자연스럽게 흘러나오는 말들도 어떻게 경청하는가에 따라서 버려지게 되는 것도 있고 열매를 맺게 되는 것도 있다. 정성을 들여야 바라는 땅이 될 수 있다는 평범한 이 사실이 결국 좋은 땅을 만드는 비결일 것이다. 즉, 타고 날 때부터 '좋은 땅'도 있을 수 있겠지만, 그 땅도 가꾸지 않으면 결국 폐허가 된다. 따라서 누구에게나 다 올 수 있는 시련 속에서도 '좋은 땅'으로 만들기 위한 노력을 하는 자세를 가진다면, 비옥한 땅이 만들어진다는 의미가 담겨있다.

사실, 이런 것을 심각하거나 어렵게 생각할 필요가 없을 것이다. 늘 자신을 새롭게 가다듬기 위한 '자기 수행'의 기도(명상)나 '거룩한 독서' 등을 하면 좋을 것 같다. 물론 일주일에 단 몇 분이라도 틈을 내어 함께 기도 혹은 상담적인 대화, 마음공부하는 공동체가 있다면 더욱 더 도움이 될 것이다. 현실적으로 도저히 시간을 내지 못한다면, 현대기기를 이용하여 진심어린 정서교류가 가능한 사람과 상호관계 작업도 좋을 것이다. 마음만 먹는다면 현실적인 역할을 충분히 수행하면서 아주 잠깐의 규칙적이고도 차분한 시간을 내면 될 것이다. 자기 전에 눈을 감고 '감사한 마음'과 '회심하는 시간'을 가진다든지, 짧은 침묵의 시간을 가지면서 반조하는 시간을 가진다든지, 작은 선행을 실천하고 잘못된 습관에 대한 교정연습을 의식적으로 하는 것도 도움이 될 것이다.

이런 모든 과정은 흐르는 물과 같은 것이다. 흐르는 물은 썩지 않는다. 고여 있는 물은 썩는다. 금방 썩는다. 그리고 유충이 생기면서 각종 벌레들이 들끓는다. 반드시 흘러야 한다. 즉, 하루도 빠짐없이 마음을 잘 관리하고 느끼면서 흘러가게 해야 한다. 그것이 새 땅이다. 은총이다. 바로 그것이 좋은 땅을 만드는 방법일 것이다. 비록 우리가 여러 가지로 아직은 부족할지라도, '진리의 말씀'을 진징으로 받아들이려는 '온 마음의 힘'이 있다면, 깨어있는 시간이 늘어나면서 저절로 무엇인가를 새롭게 깨닫게 될 것이다. 어쩌면 하늘도 우리에게 감응하여 '스스로 돕는 자'를 돕지 않을까 싶다.

이런 의미에서 "가진 자는 더 넉넉해진다."는 것은, '성숙한 마음자세'를 가지기 위한 연습의 노력을 게을리 하지 않는다면, 즉 진리를 깨닫기 위한 마음자세에 불을 밝힌다면 물질이 있든 없든 마음이 풍요로워질 것이고, 자연스럽게 주변의 모든 것들을 대하는 마음이 더 넉넉해진다는 뜻일 것이다. 그런 사람이 주변에 있다고 상상해 보라. 그 한 사람으로 인하여 주변이 더욱더 넉넉해지는 것은 물론이며 가끔은 자연적인 치유의 힘마저 느껴지기도 하나. 즉 '가진 것'은 개인의 소유가 아니라 주변을 더욱 더 넉넉하게 만드는 '공동선'의 열매가 된다. 따라서 식물이 열매를 맺고 난 뒤 스스로의 씨를 자연스럽게 다시 땅에 뿌리고 자연의 양식을 통하여 새로운 열매를 맺듯, 그 넉넉함은 이루 다 말할 수 없는 씨를 뿌린다. 결국, 가진 것을 어떻게 가꾸며 살아가야 하는가에 대한 마음자세는, 한 개인뿐만 아니라 사회 전체를 더욱 더 풍요롭게 만들고, 모두가 함께 행복하게 살게 하는 발판이 되지 않을까 여겨진다.

37. 무엇인가를 열심히 하면서 살아간다는 것

'무엇인가를 열심히 하고 산다는 것',
이 행위야말로 바로 우리의 표면적인 욕구에서 심층적인 욕구로
이동하게끔 만드는 가장 중요한 통로가 될 수 있다는 것이다.
이 통로가 뚫리지 않고는 감정회피, 합리화 등의
방어기제를 통하여 스스로를 속이는 생활을 하기 쉽다.

'무엇인가를 열심히 하면서 살아간다는 것'은 인생에서 당연히 필요하고 또 중요하다. '무엇'을 열심히 하는가에 따라서 한 개인의 자존감과 열등감, 만족감과 불만감 등 각종 심리적 상태도 달라질 것이다. 사회적인 성취감을 얻기도 하고 괴로움과 고통 속에서 힘들어하는 것도 '무엇'을 '얼마나' 하고 사는가와 밀접한 관련성을 가지고 있다. 하지만 우리가 공통적으로 지니는 것은, 인간의 근원적 욕구를 '무엇인가를 열심히 하고 살아감'으로써 채우고 있다는 사실이다. 일반적으로 심리학에서는, 인간의 근원적 욕구가 어릴 때는 의존욕구와 애정욕구의 형태를 띠며, 차차 어른이 되면 두 욕구가 인정욕구라는 형태로 변화된다. 무엇을 어떻게 하든, 우리는 한 인간으로서의 '고독감'과 '외로움', '사랑받고 의존하고 싶은 욕구' 등을 지니고 있는데, 이것은 인정욕구의 충족으로서 보상받는다는 뜻이다. 즉, 우리는 무엇인가를 열심히 하고 인정받음으로써 심리적

으로 미해결된 혹은 허한 감정들을 채우는 경우가 많다는 의미이다.

대부분의 사람들은 이러한 욕구로부터 자유로워지기 그리 쉽지 않을 것이다. 하지만 '진정' 자유롭고 싶은 욕구를 가진 사람은, 현실에서 무엇인가를 위하여 자기의 달란트를 최선을 다하여 사용한 사람일 가능성이 높다. 이것이 무슨 말일까를 생각해 보면 우리가 '최선을 다하고 살아간다는 것'이 얼마나 자유롭고 싶은 진정한 욕구와 관련이 있는가를 느낄 수 있다. 아울러 '참된 자기'에 대한 성찰을 하게 되는 계기도 될 것이다.

지금-여기에서 최선을 다하고 산 사람과 최선을 다하지 않은 사람과의 '근원적인 욕구'의 색깔은 겉보기에는 비슷하게 보일지는 몰라도, 그 내면에는 상당히 차이가 있다. 즉, 최선을 다하여 살아 온 사람은, 그 터널을 지난 후 "아! 열심히 살아오면서 얻은 결과는 충분히 만족하지만, 이것이 전부는 아닌 것 같구나."라는 말을 한다. 또 별로 열심히 살지 않았던 사람 역시 "이렇게 사는 것이 전부는 아닌 것 같은데, 이건 아닌데!"라는 생각을 한다. 겉보기에는 비슷한 말인 것 같지만 그 둘의 내면의 심리상태와 원함은 큰 차이가 있다고 느껴진다.

'자유롭고 싶은 욕구' 역시 겉보기에는 비슷하게 보일지는 몰라도, 그 이면에는 상당한 차이가 있다. 즉, 최선을 다하여 살아온 사람은 "아! 벗어나고 싶어. 이제는 쉬고 싶어. 모든 것으로부터 자유롭고 싶어"라는 말을 한다. 최선을 다하여 살아오지 않는 사람 역시 "아, 이 세상! 정말 벗어나고 싶어"라고 한다. 하지만 그 둘의 심리상태와 그 원함의 색깔은 차이가 크다는 것을 알 수 있다.

나름대로 현실에서 최선을 다한 사람의 경우를 보자. 무엇을 열심히 해야 할 것이 있을 때는, 그 '무엇'만 제대로 되면 모든 것이 다 될 것처럼 느껴진다. 사실상, 그 '무엇'이 자신이 뜻하는 대로 될 때까지는, 그 '무엇'이 전부라는 느낌을 결코 지워버릴 수는 없다. 더욱이 그 '무엇'이 현실적으로 자기의 생활에서 꼭 필요하고, 앞으로의 생존유지를 위하여 필수적일 경우에는 더 말할 필요가 없을 정도이다. 최선을 다 하고 난 뒤의 만족감과 성취감은 어느 정도 유지된다. 그리고 그 결과물도 많이 누릴 수 있다. 그러나 어느 정도 시간이 흐른 후에는, 이름 모를 공허감과 허전함을 감출 수 없게 된다. 그러면서 다시금 뭔가를 열심히 해야 할 것을 찾고 또 그것을 하면서 살아간다. 그리고 다시 이런 공허감과 허전함이 슬슬 생기기 시작한다. 또 다른 무엇인가를 더 해야 할 것 같은 마음들이 생긴다. 바로 이런 지점에서 성숙한 삶을 지향하는 사람들은, 결과의 만족여부와 관계없이 최선을 다해 살아왔다는 사실을 스스로 인정하면서, '과연 어떤 것을 할 때 진짜 행복할까!' '무엇이 진실로 나를 평화롭게 만드는가!'와 같은 자문을 하게 된다. 이런 자기반조의 사고들은 '진리'와 접하게 하는 중요한 마음의 통로가 될 수 있다. 이들의 공허감은 이제 자아를 넘어선, '참된 것'에 대한 절실한 갈망으로 이어질 수 있기 때문에, '삶이 무엇인가?' '나는 누구인가?' 라는 근원적인 질문을 스스로에게 던지는 차원 높은 경지로 들어가게 될 수도 있다. 즉, 현실에 최선을 다한 사람들은, 현실에 대한 큰 집착이나 괴로움 없이 이제 그 현실을 뛰어넘는 또 다른 자유로운 세계와 접할 수 있는 마음을 '만나게' 되는 것이다.

한편, 현실에서 최선을 다하지 않은 사람의 경우를 보자. 우리 주변에는 가끔씩 현실을 성실하게 살아가야 하는 대열에서 낙오된 느낌을 주는 다소 심각한 어려움을 겪는 사람들이 꽤 있다. '이건 아닌데!' 하는 느낌을 포착하고 그 상황에서 의식하며 살아가는 사람은 참으로 다행스러운 일이나, 그렇지 않고 아예 그 대열에서 도피하여 비현실적인 생활을 하는 사람도 많다. 경우에 따라서는 '대열에서의 도피'를 합리화시키기 위하여, 책을 파고들면서 현실에서 비켜난다든가, '도(道)'를 닦는다면서 가족을 버리고 마음과 몸을 다른 곳으로 피한다든가, 방탕한 생활을 한다든가 등, 여러 가지 면으로 '뭔가를 열심히 하고 사는' 대열로부터 비켜선다. 책을 보거나 도를 닦는 것이 잘못되었다는 뜻이 아니라, 현실적으로 가까운 사람들과 마음을 나누고, 주어진 역할에 대한 책임지는 생활형태가 되고 있느냐 아니냐를 말한다. 어쨌든 이들도 '사는 것은 이런 것이 아냐!' 하면서 종교나 사상, 운동 등 여러 가지 측면으로 에너지의 방향을 바꾸려는 시도가 있을 수 있다. 자신은 현실에서 최선을 다하여 살지 않았지만, 자식에게나 주변사람들에게는 아주 '도'가 높은 이야기를 하여 도와주려는 시도도 한다. 하지만 그런 행위는 주변을 피곤하게 만들거나 불신의 장벽을 쌓을 수도 있다. 이들의 자유롭고 싶은 욕구는, 자신에 대한 좌절감과 비참함, 현실도피적인 색깔을 띠고 있다. 그리고 그 욕구 속에는 자신 스스로의 불안감과 우울감, 시기심과 경쟁심, 열등감과 피해의식 등이 내재되어 있으나 방어의 벽을 두껍게 해 두었을 가능성이 있다. 물론 본인 스스로의 은밀한 곳에서는 안정감과 편안함을 느낄 수가 없을 것이다. 아울러 주변을 책임지지 않는 현실도피로 인하여 가족들에게 큰 고통을 야기 시킬 수 있다. 하지만 주변인이 당하는 피해를 진정으로 생각하지는 못한다. 하지만 겉 표면은 이들도 '사는 것이 무엇인지!'하면서 좀 더 자유로운 세계를 꿈꾸기는 마찬가지이다.

한마디로, '무엇인가를 열심히 하고 살아간 후'에 느끼는 근원적인 삶에 대한 진실 혹은 진리를 탐구하는 사람과, '무엇인가를 열심히 하지 않고'

근원적인 삶에 대한 진리를 탐구하겠다는 사람과의 차이는, 겉보기에는 비슷한 것처럼 보이나 그 속은 완전히 다른 차이를 보인다는 것은 주지의 사실이다.

매슬로우Maslow의 '욕구 5단계설'은 인문사회과학 분야의 유명한 학설로 인간욕구를 잘 설명한 내용이다. 인간은 누구나 '생존에 대한 욕구'부터 충족을 시켜야 하며, 그 후 '안전에 대한 욕구' '소속에 대한 욕구' '사랑과 존중받고 싶은 욕구' '자아실현에 대한 욕구' 의 단계로 넘어간다는 내용이다. 그리고 난후 자연스럽게 6단계로서 '초월의 욕구'를 가진다. 물론, 그 뒤의 학자들에 의하여 이 욕구는 단계별로 꼭 이루어지지 않는다는 의견을 제시하였다. 예컨대, 안전에 대한 욕구를 가지고 있어도 초월의 욕구는 가질 수 있다는 '인간 내면의 복합적인 욕구 중복론'을 언급하였다. 개인의 특수한 경험이나 직관력에 의하여 그러한 단계 욕구를 뛰어넘는 경우도 있을 것 같다. 하지만 보통사람들은 대체로 이들 욕구의 단계를 순서대로 밟을 가능성이 높다. 결국 인간은 생존의 욕구를 충족시키고, 기본적인 사회 문화 경제적 욕구를 어느 정도 충족시킨 후, 자신의 최대능력을 발휘하고 싶은 마음, 즉 자기실현의 욕구가 생긴다. 자기를 실현해 나가기 위한 최선을 다하고 난 후, 어느 정도 그 욕구가 채워졌거나, 원함대로 이루어지지 않았다 할지라도 최선을 다하여 살았다는 만족감이 생기고 나면, 자연스럽게 '인간적인 욕구, 그 너머'에 있는 초월의 세계에 눈이 뜨인다는 것이다.

이렇게 생각해 보면, 우리는 현실에서 자신을 충분히 기능하게끔 만드는 시간이 얼마나 필요하고 소중한지를 느끼게 된다. '무엇인가를 열심히 하고 산다는 것', 이 행위야말로, 바로 우리의 겉 표면적인 욕구에서 심층적인 욕구로 이동하게끔 만드는 가장 중요한 통로가 될 수 있다. 이 통로가 뚫리지 않고는 감정회피, 합리화 등의 방어기제를 통하여, 스스로를 속이는 생활을 하기 쉽다. 자기의 욕구와 이익과 편안함을 위하여 가족의 욕구를 침해하고 타인에게 고통을 주면서, 자신의 자유와 진리를 추구한다는 삶을 과연 진실한 것으로 볼 수 있을까! 그러므로 성실하게 '인간적인, 너무나 인간적인' 자신의 모습을 인정하고 수용하면서, 그 생활을 직면하면서 자신을 조금씩 비워내는 일상이 진실한 삶이 될 수 있다고 본다.

'무엇인가를 열심히 하고 산다는 것'은 '인간적인 자신'으로부터 '좀 더 초월적인 자신'에게로 나아가는 정직한 길이라는 뜻이다. 무엇인가를 하고 살다보면, 자신의 몸과 마음을 도피하고 살면서 스스로를 합리화시켜 속이고 기만하는 것이 아니라, 솔직하게 자신과 만나는 과정을 겪는다. 어느 누구라도 이 과정에서 많은 시행착오를 겪게 된다. 그 시행착오 속에서 얼마나 많은 깨달음과 겸손을 배우겠는가! 주관적인 평가나 판단의 늪 속에서는 생각하지도 못한 새로운 세계를 어쩔 수 없이 맞이해야 하는 경우가 얼마나 많겠는가! 말이나 생각으로만 '훌륭한 인격'을 바라는 것이 아니라, 체득된 경험에 의하여 삶의 진실을 깨닫는 것이야말로 진정한 '깨달음'일 것이다. 현실에서 나름대로 각자 주어진 생활에서 열심히 하고 산다는 것, 이것이 바로 우리 내면의 깊은 곳에서 울려퍼지는 '참 자기와의 만남', '진리의 눈뜸'의 문을 두드리는 길이 되지 않을까 한다.

38. '나'에 대한 오해, 고통의 출발점…

> 우리의 모든 번뇌 망상은
> '거짓 자기'를 '참 자기'라고 오인하고 있기 때문이라는 사실을
> 깊이 개념화한다면,
> 우리의 고통은 좀 더 쉽게 벗어나지지 않을까!

가끔씩 "나란 누구인가! '나'라고 하는 것은 과연 무엇인가! 지금까지 통상적으로 믿어 온 자기(self)는 참 자기일까!"라는 주제를 생각해 본다면, 전체적인 인생살이에 대한 큰 그림을 그릴 수 있으리라 느껴진다. 바빠서 그럴 여유가 있겠느냐는 반문을 하시는 분일수록, 이러한 주제를 숙고해 볼 필요가 있지 않을까 싶기도 하다. 이토록 바쁘게 살아가는 '나'라는 사람이 과연 누구일까!

'자기'를 관찰자적 입장에서 객관적으로 느껴본다면, 바쁜 가운데서도 중심을 잃지 않고 살게 되는 지혜를 얻게 되어, 오히려 삶에 도움이 되리라 생각한다.

'자기'라고 하는 것이 무엇인가! 라는 것을 느끼기 위해서는, 흔히 우리가 생각하는 통상적 자기, 즉 "나는 …이다(I am)" 하는 것이 어떻게 형성되고 있는가를 살펴볼 필요가 있다. '나'라고 하는 것은 단순히 생물학적인 단위로서의 자기를 지칭하는 것은 아닐 것이다. 적어도 그 속에는

여러 요소들이 음으로 양으로 함축되어 있다고 볼 수 있다. 즉, 우선 감각적으로 시·공간 속에서 살아서 숨 쉬는 자기 몸을 위시하여, 자기의 생김새·성·어린 시절의 가정환경이나 문화적 배경·교육·경제사정, 그리고 지금까지 비교적 일관되게 경험되어지고 남으로부터 취급받아온 것들에 의해 형성된 자화상 등일 것이다. 뿐만 아니라, 나란 곧 남에 대한 상대적 '나'이기 때문에 만일 내가 나를 의식해야 할 때는 그 상대되는 남도 의식되게 마련이다.

'놀이치료(Play Therapy)'의 이론으로 잘 알려져 있는 위니컷(Winicott)은 이렇게 설명한다. 만일 자아 형성 과정에서 아이를 끊임없이 먹여주고 입혀주고 길러주는, 즉 양육자라고 이름하는 대상과의 만남, 남이라는 개인과 개인이 관여하는 환경(intersubjective)이 없었다면 자아형성은 불가능할 것이다. 즉, 이렇게 나와 남의 관계는 서로 경계를 공유하고 있기 때문에 실제로는 끊으래야 끊을 수 없다는 것이다. 한편, 인간사회는 우리에게 어른이 되기를 바라고, 분리와 개인화(seperation and individuation)가 불가피하게 요구된다. 그 와중에서 생기는 여러 문제나 갈등을 처리하기 위해, 소위 말하는 '자아 방어기제(Ego detence-mechanism)'라는 것을 사용하여 자아를 보존하려고 한다. 하지만, 이것만으로는 인간의 갈등과 불안을 완전히 해소할 수는 없다. 뿐만 아니라 이것조차 원만히 쓰지 못할 때는 결국 고뇌에 빠지게 되고 심지어 정신적 발병상황까지 가기도 한다. 이것이 소위 통상적 자아의 모습이라 할 수 있다. 말하자면, 우리는 '자아'의 구축을 통하여 사회생활과 인간관계를 하는 등의 현실을 살아가야 함은 당연한 것인데, 이 '자아'로 인하여 또 다른 고통을 가질 수 있다는 사실을 느낄 수 있다. 이런 측면에서 동서양 수많은 선각자들의 '자아',

즉 '자기'라고 하는 것에 대한 연구는 끊임없이 이루어져 온 셈이다.

은둔의 나라 동양이 정신문화에 도취되어 있을 때 서양에서는 사람들이 자유를 구가하면서 발 빠르게 물질문명을 극대화하고 오늘의 부와 힘을 과시하기에 이르렀다. 이에 뒤질세라 동양이 맹추격하여 산업화에 박차를 가하고 있는 동안, 서양은 물질문명의 부산물인 정신의 황폐화에 놀라 다시 관심을 동양의 정신문화 쪽으로 돌려 여기에서 해결책을 찾으려는 노력을 보인다. 탐색자업을 살펴볼 때, 동과 서는 갈수록 상호보완적으로 되어 가는 것 같으며 세계가 점점 하나가 되어 간다는 것을 감지할 수 있다.

동양에서는 일찍부터 사람의 내면세계와 우주를 하나로 묶어서 생각하는 세계관을 고심하여 왔다. 또한 사후의 세계보다도 살아 있는 현실 속에서, 바로 우리가 살아가는 관계 안에서 발생되는 각종 고통과 번뇌를 벗어나는 것을 우선 과제로 삼기도 하였으며, 우주의 섭리와 합일되는 생활을 통해 마음의 평정을 달성하려고 해왔다. 이 점은 유儒·불佛·도道가 공통되는 점이기도 하다. 또한 프란치스코 성인 역시 그 유명한 기도문(길이요 진리요 생명이신 예수님!), "과거의 기억들, 현재의 원의들, 미래의 지향들을 아낌없이 당신께 바치나이다. 오로지 당신의 현존 안에 이 순간을 머물게 하소서!"라는 간구를 통해서, 지금 바로 여기에서의 하느님의 현존, 하늘의 섭리와 합일되는 중요성을 표현하고 있다. 마음의 평정을 위해서는 인간의 본능을 무제한 방치하는 것이 아니라 절제를 가해야 하는데, 그런 의미에서 인간의 자유는 자연히 한계가 있기 마련이다. 이러한 절제를 하게끔 해야 할 때는, 제한을 강제가 아닌 꾸준한 자기관찰과 수양을 통해 이치를 자발적으로 깨닫도록 가르치고 있다. 서양의 영향이 막강해진 오늘에 와서는 이런 면이 많이 무너지기도 하였지만, 우리 가운데는 자아가 해내지 못하는, 즉 번뇌 망상으로부터의 해탈의 길 혹은 진정한 자유의 길을 향하여 끊임없이 노력하고 있는 사람들이 여전히 많은 것 같다. 그것이 합리적이든 다소 비합리적이든 간에, 각종 '마음수양'과 관련된 종교단체나 사회단체, 기타 수많은 서적들이 이런 점을 반증하는 듯하다.

예컨대, 불교는 번뇌 망상의 치료를 위한 가르침이라고 하여도 과언이 아닐 것이다. 부처님의 출가동기 자체가 바로 인간 고뇌를 대표한다고 할 수 있는 생生·노老·병病·사死의 사고四苦에서 벗어나는 길을 터득하기 위해서였고, 마침내 그는 깨달음과 해탈의 경지를 몸소 터득하고 그 길을 우리에게 명백히 제시해 주었으며, 지름길이 선禪이라고 한다. 그리고 한 인간이 번뇌 망상에서 출발하여 완전한 깨달음에 도달하는 과정을 소에 비유하여 그려진 10장의 그림이 있는데, 이 십우도十牛圖는 깨달음의 과정을 단계적으로 잘 그려놓고 있다. 하지만 선수행禪修行을 직접 해보지 못한 사람에게는 그 그림이 난해할 수도 있다. 대부분의 사찰 대웅전 옆이나 뒷면에 그려져 있는 10장의 소 그림은 인간의 해탈과정을 묘사하고 있으니, 기회가 닿으면 유심히 살펴보고 연구해 본다면 도움이 될 것이다.

우리는 왜 평소에 '보이지 않는 자기'에 대해서 알지 못할까? 그 이유는 간단하다. 그것은 '의식적으로 생각하는 자기'를 '자기'라고 생각하기 때문이다. 이것은 설명하기가 매우 어려운 것이며, 자칫 난해할 수도 있다. 의식 속에 그려진 자기가 참 자기가 아니라는 것을 진실로 알려면 우선 자기의 마음이 맑아진 후에야 어느 정도 가능하므로, 이성적으로 설명하기는 힘들다. 하지만 깊은 명상(기도) 경험을 하지 않는 일반인을 위해서는 어느 정도의 논리적 설명이 불가피하다. 그래서 다음과 같은 경우를 생각해보면 약간의 이해가 가능할 것이다.

보통 우리는 화가와 그 화가가 그린 그림을 동일시하지 않는다. 또 우리가 찍은 사진 속에 나타난 자기를 참 자기라고 하지도 않을 것이다. 그와 마찬가지로 우리의 의식 속에 그려진 자신에 대한 영상(image)과 그 영상을 그리고 있는 자신하고는 분명히 구분되어져야 할 텐데, 사람들은 놀라울 정도로 영상과 영상을 만드는 자(image-maker)를 식별하지 못한다. 심지어 한번 어떤 영상(image)에 빠지면 영상을 만드는 자(image-maker)는 그 영상 속에서 온갖 모습으로 나타나며 영상의 포로가 되고 만다. 자기함몰이 되어 자기가 만들어 놓은 자기의 감정적 상태, 즉 그러한 자기 이미지에 완전히 걸려드는 셈이다. 이것이야말로 소위 자아를 가지고 사는 모든 인간의 숨길 수 없는 '자기 투사自己投射'이며 '자기 동일시同一視' 현상이라 하지 않을 수 없다.

이러한 것을 깊이 깨닫기 위해서는 선禪 수행에 관심을 가져야 한다고 동양의 선각자들은 알려준다. 예수님을 믿는 신앙을 가진 분들중에서 깊은 묵상이 필요할 경우에 할 수 있는 관상기도와 유사하다고 본다. 동방교회의 전통적 수도에서는 불교의 선수행과 같은 관상기도를 매우 심도 있게 제시하고 있다. 예컨대, 간단한 한 줄의 구어송(예, 주님! 저에게 자비를 베푸소서!)으로 끊임없이 정신을 집중시키는 '마음의 기도'를 하는가 하면, 오직 침묵 속에서 '예수님' '하느님' 등의 한 단어에만 집중하는 훈련도 한다. 또한 하느님의 현존 안에 그대로 머무는 '관상'상태를 유지하는 길도 제시한다. 만약 좀 더 연구를 해 보고 싶은 분이 계시다면,

'토머스 머튼'의 하느님과 합일을 위한 연구와 관상기도, '마이스터 에크하르트'의 '초탈'의 개념을 느낄 수 있다면 큰 도움이 될 것이다.

선禪은 사고思考를 통해서 하는 것이 아니다. 선은 오히려 생각을 비우는 데서 시작된다. 생각이란 참으로 끈질긴 것이어서 잠잘 때를 제외하고는 잠시도 쉬지 않고 일어난다. 생각은 잠도 제대로 못자게 방해하고, 잠자는 중에도 요동친다. 이것은 참선과 같이 고요를 추구해보면 더욱 더 분명하게 드러난다. 게다가 사람의 마음은 온갖 탐욕·미움·어리석음 등으로 들끓어, 잠시도 생각을 쉬게 하지 않는다. 그렇기 때문에 선禪에서는 마음을 호흡 혹은 화두話頭라는 한 점에 모아 여타의 모든 생각에서 벗어나게 하려는 시도를 반복한다. 물론 이것은 쉽지 않다. 하지만, 온 마음과 정신과 몸을 투입하여 의지를 낸다면 가능하리라 여겨진다.

우리의 일상생활이 눈만 뜨면 사고思考 일변도의 생활이다. 특히 자기식의 고정된 사고방식으로 거의 고착되어 있기 쉽다. 인간이 세계를 지배하고 인간문화를 일구어 오는데 있어서 사고는 절대적 역할을 해온 것이 사실이지만, 사고가 그야말로 '사고덩어리'일 때도 많다. 사실 인간의 모든 고뇌는 자기만의 사고에서 출발한 것이 많을 것이다. 더욱이 논리의 지배를 가장 많이 받고 있는 지식인들에게는 선은 처음부터 강력한 저항을 불러 일으키기에 충분하다. 아무튼 선에서 지식은 오히려 방해물이 된다. 생각이 줄어들수록 집중이 잘되며 완전히 생각에서 벗어난 상태가 삼매三昧이다. 선 수행을 통한 삼매는 아니라도 독서삼매나 예술적 작업의 삼매, 심지어 학업삼매(!)에 빠져 있을 때를 상상해 보라. 모든 것으로부터 떠나있고 그 순간이 얼마나 청정한지를. 생각에서 벗어나 삼매의 시간이 깊어질수록, 고정적 사고방식의 지배 즉 자아의 지배에서 벗어나게 되며 청정감과 내부에서 우러나는 힘을 맛보게 된다. 잡다한 생각이나 불안한 감정에 휘둘리는 동안 우리는 자기의 힘이나 청정감을 맛볼 수 없다. 마음이 청정淸淨하면 육근(六根: 眼, 耳, 鼻, 舌, 身, 意), 말하자면 온 몸(눈 귀 코 입 신체 의식 등)이 청정하게 된다. 즉, '관상기도'를 통하여, 자기라는 것을 완전히 비우고 그 자리에 온전히 '하느님의 영'이 들어올 수 있도록 하는 기도는 최상의 선禪이 아닐까 싶다.

나 스스로의 생각에서 느끼는 '나'가 아니라 '그리스도의 몸과 피'가 내면에 들어와서 생명이 되어야한다는 성경의 말씀, 우리의 모든 생각은 환상적이며 심지어 '나'라는 것도 환상의 산물이라고 하는 부처님의 가르침은, '참 나'에 대한 진정한 시각을 가져다주는 것 같다. '거짓 나'가 아닌 '참 나'를 깨닫는 시도를 하지만, 이러한 '참 나'는 볼 수도 없고 만질 수도 없고 설명될 수도 없다. 하지만 분명한 것은 항상 어디서나 내 안에는 '참 나'가 존재하며, 느끼지만 못할 뿐 늘 같이 있다. 이것을 가리켜 '영靈'이라 할 수 있을 것이다.

자아를 따라 생활하는 우리들은 항상 대상에 대해 나름대로의 평가를 한다. 좋고 싫음과 미운 것과 고운 것 등의 판단을 내리고 심지어 자기 자신에 대해서도 그와 같은 평가를 내리지만, 막상 '누가' 그와 같은 생각과 판단을 하느냐에 대해서는 막연하다. 과연 그 판단을 내리는 '그'는 누구인가 말이다. 누가 '누구'에게 그 판단을 내리고 있는가라는 사실이다. '자기'에 대한 무지의 개념 속에서 살아가기 쉬운 우리는, 자기식의 판단으로 외부세계를 바라보며 각종 망상과 허상에 시달리고 있을 것이다. 진정하게 맑은 눈으로 대상을 바라볼 수 있으려면 자신의 고정된 생각을 벗어난 상태로 외부를 보아야만 가능하지 않을까 싶다.

정리해 보면, 앞서 깨달음을 위해 일생을 바친 선각자들의 가르침은, '참 나'에 눈뜬 사람은 모든 고통에서 떠날 수 있다는 것과, 모든 번뇌 망상은 '거짓 자아'를 '참 자아'라고 오인하고 있기 때문이라는 것이다. '자기'라고 하는 것이 과연 무엇인지를 다시 한번 생각해 본다. 그렇다면 '나는 과연 누구일까!'를 자문해 본다. 붙잡지 말아야 할 것을 붙잡음으로써 발생되는 고통이, 어쩌면 '나' '자기'라고 하는 것이 무엇인지를 모르는 무지에서부터 출발됨을 다시 한 번 느끼게 된다. 즉 '나'에 대한 오해, 무지가 고통의 시작이 되는 것이다. 사람들이 이것을 깊이 숙고하여 깨닫는다면 우리의 일상은 그 어떤 태풍이 불어도 조용히 그를 맞이하면서도, 한결같은 평정심과 안정감을 유지할 수 있지 않을까 싶다.

39. 잠시 멈추어, 나의 마음에 관심을!

자기 마음을 잘 멈추어[止] 바라보고[觀] 다스리는 수심修心의 자세는,
외부로만 향하여 달려가던 우리의 삶의 방향을
바람직하게 바꾸게 될 것이다.
내 안에 보물 같은 지혜와 행복이 있다는 깊은 확신만 있다면
잠시 멈추어, 나의 마음에 관심을 가지는 일은
그 어떤 방법보다도 우리의 인생을 행복하게 할 것이다.

아침에 눈을 뜨면서부터 시작하여 잠자리에 들 때까지 우리는 어디에 관심을 두면서 살까! 가만히 보라. 눈을 뜨기 시작하면서부터 모든 관심은 외부로 향하여 있다. '오늘은 무엇을 해야 하고, 날씨가 어떻고, 무엇을 먹고, 누구를 만나고, 무슨 일을 준비해야 하며, 식구들 중 누구는 무엇을 해야 하고, 누구랑 어디를 가야하고…' 등. 그것조차도 별로 생각할 것이 없으면 핸드폰을 들거나 식탁 위에 앉아서 무엇을 먹으려고 하거나 책을 들거나 인터넷을 검색하거나 등으로 일상을 시작한다. 그렇게 하루 종일 개인의 일상적인 일(직장일, 공부, 운동 등)을 한다. 저녁시간에 다시 TV나 신문이나 책 혹은 휴대폰 등, 외부의 것에 매달리는 생활이 연속된다. 그리고는 지친 몸으로 잠자리에 든다. 그 다음날 다시 일어나서 전과 다름없는 일상을 지낸다. 이렇게 하루의 거의 대부분의 시간은 온통 외부로 향하여

있다.

바깥으로 향하여 달려가는 힘은 마치 수레바퀴처럼 늘 같은 방향으로 돌고 있다. 별일이 없을 때는 이 수레바퀴에 대하여 어떠한 의구심도 가지지 않은 채로, 어쩌면 성실하고 알찬 생활을 하고 있다는 느낌을 가지면서 하루하루를 살아갈 것이다. 그 외 다른 것은 별로 생각할 필요도 없고, 생각하지도 않은 채로 그냥 그대로 돌아간다. 돌아가는 수레바퀴를 한번쯤 바라볼 생각이나 멈추어 볼 생각은 하지 않는다. 그냥 그대로 흘러간다. 일상에 사소한 어려움조차 없을 정도로 아주 편안할 때는 더욱 더 그렇다. 무엇인가 약간 허전하긴 하지만, 다른 것을 생각해 본다는 것은 아예 엄두조차 내지 않는다. 조금 뜻 깊게 살고자 하는 사람들은 좋은 책을 보려고 한다든지, 뭔가 다른 것에 관심을 쏟다가 종교적인 부분에 관심을 두기도 하고, 좋은 사람들과의 만남에서 자기를 더 성숙시키는 것을 배우기도 한다. 그러다 시간이 흐르면, 그 역시 외부가 되는 그것 자체, 즉 책 내용 혹은 종교생활에 관심을 두게 된다. 약간 방향만 다를 뿐 결국 바깥에 관심을 두는 것은 마찬가지다.

딱히 뭐라고 할 수는 없지만, 내면에서 갈구하는 무엇인가가 있기 때문에 우리는 끝없이 외부의 무엇인가를 더 추구하는 것이 아닐까 싶다. 내적욕구로 인하여 외부적인 갈구가 지속된다는 것을 느끼기도 전에, 재빠르게 이러한 심도 있는 느낌과 생각들은 날려버리고 다시금 일상은 계속되는데, 대체로 이런 가운데 우리는 평생을 살아가기 쉽다. 하지만 어떤 문제가 생길 때, 예컨대 부부 혹은 부모-자식관계, 기타 인간관계에서 힘겨운 상황 등의 문제가 생길 경우에는 당황한다. 문제의 발생 원인이 자신의 심리적 현상, 즉 살아온 세월로 인한 억눌린 정서(예, 불안,우울,

두려움 등) 때문이라는 것을 어떤 계기로 알게 될 때는 의아스럽고 속상하고 혼란스럽기도 하다. 다시 말하면, 현실적인 어려움이 바람직하지 못한 마음상태 때문이라는 것을 감지하였을 때는 당황되고 믿기 어렵고 뭐가 뭔지 모르는 충격을 받는다. 아주 흔한 상황의 예를 보자. 부모의 마음관리가 잘못되어서 자녀에게 문제가 생겼다는 것을 개념적으로 이해되지 않을 경우가 많다. 혹시 머리로 이해가 되었다 할지라도 인정할 수 없을 경우도 많다. 사실상 자녀의 많은 부분의 문제점은 부모의 '마음관리' '마음조절'로 인하여 바람직한 소통이 되지 않는 이유가 많으며, 자녀의 어려움을 바람직하게 도와주지 못하는 '지혜롭지 못한 개입'의 문제점 등이 있다. 특히 자녀는 어른들이 정서를 어떻게 관리하면서 사는가를 보면서, 외부에서는 배울 수 없는 소중한 것을 가정 내에서 배우게 된다. 그 배움은 책으로, 설교로 배울 수 없는, 그러면서도 꼭 배워야 하는 가장 필요한 것을 가정에서, 바로 가정 안에서 배우게 되는 셈이다. 이건 말로나 글로서 배우는 것이 아니라, 행동으로서 느낌으로서 모델로서 학습하는 것이다. 사실 '자기를 다스리는 것'을 몸으로 학습하는 것만큼 더 큰 배움이 있을까!

그러므로 일상에서 별 일이 없더라도 더 나은 성숙한 삶을 위하여, 혹은 일상에서 발생할 수 있는 다양한 외부의 문제점에 대비하여, 우리의 마음을 잘 관리할 수 있는 길을 조금씩 배워가야 할 필요가 있다. 일종의 자기관리를 위한 투자가 필요한 셈이다. 별다른 문제가 없다고 하더라도 약간씩의 시간과 수고를 통하여 저축해 놓는 셈이다. 저축해 놓은 것만큼, 어려운 상황일 때 꺼내어 사용할 수 있는 금고가 생긴 것이다.

외부에서 어떤 문제가 발생할 때 그 상황에 대처를 잘 하려면, 마음상태가 흔들리지 않고 조절이 잘 되었을 때라야 비로소 객관적으로 지혜롭게 상황판단을 하게 될 것이다. 그리고 현실에 적절한 해결책을 모색할 것이다. 결국 나의 마음이 어떤 상태인가가 핵심이 된다. 나의 감정이 무엇인가, 나의 정서가 무엇인가 하는 것이 나의 행동을 조절할 수 있는가 없는가 하는 기준이 된다. 예컨대, '화'가 나 있는 자신의 감정이 조절되지 않으면 '화'를 내는 행동힐 수밖에 없다. '화'를 내지 않으려고 애를 써도 표정과 태도 등에서 '화'의 행동은 드러나게 마련이다. 억제하고 참으려고 해도 그냥 몸으로 말을 하는 셈이다. 말하자면 자신의 감정 상태를 조절한다는 것은 다른 말로 표현하면 '마음관리'를 해야 된다는 것이다. 마음관리가 되지 않고는 행동조절이 가능하지 않다고 생각한다.

그렇다면 마음을 잘 관리하기 위해서 우선 무엇부터 해야 하는가! 마음관리를 한다고 명상자세로 아무리 앉아 있어도 되지 않을 경우가 많으며, 좋은 책과 좋은 사람과의 만남을 아무리 하여도 그것은 잠깐뿐, 그 역시 머리에 맴돌 뿐이다. 마음관리를 위해서는 우선 관리해야 할 자기 마음을 '알아야' 한다. '감정포착'을 말한다. 알지도 못하는 자기 마음을 어떻게 관리를 할 수 있다는 말인가!

그렇다. 우선 자기 마음을 알아차려야 한다.

스스로가 자신의 마음을 알아차리기 위해서는 자기 마음을 바라보는 연습이 되어야 할 것이다. 무엇을 연습한다는 것일까! 우선 조용히 자신의 상태에 '집중하는' 학습부터 되어야 할 것이다. 지금까지 이러한 것을 배워본 적이 없었다면 특히 더 반복적인 연습이 필요할 것이다. 몸과 마찬가지로 마음관리도 요구된다. 마음에 집중하는 훈련을 우선적으로 해야 된다. 구체적으로는, 자기의 감정을 포착하는 능력, 자기의 느낌을 감지하는 능력, 자기의 정서를 자각하는 능력을 말한다. 크게는, '자기마음을 바라보는 힘'이다. 정말 어떤 경우라도 자기 마음을 바라보고 그 마음에 집중하는 훈련을 하여야 할 것이다. 외부로 향하여 달려가는 힘을 내부로 돌려 자기의 마음을 관리하는 쪽으로 잠깐이라도 시간을 낼 수 있다면, 스스로의 인격이 하루하루 성장되는 것을 느낄 수 있을 것이다.

마음을 바라보고 집중하는 훈련은, '함께' 해야 하는 부분도 있고 '혼자' 해야 하는 부분도 있다고 본다. 만약, 혼자서 자기마음을 바라보겠다고 가만히 있을 경우에, 망상을 하고, 자아 도취하여 자기식대로의 생각을 고착시키기도 하고, 지나친 '자기 확신'으로 남에게 거부감을 주고, 자기함몰이 되어 이상한 생각 속으로 빠져 있을 수도 있는 등, 타인과의 교류장애를 가져올 수도 있다. 이렇게 혼자서 훈련을 할 경우에 때로는 현실적으로 해야 할 일을 그르치게 되고 가족들과 관계손상이 생기기도 하는 등, 여러 가지 방향에서 해로움을 주고 있는 사례가 꽤 있다. 주변을 살피지 않고 자기 식의 마음관리 작업은 오히려 비례적이지 않을 수 있다는 뜻이다.

그렇다고 마음나누기를 늘 사람들과 '함께' 어울려서만 하고 스스로 조용히 자기의 마음을 보는 시간을 가지지 못하게 되면, 그 또한 제대로 된 자기와의 만남에 한계가 있을 것으로 본다. 주체적이고 독립적인 힘을 키우는 것보다는 의존적이고 수동적인 방향을 가질 수도 있다. 그래서 일주일에 한두 번 정도라도 여러 사람들과 함께 소집단의 형태로 '홀로 바라본 자기 마음을 나눌 수 있는' 대상을 만나면 더 바람직하다. 혼자서 자기 마음을 잠깐이라도 집중하여 바라보는 훈련도 필요하고 그 바라본 마음을 함께 나누는 작업도 필요한 것이다.

자기 마음을 잘 멈추어[지止] 바라보고[관觀] 다스리는 수심修心의 자세는(흔히, 지관止觀수행이라고 일컫는다.) 외부로만 향하여 달려가던 삶의 방향을 바꾸게 하는 데 도움이 될 것이다. 일종의 관상기도와 같은 것으로 생각된다. 내 안에 보물 같은 지혜와 행복이 있다는 깊은 확신만 있다면, 하느님이 내 존재를 깊이 사랑하고 있다는 믿음만 가진다면, 자기의 마음에 관심을 가지고 바라보는 훈련은 그 어떤 방법보다도 우리의 인생을 행복하게 할 것이다.

잠시 멈추어 자기 마음에 관심을 가져보자. 그 어떤 보물이 외부에 있겠는가! 바로 우리 마음속에 그 보물은 담겨있을 것이다. 무엇이 더 필요하겠는가! 마음의 평화와 자유, 이 세상의 그 어떤 것보다도 평화와 자유가 제일 큰 보물이 아닐까 생각해 본다.

40. 본질 지향적인 인생 목표

본질 지향적인 사람들은
겉사람에서 속사람이 되어 가는 과정을
끊임없이 단련해 나가는 명상적 태도를 가지며
행하면서도doing, 존재하는 것being 자체에
초점을 맞추어 살아가는 삶을 엿볼 수 있다.
한마디로 말하면
'하고 싶은 대로 하되 어긋나지 않음'
'억지로 하는 것이 없되, 할 일을 다 함'
'만사에 걸리지 않는 생활'
즉 자유자재함 속에서 할 일을 다 하는 삶을사는 사람들이라고
볼 수 있다.

우리는 '어떤 사람이 성숙한 사람일까?'라는 물음에 많은 대답을 할 수 있다. 성숙한 사람은 동양적인 정서로 말한다면 대아大我적인 느낌이 드는 사람이다. 흔히 우리가 마음이 좁은 사람을 '소인(배)'라고 말하기도 하고, 마음그릇이 큰 사람들을 보면 '대인(배)'이라고 말하기도 한다. '대인'이라는 표현 자체가 '큰 자아' 혹은 '참 자기'라고 설명하기도 하고, '겉사람'과 대비되는 '속사람'이라고 표현하기도 한다.

대아大我적인 사람이란 어떤 사람일까! 심리학적으로 설명하면, 자신

의 아동기정서로부터 충분히 벗어나서 어른으로서의 '나'로서 살고 있는 사람이 될 것이다. 또는 자신의 과거 정신역동에 휘둘리지 않고 사물을 객관적으로 바라보고 상황판단을 정확하게 하는 사람이라고도 할 수 있다. 건강한 자아기능을 지닌 경우를 뜻한다. 또한 성격적으로 온정적이고 이해심이 많은 사람, 진정한 자존감이 있는 사람, 비굴하지도 않고 뻐기지도 않는 사람 등등으로 여러 가지로 생각해 볼 수 있다. 그런데 좀 더 깊은 차원에서 대아(大我)적인 사람들의 특징을 살펴보면 그 속에는 본질 지향적인 인생목표를 가지는 공통적인 특성을 볼 수 있다.

본질 지향적인 인생목표라 함은, 삶의 목표가 좀 더 근원적인 것, 본질적인 것, 근본적인 것을 지향한다는 뜻이다. 왜 내가 살고 있는가! 무엇을 향하여 나는 살고 있는가! 그래서 현재의 나는 어떻게 살고 있는가를 성찰해 보는 삶을 말한다. 내가 왜 살고, 무엇을 향하여 살고, 어떻게 살고 있는지에 대한 자각이 없는 사람들은 어쩌면 거의 동물과 다름없는 삶이라 해도 과언은 아닐 것이다. 그냥 하루살이처럼 살아간다고나 할까! 먹고 쓰기 위하여 돈을 벌고, 먹었으니 대소변을 보아야 하고, 먹고 살기(?) 위하여 잠자야 하고 등등, 삶의 방향이 참되고 평화롭고 자유로움이 없이 그냥 산다는 것은 동물이 오직 먹이만을 위해서 사는 행동과 무엇이 다를까 생각해 보아야 한다.

본질 지향적인 인생 목표를 가진 사람은 명예, 지위, 수입, 권력이라든지 남들의 평가나 의견들보다는 오히려 자기의 가치관, 능력, 소질이라든가 자기가 처한 사회적 여건 등을 파악하여, 자신의 상태를 우선시 하면서 자기의 인생관이나 생활관을 정립한다. 즉 자신에 대한 자각을 토대로 진정으로 자존(自尊)한다. 자존하는 태도는 자신을 진심으로 깊이 존중하는 관점이 있으므로, 늘 자기와 대화를 시도하며, 스스로에게 물음을 던지고 그 대답을 스스로가 찾는, 그야말로 '자기'가 자신의 참된 주인공이 되어 있다. 말 그대로 '자존'하면서 타인과 공존하며 살아간다. 이러한 '자존'의 밑바탕에는 자신을 관찰하고, 이해하고, 수용하는, 자신에 대한 사랑이 내재되어 있을 것이다. 자기 사랑의 힘으로 타인과 공존하며 더불어 살아가는 것이 진정한 자존감이다. 이들의 가장 큰 특징은 '걸리지 않는 자유'가 있다는 것이다. 하지만 우리 일상에서는 자신을 비난하고 방어하고 내치면서 스스로를 괴롭히고 자책하고 미워하는 사람들이 얼마나 많은가! 자신의 심리상태를 투사시켜 타인을 함부로 평가하고 재단하는 경우가 또 얼마나 많은가! 이렇게 생각해 볼 때, 우리 주변에 참된 자존감이 없는 사람들이 얼마나 많겠는가! 자신을 존중하지 못하니까 끊임없이 타인과 경쟁하고 시기 질투하며 괴로워하고 무시하고 적개심을 드러내면서 살아가기가 쉬운 것이다.

본질 지향적인 인생 목표를 가진 사람은, '자존自尊하는 자者의 자유'로써 자신의 삶을 선택하고 결정한다. 나의 존재가 이렇게 값있고 의미있는 존재구나! 하는 것을 정확하게 깨닫는 자가 바로 자존하는 사람이다. 문제는 마르틴 부버가 말한 우리가 이 세상에 태어나게 된 그 독특한 의미를 과연 얼마나 성실하게 창조해 가는가이다.

인생을 훌륭하게 산 사람들의 한결같은 특징은, 그들의 인생 목표가 본질 지향적이었다는 점이다. 싯달다(부처님의 본래이름)는 자신이 처한 대단한 배경(왕족)을 뒤로하고 출가하였다. 왜 인간은 고통을 받으며 살고, 늙어 죽을 수밖에 없을까, 늙어 죽을 수밖에 없는데 왜 사람들은 무엇인가를 끝없이 가지려고 할까! 등등, 생로병사에 대한 끊임없는 물음으로부터 삶의 방향을 진지하게 생각하기 시작하여 자신을 다스렸다. 그리고 그 가르침들이 드디어 약 2500여년이 지난 이 시대에 만고의 진리가 되었으니, 그것이 불경佛經이다. 자신이 처한 풍요한 환경에 만족하거나 쾌락하지 않고, 더 근원적인 인생 목표를 향한 훌륭한 삶을 살았던 분이 부처님이며, 그 삶을 본받겠다는 사람들이 바로 '보살'인 것이다.

나사렛 예수는 목수의 아들로서 그 당시로서는 보통가정의 마구간에서 태어난 아기였지만 '동방'박사들이 그 위대한 탄생을 일찌감치 알아차리고 경배드렸다. 그는 인생의 방향을 하느님의 본질에 절대적 지향을 둔, 우주의 모든 만물을 내 형제자매처럼 일치하여 사랑해야 하는 것이 하느님의 뜻이라는 것을 선포하기 위하여 온 메시아로 성경은 기록하고 있다. 인간이 가지고 나온 근원적인 죄, 즉 무지가 있지만, 하느님의 본질을 지향하여 오직 하느님을 사랑하고, 네 이웃을 내 몸같이 사랑하여야 한다는 깊은 깨달음을 가져야 함을 가르쳤다. 그렇게 될 때 그 죄는 사해질 수 있다는, 즉 무지로부터 자유로운 몸이 된다는 믿음을 강조한 삶이 바로 예수님의 여정이었다. 본질 지향적인 관점, 진리가 우리를 자유롭게 한다는 것이 핵심이다. 즉, 그러한 삶의 모델을 스승과 제사의 입장으로서 형제자매로서 함께하며 몸소 보여주고 돌아가신 분이 예수님이며, 그를 믿고 따르는 자가 '신자'인 것이다.

그 외 훌륭한 작가들, 과학자들, 예술가들, 학자들 등 -그들 자질의 방향은 다 틀릴지 몰라도- 결국 후세에 길이 남은 아름답고 멋진 업적과 작품들을 만든 사람들은, 그들의 인생관이 훨씬 궁극적이고 본질 지향적이었다는 사실을 간과해서는 안 된다. 예컨대, 자식에게 공부를 잘하기를 바란다면, 우리 아이가 공부를 잘하여 궁극적으로는 어떻게 살게 하고 싶은 것인지에 대한 '본질 지향적인 목적'을 좀 생각해 보아야 한다는 뜻이다.

본질 지향적인 것과 반대의 사람들은 과업 지향적인 사람들이다. 삶의 가치가 '하는 것doing'에 초점을 맞추고 있기 때문에, 그저 내가 해야 할 일, 하는 일, 성취한 것, 앞으로 취해야 할 것 등에 인생을 건다. 즉 오직 '하는 것'에만 초점을 맞추고 있다. 과업 위주의 생활을 하는 것이다. '어떤 존재가 되어야 하는가!' '무엇을 위하여 이 일을 하고 있는가' '어떤 삶을 지향하기 위하여 이 과정이 필요한가!' 라는 존재자체being에 초점이 맞춰져 있지 않는 것이다. 이들은 결국 점점 더 힘들어진다. 허무해진다. 외로워진다. 계속 허기진다. 존재하는 그 자체에 대한 만족감과 기쁨이 적거나 일시적이므로, 늘 무엇인가를 해야만 삶의 의미를 느끼는 것이다. 해야 할 것이 성취되었을 때 느끼는 만족감은 분명히 클 것이다. 하지만 그 기쁨은 일시적이다. 잠깐이다. 하루가 지나고 한 달이 지나고 해가 지나가게 되면 새로운 것이 또 필요하다. 내일을 향해서 또 무엇인가를 해야 한다. 다음에는 뭘 하지! 끊임없이 해야 할 일, 할 일이 필요한 것이다. 무엇인가를 하였는가 혹은 하지 않았는가를 체크하는 것 등, 외부의 것들에 매여 있게 된다. 할 일이 없으면 그냥 멍해지기도 하고 무력해지기도 한다. 지금 여기 '존재하는 것being'에 초점을 맞추지를 못하므로, 늘 편안한 날이 별로 없다. 그저 그렇게 해야 할doing 일의 노예가 되어 살아가는 것이다. 욕구의 노예가 되었다고도 볼 수 있다.

성경에서 바오로 사도는 '겉사람'에 대하여 이렇게 표현한다. "나는 내 속에 나를 거스르는 무엇인가가 있어서 하느님이 명하고 권하시고 말씀하신 것, 곧 내 영혼의 가장 고귀한 근저에서 말씀하신 것을 거스르고 있다는 것을 압니다."(로마 7,23) 또 다른 곳에서는 "나는 과연 비참한 인간입니다."(로마 7. 24.)로 묘사한다. 에크하르트 M. Eckhart의 설교로 알려진 '귀인에 대하여'라는 논고(M, Eckhart, D.미트 역, 2014)에서는 사람의 두 본성을 겉사람과 속사람이라는 말로 표현한다. "속사람은 하느님께서 좋은 씨를 뿌려 놓으시고, 온갖 지혜와 온각 예술과 온갖 덕과 온갖 선의 뿌리를 심어 놓으신 밭이기도 합니다. 신직 본싱의 씨앗입니다. 원수이자 악미인 겉사람은 가라지를 심고 뿌립니다."(마태 13. 24. 참고) 특히 속사람의 고귀함으로 나아가기 위한 단계들에 대하여 아우구스티누스 성인의 말씀을 인용하며 다음과 같은 내용을 소개한다.

첫째, 어질고 거룩한 사람들의 모범을 따라 사는 것이다. 구체적이고 현실적인 모델이 필요하다는 뜻이며, 특히 성인의 경지에 오른 분들이 현재의 나의 삶에 현존하듯 늘 모범을 삼아 노력하는 자세가 요구된다는 뜻이다.

둘째, 외적인 모범과 선한 사람들을 본받는 것은 물론이고 하느님에게로 얼굴을 돌리는 단계이다. '하느님에게로 얼굴을 돌린다.'는 것은, 심리적으로 어린아이상태에서 이제는 참된 것에 관심을 가시는, 속이 사라야하는 어른다운 모습으로 나아간다는 것이다.

셋째, 어머니를 점점 멀리하고 근심과 두려움을 훌훌 벗어던지는 단계이다. 육체적 혹은 심리적 의지대상을 어머니(어머니와 같은 대상)에게서 참된 것에 눈길을 돌려야만 인간 근원의 불안과 두려움에서 서서히 벗어날 수 있다는 뜻이다.

넷째, 점점 성장하여 사랑과 하느님 안에 뿌리를 내리는 단계이다. 끊임없이 깨어있는 상태를 유지하는 것이다.

다섯째, 평화를 누리는 단계이다. '누린다'는 것은 평화 기쁨의 상태를 스스로에게 허락하고 수용하여 감사한 마음을 가지면서 살아가는 것이다. 즉, 평화 속에서 있는 그대로 머무르는 것을 의미한다.

여섯째, 신적인 형상으로 온전히 변모되는 단계이다. 즉, 이제는 한 인간이 온전히 하느님의 자녀가 된다는 의미, 혹은 우리 자신의 존재자체가 '참 자기'가 되어, 그것이 바로 우주요, 진리 자체가 되는 것을 말한다.

정리해 본다면, 본질 지향적인 사람들은, 겉사람에서 속사람이 되어가는 과정을 끊임없이 단련해 나가는 명상적 태도를 가지며, 현실적 생활 속에서 충분히 행하면서도doing, 존재하는 것being 자체에 초점을 맞추는 삶을 살아간다. 경전에서 표현된 의미로 살펴보면, '하고 싶은 대로 하되 어긋나지 않음', '억지로 하는 것이 없되 할 일을 다 함', '만사에 걸리지 않는 생활'이 그 핵심이다. 즉 자유자재함 속에서 할 일을 다 하는 삶을 사는 사람들이라고 볼 수 있다.

제 Ⅱ 부

인간관계 안에서

41. 부모가 자기 인생을 살지 못하면, 그 빚은 자녀에게로!

부모와 자식은 서로가 서로를 도와주는 관계,
서로서로를 인격적으로 사랑하는 관계이면 정말 좋다.
이것은 가장 이상적인 관계일 것 같다.
서로가 서로의 한계를 이해하고,
서로를 사랑하며 도와주고 보살펴 준다는 것!

부모가 자기 인생을 살지 못하면 어떻게 될까! 부모가 스스로에게 닥친 현실적인 어려움, 심리적 갈등, 자신에게 닥친 여러 가지 문제를 지혜롭게 완화 또는 해결하지 못하거나 자기 욕구를 적절히 조절하지 못하면 어떻게 될까! 부모가 자기 몫의 삶을 누리지 못하면 어떻게 될까! 그리고 부모의 미해결된 내적 부분이 주변 가족이나 가까운 지인에게 전이되면 그들은 어떤 영향을 받을까! 이에 대한 자문자답은 우리가 부모로서 혹은 한 인간으로서 어떻게 살아가야 할지를 고려해보는 좋은 계기가 될 것이다.

모든 인간은 각자 자기의 행복과 권익, 자기실현과 성취감 등, 각자가 일궈내고 싶은 것들이 있다. 젊은 시절 한때 이상적인 생활에 대한 꿈이 있을 수 있고, 현실을 살아가기 위하여 필수적으로 갖추어야 할 꿈의 실현도 있을 수 있다. 그 꿈이 이상적이든 필수적이든 살아가면서 어느 정도 자기만의 몫에 해당하는 인생을 책임져야 한다. 한 인간으로서 가지는 사회적 욕구이든, 집안사정에 따라 내려오는 성공에 대한 욕구이든, 그 욕구는 다양한 색깔을 띠고 있겠지만, 하늘이 내려주신 달란트와 소명에 대한 몫은 누구에게나 있을 것이다. 그것은 부담스럽거나 괴로운 일로 생각할 수도 있지만 행복하고 기쁜 것이 될 수도 있다. 예컨대, 독수리가 날아야 하는 날개의 달란트가 있어서 마음껏 날아다니고, 지렁이가 기어야 하는 피부의 달란트가 있어서 항상 기어 다니는 것, 바로 그것이 그들의 몫이요 소명이라고나 할까! 그것을 불행스럽게 여길 것인가, 행복하게 여기며 살 것인가는 개인의 심리적 요인에 따라 다를 것이다. 만약 독수리가 지렁이처럼 기어야 하는 삶을 살아야 하고, 지렁이가 독수리처럼 날아야 하는 삶을 살아야 한다면 어떨까를 상상해보라. 자신이 스스로 책임져야 할 인생의 몫을 제대로 발현하지 못했을 때는 스스로에게 부채(빚)가 발생한다.

어떤 심리학자는 "자기 인생을 제대로 살지 못하는 사람은, 자기 영혼을 저당 잡히는 것과 같다."라고 표현했다. 이 말은 스스로 자기 삶을 제대로 살지 못할 때, 자기가 자기의 주인이 되지 못하여, 늘 그 영혼이 혼란스럽게 떠돌아다니고 누군가에게 맡겨지고 이끌려가게 된다는 의미로 해석된다. 즉, 수동적이고 의타적인 자세가 될 수밖에 없다는 뜻이다. 자신의 주체적인 삶을 통한 자기실현 후, 자연스럽게 향하는 타인행복을 위한 삶이 아니라, 무엇인가로부터 피치 못하게 이끌려가는 삶이 되지 않을까 싶다.

이러한 측면에서 부모가 자기 인생을 살지 못하게 될 때 스스로에 대한 빚은 누구에게로 갈까! 아마도 고스란히 자식들이 갚아야 할 빚이 되기 쉽다. 그러면 자식은 부모의 인생을 대신해야 할 막중한 책임(?)을 가질 수밖에 없다. 부모가 "우리는 이렇게 살았지만, 너희들이라도 그렇게 살지 말아야 한다. 그러기 위해서 너희들에게 최선을 다하여 헌신하는 것이다."라는 말을 한다고 하자. 이 말은 사실, 사랑하는 마음을 품은 채로 부모의 힘겨웠던 짐을 자식인 너희들은 지지 않고 살았으면 한다는 마음이지만, 실제로는 심리적으로 오히려 부채를 짊어지게 하는 점이 있지 않을까를 생각해 보아야 할 것이다. 또는 "너희는 너희 인생을 살아라. 우리는 이렇게 살아왔지만… "이라는 말을 한다고 하자. 이 말은, 표현 그 자체보다는 부모가 자신의 마음 안에서, 자식에게 자신의 인생을 좀 보상해줬으면 하는 욕구가 있는지 없는지를 우선 살펴보아야 할 필요가 있다. 그 말이 진정 자식을 위하는 말인지 혹은, 자신에게 독백하듯 읊조리는 한탄 비슷한 것인지를 체크해 볼 필요가 있다. 그 느낌은 그 말을 전달할 때의 당사자 혹은 상대방의 입장에서만이 정확하게 감지될 수 있을 것이다.

진실로, 부모가 자식의 인생을 위하여 빚을 떠넘기지 않으려면 부모는 부모 자신의 인생을 살아야 한다. 그러나 부모들은 또 그들 부모에 의하여 자신의 인생을 제대로 살지 못하였기 때문에 많은 미련이 남아있고, 때로는 한이 되어 있기도 하다. 그러면 거의 틀림없이 자식에게 대물림되어 그 인생의 일부를 빚으로 대물림시킨다. 핵심역동에 따라서는 이것이 좀 더 심각한 경우가 될 수도 있고, 다소 평범한 수준일 경우도 있다. 어떤 사람은 부모 자신의 핵심역동에 의하여 자녀에게 떠넘길 만한 빚이 없는 경우도 있다. 즉, 매우 성숙하고 건강한 부모일 경우, 자식과 적절한 교류를 하고 살아가면서 자식을 인격적 대상으로 사랑하면서도 분리된 관계를 가지는 경우이다. 아마도 이런 부모는 자기실현과 초월적인 삶의 철학이 생활에 스며들어 있을 것이다.

대부분의 부모는 평범한 한 인간으로서의 부모일 수밖에 없다. 이 말은 부모라는 그 자체의 근원적인 욕구만으로도 자식에게 애착될 수밖에 없고, 동일시 될 수밖에 없고, 모든 것을 헌신해 주고 싶은 마음도 어쩔 수는 없다. 자식의 입장에서도, 부모의 인생을 통해 자신의 미래를 보는 경우가 많다. 부모는 자식에게는 부부관계의 모델이기도 하고, 인간관계의 모델도 되고, 갈등상황에서 해결과정의 모델이 되기도 하고, 성취 성공의 모델이 되기도 한다. 어쩌면 부모의 인생은 자식의 살아있는 교과서일 것이다. 자식이 그 교과서를 잘 살펴볼 수 있는 능력이 없다면 그대로 대물림될 것이고, 관조능력이 있다면 그보다 더 좋은 성찰도구는 없을 것이다. 이것은 부모 자녀 모두 스스로의 미래를 개척하는데도 도움이 될 것이다.

정말이지 부모는 자식을 잘 키우기 위하여 우선 자신의 인생을 잘 살아야 한다. 그 무엇보다도 부모는 '한 인간으로서의 자기 자신'이 먼저 되어야 한다. '부모로서의 한 인간'이기 이전에 '자기 자신으로서의 한 인간'이 되어, 자신을 객관적으로 바라볼 수 있는 능력, 성찰하며 머무를 수 있는 능력, 외부의 상황에 걸림 없이 넘어갈 수 있는 능력 등이 갖추어져야 할 것이다. 이런 능력을 위하여서는 자주 아래와 같은 질문을 스스로에게 던져보며 노력해 보면 좋을 듯하다.

* 자신(자신의 선천적 기질과 환경의 상호작용에서 오는 핵심역동)을 제대로 이해하고, 객관적으로 자기라는 인격체를 바라볼 수 있는가!

* 바라보았다면, 자책이나 비판하지 않고 자신을 깊이 이해하고 너그럽게 수용할 수 있는가!

* 과거로부터 형성되어 온 자신을 이해하고 수용하였다면, 지금-여기에서 스스로가 원하는 것은 무엇이며 어떤 삶을 살기를 원하는가!

* 현재의 삶의 원함과 아울러, 궁극적으로는 삶의 가치를 어디에 두고 살고 있는가!

* 가치 있는 삶을 위하여 스스로는 지금-현재 무엇을 하고 있는가!

한마디로 자신에 대하여 깨어있으면서 자신을 바라볼 수 있는 능력을 길러야 한다. 우리는 마치 악마의 거미줄과 같은 내 외적인 덫에 걸려 넘어질 때가 너무나 많으므로, 항상 깨어있는 노력부터 하지않으면 안 될 것이다.

한 인간으로서의 '자기이해'에 대한 노력을 하지 않는 부모는, 자녀가 나름대로의 생각과 의견 등을 표명하면, 무지한 반응양식으로 박탈시키고 강압적으로 지배하고 비웃고 경시하는 경우가 있다. 부모가 스스로를 제대로 이해하고 수용하고 사랑한 경험을 가지지 못하였기 때문에, 자녀의 감정이나 생각을 제대로 이해하지 못하고, 이해하지 못하므로 수용할 수 없고, 수용하지 못하므로 그 자체를 믿음과 사랑으로 받아들일 수 없을 것이다. 즉, 이 모든 것은 부모가 '자신으로서의 한 인간'에 대한 성찰이 부족하고, 과거의 악습을 그대로 반복적으로 하고 있으며, 결국은 현실에 걸맞는 행동을 위한 통찰력이 부족한 것에서 문제가 된다고 보아야 한다.

물론 부모도 한 인간으로서 한계를 가질 수밖에 없고, 자식은 그 한계를 가진 부모를 보고 자랄 수밖에 없다. 이것은 평범하고 일반적인 보통사람들의 삶이기도 하다. 그러므로 한계를 가진 인간이라는 사실을 인정하면서 부모 자식 서로가 있는 그대로 이해하는 접근을 해야 할 것이다. 그러다보면 자식이 어느 정도 시간이 흘러 (대략 20대에 접어 들면서부터! 그 이전이라면 더 좋겠지만) 자신의 정체성이 올바르게 된다면, 오히려 자식이 부모를 분리하여 느끼는 시기가 올 것이다. 서로의 장단점에 대하여 걸리지 않고 한 인격체로 있는 그대로 이해하여 주는 태도를 가진다면 정말 좋을 것이다. 그렇게 되면 부모와 자식은 서로가 서로를 도와주는 관계, 서로를 사랑하며 부족한 면을 보살펴주는 사이가 되어 바람직한 관계가 될 것이다. 정말 이것은 가장 이상적인 관계이다.

서로가 서로를 사랑하고 도와주는 관계, 이것을 추상적으로 생각하지 않고 일상 안에서 구체적으로 행동한다면 어떤 것일까를 생각해 보자. 자식이 부모를, 혹은 부모가 자식을 잘 보살피고 도와주는 방법은 마음을 열고 솔직하게 대화를 나누는 것, 고통과 어려움이 있을 때 그 마음을 함께 하고 객관적인 입장에서 의논할 수 있는 관계, 그리고 평소에는 함께 격려하고 즐기고 나누는 관계, 행복하고 기쁜 것을 축하해주는 관계, 서로의 잘못된 부분을 발견하였을 때 인간적인 한계를 포용하고, 진심으로 아끼고 사랑하는 마음으로 고민하고 또 고민하면서 바람직한 방향을 조언하고 충고하는 관계, 더 이상의 좋은 길이 보이지 않을 때 서로 손을 잡는 마음으로 함께 하며 견디고 아파하면서 하늘의 때를 기다리는 관계 등... 많은 부분에서 고려해볼 수 있다. 그런 관계가 된다면, 이보다 더 소중한 것이 있을까!

부모가 자기 인생의 빚을 자녀에게 넘기고 싶은 사람은 없을 것이다. 부모-자식간에 인격적인 관계로서 서로를 대할 수 있다면 정말 최상의 바람직한 관계일 것이다. 그러기 위하여서는 무엇보다도 부모가 자신을 있는 그대로 보는 힘을 기르고, 있는 그대로의 자신을 사랑할 때, 자녀는 그런 부모를 대하기가 자연스럽고 부담 없고 행복한 느낌을 가지게 될 것이다. 사람은 생각하는 것과 행동하는 것이 일치하지 않는 경우가 많으므로, 이런 계기를 통하여 부모는 현재 자신의 언행이 신뢰롭게 보일만큼 일치되고 있는지를 점검해 보아야 할 것이다. 부모자식의 인연은 하늘이 준 관계라고 본다. 하늘이 준 관계이면서, 땅에서 복잡한 갈등을 일으키는 가장 밀접한 관계이기도 하다. 그러므로 땅에서 매인 것을 땅에서 풀어내는 과정은, 바로 하늘이 맺어준 인연의 의미, 즉 하늘의 뜻을 깨닫는 핵심 내용이 될 것이다.

42. "그냥 사는 대로 살지 뭐!"

"그냥 사는 대로 살지. 뭐!"하는 자세보다는,
자신의 삶에 대하여 진지한 자문을 구하는 것이 좋을 것이다.
마음에 와 닿는 경전의 글귀를 묵상한다든지,
삶의 여정에 도움 되는 독서나 명상을 하는 식의
'홀로'의 시간도 좋을 것이다.
또, 교육, 워크샵, 집단상담 등과 같은 건강한 프로그램을 통하여
'함께'의 시간도 좋을 것이다.
진정 참된 것은 우리를 자유롭게 한다.

대부분의 사람들은 그냥 나름대로 살아가는 방향으로 계속 살아가기 마련이다. 누가 가르쳐주지 않았으나, 미처 의식하기도 전에 가정 안에서의 습관적 행동, 풍습, 전통, 몸에 베인 관습 등에 의하여 자연스러울 만큼 학습되어 비슷한 방향으로 나아간다. 대체로 '그냥 그렇게 살아가는 삶'으로 살아갈 것이다. 이런 삶이 바람직한 경우도 있을 것이고 실로 문제가 되는 경우도 있을 것이다. 그 길이 옳은가 그른가 하는 기준은 사회문화에 따라서 틀릴 수 있고, 집안풍습마다 다를 수도 있는 등, 어느 누구라도 그것을 옳고 그름으로 판단하기는 어려울 것이다. 주변 구성원들과의 사랑스런 관계, 공동선을 향해 있는가 등이 관건이 될 것이나, 대체로 우리의 삶은 '관성의 법칙'에 의해서 그냥 가는 방향으로 굴러가는

것이 일반적이라고 본다. "진정으로 그것이 편한가!"라는 것은 또 다른 차원의 질문일 뿐, 본능적으로 우리의 상황은 그냥 사는 대로 살기를 지향한다고 생각된다.

가지 않은 곳을 가는 것은 불편하고 께름직하다. 사실이지 다른 길이 어떤 것인지도 잘 모른다. 호기심과 탐구심이 많은 사람은 가던 길이 지겨워서 다른 길을 찾기도 하지만, 그것은 잠깐일 뿐, 그 역시 살던 대로 사는 것이 편하다는 것을 느끼기도 한다. 설사 그것이 불편하다고 해도 '불편한 대로 사는 것이 다른 길을 택하는 모험보다는 낫다.'라는 생각이 드는 경우가 많을 것이다. 이것을 뛰어 넘으려는 사람들 중에, 한편에서는 특별한 생각과 행동으로 사회에서 큰 인정을 받거나 인류발전에 공헌하기도 하지만, 또 다른 한편에서는 사회 부적응 상태가 일어나고 현실교류능력에서 문제가 있는 사람으로 되어 가족들에게 상처를 주기도 하고 사회에서 소외당하기도 한다.

심리적 현상도 마찬가지다. 예컨대, 인정을 받고 자란 사람은 자신도 모르게 계속 인정받기를 원한다. 일정기간 동안의 인정은 삶의 대단한 원동력이 되고 성취할 수 있는 힘이 되지만, 인정받지 않아도 되는 시기의 원함은 차차 자신도 힘들고 주변인들도 다소 안타까운 심정이 되기도 한다. 당사자의 입장에서도 인정받고 살려니 너무 힘들어서 인정을 받지 않고 '그냥 되는대로 살고 싶다'고 의식적으로는 말할 수 있다. 하지만, 인정을 받지 못하고 사는 마음의 고됨보다 차라리 인정받기 위하여 노력하는 것이 더 편하다는 것을 느낀다. 몸이 힘들어도 완벽하게 일해야 하고 그 일을 통하여 인정받으려고 하는 것이다. 그 인정은 일종의 '생명력'이기 때문에, 인정이 오지 않으면 생명이 끊어지는 듯한 통증이 오는 것이다. '인정이라는 껍질만 벗겨버리면 편할 것인데! 이제는 인정받지 않아도 되는 나이인데! 그렇게 많이 성취했는데 또 계속하다니! 부담스럽다.'라고 사람들은 말하기도 한다. 하지만, 본인은 그 결과도 중요하지만, 인정받기 위한 행동 그 자체가 그의 삶의 형태였기 때문에 그 패턴을 바꾼다는 것이 말만큼 쉽지 않는 것이다. 정말이지 그건 쉽지 않다. '쉬어라!'는 말보다는 차라리 '힘들겠다!'라고 해 주는 편이 더 낫지 않을까 싶을 정도로, '쉼'이라는 것도 그리 쉽지 않다. 어쨌든 그러다보니 그냥 사는 대로 사는 것이다.

이럴 경우, 만약 열심히 무엇인가를 최선을 다하여 살아 왔는데 당연히 와야 하는 인정이 오지 않는다고 할 때, 당사자가 받는 허탈감과 억울함은 매우 클 수 있다. 그래서 다음에는 더 열심히 일을 한다. 인정받을 때까지 아주 열심히 일을 하는 것이다. 그리고 나서 인정이 오면 순간 좋은 것 같으나 몸이 부서지고(!) 인정이 오지 않으면 몸도 마음도 부서진다(!). 힘이 들 때는 '아, 이젠 그만해야겠다. 좀 쉬어야지! 이제는 절대 열심히 하지 않을 것이다.'라고 다짐을 한다. 하지만 그것은 마음 뿐 상대방이 나를 어떻게 볼 것인가에 초점이 맞춰진다. 예컨대, 상대방은 나의 열심히 하는 방식에 익숙해 있기 때문에, 일에서 손을 떼면 나를 '별 볼일 없는 사람'으로 취급할 것 같은 두려움도 오고, 실제로 "왜 저렇게 일을 안 하지? 왜 저러지?" 하면서 다소 의아해할 것 같고 존재감이 없는듯한 취급을 받을 것 같은 두려움도 있다.

만약 인정을 바라는 사람이 별다른 인정이 오지 않는 말("아… 그냥 보통 사람이구나! 저 사람 뭐 하는 사람이지? 잘 모르는 사람이야." 등)을 듣게 된다면, 정말 견디기 힘들다. 차라리 몸이 힘들더라도 더욱 더 열심히 잘해서

'역시 그러면 그렇지!' 하는 인정을 받는 편이 훨씬 좋은 것이다. 인정받지 못하는 것은 비난과 비판을 받는 것처럼, 존재감에 대한 문제로 동일시되어 정말 힘겨운 전쟁이 되는 것이다. 그러면 자연스럽게 그냥 주저앉는 것이다. 인정받기 위하여 힘겨운 내 고통이 따른다는 것을 깨달으려는 태도보다는, 인정받기 위한 노력 그 자체를 하는 것이 훨씬 더 빠른 방법이 되기 쉽다.

우리의 살아가는 일반적 형태에서 그냥 그대로 살아가는 듯하지만, 약간의 다른 세 종류가 있다. 첫째, 잘못된 것을 아예 인식하지도 못해서 그냥 그대로 사는 경우. 둘째, 뭔가 더 나은 방법이 없을까 하지만, 약간의 고민 속에서 구체적인 방법을 몰라서 그냥 그대로 사는 경우. 셋째, 잘못된 것도 인식하였고 더 나은 방법도 알겠으며, 동시에 현재의 생활방식에 대한 의구심을 가지면서도, 워낙 옛날 방식에 젖어서 새로운 의지를 내기가 힘들어 그대로 사는 경우이다.

아마도 첫째보다는 둘째가 조금 더 발전적이 될 것이고, 둘째보다는 셋째가 조금 더 나을 것 같지만, 행동이 변화하기 전에는 모두 비슷할 것이다. 옛날의 좋았던 방식은 더 현대적으로 맞추면서 계승시키고 발전시켜야 하겠지만, 잘못된 과거의 방식들은 매일매일 수행하듯 건강한 방식으로 노력해야 할 것이다. 기존의 문제가 되는 습관화된 방식을 그대로 사용하면, 그것 자체가 조건화되어 계속 한쪽 방향(문제가 되는 방향)으로 향하면서 더욱더 좋은 방식을 찾기 힘들어진다. 가속도가 붙어있는 구습은 그대로 굴러가고, 새로운 힘을 내어야 하는 방식은 한껏 노력해도 아주 적게 결과를 보는 듯이 느껴진다. 그래서 '뭐, 그냥 사는 대로 살지!' 라고 생각하며, 힘들어도 그냥 묻어서 지나가는 경우가 더 많은 것이다.

잘못된 옛날의 방식을 그대로 쓰는 사람들이 그에 대한 발전과 성장을 바란다면, 생활 속에서 늘 '자기의 상태를 있는 그대로 바라보기', 즉 '알아차리기' '직면' '맞닥뜨리기'가 필요하다. 물론 옛날의 방식을 쓸 수밖에 없는 사람들의 마음과 태도는 '충분히 공감하고 이해'해 주어야 한다. 그러나 바로 여기에 함정이 있다. '충분한 공감과 이해'를 하는 양식을 계속하면 그것 자체가 또 다른 의미의 조건화가 된다. 만약 그 행위를 지속적으로 누군가로부터 공감받는다고 하자. 특히 마음에 대한 공감만 해 주고, 현실적으로 무엇이 문제가 된다는 '직면'을 해 주지 않는다고 하자. 그렇게 될 때, 그 '공감'은 '나의 행위가 옳구나!' 혹은 '이런 방식을 쓰니까 이렇게 공감 받고 이해받는구나!'라고 받아들일 수 있다. 특히 자아기능이 아직 튼튼하지 못한 아동 청소년의 경우, 심지어 유아의 경우까지 '건강한 자아기능'의 형성은 대단히 중요하다. 공감만으로는 자아기능에 대한 판단을 해 줄 수 없기 때문에 이러한 형태의 반응은 오히려 문제가 될 수도 있다. 즉, '그냥 되는 대로 살지 뭐…' 하는 어른의 태도로 인하여, 아동 청소년의 현실적 자아기능의 성장을 방해하여, 스스로의 감정조절이 되지 않는 문제점까지 도래된다. 한마디로 그 공감과 이해 자체가 '자기행위의 정당화'라는 합리화 구실이 되기 때문이다. 그래서 직면 과정도 공감과 이해 못지않게 중요한 것이다. 불과 15-20개월이 된 유아도 조부모의 지나친 이해와 공감 때문에 버릇이 나빠져서 자신의 욕구를 통제시키는 엄마를 때리고 꼬집고 떼쓰고 주변 사람에게 함부로 대하는 행동습관이 TV 프로그램에 자주 등장하기도 한다.

상대방의 행위에 대하여 맞닥뜨리고 직면해 주기가 그리 쉬운 것만은 아니다. 그러다보니 대부분의 사람들은 그냥 살던 대로 산다. 왜냐하면 변화는 용기가 필요하며, 그 용기는 내면의 힘이 있어야 하고 고달프게 느껴지기 때문이다. 특히 마음속에 불안과 두려움이 많은 사람들은 그 불안을 방어하기 위한 철벽수비의 힘이 막강하다. 용기를 내는 힘보다는 방어의 힘이 훨씬 강하기 때문에 지지세력(타인들의 도움, 환경의 변화, 전문가의 도움 등)을 빌리지 않으면 임시방편적 수비를 위한 끝없는 힘의 투자를 통하여 지치고 힘들어지기 때문이다.

새로운 길을 가고자 하는 사람들에게는 더 많은 지지와 격려와 받쳐주는 힘이 필요하다. 성장의 에너지 때문에 힘든 것도 있지만, 사실상 퇴행의 에너지 때문에 힘든 것이다. 퇴행 쪽으로 에너지를 다 소진하여, 변화의 물꼬를 통한 성장 쪽의 에너지는 한계를 느끼는 것이다. 에너지의 전환은 '인식의 변화', 그것도 '강력한 사고의 변화'가 일어나야 하지만, 더 우선적으로는 '정서의 변화, 마음의 변화'부터 일어나야 하는 것이기 때문에, 마음을 잘 다스려 볼 수 있는 좋은 인연(사람이나 환경, 프로그램 등)을 만나야 할 것이다.

적극적으로 자신의 상태를 인식하고 나아가기 위한 작업은 꽤 힘겨운 여정이다. "그냥 사는 대로 살지. 뭐!"라고 하지만, 그 마음은 "나도 이렇게 살고 싶진 않지만, 더 이상 어떻게 해 볼 수 있는 힘이 모자라고 방법도 잘 모르겠어."라는 뜻이 내포되어 있다. "아, 되는대로 살지 뭐!"라고 하지만, "나 혼자 해 보려니 너무 힘들고 이제는 지쳤어. 그냥 어쩔 수 없는 것이 아닐까! 다른 길이 과연 있을까!"라는 뜻도 있다. 즉, 표현은 하지 못하지만, 다른 방법을 찾지 못하고 더 나은 기회를 얻지 못하였을 것이다. 다른 길이 있는 줄조차도 모르는 채 어려움을 호소하는 것이다. 그들도 변화를 바라지 않는 것은 결코 아니다. 표면적인 말은 그렇게 나오지만, 속마음은 좋은 방향으로 될 수 있기를 기대하고 바라는데 어떻게 해야 할지 아직 잘 모르는 마음이 있을 것이다. 사실 더 나은 방향에 대한 도움의 손길이 필요할 것이다.

"그냥 사는 대로 살지. 뭐!" 하는 자세보다는 자신의 삶에 대하여 진지한 자문을 구하는 것이 좋을 것이다. 마음에 와 닿는 경전의 글귀를 묵상한다든지, 삶의 여정에 대한 도움을 받는 여러 가지 독서를 하는 식의 '홀로'의 시간도 가지면 어떨까! 또 워크샵, 교육, 집단상담 등과 같은 건강한 프로그램을 통하여 '함께'의 시간도 좋을 것이다. 어떤 방향이든지 주저앉고 싶은 자신을 일깨울 수 있는 내면의 의지를 내는 것이 우선되어야 할 것이다. 이 의지는 수레바퀴처럼 굴러가는 쇠사슬 같은 잘못된 습을 끊어내는 약이 될 것이다. 진정 참된 것은 우리를 자유롭게 한다. 결코 우리의 욕구가 우리를 자유롭게 하지는 않는다. 그냥 되는대로 최선을 다하는 것만이 우리를 자유롭게 하지는 않는다.

스스로를 참된 방향으로 이끌어내기 위한 열망을 지녀야 한다. 내 미래를 위하여 내 자식을 위하여 내 가족을 위하여, 사회를 위하여, 이 세상의 공동선을 위하여, 희망적인 방향의 열망을 꼭 가져야 한다. 나의 변화는 나 자신은 물론, 나의 사랑하는 가족, 주변 분들을 희망으로 이끄는 수레바퀴 역할을 할 것이라는 믿음을 가지고, '그냥 되는대로 사는 것'이 아니라 '참된 것을 향한 열망', 그 아름다운 열망을 가져야 할 것이다.

43. “자식 키우는 사람은 함부로 남의 얘기를 할 수 없다.”

어느 누구도 완벽한 인간은 없다.
어느 부모도 자식 키우는 죄인의 입장에서 벗어나기란 결코 쉽지 않다.
이건 자존감의 문제라기보다는
한 인간으로서의 겸허한 시각이라고 생각한다.
하지만 또 새롭게 다짐해야 할 것이다.
자식은 내 몸을 빌어서 태어난 하늘의 선물이라는 것을,
자식은 부모의 사고 세계의 한계를 벗어난
무한한 가능성을 이미 지니고 태어났다는 것을,
자식은 엄마의 몸을 빌어 태어났을 뿐이지
부모의 소유는 아니라는 것을.
더욱 더 중요한 것은
내 자식만 자식이 아니라
모든 이 세상의 자녀들을 내 자식처럼 사랑해야 한다는 것을.

필자가 자주 들었던 어르신들 말씀이 있다. “자식 키우는 사람은 함부로 남의 얘기를 할 수 없다.” 어느 누구라도 자식의 앞날에 대해서 예측할 수 없다는, 어쩌면 부모로서의 겸손하면서도 두려워하는 말이기도 할 것이다. 또한 자식을 키우면서 부모의 모습이 자식에게 그대로 비춰지고,

그 모습이 마치 거울을 보듯, 그대로 유사성을 지니고 있다는 사실을 느끼기 때문이리라. 부모로서의 고통과 힘듦을 다소 적극적으로 표현하는 말들도 있다. '자식을 낳아 기르면서 부모도 철이 들기 시작하는 것 같다.' '자식을 낳지 않았으면서 남의 자식을 내 자식처럼 기르는 사람은 보통이 넘는 사람이다.' '자식 기르는 심정은 기르지 않으면 결코 알 수 없는 것들이 있다.' '자식 때문에 당하는 고통은 어떤 누구도 그 마음을 이해할 수 없다.'라는 등. 그만큼 자식 기르는 일이 힘들어 '도'를 닦는 수행적 태도를 지녀야 한다는 것을 뜻하지 싶다. 자식을 기르지는 않지만, 인류구원을 위한 훌륭한 수도자나 은수자(조용히 수도하면서 사는 사람)도 꽤나 많을 것인데 자기의 욕구와 끝없는 전쟁을 치러야하는 측면에서는 동일하지 않을까 싶다.

대체로 자식 키우는 사람은 말이나 마음씀씀이를 함부로 할 수 없을 정도로 '부모는 늘 죄인(?)'의 마음으로 살 경우가 많다. 그 어려움 때문에 남의 얘기를 함부로 하는 것이 조심스럽고 불안하고 힘들다는 것을 역설적으로 표현하곤 한다. 바로 몇 시간 며칠 앞에 닥칠 일이 아니라도, 수년 후 수십 년 후에 부딪칠 수 있는 자식의 여러 가지 상황을 생각한다면, 조금이라도 지각 있는 부모라면, 자식을 키우는 입장에서 함부로 남의 얘기를 한다는 것이 매우 어렵다는 것을 공감할 것이다.

부모가 '자식 키우는 사람은 함부로 남의 말을 할 수 없다는 심정'으로 마음씀씀이를 다듬어 가다보면, 한편에서는 할 말도 못하는 죄인 같지만, 다른 한편에서는 부모의 인격성장에 도움을 가져다준다. 부모가 자식으로 인하여 이런저런 수난(?)을 겪고 나면 상대방의 마음들을 속속들이 이해하게 되고, 잔잔한 일상사에서 부딪치는 어려움을 충분히 공감하게 된다. 또 곱게 자라 세상 물정 모르는 공주나 왕자에 속했던 사람들도 수용하면서 건강한 어른으로 커 나가게 조언도 해주고, 살아가면서 뜻하지 않게 발생 가능한 괴로움을 무난히 넘어가는 길도 터득하게 되는 등, 포용력을 넓히게 된다. 그리고 "난 괜찮아, 난 이만하면 돼! 하느님, 부처님, 예수님, 신, 이런 것들을 절대 믿을 필요 없어. 나만 꿋꿋하면 이 세상은 충분히 혼자서도 잘 살 수 있어!" 등의 자세로 자신만만하였던 '자아팽창' 상태에서, 겸손하고 숙연하게 '죄인으로서의 한 인간에 대한 통찰' '고통을 겪을 수밖에 없는 인간욕구의 한계' '하늘의 뜻' 등을 느끼는 겸허한 자세로의 변화를 맞이하게 되는 것이다.

'자식 키우는 사람이 남의 말을 함부로 할 수 없다.'는 마음을 가지게 되면, 쉽게 건네던 예사로운 것들이 꽤 진지하게 타인을 이해하고 사랑하는 중요한 계기도 된다. 또 앞으로 겪을 수 있는 일들에 대한 유비무한의 자세도 가지게 되고, 남들의 자식 키우는 얘기도 예사롭게 들리지 않으면서 '자기애自己愛'에서 벗어나서, '공동선共同善'의 자세로 넘어가는 경우도 있다.

사람들은 누군가가 행동을 올바르게 하지 않을 때, "자식 키우는 사람이 어찌 저럴 수가 있는가!"라는 말을 종종 한다. '자식 키우는 사람이!'라는 말은, 자식 키우는 사람은 정말 이것저것 생각해 보는 자세가 필요하다는 것이다. 어디 자식 키우는 사람뿐이랴! 인간 모두가 그렇지 않은가! 특히 '자식 키우는 사람'이라고 토를 다는 이유는, 그만큼 자식에게 부모의 정신상태가 그대로 세습된다는 확신 아래 하는 말이 아니겠는가. 자식의 훗날은 어떻게 될까를 염려하는 말이기도 할 것이다.

아이들의 심리상태를 분석 진단하여 부모들에게 생활지도를 조언해

주기 위한 '가족 집단상담' 같은 것을 경험하여 보면, 어찌 이렇게 부모와 아동들의 심리상태가 절묘하게 비슷하고, 그 고리가 잘 엮어져 있는지, 너무 놀랍고, 조심스럽고, 염려되고, 희망적이고, 고무적이 되는 등, 여러 가지 감정이 든다. 상담 장면에서는 아동의 심리진단내용을 학부모에게 알려야 하는 경우 마음이 아플 때가 꽤 있다. 그렇다고 정확한 진단 내용을 왜곡해서는 안 된다. 포장시켜 축소시키거나 확대하여 과잉걱정을 하게 해서는 안 된다. 있는 그대로 보여주게 되는 상황을 맞이하게 되는데, 이때 부모가 진정으로 노력하려고 하고, 스스로 자신을 깊이 성찰하려는 자세를 가진 부모라면, 정말 놀라울 정도로 아이의 변화를 가져오는 경우가 있다. 즉, 부모들이 어떻게 노력하는지에 따라서 아이의 변화를 느끼는 경우가 꽤 많다는 뜻이다. 부모의 노력만큼 자식의 변화가 있다는 것은 정말 희망적인 사실이다.

자식만 기르지 않는다면 그냥 되는대로 하고 싶은 말도, 자식을 키우니까 함부로 말할 수 없는 일들이 참 많다. 자신도 모르는 어떤 무의식적인 것이, 자식에게 어떤 형태로 영향이 미쳤을까 하는 것을 생각해 보면, 자신도 의식하지 못하는 자신의 모습 때문에 때로는 무서울 때가 많은 것이다. 단언컨대, 부모욕구의 투사체는 거의 대부분이 바로 자식이다. 자식은 부모의 피할 수 없는 완벽한 거울이기 때문에, 자식은 바로 부모의 가지요 열매이기도 하다. 즉 부모는 자식의 뿌리인 셈이다. 뿌리를 튼튼히 해 주면 다른 환경과 접목되면서 가지가 뻗게 되고 그에 대한 열매가 열리게 될 것이다. 다른 말로 하면, 우리는 자칫 뿌리를 튼튼히 하려고 하지 않고 가지와 열매를 큼직하게 맺으려고 노력하는 경우가 많다는 뜻이다. 뿌리가 되는 부모자신이 먼저 우선되지 않으면, 가지와 열매인 자식은 자연적으로 부실하게 되는 것이다.

또한 자식을 키우면서 지나치게 죄책감을 많이 느껴, 오히려 아이들에게 부담을 주고 아이들에게 해야 할 말을 하지 못하는 문제점을 가진 부모도 많다. 자식에 대한 불안 때문에 떳떳하게 자식을 자랑하고 칭찬해야 하는 일까지도, '아직은 몰라' '더 키워봐야 알지' '자식 키우는 사람은 함부로 말하면 안 돼!' 이런 식으로 지나치게 조심하고 두려워하는 것 역시 비례적이지 않는 것이다. 지나치게 과거나 미래에 얽매여 지금-여기의 현재의 행복과 기쁨을 두려워하는 것도 불행하기는 마찬가지이다. 우선 현재의 이 자리에서 있는 그대로 느끼는 자세가 중요할 것이다.

칭찬받고 인정받아야 할 시기를 놓치면 아쉽지 않겠는가! '너는 나중에 무엇 무엇이 될 것이다.' '넌 최고야!'라는 과업위주의 결론을 내기보다는 '너의 이러이러한 행동이 참 고맙다.' '너의 그런 말들이 믿음이 간다.' 등의 정서위주의 반응으로 엄마의 긍정적이고 부드러운 감정을 표현하면서, 아이를 있는 그대로 격려해주는 것도 필요할 것이다. '자식 키우는 사람 함부로 남의 말 못한다.'는 것 때문에 불안해하고 비례적이지 않을 수준으로 조심하는 것은 오히려 더욱 더 부모-자식 간의 정상적으로 오고가야 할 정서교류를 방해하게 될 것이다. 혹시 과거에 자식에게 잘못했다고 느끼는 부모가 깊이 반성한 후 지금 열심히 성찰하여 잘하고 있다면, 충분히 그 태도 자체가 용서받았을 것이므로 죄책감을 털어버리고 지금 이 자리에서 자식에게 비례적인 대처방식을 해 나가야 할 것이다.

우리가 스스로에게 솔직해지고 겸손해지고 마음공부에 대한 노력을 한다면, 인간 내면의 무한한 잠재적 요소 때문에, 인간은 누구나 다 한없이 발전 가능성이 있다는 사실을 꼭 인식할 필요가 있다. 희망적이라는 것을 믿는 자세도 중요하다. 아이들은 너무 맑아서 방어벽이 얇다. 너무나 방어가 되지 않아 문제가 되는 것도 꽤 있는데, 그것은 조금 컸을 때의 문제이고, 얇은 방어벽 때문에 상대방을 신뢰하는 믿음이 있다면 얼마든지 변화의 물꼬를 틀 수 있는 것이다.

어느 누구도 완벽한 인간은 없다. 어느 부모도 자식 키우는 죄인의 입장에서 벗어나기란 결코 쉽지 않다. 이건 자존감의 문제라기보다는 한 인간으로서의 겸허한 시각이라고 생각된다. 하지만 우리는 또 새롭게 다짐해야 할 것이다. 자식은 내 몸을 빌어서 태어난 하늘의 선물이라는 것을, 자식은 부모의 사고체계의 한계를 벗어난 무한한 가능성을 이미 지니고 태어났다는 것을, 자식은 엄마의 몸을 빌려 태어났을 뿐이지, 부모의 소유는 아니라는 것을. 더욱 더 중요한 것은 내 자식만 자식이 아니라 모든 이 세상의 자녀들을 내 자식처럼 사랑해야 한다는 것을.

이렇게 생각해 볼 때, 자식에 대하여 두려움과 불안을 덜 가져야 하는 이유는(인간적으로 이러한 감정을 가지지 않을 수는 없으므로), 자식은 하늘이 내려준 유기체이므로 하늘이 그 주인이요 부모이기 때문이지 않을까 싶다. 즉, 자식은 그저 하늘에 맡기는 마음으로 살면 되지 않을까 생각된다. 무한한 가능성이 있는 자녀를 불안하게 여기지 말고, 믿어주고 지켜봐주는 태도를 가진다면 부모 스스로와 자식들은 점점 더 성숙된 방향으로 변화를 경험하리라 확신한다.

44. "모든 것으로부터 자유롭고 싶다!"

우리의 모든 고통은 '나'라는 것이 실재함으로써 발생되는 것이다.
내 힘으로 무엇인가를 해 보려고 할 때는
애를 쓰게 되고 두렵고 불안하고 걱정이 되지만,
나의 존재가 느끼는 그 무엇을 알아차리면 서서히 달라질 것이다.
즉, 우리 자신의 실체를 서서히 알아가다 보면,
현실에서 할 일을 하면서도 힘들지 않는다는 느낌이 들 것이다.
뭔지 모르게 자유로워지게 될 것이다.

우리가 힘들고 고통스러울 때 자신도 모르게 읊조리는 말이 있다.

"모든 것으로부터 떠나고 싶다. 훌훌 자유롭고 싶다!"

누가 가르쳐준 것도 아니고 어디서 외운 글귀가 아니더라도 저절로 나의 내면에서 우러나오는 말이다. 특히 원하는 일이 잘 풀리지 않거나, 예상치도 못한 일이 닥치거나, 부담스럽고 힘겨운 일들이 지속적으로 다가올 때는 더욱 더 그럴 것이다.

"아, 모든 것으로부터 자유롭고 싶다!"

과연 우리는 무엇으로부터 자유롭고 싶은 것일까! 도대체 우리는 무엇으로부터 자유를 갈망하기에, 이렇게 누가 가르쳐준 것이 아니라도 마치 저 깊은 심연의 울림과 같은 말이 저절로 튀어나올까! 그것이 무엇인지는 몰라도 우리는 어쨌든 모든 것으로부터 떠나고 싶은, 자유롭고 싶은 갈망을 가지고 있는 것은 사실이다.

대체 무엇으로부터 자유롭고 싶다는 말일까를 한번쯤 고심해 볼 필요가 있을 것 같다. 그것을 곰곰이 생각해 보면 선각자들의 깨우침을 엿볼 기회가 주어지고 그곳에 빛이 있다는 느낌이 있다. 즉, 우리보다 앞선 선각자들의 깨우침의 유사한 핵심이 감지된다. 결론부터 이야기하자면 자유롭기 위해서는 '나' '나의 것'이라고 이름 하는 것들에서 해방되어야 함을 가르치고 있다. 나의 재산, 나의 자식, 나의 물건, 나의 욕구, 나의 감정, 나의 배우자 등, 무수한 '나의 것'은 바로 '나'를 옭아매는 핵심적 고통이라는 사실을 알려주고 있다. 참으로 이것은 위대한 진실인 것 같다. 물론 나의 것으로부터 자유로워진다는 것이 가능할 것인가라는 의구심도 들 것이다. 하지만 '나의 것'에 대한 집착으로부터 서서히 벗어나게 되면 자신도 모르게 편안해지는 느낌을 상상으로라도 해 본다면, 한발 앞서가는 깨달음의 내용을 가늠해 볼 수 있을 것이다.

그렇다. '나', '나의 것'이라는 것, '내 것'이라고 하는 것이 이 세상에 과연 있을까! 모든 물질은 생주이멸生住異滅의 과정을 치른다. 생겨나서 머물다가 다른 형태로 변해서 사라지는 과정을 말한다. 어떤 물질도 항상 존재하는 것은 없고, 어떤 상황도 변하지 않는 것은 없다. 불교 교리에서의 핵심사상인 무아無我 무상無常이다. 태어난 모든 것은 사라지게 되어 있고 그 사라진 것은 또 다른 무엇인가를 위한 거름이 된다. 이것은 자연의 모든 유기체에 해당하는 진리다. 우리 주변의 식물들을 보라. 아무것도 없는 것 같은 땅에서 봄이 되면 파릇파릇 생겨나고, 여름과 가을에 접어들면서 자라고 꽃이 피고 열매를 맺는, 즉 머물다가 변해가는 과정을 겪는다. 그러다가 겨울이 되면 다시 모든 것이 사라지는 듯 보이지 않는다. 하지만 또다시 새로운 생주이멸의 과정을 겪는다.

이렇게 끝없이 순환되는 과정은 바깥 대상, 즉 외부물질에만 있는 것이 아닐 것이다. '나'라는 육체에도 똑같이 적용되는 것이다. 즉, '나의 육체'라는 것은 생물학적으로는 몇몇의 화학 물질로 이루어진 것이고, 이 물질은 여느 대상과 다름없이 생주이멸의 과정을 거치는 것이나. 결국 '나'라고 이름하는 육체 역시, 태어나 자라고 꽃이 피고 열매를 맺는 청소년 성인기를 거쳐, 잎이 떨어지고 거름이 되는 노년기에 접어들어 사라지는, 그냥 다른 모든 물질과 다름없이 자연적인 순환을 겪게 되어 있는 것이다. 결코 영원히 머무는 것은 없는 것이다.

우리의 모든 정서, 느낌, 감정, 마음 등은 대상을 통해서 나타나는 하나의 정신적 현상이다. 그 마음 자체도 영원하지는 않다. 오늘의 이 마음이 내일은 저 마음이 되고, 오늘의 이 감정이 내일은 저 감정이 된다. 즉 계속 변화된다. 거짓말처럼 오늘의 것들이 내일이 되면 달라지는 것은 많다. 어느 것도 변하지 않는 것은 없다. 또한 나의 것과 너의 것이 구별되는 것일까? 나와 너가 떨어져 있는 것일까? 대상이 없는 '나'는 있을 수가 없는 것이다. 즉, '너'라는 개념이 있기 때문에 '나'라는 것이 있는 것이다. '나' '너'라는 편의상의 구분이지, 실제적으로는 '너'가 없으면 '나'라는 것은 없고, '나'라는 것이 없으면 '너'라는 것이 없을 것이다. 즉, 이것 또한 구분될 수 없는 하나의 동일체가 아닐까!

혹자는 이런 내용들이 다소 허황된 것 같고, 현실적이지 않는 것처럼 느껴져 마음에 와 닿지 않을지는 모르겠다. 또 다른 이는 '아, 조금 알다가도 모르겠는데!'라고 고개를 갸우뚱할지 모르겠다. 하지만, 정말 자유롭고 싶은 마음이 있다면 한번쯤은 이런 개념을 숙고하면 좋을 것이고, 어려움이 닥치기 전에 이런 내용에 대한 관심을 가진다면 더 도움이 될 것이다. 살아가면서, 구별하지 말아야 할 것을 구별하는 마음 때문에, 강박증적인 집착으로 인한 고통이 얼마나 큰가를 느껴보자. 즉, 무지無知로 인한 '나'의 것에 대한 집착이, 인생 전반의 문제 원인이라는 점을 생각해 본다면, 참으로 중요하게 고려해 보아야 할 내용이지 않을까 싶다.

'나' '나의 것'에 대한 이러한 논제는 좀 더 깊은 논리적 설명과 감성적 깊이가 한층 요구되는 것이라고 보는데, 만약 좀 더 충분한 개념학습과 경험을 하고 싶은 마음이 든다면, 고결한 영혼의 성장을 위하여 매우 고무적인 일이라고 본다. 어쨌든, '나'라고 이름하는 것들로부터 해방되기 위해서는, '나' 라고 이름 하는 것들이 실재하지 않는다는 것을 개념적으로라도 인식할 필요가 있다.

살아가면서 때때로 우리 힘으로 어떻게 해 볼 수 없는 것들에 봉착할 때가 있다. 내 힘으로 무엇을 해 보겠다고 아등바등 부담과 힘겨움을 느끼면서 처리하려고 애를 쓴다. 무사히 해결될 때도 있지만 때로는 최선을 다하였지만, 더 이상 내 힘으로는 어떻게 해 볼 수 없는 한계를 맞이할 때도 있다. 내 힘의 한계를 느꼈을 때, 있는 그대로의 한계와 상황을 차분하게 인정하고 받아들이게 되면 오히려 마음이 편해지고 가벼워지는 경험을 할 수 있다. 바로 그때 또 놀라운 새로운 전환점이 생겨난다는 것도 체험적으로 느꼈을 분도 있을 것이다. '나'가 할 수 있는 데까지 다 한 후, 결과는 하늘의 몫으로 돌리는 느낌이라고 할까! 이제는 할 만큼 했다는 느낌으로 내려놓고 비워놓는 상태에서 오는 편안함이라 할까! 결과에 관계없이 그냥 하늘의 순리에 맡기는 것이라고나 할까!

집단 심리치료의 경험을 하게 되면, “저의 힘으로 변화시킬 수 있는 것들은 변화시킬 수 있는 용기를 주시고, 저의 힘으로 변화시킬 수 없는 것들은 있는 그대로 받아들일 수 있는 평온함을 주시고, 그리고 간절히 바라옵건데 변화시킬 수 있는 것과 없는 것의 차이를 알게 하는 지혜를 주십시오.”라는 기도문을 떠올리게 된다. 이 내용은 우리에게 성장 방향의 핵심을 안내해 주는 듯하다. 물론 최선을 다하지 않고 ‘나의 힘으로는 어떻게 해 볼 수 없다. 그냥 이대로 살수 밖에 없다! 다 그런 거지 뭐!’라는 식의 피학증적인 심리상태를 마치 ‘마음 비운 상태’인 것처럼 착각하는 것은 오산이다. ‘자기기만’은 자신의 성장에 큰 걸림돌이 될 것이므로 자기를 솔직하게 바라보려고 노력하는 자세부터 길러야 할 것이다.

가장 높은 형태의 자기제이는 자기를 내어줄 수 있는 능력이라고 본다. 아마도 그것은 가장 높은 형태의 자유이며, 구체적으로 내어줄 수 있다면 그것은 완전한 자유행위라고 보아야 할 것이다. 아마도 이런 진정한 자유를 맛보았던 분들이 바로 부처님과 예수님 같은 위대한 성인이 아닐까 여겨진다. 자기를 내어 던질 수 있는 사람은 자유로운 사람이다. 자기를 놓아버린다는 것은, 자기를 아무렇게나 취급한다는 뜻이 아니다. 우선적으로는, ‘자기’라고 일컫는 것에 대한, 있는 그대로의 자기존재를 드러낸다는 뜻이다. 그것이 좋고 나쁘고 옳고 그르고 등의 판단을 앞세워 드러내는 것이 아니라, ‘나’라는 존재가 ‘이러이러하게 느꼈다’라는 ‘변화하는 자기 존재의 상태’를 내어 놓을 뿐이다. ‘고착된 나’를 자신으로 보는 것이 아니라, ‘변화하는 자기’를 있는 그대로 인정하며 바라본다는 것이다. 바라보고 있는그대로 내어 놓는다는 것은 흐름에 순응한다는 뜻이기도 하다. 흐름은 물결과 같은 것으로 과정일 뿐이다. 물이 졸졸 흐르지 않고 고여서 병충해가 발생되는 웅덩이가 아니라, 변화를 드러내는 과정은 흐르면서 맑아지는 샘물과 같은 것이다. '드러낸다'는 것은 존재하는 자기 모습을 꽃이 햇볕 속에서 피어나듯 가식 없이 보여주는 것이다. 즉 변화의 과정을 창조적인 아름다움으로 바라보고 기쁘게 느끼며 사는 것이다. 아마도 이것이 진정한 자존감이 될 것이다.

우리가 자신을 드러내지 못하는 이유는 '나'가 판단받기 싫어서, 틀릴까 싫어서, 사랑과 인정을 받지 못할까봐 두려워서 등이 될 것이다. 이 모든 것은 '나'의 존재에 대한 무지無知로부터 출발한다. '나'라는 실체는 나의 존재가 '느끼는' 정도일 뿐이며, 느끼는 정도가 어떠하냐에 따라서 나의 크기는 달라질 것이다. '나'라는 실체는 변화과정의 한 파도일 뿐이지, 고정된 물질이 아닌 것이다. 그냥 변화하는 한 유기체이다. 고착된 자기가 아니라, 흐름 속에 있는 존재가 바로 '나'라는 것이다. '지금 이 순간 느끼는 것'이 바로 '지금 이 순간의 나'가 되는 깃이다. '어제의 나'와 '오늘의 나'는 다르며, '1분 전의 나'와 '지금 바로 이 순간의 나'는 다른 것이다.

정리해 보건데, 우리의 모든 고통은 '나'라는 것이 실재함으로써 발생되는 것이다. '나'라는 것이 실재하는 한, 고통은 멈출 수는 없다. 고통이 있다 할지라도 자신을 방어하며 자유롭다고 말할지는 모르겠지만, 자신의 본마음과 잘 만나보면, 결코 자유롭지는 않을 것이다. 차라리 솔직하게 자신의 상태를 있는 그대로 바라보고 인정하는 것이 더 나을 것이다. 어쨌든 우리는 자유롭고 싶다. 그렇다. '나'로 부터, '내 것'으로부터 자유로워질 수 있다는 것이 너무나 먼 숙제처럼 느껴질 수 있다. '현재의 자신'을 진솔하게 있는그대로 느껴보자. '나의 존재가 느끼는 그 무엇'을 판단 없이 소중한 마음으로 알아차리면 서서히 달라질 것이다. 즉 우리 자신의 실체를 서서히 알아가다 보면, 무엇인가 모르게 할 일을 하면서도 힘들지 않는다는 느낌이 들 것이다. 뭔가 모르게 자유롭다는 느낌을 조용히 음미할 수 있을 것이다.

45. 소유하는 사랑과 내어주는 사랑

주는 사랑은 결코 비워지지 않는다.
그것은 무한한 것이며,
내어주는 손으로 다시 받는다는 중요한 진리를 깨닫는다면,
참으로 평화로운 삶을 누릴 것 같다.
그렇다. 우리는 무엇을 찾느라고,
즉 소유하기 위하여 인생의 너무 많은 시간을 보낸다.
과연 그 소유는 나를 언제까지 배부르게 할까!
내어주면서 비워두어야 더욱 더 참된 것이 들어 올 수 있는데 말이다.
그 참된 것이 비로소 나를 채우는데 말이다.

사랑에는 두 얼굴이 있는 것 같다. '나'를 위한 사랑과 '너'를 위한 사랑, 즉 소유하는 사랑과 내어주는 사랑이다. 물론 두 얼굴 사이에 갈등하는 상황이라서 양쪽의 사랑을 내포하는 경우도 있을 것이다. 대체로 사랑의 참된 의미는 관심과 배려심을 가지고 상대방과 소통하며 존중해 주는, 내어주는 사랑을 말할 것이다. 어떤 사람이 사랑한다고 말을 하면서 상대방과 소통하지 않고 자기중심적으로 관계와 일을 주도해 나갈 때, 그러면서 '당신을 위해서'라고 말을 할 때, 상대방 입장에서는 그것을 그대로 느끼기는 쉽지 않을 것이다. 그것은 소유욕이 내포된 사랑(!)이라는 느낌 때문이다. 아직 자신의 욕구와 의도에 더 집착되어 있고 무엇인가를 더

갈망해야 하는 상황일 것이다. 집착과 갈망은 귀를 막고 눈을 감게 한다. 그리고 마음의 문을 닫아 신뢰를 잃어버리고 새로운 관계, 생산적인 모험에 나가지 못하게 한다.

소유하는 사랑은 상대에 대한 열린 마음이 부족하다. 소유하고자 하는 욕망이 가득한 자기 마음이 있을 뿐이다. 그럴 수밖에 없는 사정이 있겠지만, 이것은 사실상 타인에게는 밀힐 깃도 없지만 스스로에게도 황폐한 공허함을 초래하는 적이라고 볼 수 있다. 소유하려고 하는 나의 마음 속에는 다른 것이 들어올 자리가 없다. 내 안에 온갖 것들이 난무하고 한시도 평화롭지 못할 만큼 안에서 복닥거린다. 아직은 목마르기 때문이다. 소유하고픈 것들이 많다는 것이다. 소유하면 배가 불러 좀 괜찮을 것 같지만, 사실상 소유하면 할수록 더욱 더 갈망하게 되는 악순환을 거듭하게 된다. 당사자도 그러고 싶어서 하는 것은 아닐 것이다. 하지만 마음은 점점 더 힘들게 될 것이다.

물론 너무 배가 고프면 일단은 조금 먹을 필요는 있을 것이다. 즉 채워지지 않는 것들로 인하여 피해의식이나 자격지심과 같은 열등감 속에 헤맬 때는, 하늘이 내려준 달란트를 개발하기 위한 에너지를 얻는다는 의미에서 좀 채워야 하는 시간이 필요할 것이다. 그러나 어느 정도 현실에 걸맞은 채움이 되었을 경우에는, 필요 이상의 갈망은 그로 인한 자기 내면의 욕구일 뿐이지, '지금 여기'에서의 요구는 아닌 것이다. 현실에 필요한 것 이상으로 소유하려는 과도한 노력은, 스스로의 집착과 갈망에서 오는 것이 대부분이므로 이것은 결국 자기 자신에게 힘듦과 부담감을 안겨주는 주범이 된다. 그러나 그 필요 이상의 노력의 대가를 내어주는 사랑으로 전환할 때, 그 노력은 내부의 갈망과 집착 그 자체가 목적이 아니므로 스스로 편안함과 안정감을 느끼게 될 것이다. 바로 이 점이 중요하다. 어디까지 '소유해야' 할 정도인지를 아는 것, 어느 시점이 '내어줘야' 하는 가를 알아차리는 것! 자신의 마음을 정직하게 살펴볼 때 그 마음 안에 답이 있을 것이다.

우리는 어느 정도 채워졌다 싶으면 자신을 점검해 볼 필요가 있다. 현재의 필요 이상의 열매를 원하는 이유는 무엇일까를 스스로에게 자문해야 할 것이다. 더 소유하려는 것인가! 내어주려는 것인가! 이러한 자문을 통하여 자기 내면의 목소리를 들어보자. 예컨대, 그 필요함이 '돈'이라고 하자. 그러면, "아, 나는 자식들의 장래와 노후를 위하여 돈이 더 필요해! 나는 계속 안정을 취하기 위하여 더 벌어야 해!"라는 목소리도 들릴 것이고, "아냐, 사실 지금 나는 더 이상의 재산은 필요하지 않아. 이 정도면 충분해. 그건 나의 불안 때문이지."라는 목소리도 들릴 것이다. 그저 솔직해져야 할 뿐이다. 전자라면 아직은 소유에 초점이 있을 것이고, 후자라면 내어주는 것으로 전환하고자 하는 마음이 있을 것이다. 어쩌면 이런 생각도 날 것이다. '실제적으로는 이 정도만 해도 죽을 때까지 노후자금으로는 충분해! 만약 돈을 더 번다면 나보다는 남들을 위해 뜻 깊은 무엇인가를 하고 싶은데!' 등과 같은…. 그 어느 쪽이라도 자신을 속이지 않고 정직해질 때 삶의 지혜가 나오는 계기를 마련할 것이다.

만약 이러한 자문 없이 끝없이 배고팠을 때 먹어야했던 방식대로 채우기만을 위한 노력을 한다면, 과거의 '허기진 감정'을 습관적으로 느끼는 조건화된 감정양식, 즉 정신역동에 의한 무의식적인 행동패턴일 뿐이다. 이렇게 될 때 가장 힘든 것은 바로 스스로의 알 수 없는 불안이다. 사실상 그것은 나의 근본적인 적이다. 원죄와 같은 것. 나의 적은 다른 곳에 있지 않다. 바로 나의 내면의 아이 같은 심정인 것이다. 그 마음을 투사시키면 여러 가지 외부의 이유를 말하기 쉽다. "앞으로 살아가기가 만만찮기 때문에!" "상대방의 어떠어떠한 면 때문에" "이렇게 하지 않으면 누가 나를 지켜 줄 것인가!" 등, 여러 가지 이야기가 오고 갈 것이다. 좀 더 심하게 되면, 자신내면의 적을 상대방이 적인 것처럼 느끼면서 적개심을 투사시킨다. "당신이 이것을 하지 않았잖아요! 당신이 제대로 했다면 내가 이렇게 신경질을 내겠어요!" "너가 이러이러해서 내가 화가 난 거야." "그런 식으로 말하니까 내가 성질이 났잖아!" 등, 수없는 탓을 일삼는다. 이것은 모두 내가 무엇인가를 소유하고자 하는 마음에서부터, 그 마음을 '사랑'이라고 착각하는 것에서부터 출발된 악순환일 뿐이다.

정말 그 적은 우리의 가슴 속에 묻혀있을 뿐이다. 만약 이 적을 끊임없이 상대에게 투사시켜 상대방 때문이라고 한다면, 우리는 그들을 피하고 싶은 마음이 든다. 아마도 그냥 피하면 된다고 느낄 것이다. 그래서 피하려고 노력할 것이다. 그리고 신경 쓰지 않으면 된다고 생각할 것이다. 하지만 서서히 느껴가게 된다. 바로 그런 것들이 가족 안에서도 같은 방식으로 일어날 수 있다는 것을. 가족관계에서는 피할 수도 없고 해결할 수도 없어서 고통이 따르기 시작한다. 차라리 그 고통은 필히 '우리 안의 어떤 것을 보아라.'는 신호로 받아들이면 '진정한 사랑'을 위한 첫 관문에 들어간 것이다. 그러나 타인과의 관계에서는 피해버리기 때문에, 고통이 따르기 전에는 상대방의 탓으로 귀착시키고 끝내어버리는 식으로 되기 일쑤다.

사실, 소유하려는 욕망을 가지지 않는 사람이 어디 있을까, 내어주려는 사랑을 하기가 과연 쉬운가! 하지만, 삶의 격랑 속에서 혹은 소리없는 내면의 원함에서, 이런 욕망들이 나의 적이라는 것을 알게 되었다고 하자. 그 적이 내 안에 있다는 것을 잠시 혹은 깊이 인지하였다고 하자. 그렇다면, 이 적을 어떻게 처리해야 하는가에 대한 문제에 봉착된다.

"당신이 적과 원수를 사랑할 수 없다면 적어도 그들을 피하지 않도록 노력할 필요가 있다. 사랑하는 자는 그러해야 한다. 우리는 그 적과 싸워야 한다. 그런데 싸워야 하는 대상은 사람이 아니라, 그 악이다. 원수라도 사람은 사랑해야 한다. 인간이 원수가 될 수 있지만, 그가 곧 악은 아니기 때문이다. 싸워야 하는 대상은, 악의惡意, 생각의 형태로 늘 우리 삶에 들어오는 유혹, 뿌리박힌 나쁜 습관, 교만, 태만, 게으름 등이다."(곽승룡, 2008)

우리의 삶에는 하루가 멀다 하고 수많은 유혹이 자리 잡고 있다. 다양한 정보와 매체를 통하여 걸러지지 않는 유혹들이 난무하고, 그것을 가려내야 하는 것은 바로 우리 자신의 지성이다. 그리고 몸에 밴 나쁜 습관, 교만, 태만, 게으름 등 수많은 습들은 우리를 힘들게 한다. 그것을 채우게끔 주변이 도와주지 않는다고 다른 사람을 미워하기 쉽지만, 그것을 채우거나 똑바르게 하고자 하는 내면의 습들이 바로 우리의 적인 것이다. 끊임없이 소유하고자 하는 마음 때문이다. 상대방의 어떤 면들이 나에게 모자란다고 느끼는 것은, 나에게 맞추어 주었으면 하는 나의 욕구 때문이다. 내가 기대하는 그 모든 것들을 채우기 위하여 바쁘게 움직이고 있다면, 그것은 바로 소유하려는 '자기애적 사랑'을 위한, 결코 채워지지 않을 항아리에 물을 담는 셈이 될 것 같다.

우리의 내면에 있는 많은 채워야 하는 것들을 살펴보면서, 적어도 그것이 상대방에게 넘어가지 않도록 똑바로 바라보거나, 상대를 향하여 내어

주는 사랑을 할 수 있다면 아마도 참 행복하고 아름다운 삶을 살게 될 것이다.

혹자는 "난, 최선을 다했다. 그러므로 이 결실의 기쁨은 당연히 내가 누릴 수 있는 권리가 있다. 결실은 전적으로 나의 노력과 능력 덕택이다." 라고 생각하고 말하는 사람도 있다. 그러나 우리 주변에는 최선을 다해도 그 결실의 기쁨을 맛보지 못하는 수많은 사람들이 있다. 또 최선을 다하지 않아도 어떤 뜻밖의(!) 결실을 맛보는 사람도 있다. 어떻게 해석할 수 있을까! 우리는 인간의 사고 범위를 넘어선, 우리의 한계를 넘어선 어떤 것이 있다는 것에 주목해야 한다. 연세 드신 어르신들이 가끔 하시는 말씀 중에 "그냥 내가 할 수 있는 데까지 하고 사는 거야! 하늘이 주는 대로 사는 거지 뭐! 너무 아등바등 살 것 없어. 젊었을 때는 멋도 모르고 그렇게 살았는데 살아보니 그것이 전부가 아냐!"라는 이야기를 하신다. 이것은 인간의 능력과 사고 등의 한계에 대한 나름대로의 철학이 드러나는 말처럼 느껴진다. 한번쯤 생각해 보아야 하는 내용이다.

"나로서는 최선을 다했다. 그러나 그 결실은 하느님의 몫이다."라는 마음으로, 결실에 고개 숙이고 겸손하게 자신을 낮추는 사세는 참 편안해 보인다. 그럼으로써 자연스럽게 내어주는 마음을 가질 수 있다면, 그것은 더욱 더 고결해 보이고 겸허한 인격이 엿보인다. 내어주는 사랑은 결코 비워지지 않는다. 그것은 무한한 것이며, 내어주는 손으로 다시 받는다는 중요한 진리를 깨닫는다면, 참으로 평화로운 삶을 누릴 것 같다.

토머스 머튼 신부님의 영적일기(2009)의 한 글이다. "변덕이 심한 나의 욕구를 채우려고, 무엇인가를 찾느라고 오늘은 시간을 다 보냈다. 외부를 좀 차단하고, 빗장을 좀 잠갔어야 했는데, 나의 내면의 문을 좀 열었어야 했는데, 성령이 들어오도록 좀 비웠어야 했는데!"

우리는 무엇을 찾느라고, 즉 소유하기 위하여 인생의 너무 많은 시간을 보낸다. 과연 그 소유는 나를 언제까지 배부르게 할까! 내어주면서 비워두어야 더욱 더 참된 것이 들어올 수 있지 않겠는가. 비우면서 마음이 찬 듯하고 평화로워지는 느낌을 통하여, 비로소 참된 것이 나를 채우는데 말이다. 결국, 내어줄 때 다시 참된 것이 들어온다는, 너무나 평범한 진리를 다시 한 번 새겨본다.

46. 어떻게 하면 스트레스를 덜 받을 것인가!

"상대방을 탓하거나 비난하는 것을 우선 중지하세요!
상대방의 변화를 바라는 것 보다는 내 마음의 안정을 먼저 도모해야 합니다.
우리 마음자체를 우선적으로 위로받고 이해받고 공감 받아야 합니다.
아울러 이 모든 과정을 삶의 보편적인 현상으로 생각하면 어떨까요.
너무 심각하게 빠지지 않도록 조심하세요! 어깨를 잠시 빌려야만 합니다.
누군가에라도 편한 대상에게 수다를 떨듯 이야기하세요.
우리는 공동선을 향하여 함께 살아가는 생명의 사슬들이니까요.
이렇게 감정적으로 우선 평정심을 가지게 된 후,
이성적인 판단을 해야 합니다.
천천히 하세요.
마음의 준비가 되지 않았다면 그냥 조금 시간을 가지세요!
설령이 좀 악화되었나면, 직접 밀힐 것인가! 하지 않아야 할 것인가!
그러면 어떻게 해야 할 것인가! 등에 대한 판단을 해야 할 것입니다."

사람들은 스트레스를 덜 받는 방법이 없을까 라고 고민하는 가운데 이러저런 방법들을 다양하게 이야기하곤 한다. 기존의 각종 연구들을 정리해보면 대체로 다섯 가지 정도이다. 1) 스스로의 자존감이 있어야 한다. 2) 긍정적인 사고를 해야 한다. 3) 자신감과 적극적인 사고를 해야 한다. 4) 자기실현을 위하여 최선을 다한다. 5) 지금 이 순간에 만족해야 한다. 이런 내용들을 하나하나 잘 의식하고 실천하면 분명히 도움이 되지만, 몸에 배이지 않는 경우에는 그냥 말이고 개념일뿐이다. 가끔 어떤 외부자극에 의하여 힘겨운 마음(?)이 올라오면, 이렇게 좋은 내용들은 어디로 갔는지 없어져 버리고, 놀랍게도 재빨리 미궁 속으로 빠져 들어가고, 다시 스트레스를 받게 되는 경험을 하였을 것이다. 즉, 외부 대상에 대한 스트레스가 우리내면에 닥치면, 그 좋은 방법들이 일시에 날아가 버릴 만큼 스트레스의 위력은 크다는 뜻이다. 하지만 마음의 위력 또한 대단하다. 한 마음으로 최상의 평가를 하였던 좋은 글귀들이 하얗게 되어 버리고, 또 한 마음 덕분에 고통이 일시에 밝게 되는 경우도 있다. 마치 스위치 같은…. 결국, 마음의 위력이 크다면 일상에서 닥치는 스트레스에 잘 대처하고 넘길 수 있을 것이다.

그런데 이 '마음'이라는 것을 제대로 포착할 수 없을 때는, 도대체 이 마음을 만질 수도 없고, 잡을 수도 없고, 알 수도 없으니 얼마나 답답한 일인가! 더욱이 '내 마음을 나도 모르니 내 마음을 어떻게 평온하게 가질 것인가!' 하고 되물을 수밖에 없는 것이다. 또 나도 모르는 내 마음을 누구에게 알아달라고 할 것인가!

사람들은 '외부의 압력' '외부의 사건' 자체 때문에 자신이 스트레스를 받는다고 생각한다. 살아가다 보면 사실 외부의 상황이 나의 마음용량을 초과할 정도로 감당할 수 없는 경우는 허다하다. 관계하지 않을 수도 피할 수도 없고, 그렇다고 마음 가는대로 다 말할 수도 없는 상황은 빈번하다. 특히 그 대상이 윗사람 혹은 이해관계가 얽힌 중요한 대상이거나, 상황 그 자체로 힘든 경우에는 정말 고통스러울 때가 많다. 문제는 여기서부터 시작된다.

그렇다면 우리는 어떻게 해야 할까! 우선, 우리는 '외부' 때문에 받는 스트레스는 누구나가 안고 있으며, 그렇다고 그 외부상황이 내 뜻에 맞게끔 쉽게 좋아지지도 않는다는 사실을 받아들여야 한다. 나의 원함에 맞추려고 하는 순간, 우리는 괴로워지기 시작하고 스트레스 구덩이로 들어가기 쉽다. 즉, 받을 수밖에 없는 스트레스가 자신뿐만 아니라 누구에게나 존재한다는 사실 그 자체를 수용해야 한다. 스트레스 받고 괴로워하는 자신을 자책하거나, 아니면 상대방을 미워하거나 비난할 필요가 없다. 단지 우선적으로 나의 상태부터 포착하여 충분히 이해하고 받아주어야 한다는 뜻이다.

그 다음 우리가 해야 할 일은, 그 외부상황에 대한 나의 '마음상태'와 '대응방식'이 어떠한가에 대하여 초점을 맞추어야 한다는 것이다. '대응방식'도 결국 '마음상태'에 따라서 달라지기 때문에 결국은 '마음'이 덜 걸리는 쪽으로 방향을 찾아가야 한다는 뜻이다. 다시 말하면 외부사건 자체는 강도의 차이는 있으나 누구나에게 언제 어디서나 일어나는 일이며, 일어날 수밖에 없는 것들이다. 문제는 그 외부 상황을 어떻게 인식하여 어떻게 느끼느냐가 중요하다는 것이다. '상황에 대한 바른 인식'과 '내면의 상태'가 핵심인 것이다. 결국 '마음의 힘'을 말한다. 말하자면 외부의 상황으로 인한 스트레스 때문에 마음이 편치 않다고 생각하는 것을 가만히 보면, 외부의 상황은 잠깐의 자극일 뿐이고, 그 자극에 의한 '자기 마음' 때문에 자기가 받는 스트레스가 훨씬 많다는 것을 알 수 있다. '나의 마음' 때문에 '나'가 스트레스를 받고 있다는 정확한 개념을 꼭 알아야 할 것이다.

그러므로 내 감정을 정확하게 포착하여 바라보고 머무르는 작업은 너무나 중요한 작업이다. 이 작업이 성숙해지면, '마음의 힘'은 자연적으로 강해진다. 이 힘이 튼튼해지면 외부의 스트레스보다 더 강한 내적 힘이 발현되면서 외부를 버텨내거나 대응하는 에너지가 좋아진다.

또 다른 측면에서는, 다른 사람들과의 소통이 필요하다. "마음이 잘 통한다." "그 사람과 얘기하면 마음이 시원하고 자동으로 어떤 해답이 나온 듯하다."라는 느낌을 주는 사람과 만났을 때를 상상해 보자. 그 사람들은 '정서적 교류'를 함에 있어서 뭔가 모르게 성숙하고 건강하며 타인에게 도움을 주는 에너지를 가지고 있는 사람일 것이다. 이런 에너지를 가지고 있는 사람들을 만나 힘을 얻게 되면, 외부의 상황은 변한 것이 하나도 없지만 내 마음은 좀 안정이 되고 편해지는 기분이 들 것이다.

'정서적 교류'라는 것은 무엇인가! 일반적으로 우리는 '정서적 교류'에 대한 것은 거의 습득되지 못하였으며, 그저 주어진 대로(!) 가정 안에서 학습된 채로(!) 하고 살 뿐이다. 정서적 교류라고 하면 '마음소통'을 의미하는데, 마음을 제대로 소통한다는 것은 '대화를 아주 바람직하게 한다.'는 뜻이기도 하다. 특히 아동기 시절에 부모와 바람직하게 대화를 한 아이가 '지적 능력(IQ)과 정서적 능력(EQ)'의 개발에 긍정적인 영향을 받는 것은 너무나 당연할 것이다. 대화의 중요성을 강조한다는 것은 진부할 정도다. 하지만 그것은 아무리 강조하여도 지나치지 않는 것 같다. 부부 간, 부모-자녀 간, 직장동료 간, 기타 여러 인간관계에서 대화가 되지 않는다는 것은, 화장실에 물이 나오지 않는 상황으로 상상해 보면 그 숨막힘을 느낄 수 있을 것이다. 인간관계에서 서로 간의 이해를 바탕으로 한 소통이 중요하다는 것은 알지만, 이해를 하기 위해서는 필수적으로 대화가 필요하다. 서로 대화를 통하여야 만이 서로간의 이해가 가능하다는 뜻이다. 혈관이 막혀버리면 우리는 거의 즉사한다. 사람과 사람사이의 대화통로는 일종의 혈관이다. 이 혈관이 뚫리지 않는 인간관계는 그냥 단절 그 자체이다. 단절된 인간관계 속에서는 저절로 황폐해져 가고 저절로 스트레스가 쌓이게 되는 것이다.

대화에 대한 것은 '방법적인 요인'도 있고, '정서적인 요인'도 있다. 즉, 대화하는 기초적 기술은 필요한데 그것이 습득되지 않아서 무지하게 말을 하는 경우를 말한다. 교육받지 않아서 발생되는 대화의 문제점은 참으로 일상 가운데 허다하지 않은가! 좋다는 의미를 핀잔을 주거나, 사랑한다는 의미를 삐딱하게 혹은 묵언수행하듯 덤덤하게 드러내는 등, 교육의 부재로 인한 '표현 방식'에 대한 기술적인 문제점은 참으로 많다. 한편, 아무리 좋은 방법이 있다고 할지라도 마음 씀이 불통되고 완고하면 그 기술은 달아나 버리고 감정대로 말하기 일쑤이다. 그러므로 '대화에 대한 기본자세'를 배워야 함은 물론 '정서적 요인'을 위하여 '체계적이고 구체적인 심리학습'을 하는 것이 바람직하다. 혹자는 심리학습을 그저 '마음공부'라고 생각하여, '세상 등지고 사는 선무당 사람 잡는 공부' 쯤으로 알고 있는 사람들도 있다. 현실을 등한시하고 도피의 한 방법으로 공부를 한다면 그런 평가를 들을 수 있다고 본다. 하지만 '마음공부'는 '심리학과 철학, 교육학, 물리학, 아동학, 의학 관련분야, 심지어 음악 미술 등, 다양한 학문적 측면이 어우러진 기초적인 삶의 장이라고 본다. 특히 '심리학습'은 이런 '마음공부'의 장을 체계적으로 배우는 '집을 세우기 위한 토목공사에 해당하는' 공부라고 볼 수 있다.

스트레스를 덜 받는다는 것은, '자기 마음'을 잘 보고, 그 마음을 잘 느끼고, 잘 다스린다는 뜻이며, 이것이 바로 마음공부의 핵심이다. 별일 없는데도 늘 스트레스를 받고 사는 사람이 있는 반면, 큰 일이 닥쳐도 크게 스트레스를 받지 않는 평온한 사람들도 있다. 그야말로 모든 것은 내 '마음'에 달려 있는 것이다. '마음상태'가 본질적이고 궁극적인 측면을 추구하는 사람, '마음상태'가 스스로와 타인을 존중하는 태도로서 일관되어 있는 사람들은, 늘 자신과의 만남을 하는 사람들이다. 어쩌다 한번씩 고통이 있을 때만 하는 것이 아니라, 생활 속에서 규칙적으로 명상하듯 기도하는 자세를 가지고 있다면 좋을 것이다. 몸을 위한 일정한 훈련시간이 필요하듯, 마음다스림의 훈련시간을 규칙적으로 마련한다고나 할까!

심리치료의 장면에서 현실적으로 큰 비중을 차지하는 주제가 "어떻게 하면 스트레스를 덜 받을 것인가!"라고 생각된다. 위의 내용을 포괄하여 상담 장면에서 필자가 내담자들에게 알기 쉽게 설명하는, 평범한 교육적 이야기를 소개한다.

"우선, 원 대상에게 직접 말하기 전에, 믿을 만한 외부대상에게 감정을 많이 (약간 반복적으로라도) 표현하세요! 표현하면서 나의 걸리는 마음이 약화되는 경험이 우선 중요하지요. 상대방을 탓하거나 비난하는 것을 중지하세요! 상대방의 변화를 바라는 것보다는, 내 마음의 안정을 먼저 도모해야 합니다. 우리 마음을 우선적으로 위로받고 이해받고 공감 받아야 합니다. 아울러 이 모든 과정을 삶의 보편적인 현상으로 생각하면 어떨까요. 너무 심각하게 빠지지 않도록 조심하세요! 어깨를 잠시 빌려야만 합니다. 누군가에라도 편한 대상에게 수다를 떨듯 이야기하세요. 우리는 공동선을 향하여 함께 살아가는 생명의 사슬들이니까 남들과 함께 나누는 것이 필요하죠!

이렇게 하여 감정적으로 우선 평정심을 가지게 된 후, 이성적인 판단을 해야 합니다. 천천히 하세요. 마음의 준비가 안 되었다면 그냥 조금 시간을 가지세요! 우선 마음이 덜 복닥거리고 이성적으로 된다면, '직접 말할 것인가! 하지 않아야 할 것인가! 그러면 어떻게 앞으로 해야 할 것인가!' 에 대한 판단을 해야 할 것입니다. 그 기준은, '이렇게 하려는 내 의도가 무엇인가!' '때와 시기가 합당한가!' '공동선을 위하여 필요한가!' '갈등이 일어나더라도 인내할 수 있을 것인가!' 등을 먼저 고려해야 하겠죠! 상담자 역할을 해 줄 수 있는 멘토 같은 사람과 이런 것들을 서로 의논하며 조율해 나가면 도움이 될 것입니다. 물론 말할 필요가 없다고 판단될 경우에는 '하늘이 내게 또 다른 좋은 기회를 제공하기 위한 과정'이라고 믿어도 좋을 것입니다. 이 세상에는 필요하지 않는 일은 닥치지 않는 것 같으니까요!"

우리의 삶은 스트레스가 적당할 때 훨씬 더 효율적이라고 한다. 너무 없어도 안 되고, 너무 많아도 되지 않지만, 그 어떤 양일지라도 그것은 '나의 몫'으로서 땅에서 풀어하는 것이 있다. 또한 나의 힘으로는 어쩔 수 없는 '하늘의 몫'이 있다는 사실은 확실한 것 같다. 땅에서 매인 것은 땅에서 풀어야 하는 나의 몫, 나의 한계와 약함으로 하늘의 기운에 자비를 간구해야 하는 하늘의 몫, 이것을 분별할 줄 아는 지혜를 가져야 함은 당연하다. 어느 쪽의 몫이든, 항상 깨어 기도하는 마음을 가지면서 하늘이 보여주는 지혜의 문을 응시해야 할 것이다.

47. 투쟁형의 사람들에 대한 이해

투쟁적인 사람들은 내부에 '두려움과 불안, 상처'가 꽤 많다.
그들도 그들 내부를 방어하기 위하여
나름대로의 생존전략으로서 '투쟁형'의 모습을 갖추게 되었을 것이다.
그들은 좋은 힘을 가지고 있다.
강력하게 세상을 맞서나가는 힘, 주체적이고 창의적인 힘,
자율적이고 독립적인 힘 등, 긍정적인 부분이 많은 사람들이다.

대부분의 사람들에게 다소 문제가 되는 행동 혹은 대처방식은 1) 투쟁적인 행동을 하는 스타일 2) 도피적인 행동을 하는 스타일로 나누어 볼 수 있다. '스타일'이라고 표현한 이유는, 극단적으로 투쟁 혹은 도피 행동만을 하지는 않고, 일반적으로 볼 때 약간 더 기울어진 쪽으로 해석하기 때문이다.

투쟁적인 스타일의 사람들은 적극적이고 눈치가 빠르고 주체적이고 자율적인 삶을 살면서(장점), 자기의 뜻에 뒤틀리면 공격적이고 반항적이고 적대적인 방식(단점)으로 나온다. 그렇다고 이들이 투쟁적인 행동만 계속하는 것이 아니다. 남들 앞에서는 계속 투쟁적인 모습을 보이다가, 혼자가 되었을 때나 아무런 일이 없을 때, 밖으로 표시가 나거나 혹은 나지 않거나 간에 도피적인 스타일로 나올 수 있다. 즉, 투쟁-도피-투쟁-도피의 형식을 취하는 것이다.

도피적인 스타일의 사람들은 부드럽고 온화하고 따뜻한 느낌을 주면서(장점), 다소 우유부단하고 눈치를 많이 보고 핀트가 잘 맞지 않거나 무기력하거나 주체성이 약한 모습(단점)으로 나온다. 그렇다고 이들이 계속 도피만 하는 것이 아니라, 한 번씩 깜짝 놀랄 정도의 투쟁적인 모습을 보여 주변사람들이 뒤통수 맞는 느낌을 표현할 때도 많다. 즉, 이들은 도피-투쟁-도피-투쟁… 의 반복적인 방식을 취하는 것이다.

한 가족 안에서, 한쪽(부모, 형제, 자매 등)이 투쟁적인 사람이 있다면, 거의 대부분 상대방(자녀, 형제, 자매 등)은 도피적인 사람이 될 수밖에 없다. 같이 투쟁적인 스타일이라 할지라도 한쪽이 강한 투쟁형이면 저절로 한쪽은 도피적인 사람으로 서서히 변해가기도 한다.

그 심리적 배경은 이렇게 설명될 수 있다. 투쟁적인 사람은 지적과 비판과 판단, 질책, 비난 등의 공격적인 발언을 예사로 잘하기 쉽다. 이 사람은 상대방이 제대로 하면, 자신이 그럴 일이 없지 않느냐고 말할지도 모른다. 정말 그럴까! 아닐 확률이 높다. 이 사람은 '상대방이 어떤 행동을 했기 때문에'가 아니라, '내면의 공격적인 마음을 드러낼 파생물을 찾고 있는 중이기 때문에' 어떤 상황이라도 어떤 꼬투리를 잡아서라도 질책 판단 지적 등을 일삼는다. 다양한 종류의 합리화를 통해서 상대방의 행동이 잘못된 것으로 귀결되도록 접근해 들어가기 때문에, 상대방은 아무리 그 사람의 뜻에 맞추어서 나름대로 애를 써도 사실상 거의 마찬가지다. 지적수준이 있는 투쟁적인 사람은 더욱 더 '질 높은(?) 합리화'로 상대방을 꼼짝 못하게 만든다. 이런 것을 '지적 합리화' 혹은 '지성화'라고 한다. 논리적으로 합리화시켜 들어오기 때문에 그냥 멍해질 뿐… 다른 말은 생각나지도 않고 '내가 뭘 잘못했지…' 하다가 그냥 당하는 쪽으로 듣고 있을 수밖에 없다. 왠지 기분이 언짢지만, 뭐라고 대꾸할 말이 없기 때문에 우물주물거리며 듣고 있어야 하는 상황이 전개된다.

투쟁적인 사람들은 상대방이 같이 투쟁적으로 될 때, '아, 이제야 내 덫에 걸렸군.'이라고 (누군가 옆에서 관찰한다면) 외칠 만큼 힘(?)이 생겨서 상대방의 꼬투리를 끝없이 잡아 물고 늘어진다. 성질 사나운 진돗개가 뭘 하나 물은 것처럼 놓지를 않는다. 즉, 도피적인 사람이 어쩌다 힘을 내어서 한번 달려들어(?) 보지만, 그 힘 앞에서는 그냥 완전히 당해버리고 만다. 그런 상황이 한두 번만 반복되면 '아, 다시는 말을 하지 말아야지.' '그냥 아무 말 않는 것이 제일 상책이구나.' 하는 나름의 방법을 터득하게 되므로, 어쩔 수 없이 도피적인 방식을 취할 수밖에 없는 셈이 된다.

그러다보면, 상대방은 그냥 저절로 '차라리 아무것도 하지 않는…' '차라리 모른 척 하는…' '차라리 못들은척 하는…' '차라리 자리를 피하는…' 식의 도피적인 행동을 하지 않을 수 없다. 말하자면 할 말은 없고 기분은 나쁜 셈이 된다. 그래서 그냥 가만히 있는 것이다. 사실 도피하려고 한 것은 아니지만 그냥 도피적이 되어 버린다. 어쩌면 나름대로의 가장 정확한(?) 대처방식을 취하는 것이다. 그렇게 해도 역시 잔소리를 하긴 하지만, 아예 자리를 피해서 듣지 않아야 되므로 일단 피하지 않을 수 없다. '어떻게 해도 좋지 않는 소리를 들어야 되는데, 무엇 때문에 굳이 노력해서 마주 앉아서 들으려고 할까! 어차피 노력해도 상대방은 꼬투리를 잡고 나를 흔드는데, 왜 그 사람에게 유리한(?) 행동을 하려고 할까!' 하는 심리적 배경이 되는 것이다. 의식적으로 수동적 공격의 한 방향이 될 수도 있지만, 무의식적으로 자신을 보호하기 위한 방어기제로서 '도피'를 사용하는 것이다.

투쟁에 맞설 최대의 무기는 도피이다. 즉, 도피적인 스타일의 사람이 투쟁적인 사람에게 할 수 있는 최대의 공격(?)은 '극단적 도피'이다. 이거야말로 투쟁적인 사람에게 반항하는 확실한 무기가 된다. 숨 막혀서 넘어가는 투쟁적인 사람을 보면서, 아무렇지도 않게 무덤덤(?)하게 피해버리는 것만이 그들의 억압된 공격심을 표현하는 것이다. 강력한 수동적 공격이다. 진짜 속마음은 결코 무덤덤하지 않지만, '아무렇지도 않은 듯 게으름 피우고, 침묵하고, 못들은척 하면서 사는 것'이 그나마 상대를 가장 괴롭히는 전략이라는 것을 터득한 셈이다. 그렇다고 그들이 편안하기만 하겠는가! 상처받은 마음을 가득 안은 채, 상대의 투쟁에 맞설 다른 길을 찾지 못한 채, 상처받는 이 순간만을 제발 무사히 넘어가기를 바라는 채, 괴롭고 아픈 마음을 부여잡고 시간이 지나가기를 기다릴 뿐이다.

투쟁-도피 상호관계로 인하여 발생하는 문제점은 당사자들뿐만 아니라 주변 사람들에게도 큰 영향을 준다. 도피적인 사람들이 수동적 공격의 패턴이 습관화되어 반복적으로 행동화되었을 때, 별로 투쟁적이지 않는 대상에게도 '자동화된 도피적 반응'을 보인다면, 인간관계나 사회생활의 문제가 많이 발생될 것이다. 말할 나위 없이 자신에게 엄청난 손해를 끼치게 됨은 물론이다. 수동적 공격의 가장 큰 피해자는 바로 자기 자신이기 때문이다. 그러므로 부모가 투쟁적인 행동을 조심해야 하는 이유는 자녀에게 불필요한 수동적 공격을 하게끔 유발시키기 때문이다. 이 점은 특별히 부모들의 주의를 요하는 문제가 아닐까 싶다.

투쟁적인 사람들은 내부에 '두려움과 불안, 상처'가 꽤 많다. 그들도 그들 내부를 방어하기 위하여 나름대로의 생존전략으로서 '투쟁형'의 모습을 갖추게 되었을 것이다. 그들은 좋은 힘을 가지고 있다. 강력하게 세상을 맞서나가는 힘, 주체적이고 창의적인 힘, 자율적이고 독립적인 힘 등, 긍정적인 부분이 많은 사람들이다. 자라면서 누군가가 그들이 주장하는 말의 내용을 정확하게 이해하고 공감해 주고 그 감정을 버텨주면서 부드럽게 대화를 하였더라면, 그들은 결코 그렇게 투쟁적으로 될 필요성을 느끼지 않았을 것이다.

이들에게 누군가 한없는 사랑으로 품을 튼튼하게 버텨준다면, 그들이 받았던 아픔을 누군가가 조용히 쓰다듬어 준다면, 복수하듯 역공격하지 않고 조용히 있는 그대로 바라보아 주는 사람이 있다면, 기다려주면서 부드럽게 이렇게 해 보면 어떨까 라고 제시해 줄 수 있는 누군가가 있다면, 그들은 천천히 그 완고함의 사슬에서 풀려나갈 것이다. 그리고 자신이 얼마나 사랑스럽고 사랑받을 수 있는 존재인지를 깨닫는다면, 그들이 자신의 공격적인 힘을 인정하고 수용하여 사랑하는 힘으로 변화시킨다면, 이들은 주체적이면서도 자비로운 멋진 사람이 되어갈 것이다.

투쟁적인 사람이 그 내부의 두려움과 불안을 조금씩 치료하기 시작하면서, 습관화된 투쟁적 패턴이 고쳐질 때, 비로소 이때부터 도피적인 사람들은 조심스럽게 말문을 열게 되고 피하지 않고 마주보는 사람으로 변해갈 것이다. 그리고 난 후, 서로가 서로에게 필요한 존재라는 것, 공생관계로서 살아가야 하는 소중한 존재라는 것, 서로에게 배울 점이 많다는 것, 서로 아끼고 사랑하면서 살아가야 하는 공동체라는 것을 깨닫게 될 것이다.

48. '자기긍정'의 목소리

자기긍정의 목소리를 듣기 위해서는
조용히 그 샘물을 깊이 느낄 수 있는 가슴이 있어야 한다.
깊이⋯⋯ 저 무의식 속 깊이⋯⋯.
상처받은 무의식의 가시덤불을 조금씩 벗겨내면서,
맑은 샘이 있는 무의식의 '자기긍정'의 사랑의 샘물을
볼 수 있어야 한다.

우리의 내면에는 수없는 소리가 있다. 정말 아우성 같은 수많은 목소리들은 밤낮으로 울려 퍼진다. 예컨대 이런 것들이 있다. '내가 얼마나 부족한지 사람들은 상상도 못 할 거야. 난 아무래도 안 돼. 정말 안 돼. 이 부분은 극복이 안 될 거야. 정말 살고 싶지 않아. 나를 닮은 우리자식. 정말 괴로워. 난 가치 없어. 사람들이 다 싫어. 사람들도 날 싫어할 거야. 사람들은 날 몰라. 이해 못해. 누가 날 알겠어. 말해도 소용없어!' 이렇게 수많은 자기부정의 목소리가 울려 퍼진다. 이것을 '자아부정의 함정'이라고 헨리 나웬(1999)은 표현했다. 끊임없이 울려 퍼지는 자아부정의 목소리는 엄청난 우리인생의 함정이다. 저절로 떠오르는, 전인격화되어 있는 자아부정의 울림들은 놀라운 힘으로 우리의 '참 모습'을 공격하고 있다.

한편 이런 목소리도 울려 퍼진다. '나는 이 세상에서 깊이 사랑받는 사람이야! 나는 누구에게라도 사랑받을 수 있는 존재이며 마음에 드는 존재이지! 나는 귀하게 창조되었고, 좋은 기운을 받은 사람이야. 부모랑 형제 친척들의 사랑 등. 내가 무엇을 하든, 내가 어떤 사람이든 그것이 중요한 것이 아니라, 난 존재 그 자체로서 사랑받고 존중받는 존재이지! 내가 어떤 능력을 가졌든, 어떤 지혜를 가졌든, 어떤 모습을 가졌든, 어떤 일을 하든, 아버지가, 어머니가, 형제가, 자매가, 연인이, 그리고 배우자가 사랑한 (때로는 상처를 준 대상이라 할지라도) 그 이상의 사랑받을 존재가 바로 나 자신이야!' 등, 이런 울림을 가지고 사는 사람도 있다. 자아긍정의 울림들이라고 볼 수 있다. 이 힘 역시 우리를 자신감있게 만들고 에너지를 충전시키게 되지만, 때로는 좌절을 맛보았을 때 고통을 동반하기도 한다. 하지만 그 힘으로 다시 일어나는 경우가 많을 것이다.

타인으로부터 '자기긍정'의 목소리를 접하지 못하였던 사람은 자기긍정의 목소리를 듣고 있는 사람들을 만나면, '그렇게 느끼는 사람이 과연 있을까! 누가 그렇게 느끼겠나! 내 존재가 귀하다는 이런 말은 참 이해가 되지 않아. 믿을 수가 없어!'라는 불신감이 생길 수도 있고, '난, 도저히 이 소리를 들을 수 없는데, 난 저렇게 말하는 사람 보면 짜증 나! 사실 난 너무 하찮은 존재라고 느껴져!'라는 분노를 동반한 자괴감에 빠질 수도 있다. 또 '저런 소리는 나와 상관없는 딴 세상 이야기일 뿐이야!'라는 도피적인 느낌의 괴리감도 느낄 것이다.

그러나 이러한 자괴감과 불신감, 괴리감과 분노 등의 감정은 엄청난 오산이며 착각에서 비롯된 감정들이다. 자신의 현재 상태에 대한 오해가 투사되어 상대방에 대한 부정적 감정으로 바뀌었을 것이다. 현재의 마음 좌석에 바로 '과거의 모습으로 덮여진 자기마음'이 앉아 있을 뿐이며,

지금 여기의 참모습에 '만들어진 모습'이 와 있을 뿐이다. 그 자리는 본래의 참모습이 주인이 되어야 한다. 그 자리에는 '진실한 자기목소리'가 앉아 있어야 한다.

나 자신을 제대로 느끼기 위해서는 '과연 나라는 사람은 사랑받는 존재인가!'라는 것에 집중해야 한다. 불신과 의구심이 자리하더라도 그 물음에 집중해야 하고, 그렇게 될 때마다 우리는 그 목소리를 더 길게 더 깊이 듣고 싶은 갈망을 안에서 발견하게 될 것이다. 마치 사막에서 우물을 발견하는 것과 같다. 젖은 땅을 만지게 되면 더 깊이 파고 싶은 욕망이 있는 법이다. 자기긍정의 목소리를 듣기 위해서는 조용히 그 샘물을 깊이 느낄 수 있는 가슴이 있어야 한다. 깊이… 저 무의식 속 깊이… 상처받은 무의식의 가시덤불을 조금씩 벗겨내면서, 맑은 샘이 있는 또 다른 무의식의 '자기긍정'의 사랑의 샘물을 볼 수 있어야 한다.

심리치료의 장면에서 무의식의 내면을 탐색한다고 할 때, 그냥 탐색하는 것으로 그치는 것은 곤란하다. 탐색은 함몰로 가기 쉽다. 함몰되어 자신 속으로 들어가면 더욱더 허무해지고 미로에 빠지는 경우가 많다. 탐색 후의 작업이 매우 중요하다. 즉, 그 무의식에 담겨있는 모습을 끊임없이 성찰하면서, 내면의 '자아부정의 함정'을 솔직하게 직면하고, 경우에 따라서는 치유되어야 할 상처를 치료하고 갈무리하는 작업이 필요하다. 처음에는, 현실적인 '주 호소문제'를 다루기 위하여 내면의 것들을 들추어내고 재경험시켜 수술하듯 치유하는 일도 필요하지만, 더 궁극적으로는 맑은 샘을 보기 위한, '자기긍정'의 힘을 느끼기 위한 작업을 하는 것이다. 진정한 내면의 무의식속에 있는 '자기긍정'을 향하지 않고 그냥 과거를 탐색한다는 것은 사실 무의미할 정도로 위험할 수도 있다. 내면의 정신역동을 알아가는 작업은, 자기의 맑은 물을 바라보기 위한 전초전이며 진정한 의미의 통찰을 위한 작업의 한 과정일 뿐이다.

어쨌든, 우리는 우리의 무의식을 잘 들여다보는 힘을 길러야 한다. 계속 깊이 바라보아야 한다. 자신의 내면을 계속 바라보기 시작하면 작은 시냇물을 보기 시작한다. 그 작은 시냇물은 무엇을 의미하는가! 그것은 나의 삶의 사막 너머에 있는 거대한 저수지가 있다는 뜻이 아닐까! 거대한 저수지 없이 그 시냇물이 흘러나올 수가 없기 때문이다. 샘을 파는 노력을 하면 거대한 저수지를 발견하게 될 것이다. 말하자면 그 넓은 저수지는 근원적 물줄기에 해당하는 작은 시냇물의 형태를 통하여 내 눈앞에 펼쳐지고 있기 때문이다.

맑은 시냇물 줄기를 만나고 큰 저수지를 보기 위하여 더 깊이 판다는 말은, 때론 어렵고도 긴 여정이며 고통스럽기까지 한 일이기에, 의미 있다고 하여도 힘겨울 때가 많을 것이다. 아마도 우리는 샘을 파는 일보다는 샘을 덮고 있는 마른 모래들을 걷어내는 것이 더 다급할지 모르겠다. 정말이지, 우리 자신 안에는 마른 모래가 꽤 쌓여있을지 모른다. 그러나 갈증이 가시기를 바라는 우리 내면의 또 다른 존재는, 스스로가 그 모래를 치울 수 있도록 도와줄 것이다. 참으로 필요한 것은 샘물을 찾고 그 물을 마시고 싶은 강한 갈망이다. '맑은 영혼을 가진 삶을 살고 싶다. 자유롭고 평화로운 참 나로 살고 싶다'라고! 이러한 갈구가 지속적인 힘을 가지기 위해서는 '영적인 삶이 우리의 모든 에너지를 다 부여할 만큼 귀중한 것이다'라는 신념과 믿음이 확고해야 한다. 이 신념이 약하거나 없으면 금방 감각적인 것으로 도피하고 싶어지고 고통스럽고 힘들어 그만 두기 쉽다. 약간의 모래만 치우다가 말 것이다. 약간만 덜 고통스러워져도 우리는 그냥 무력해진다. 갈구는 무력함 앞에 무너진다! 그러면서 '그냥 모래만 조금 파다가 살면 안 될까! 샘까지 발견해야 할까!' 라는 피곤함을 느끼게 될 것이다.

우리는 '자기긍정'의 힘을 진정으로 내면에서 발견할 수 있다는 믿음을 꼭 가져야 한다. 이 부분은 조금의 시간도 낭비할 필요가 없을 정도로 확고해야 한다. 더이상, 우리 스스로를 조작시키는 어떤 함정의 희생자가 되지 말아야 하며, 부정적으로 작용되는 역동의 중독현상에 갇힐 필요가 전혀 없다. 스스로를 조작하는 함정은 자아도취적 현상에도 나타난다. 객관성이 결여된 자기도취적 긍정은, 자기부정에 대한 방어적 태도일 뿐 진실한 자기긍정은 아닐 수도 있다. 참된 자유를 내면에서 느끼느냐의 문제가 중요할 것이다. 우리는 내적인 자유를 찾기 위해 나아가고 더 온전한 자유를 찾을 수 있는 선택을 마땅히 해야 한다. 즉, 진실한 자유는 우리의 선택에 달려 있다! 사랑받는 사람으로서의 여정을 시작하는데 관심이 있다면 '영적인 삶'으로의 방향에 대한 어떤 결단을 가져야 하며, 깨닫지 못한 이 생에서, 깨달은 저 생의 언덕으로 넘어가겠다는 결단을 우선 요청해야 한다. 자신스스로에게.

우선적으로는, 깨달음의 언덕에 대한 지식知識적 개념이 들어가면 좋을 것이다. 깨달음의 언덕으로 넘어가기 위한 안내자案內者도 필요하다. 안내자와 지식의 인연, 그것 또한 나의 '샘'에 대한 갈구로부터 인연이 맺어진다. 내 안의 갈구가 있는 한은 자연스럽게 스승이 생기고 지혜가 다가오게 되는 것이다. 갈구는 스승을 부르는 에너지역할을 하게 되지 않을까 싶다. 참된 것을 향한 갈구는 바로 '하늘은 스스로 돕는 자를 돕는' 행위가 될 것이다.

49. "건강하게 자란 아이, 화를 적게 낸다."

어떻게 사랑하는가 하는 문제가 아주 중요한 문제로 대두될 때가 많다.
애착과 건강한 분리…
이것은 한 인간을 잘 성장시키는 핵심이며
이 과정에서의 가장 중요한 방법은 '바람직한 의사소통'이다.

요즘 아이들은 '스스로 결정하고 행동하는' 자율성과 독립성이 부족하다는 지적이 많다. 치열한 경쟁과 공부에 따른 부담을 덜어준다고 '다른 것은 다 해 줄 테니 너는 공부만 해라.'는 식으로 '보살핀' 탓인 것 같다. 이런 아이들의 가장 뚜렷한 특징은 혼자 의사결정을 못한다는 점이다. 일류대학 학생생활 상담실의 한 상담원은 "대학 혹은 대학원에 들어간 뒤에도 수강신청 때 어머니가 같이 가 수강신청을 해주는 경우까지 있다. 의존성이 지나친 경우 '의존성 성격장애'에 이르기도 한다." "부모가 정해준 진로 문제로 고민하는 학생들이 많다." "이들의 대부분은 과잉보호 속에서 의존과 독립의 균형을 잃고 지나치게 의존적인 학생들"이라고 언급한 내용도 있다.

의존적인 아이로 자라는 것은 여러 가지 이유가 있겠지만, 그 중 한 가지는 과잉보호의 문제이다. 어릴 때부터 '제대로' 보호를 하는 부모의 자세는 매우 중요하다. 안정된 애착과 동시에 독립적인 아이로 자라는 출발이 되기 때문이다. 유아동시기에 형성되는 부모와의 '애착관계'가 건강하고 안정적일 때, 아이들은 세상이 안전하다는 믿음이 생기고 바깥세상으로 혼자 나가는 데도 두려움이 없다. 반대로 애착관계가 제대로 형성되지 않으면 세상은 위험한 곳이라는 불안감에 부모나 기타 애착대상에게 의존하려는 경향이 강화된다. 특히 기어 다니거나 걷지 못하는 돌 미만의 아이들한테는 철저한 배려와 관심이 독립성을 키우는 바탕이 된다. 어릴 때부터 아이들의 안전문제에 '지나칠' 정도로 신경을 쓰는 선진국의 사례는 그래서 주목할 만하다.

충분한 애착 후에, 자기의 힘(자아)이 발휘될 때 건강하게 분리되면 아이는 자기만족의 힘이 강해진다. 자기만족을 못하는 사람은 짜증이 많고, 그 짜증은 화의 전초단계이다. 자기 스스로 사는 재미가 없다는 뜻이다. 남이 모든 것을 해 주는 삶은 무기력한 생활이 될 수 있다. 무기력함 역시, '화'의 또 다른 표현이다. 그냥 '짜증내고 화내는 것'만 분노감이 아니라, 무기력하고 나태한 생활도 '화'의 표현인 것이다. 건강하게 자란 아이는, 지나치게 공격적이지도 않고 지나치게 무기력하지도 않다. 말하자면 생활방식이 명랑하고 경쾌하며 자신이 몰두하는 일에 대해서는 진지하고 차분한 성격을 지니게 된다. 스스로의 생활에 대하여 자신감을 가지며 살아가는 '신나는' '당당한' 인생의 주인공이 되는 것이다.

부모님들은 아이가 밖으로 드러내는 '화'나 '짜증'을 화로 생각하는 경우가 많다. 화를 밖으로 내는 것을 일반적으로 '능동적 공격'이라고 말한다면, 화를 자기 내면으로 내는 것을 '수동적 공격'이라고 한다. 수동적 공격의 대표적인 예로서, 무기력하고 침묵하고 나태한 생활이다. 이런 행동의 저변에는 '분노'가 내면으로 억압되어 반항의 한 증상으로서 자신

속으로 화가 내재되어 있는 것이다. 이 때 대부분의 부모는 능동적 혹은 수동적 공격을 하는 아이에게 행동자체만 잔소리하고 꾸중한다. 내면에서 왜 그렇게 공격성이 발생되었는지에 대한 심리진단을 잘 하지 못한다. 드러나는 태도에 대해서만 비난하는 식으로 말을 하게 되면, 그 행동은 더욱 더 행동자체를 강화시켜 버리는 셈이 된다.

드러나는 행동만을 비난하는 태도가 오히려 행동자체를 강화시키는 이유는 두 가지로 생각할 수 있다. 첫째는, 그 태도 외는 다른 방법을 배우지 못한 채로, 꾸중을 듣게 되므로 더욱더 침체되고 무기력해지고 속으로 화가 나게 된다는 뜻이다. 다른 방법을 제시하여 새로운 것에 익숙하도록 도와주어야지, "이러면 안 되잖아! 저러면 안 되잖아!" 하는 식의 꾸중은 자존감 손상을 가져와 행동 수정의 의지와 에너지를 일으키기 힘들 수 있다. 둘째는, '무엇무엇을 하지 마라!'라고 할 때, 우리의 '뇌'는 그 '무엇무엇'을 기억하며 더욱 더 '무엇무엇'에 강화되기 시작한다. 예컨대, "신 김치는 너무 시어! 으으! 너무 시어! 신 김치! 그렇게 신 것은 먹기 곤란해!"라고 자꾸 말한다면 우린 어떠한가! 먹기가 곤란하다고 생각되는가 아니면 그 '신 김치'가 생각나면서 나도 모르게 입에 침이 고이는가! 오히려 신 김치 생각을 더 하게 되는 것이다. "금방 담근 생김치가 참 맛있어!"라는 말을 해야 되는 것이지, '하지 마라'라는 말은 '더 생각나게 만드는' 꼴이 되는 셈이다.

부모님들이 사랑의 바탕아래 자녀심리에 대한 분석력이 좋아지고 이해력이 좋아지면, 아이와 대화할 수 있는 능력이 자연스럽게 생길 수 있다. 상대를 깊이 느낄 수 있는 마음이 생기므로 저절로 아이는 다가오고, 그로 인하여 아이는 부모의 사랑을 느끼게 된다. 아이가 부모(상대방)

의 사랑을 느낄 때 비로소 부모(상대방)의 말을 들으려는 태도가 나온다. 이렇게 말하면 많은 부모님들이 '잘 몰랐다.' '배워본 적이 없다.'라고 말씀하시는데, 이해가 되고 공감되는 부분이다. 하지만, 부모님들은 자식 세대를 위하여 최소한의 '기초 심리교육'에 해당되는 '부모교육' '선천적 기질 워크샵' 등과 같은 학습을 통해서 발생가능한 문제점에 대비하여야 할 것이다.

자녀는 자신을 사랑하는 사람과 동일시하려는 경향을 가진다. 사랑하는 사람을 어떤 대상으로 정할 것인가가 관건이다. 만약 대상이 '다소 문제성 있는 친구'라면, 그 친구의 말을 듣게 된다는 뜻도 된다. 건강한 어른이 자신을 사랑한다는 느낌을 가질 때, 아이는 그 어른을 동일시하여 적절한 사회화를 이루게 된다. 하지만, 이런 어른이 주변에 없고 '문제성 있는 친구'가 자신을 챙겨주고 관심 가져주는 느낌을 받을 때, 아이는 그 부적절한 대상에 대한 동일시로 인하여, 사회적인 문제점을 가지게 될 수 있다.

부모들은 "내가 아이를 얼마나 사랑했는데!" 하는 것에 초점을 맞출 것이 아니라, "아이가 느끼는 사랑을 나는 과연 하였는가!" 하는 것에 초점을 맞추어야 한다. 부모가 아무리 아이에게 사랑을 주었다고 하여도, 그 사랑을 느끼는 자가 '사랑받았다'라고 말을 해야 하는 것이지, 준 사람이 '사랑을 주었다'라고 말하는 것은 일방적인 것이다. 사랑은 주고받은 정서적 교류로서 쌍방적인 것이다. 즉, 사랑은 상대방이 그 사랑을 느낄 때 비로소 사랑이라는 말을 할 수 있는 것이다. 아무리 '사랑한다!'고 하여도, 상대방이 느낄 수 없는 사랑은 '지금-여기에서의 사랑방식'은 아닌 것이다.

건강하게 자란 아이들은 화를 적게 내면서도 배려심이 있다. 그 배려심의 이면에는 '받은 사랑에 대한 보답'이 자연스럽게 흘러나오는 것이다. 보답을 하기 위하여 사랑을 한다는 뜻이 아니라, 인간 내면에 담겨있는 사랑이 자연스럽게 넘쳐나는 이치이다. 사랑이 가슴에 있는 아이들이 타인에 대한 배려심이 있는 것은 당연한 것이다. 물론 이 배려심은 타인에게도 비례적인 '양'이 되어야 할 것이다. 만약 너무 과잉으로 사랑받아 부담이 있는 아이들은, 아직 그 사랑을 느끼기 이전에 부담감이 먼저 자리하고 있기 때문에 타인에게 잘 해주면서도 오히려 짜증을 낸다. 부모님 입장에서는 "그렇게 사랑해주었건만 왜 이렇게 아이가 짜증을 내는가?" 하는 걱정을 할 수 있겠지만, 아이가 느꼈던 것은 사랑이 아니라 부담이었다는 사실을 생각해 보아야 할 것이다.

이런 배경에서 볼 때, 건강하게 자란 아이들은 화를 밖으로 낼 필요도 없고, 자신 내면에서 복닥거리지도 않는다. 현실적인 사극이 와서 화가 날 일이 있어도 건강하게 표현하고 감정처리를 위한 적절한 대처방식을 자연스럽게 한다. 긍정적 감정이 자신의 부정적 감정을 이겨낼 만큼 충만하기 때문에 '감정조절'이 가능한 것이다. 우리가 살아가면서 어떻게 사랑하였는가 하는 문제가 아주 중요한 문제로 대두될 때가 많다. 애착과 건강한 분리, 이것은 한 인간을 잘 성장시키는 핵심적 양육과정이 될 것이다. 그런데 이 과정에서의 가장 중요한 방법은 사랑을 전제로 한 '바람직한 의사소통'이다. 아무리, 머리로 '이래야 하구나! 저래야 하구나!'를 알고 있어도, 구체적인 의사소통의 실습이 이루어지지 않으면 속과 겉이 다르기 쉽다. 배운 것을 익히 반복적으로 연습하는 자세가 필요할 것 같다. 적절한 기회에 건강한 의사소통을 통한 구체적인 개념과 실습을 반복적으로 하는 것이 필요할 것이다. 그렇게 될 때, 건강한 사랑의 주고받기가 이루어지게 된다. 건강한 사랑의 주고받기는 불필요한 화를 줄이는 가장 좋은 약이 될 것임에 틀림없다.

정리하자면, 건강하게 독립한 아이들을 가만히 보면 부모로부터 건강한 사랑을 받았으며, 바람직한 의사소통이 가정 안에서 이루어졌다는 것을 알 수 있다. 이렇게 자란 아이들은 분노감이 적고 온화함이 배여 있는 것을 느낄 수 있다. 내면에 두려움과 불안이 적고, 타인을 배려하면서도 자신감이 가득 차 있기 때문에 상대방과 경쟁하고 경계할 필요성을 느끼지 못한다. 자기정체성이 잘 확립되어 있기 때문에 스스로를 위하여 충실하게 살아가고 있는 것이다. 물론 그들은 자신과 다름없는 타인과의 공동선을 향하여 사랑을 펼칠 수 있는 인품이 될 것이다.

50. 일상에 깊이 스며있는 '전이감정'

'헤어짐'과 관련된 '전이감정'을 생각하면서,
대상에 대한 감정을 자신의 진실과 만나기 위한
소중하고 아름다운 과정이라고 느껴보자.
편안하게 그들과 헤어지고, 그 마음들을 잘 승화시켜
'자신도 이롭고 타인도 이롭게' 하는 삶에 에너지를 전환하였으면 좋겠다.

한 아기는 출생하면서 어느누구에게 의지하지 않고는 살아남을 수 없고, 의지하기 위하여서는 관심받지 않으면 살아남을 수 없다. 이렇게 의지해야만 하고 관심 받아야만 살아남기 때문에 '정신역동적 접근의 심리학'에서는 인간의 살아남기 위한 필연적 욕구를 '의존적 사랑의 욕구'라고 한다. 이 욕구는 충족과 좌절의 경험이 얼마나 건강한가 불건강한가에 따라서, 훗날 성인이 되어 긍정 혹은 부정적 영향으로 나뉘어지기도 한다. 예컨대, 열심히 성실하게 생활하고, 인정받기 위하여 잘하고 싶은 마음 등과 같은 긍정적인 방향으로 될 수도 있고, 끝없는 애정결핍으로 인한 피해의식, 편집증적 행동, 강박적인 행동 등과 같은 부정적인 방향 등으로 영향을 끼친다. 사실 일반적인 상황의 심리적 어려움의 주요원인 중 대부분은 '의존적 사랑의 욕구'로부터 출발한다고 보아도 과언이 아닐 것이다.

그런데 이 의존적 사랑의 욕구는 대부분이 주요양육자로부터 건강하게 채워졌어야 하나, 주요양육자의 그때 그 당시의 사정에 따라서 지나치게 과잉되거나 결핍되는 경우가 많다. 과잉된 사람은 많이 받았기 때문에 끝없이 받으려고 하고(의존심), 그 욕구가 채워지지 않으면 화를 내면서 원망을 한다(적개심). 또 결핍된 사람은, 성인이 되어서 주변에서 진정으로 그 사람에게 사랑을 주어도 받은 것 같지 않아서 자꾸 더 필요로 하고(의존심), 자기가 원하는 대로 주지 않는 사람에게, 혹은 반복적으로 주었으나 끝이 없어서 어쩔 수 없이 떠나는 대상에게 엄청난 분노를 터뜨린다(적개심).

이렇게 발생된 의존심과 적개심의 굴레 속에서 혼란스럽게 살다가, 상담자 혹은 상담자 역할을 하는 사람을 만났다고 하자. 지금까지 관계했던 사람들과의 교류와는 달리, 자신의 얘기를 경청하고 이해하고 공감하고 있는 그대로 수용해주는 느낌을 받으면서, 서서히 그 상담자(혹은 비슷한 대상)에게 부모에게 받고 싶었던 감정을 요구하게 된다. "사랑해 달라, 이해해 달라. 수용해 달라!"는 감정으로 상대방에게 접근하게 된다. 좀 더 심하게 되면 집착적인 방식으로 유아적 의존성을 드러내면서 사랑과 의존에 대한 갈구를 드러낸다. 의존심과 분노심이 수반된 집착적인 갈구는 스스로가 통찰하기 전까지는 극도로 좋았다가 극도로 괴로워지는 양가감정 속에서 허덕이게 된다. 목마른 갈망 때문에 상대방이 관심과 사랑을 주어도 덜 채운 것 같은 느낌이 들기 쉽다. 조금 더 애착하게 되고, 더 많이 의존하고 사랑받고 싶은 마음 때문에, 원하는 만큼의 관심을 받지 못한 것 같아서 적대감을 드러내기 시작한다. 적대감을 합리화시킬 여러 가지 것들이, 상담자(혹은 비슷한 대상)에게 보이기 시작하고 –어느 인간이라도 완벽하지는 않기 때문에 얼마든지 찾아낼 수 있을 것이다- 그것이 거의 기정사실화 되면서 자신의 의존심의 좌절로 인한 적개심을 드러내기도 한다.

즉, 아동기 때 주요인물과의 관계에서 느꼈던 감정을 상담자(혹은 비슷한 대상)에게 느끼는 감정을 '전이감정'이라고 하는데, 이 감정은 일종의 투사된 자기마음이기 때문에, 상담자뿐만 아니라 모든 인간관계에서 발생한다고 보아야 한다. 전이감정이 서로 얽혀 발생하는 관계 속에서의 갈등을 '전이갈등'이라고 하고, 전이감정의 대상이 되는 사람을 '전이대상'이라고 한다.

예컨대, 엄마에게 박탈 받고 배척당한 사람은, 상담자 혹은 친근한 누군가가 여자라면 계속 상대방이 자신에게 잘 대해 주는 것 같아서 다가가고 싶지만, 끝없이 경계하고 불신하고 시험하는 과정을 겪는다. 아버지의 폭력과 폭압에 휩싸인 두려운 마음이 많은 사람은, 성인남자에 대하여 아주 도전적이고 경쟁적이거나 혹은 움츠리고 위축되는 경계적인 태도를 취한다. 반대로, 엄마는 극도로 싫고 아빠에 대해서는 아주 좋은 감정을 가졌다면, 남자와의 관계는 원활하지만 여자와의 관계는 아주 적대적인 관계로 형성된다. 또 아버지에 대해서는 치를 떨고 엄마를 아주 불쌍하게 여겼던 사람이라면, 여자에게 매우 잘해주는 사람으로 보여지고 남자에 대해서는 일단 경직되고 도전적인 눈빛을 가질 수밖에 없게 되는 등, 많은 사례들이 있다.

이렇게 본다면, 우리는 인간관계에서 사물이나 사람 혹은 상황을 있는 그대로 비례적으로 보지 못하는 모든 상태, 즉 있는 그대로 대상을 바라보지 못하는 대부분의 경우는 바로 '나의 전이감정'을 생각해 보아야 할 것이다. 그것을 책임져 나가는 자세가 바로 '내 몫을 보는 문제 해결적 태도'라고 보아야 한다. 이 점에 대하여 간과한다면, 그 전이대상은 대상만 바뀔 뿐이지 여러 측면에서 반복되며 세월이 흘러도 지속적으로 드러날 가능성이 높다. 전이대상이 되는 사람은, 많은 오해와 불신과 공격을 받으면서 관계해야 하기때문에 어느 누구라도 서서히 떠날 수밖에 없을 것이다. 그러므로 전이감정으로 세상을 바라보지 않도록 늘 상대의 탓을 중지하고 자신을 성찰하는 자세를 가져야 할 것이다.

상담자 혹은 그 역할을 하는 사람(예, 부모, 선생님, 조부모) 역시, 자신의 과거 감정으로 인하여 문제가 발생될 때가 있다. 예컨대, 상담자(부모 혹은 역할자)가 자신의 의존심으로 인하여 내담자(자녀, 제자, 손자 등)를 떠나보내지 못한다든지, 상담자로서 사랑받고 인정받는 느낌을 놓치지 않기 위하여 지나치게 내담자에게 잘해 준다든지, 상담자 자신의 두려움과 불안때문에 내담자에게 정직하고 진실하지 못한다든지, 상담자가 무서움과 공포심이 많아서 내담자를 무서워한다거나, 오히려 적대적으로 대하면서 무섭게 한다든지, 내담자를 실망시키고 싶지 않아서 비위를 맞춘다든지 등, 무수히 내담자를 비례적으로 보지 못하는 경우도 있다. 이것을 '역전이(counter-transference)'라고 한다.

상담자는 이러한 '역전이'를 있는 그대로 느끼고, 자신을 잘 다스려 나가야 하겠다. 물론 최근의 많은 연구에서 '역전이'를 무조건 부정적으로 보지만은 않는다. 내담자를 도와주고 싶은 마음, 측은하게 여기는 마음 등, 인간의 근본적인 사랑의 마음이 잘 우러나오는 것이라면 비록 상담자의 자기감정이라 할지라도 좋은 역할을 한다는 연구내용들이 쏙쏙 나오고 있는 실정이기도 하다. 하지만, 바람직한 방향으로 역전이를 활용하여야 하지만, 상담자가 자기의 역전이 상태를 잘 살펴, 더 이상 다스릴 수 없는 한계를 느낄 경우에는 내담자에게 다른 상담자를 소개시켜 주는 것도 좋은 방법이며 일반적인 관례이다.

전이감정은 상담자–내담자 관계에서만 형성되는 것이 아니라, 모든 인간관계에서 형성되는 감정이기 때문에, 우리는 '전이감정'의 개념을 알아둔다면 많은 도움이 될 것이다. 일상에서 이러한 전이감정은 대부분의 사회적 관계 내 갈등의 주요 요인으로 작용되므로, 각자의 전이감정을 살펴서 그 갈등을 풀어헤치는 정신역동적 심리학의 응용방법은 유효하다고 본다. 특히 상담자와 내담자가 종결을 해야 하는 상황, 일반적인 인간관계에서는 친한 사이에서 멀어져야 할 상황에서(상담을 여러 가지 이유로 그만 두어야 하는 입장이거나, 자녀가 출가해서 부모와 멀어지는 상황, 아주 친근하게 지내다가 멀리 떠나는 상황, 뭔가 서로가 맞지 않아서 만나지 않아야 하는 상황 등) 전이감정의 극을 맞이해야 할 때가 많다. 이러한 경우, '그래! 인생은 다 그런 거지 뭐. 결국 사람은 이렇게 혼자 남는구나!' '당신만은 나를 떠나지 않을 것 같았는데!' '계속 관계하고 싶은데, 어떻게 이렇게 떠날 수가 있나!' '결국, 내게는 아무도 없어!' '나는 이렇게 서운해 죽겠는데, 당신은 아무렇지도 않다니! 지금까지 속은 기분이다' 등의 감정들이 교차되는 경우가 있다. 사실상 이런 감정들은 또 다른 의존심과 적개심인 것이다. 모든 것은 만났다 헤어졌다, 다시 새롭게 만나고 헤어지는, 즉 애착과 분리가 건강하게 이루어져야 하는데, 이러한 필연적인 삶의 과정을 받아들이지 못하는 경우가 많다. 건강하게 분리되면, 언제든지 필요할 때 간헐적으로 만날 수도 있고, 독립적으로 잘 살아가다 또 다시 만날 수 있을 때 동등한 인격체로 서로 만날 수 있는데 말이다.

혹시 이렇게 헤어짐의 과정에서 위와 같이 느끼는 경우가 있다면 이렇게 한번 성찰해 보길 바란다. '아, '건강한 분리'와 '건강한 의존'의 경험이 없어서 내가 이렇게 두려워하고 있구나. 영원히 내게는 모두 멀어져 갈 것 같고, 영원히 나는 소외될 것 같은 감정들을 느끼면서 말이다. 모든 대상은 만났다 헤어졌다, 다시 새롭게 누군가를 만나고 헤어지고 그런 것이구나. 나도 여기 그대로 있고, 상대도 본래 있었던 그 자리에 있을 뿐, 그 어느 것도 영원히 고정된 것은 없구나! 모든 것이 변화의 과정일 뿐이구나.' 하는 묵상이 필요할 것이다. 아마도 이러한 성찰이 가능하다면 마음의 안정을 찾을 수 있을 것이다. 이것이 '헤어짐의 치료적 작업'인 것이다. 건강한 분리는 '바른 헤어짐의 자세'이기 때문에, 부모가 자식을 떠나고, 자식이 부모를 떠나는 것 같은 아주 중요한 과정이라고 보아야 한다.

부처님의 마지막 가는 길을 한번 보자. 부처님의 마지막 생을 앞에 두고 아난다를 비롯한 많은 제자들이 옆에 모여 들었다. 그 제자들에게 마지막 말씀을 남겼다고 전해진다. "너희들은 저마다 자기 자신을 등불로 삼고 의지하여라. 진리를 등불삼고 진리에 의지하여라. 이 밖에 다른 것에 의지해서는 안 된다. 물위에 뜬 기름처럼 행동하지 말고 가르침을 중심으로 화합 하여라. (중략) 너희들은 진리를 지켜 무슨 일에나 진리대로 행동하여라. 이 진리대로 살아간다면 설사 내게는 멀리 떨어져 있더라도 항상 내 곁에 있는 것과 다름이 없다. 육신이 헤어지더라도 깨달음의 지혜는 영원히 살아있을 것이다. 내가 간 후에는 내가 말한 가르침이 곧 너희들의 스승이 될 것이다. 모든 것은 사라진다. 게으르지 말고 부지런히 정진하여라."(佛典, P86 현대어로 편역).

예수님은 진정한 가족이란 누구인가 라는 지혜의 말씀을 언급하셨다.

어떤 이가 "보십시오. 스승님의 어머님과 형제들이 스승님과 이야기하려고 밖에 서 계십니다." 하고 전했더니, 예수님은 "누가 내 어머니고 누가 내 형제들이냐?"라고 오히려 반문하시면서, "하늘에 계신 내 아버지의 뜻을 실행하는 사람이 내 형제요 누이요 어머니다."라고 하셨다(마태오 12.46-50). 이런 말씀들은 우리가 진정한 분리가 무엇인지를 깨닫게 한다. 어떤 대상에게도 (그것이 인간적 스승이나 가족일지라도) 얽매이지 말아야 하며, 진리에 근거한 '참 자신' 혹은 '하느님'과의 만남을 통하여야만, 삶의 깊은 허덕거림에서 벗어날 수 있다는 것을 시사하고 있다.

'상담자(상담자 역할자)'는 어디까지나 '안내자' '돕는 이'일 뿐이지 그들은 결코 우리의 욕구를 채워줄 대상이 아니다. 그들도 진리를 향해가는 여행자일 뿐이다. 동일한 인격체로서의 만남인 것이다. 자신의 깊은 수렁은 자기 안의 '참됨'을 정확히 알고 깨닫고 수용함으로써 해결되는 것이다.

'전이감정'에 대한 이야기는 만남과 헤어짐의 과정을 통하여 생생하게 드러나게 되므로 한번쯤 위와 같은 내용들을 참고하여 숙고해 본다면 많은 측면에서 도움이 될 것이다. 특히 '헤어짐'과 관련된 우리의 '전이감정'을 생각하면서, 대상에 대한 감정을 자신의 진실과 만나기 위한 소중한 과정이라고 느껴보자. 그리고 편안하게 그들과 분리해 보자. 그런 후 그 마음들을 잘 승화시켜 자신과 타인을 이롭게 하는 삶으로 에너지를 전환하였으면 좋겠다.

51. '가난한 이', 그는 '가진 자'의 스승

아무것도 가진 것 없는 그 아이에게
모든 것을 다 가진 자들이…
서서히 마음을 열고 삶을 배워가기 시작했다.
'가난한 자', 그는 '다 가진 자'의 스승이 될 수 있다.

차실하고 성실하게 살아가는 평범한 부부가 있었다. 그 부부는 남에게 특별한 자선을 베풀고 살지는 않지만, 그렇다고 피해를 주고 살지도 않는 보통의 소박한 삶을 살아가고 있었다. 그런 분에게 아주 좋지 않는 특별한 일이 생겼다. 그 분의 자식 중, 큰 아이가 어릴 적부터 간질 발작 등 이상한 징조들이 보이더니, 점점 더 그 증세가 선명해지면서 말을 제대로 할 수 없고 몸을 움직일 수 없는 특별한 병을 앓게 되었다. 그 아이의 행동 하나하나는 비상상태의 수준이었다. 청천벽력 같은 아픔과 슬픔 속에서 약 15여년 이곳저곳 데리고 다니지 않은 곳이 없을 정도로 엄청난 고생을 하였다. 사실 그것은 고통이었고 슬픔이었다. 말로 표현하지는 않았지만, 때로는 '그냥 차라리 어떤 사고로 죽는 것이 낫지 않을까.'라고 생각하기도 하였다. '그냥 아이랑 둘이 같이 죽어 버릴까.' 하는 생각도 수없이 하였고 '왜 하필 나에게 이런 아이가 태어났을까! 하늘도 무심하시지! 내가 뭘 그렇게 잘못했다고!'라는 마음에 애간장을 끓이면서 원망감에 사로잡혀 살았다. 하지만 진실로 아이를 사랑하는 마음은 가슴 밑바닥에 늘 있었다.

집에서 도저히 더이상 보살필 수가 없는 정도의 몸이 되어, 어쩔 수 없이 집을 떠나 특별한 기관의 요양치료를 받아야만 했다. 부모와 형제들은 그 요양치료비를 마련하거나 생존을 위하여 많은 수고를 하였다. 일상 때문에 자주 방문할 수 없었던 가족들이었지만, 아이에 대한 사랑은 변함없었고 진실한 것이었고 만날 때마다 지극한 마음으로 그 사랑을 표현하였다. 진심으로 가족들은 그 아이를 사랑했고, 방문할 때마다 긍정적 눈빛으로 그 아이를 바라보곤 했다. 한마디로 그 아이를 버리지 않았다. 요양치료를 담당하는 주변인들의 돌봄 역시 '진정한 사랑'을 주는 곳을 심사숙고하여 택하였다. 그 동안 부모는 지극정성으로 그 아이를 방문하면서 보살폈으며, 친척을 비롯한 주변의 분들도 그 아이를 미워하지 않고 많은 사랑을 주었다.

그 아이의 병은 세월이 지난다고 해도 나아지는 것은 없었다. 그냥 그대로 살 뿐이었다. 그 아이의 주변에는 항상 사람이 있어야 했다. 그 아이는 늘 침대나 휠체어를 이용하여야만 하였다. 자기의 손으로 할 수 있는 것은 거의 없었다. 한마디로 그 아이는 자기 힘으로는 아무것도 하지 못하는 무가치한(?) 약한(?) 사람이었다. 즉 '완전히 가난한 사람'이었다. 돈, 명예, 권력, 외모 등은 상상도 할 수 없는 사치일 뿐이며, 손가락 발가락의 움직임, 말, 그 어느 것 하나 제대로 할 수 있는 것이 없었다. 아무 것도 없었다. 그 아이가 가진 것은 오직 '받은 사랑'이었다. 유일하게 그 아이가 행위로 나타낼 수 있는 것은 '의식'이 살아있는 표정뿐이었다.

그 아이가 요양원 생활을 하는 가운데서, 눈빛이나 표정은 점점 '순수한 인격체' 그 자체가 되어 갔다. 은은하게 바라보는 눈빛, 누군가 무슨 말을 하면 조용히 듣는 자세, 살포시 미소 짓는 눈, 고통스러울 때 은근히 신음하는 표정, 사람의 기척이 나면 살며시 바라보는 얼굴 등이 그 아이의 전부였다. 즉 자기의 손으로 아무것도 할 수 없는 아이가, 얼굴의 표정으로 '순수한 인격체'를 드러내기 시작하였다. 그 아이의 얼굴에서 어떤 맑은 순수함이 발현되기 시작하였다. 주변 사람들도 그 아이를 통하여 뭐라고 말로 표현할 수 없는 맑은 에너지를 느끼기 시작하였다.

그 아이는 실제로 남에게 줄 수 있는 것은 아무것도 없었다. 그런데 그 아이가 남에게 주는 것이 점점 더 많아져 갔다. 그 아이가 주는 것은 사람들이 생각하는 그런 것이 아니었다. 맑은 영혼에서 나오는 무한한 진실한 에너지, 바로 그것이었다. 에너지는 '순수한 웃음' '때 묻지 않은 성품' '선한 얼굴' '있는 그대로 상대를 바라보는 눈빛' '사람들의 표정이나 말을 알아듣는 은은한 미소' 등 순수함으로 드러나기 시작하였다.

부모를 비롯하여 봉사하러 가는 주변인들은 점점 그 아이를 접하면서, 육체적인 수고를 능가하는 정신적인 위로를 받았다. 그 아이를 만나는 사람은, 처음에는 봉사하는 마음으로 다가갔다가 그 아이의 은은함에 저절로 삶의 맑은 기운을 마시며 편안함이라는 소중한 선물을 받고 왔다. 사람들은 점점 더 그 아이를 가까이 고 싶어 했다. 말하자면, 사람들은 그 아이의 맑음에 많은 '인생의 도움(?)'을 받았다. 그 아이를 만나고 오면 어쩐지 마음이 편해지고, 자식 때문에 골치 아파서 속상해서 갔던 어떤 봉사자는 그 아이를 보는 순간, 그 모든 것이 자신의 '욕구' 때문이라는 통찰이 일어나기도 했다. 그리고 그 욕구가 얼마나 어리석은 것이라는 생각을 가슴깊이 느끼기도 하였다. 도와주러 간 사람도, 무심코 중얼거리는 자기의 푸념을 가만히 들으면서 바라봐주는 그 아이의 맑은 얼굴로 인하여 한없는 위로를 받았다. 평화를 얻게 되는 것이었다. 참 이상한 일이었다. 그 아이는 타인에게 아무것도 해 준 것이 없었지만 실제로는 모든 것을 해주는 것 같았다. 사실 대상에게 우리가 바랐던 것은 어떤 설명이나 분석이나 섣부른 위로나, 동정이나 해결책 등이 아니었던 것이다. 그냥 대상을 있는 그대로 봐 주고 머물러 주는 것, 그대로 느껴주는 것, 그것만으로 이렇게 마음의 평안을 얻게 해 줄 줄은 몰랐다. 부부는 그 아이를 통하여 '가진 자식'보다도 '아무것도 가지지 못한 자식'에게 너무 많은 것을 보답 받게 된 것이다. 부부가 준 사랑의 힘은 마치 하느님이 조건 없이 주시는 사랑처럼, 그 아이에게서 오롯이 되돌아오는 것 같았다.

모든 것을 다 가져야만 남에게 도움을 줄 수 있고, 겉으로 드러나는 것이 완벽해야만 무엇인가를 할 수 있다는, 그런 관념이 얼마나 큰 허상인지를 생각하게 해 준다. 가진 자는 오히려 그 가진 것을 지키기 위하여 불안하다. '무엇인가 많이 채우고 싶다.'라는 일반적 심정은 이해되지만, 그 채움은 채울수록 목마를 것이다. 목마르지 않는 것을 채운다는 것, 그것은 바로 '깊은 영혼의 샘물'이다. '가난한 자', 그들의 영혼이 맑게 될 때 그들은 모든 것을 가지는 것이다. 아무것도 가지지는 못했지만, 심지어 자신의 몸도 가누지는 못하지만, 내면에서 사랑과 존중을 충분히 받은 한 영혼은, 사실상 모든 것을 가진 것과 다름없이 살게 되는 것이다. 아무것도 가지지 않은 것처럼 보이지만 모든 것이 차 있게 된 것이다.

삶의 의미를 빼앗겼다고 여길 수 있는 그 아이에게

모든 것이 완전히 정지되었다고 느낄 수 있는 그 아이에게
슬픔 속으로 한없이 함몰될 수 있는 그 아이에게
비참할 것 같은 그 아이에게
죽음과 비탄을 느껴야 하는 그 아이에게
보이는 것으로는 아무 것도 가진 것 없는 이 '가난한 자'에게

그냥 있는 그대로의 모습을 가만히 바라보는 것을 통하여
그냥 있는 그대로의 모습으로 은은하게 듣는 눈빛과 미소와 표정을 통하여
경쟁심이나 우월감 열등감으로 경직된 마음이 치료되는 것을 느꼈고,
나를 어떻게 볼 것인가 하는 피해의식과 두려움도 사라져가고,
완고한 마음에서 점차 부드러워지는 마음상태를 느꼈고,
가슴속에 묻어두었던 많은 마음을 드러낼 수 있었고,
치유되면서 녹여지기 시작하였다.

'가난한 자', 그들은 '다 가진 자'의 스승이 될 수 있다.
"행복하여라, 마음이 가난한 사람들, 하늘나라가 그들의 것이다."
(루카, 6.20)

52. 상대방을 변화시키고 싶다면!

상대방을 변화시키고 싶다면
첫째, 정확한 '이해'를 해야 하며
둘째, 충분한 믿음과 사랑을 주어야 하며
셋째, 직면시켜야 하며
넷째, 변화하려는 욕구에 '힘'을 실어야 한다.

"배우자를 변화시키고 싶다, 자식을 변화시키고 싶다. 가까이 있는 친구를 변화시키고 싶다. 그리고 나 자신도 변화되었으면 좋겠다!"

우리는 여러 가지의 문제점이 발견되면, 나 자신은 물론 친밀한 가족 혹은 사회생활에서의 주변 사람들을 변화시키고 싶어 한다. 대상이 변화되었으면 하는 마음 자체는, 지극히 정상적인 감정일 수도 있지만 의존심과 적개심의 한 표현일 수도 있다. 비례적일 수도 있고 비례적이지 않을 수도 있다. 시기와 수준에 적절할 수도 있고 부적절할 수도 있다. 그것이 명백하게 고쳐야 할 부분이라면 상대방이 변화되면 좋을 것이다. 문제는 변화의 주체가 되는 사람이 스스로 변화하려는 의지를 가지지 않으면 변화되기 어렵다는 것이다. 그 주체가 되는 사람의 마음을 어떻게 돌려서 변화하려는 마음을 내게 하느냐가 중요한 것이지, 변화시키고 싶은 쪽에서 '변화시키고 싶은 욕구' 하나만으로는 오히려 일을 그르치는 경우가 더 많다. 과연 우리 자기스스로가 변화하기 쉬웠는가를 생각해 보면 상대방을 변화시킨다는 것이 그리 녹녹치 않다는 것을 알 수 있다.

상대방에게 의지하고 싶은 마음이든, 답답해서 화가 나는 마음이든, 변화를 시키고 싶은 인간의 욕구는 부부 혹은 부모-자식관계에서 이해될 수 있는 감정이며, 또 변화시킬 필요가 있다는 판단이 매우 정상적일 때가 많이 있다. 하지만 그 변화가 그리 간단하지 않다. 그리므로 좀 더 차분하게 객관적으로 한발자국씩 노력해야 하는 부분이 있다. 상대방을 변화시키기 위해서 어떤 부분을 꼭 알아야 할까! 그 정답이 꼭 있을까마는 대체로 이런 부분들을 생각해 두면 좋을 듯하다.

첫째, 정확한 '이해'이다. 상대방을 변화시키려는 마음을 가졌다면 그 사람을 제대로 이해하여야 한다. 자신을 변화시키려는 마음을 가졌을 때도 마찬가지이다. 제대로 자신을 이해하여야 한다. '제대로 이해한다는 것'은 중요하지만 쉽지 않다. 한 인간의 선천적 성향, 살아온 생활사, 가족사, 아동기 감정양식을 비롯한 전반적인 감정적 세력들, 즉 핵심역동을 충분히 이해하여야 한다. 물론 인간의 근원적인 '고苦', '원죄原罪'에 대한 개념과 그에 대한 깊이 있는 지성적 성찰이 되어 있는 사람이면 금상첨화錦上添花다. 여기서 이해한다는 것은 머리로 하는 수준은 결코 도움이 되지 않는다. 충분하게 한 사람의 행동의 역사를 진지하게 더듬어가는 시간과 노력이 요구된다. 왜 현재의 행동이 나올 수밖에 없었는가에 대한, 순수한 인간애를 바탕으로 한 살아온 과정의 숙지, 진정어린 관심을 지닌 이해가 뒷받침되어야 한다. '집중형 집단 심리치료(마라톤)' 장면에서 이러한 이해를 바탕으로 집단 구성원을 대할 때, 조금이라도 변화의 의지를 내는 경우는 빈번하며, 그러한 작업은 수십 년 동안 풀리지 않았던 어려움이 해결의 물꼬를 트는 데 도움이 된다.

즉, 그 사람의 정신역동을 낱낱이 진정으로 이해하는 마음이 생겨야 한다. 그래서 그 사람의 현재 행동이 부정적으로(특히 답답하거나 미워하는 마음) 느껴지지 않아야 한다. '그렇게 해서 저렇게 할 수밖에 없으니 얼마나 힘들었을까' '얼마나 고달팠을까' '얼마나 기분이 나빴을까' 등, 상대방의 마음을 측은지심으로 충분히 수용하여야 한다. 너무나 잘 이해가 되어 나의 모든 힘으로 정말 그 사람을 도와주고 싶은 마음이 생겨야 한다. 만약 "무슨 소리를 하느냐, 그 사람이 내게 준 상처가 얼마나 많은데… "라고 항변하는 사람이 있다면, 그 마음은 이해될 수 있으나, 미움과 분노감이 내재된 채 상대방의 변화를 바라는 일은 우선 접어두어야 할 것이다. 우선 자신의 마음부터 다스리는 쪽으로 가닥을 잡아야 하리라 본다.

둘째, 충분한 믿음과 사랑이다. 한 사람을 충분히 제대로 이해하였다면, 어떤 상황에서라도 그 사람에 대한 한 인격체로서의 존중과 사랑, 믿음과 신뢰가 생겨야 한다. 모든 인간은 그 자체로서는 존중받아야 하고 사랑받아야 한다. 이것은 무조건적인 사랑이다. '그냥 있는 그대로의 모습'을 존중받고 사랑을 받는 것에는 조건적인 것이 없다. 한 인격체로서 무조건 받아야 하는 것이 인간적인 믿음과 신뢰이다. 아무리 인간취급을 받지 못할 정도의 행동을 하는 사람이라도, 그 사람을 있는 그대로 이해해주고 믿어주면 놀랍게도 그 사람은 '순한 양'이 되어, 이쪽에서의 느낌과 사랑이 그대로 전달되면서 '변화되었으면 하는 기대감'을 서서히 받아들이는 힘이 생긴다. '사랑이 인간의 모든 것을 일으켜 세운다.'는 진리는, 수많은 인류역사상의 진실이기 때문에 더 이상의 얘기는 진부할 정도이다. 사랑하기 위해서는 무조건적인 인간에 대한 믿음이 우선되어야 하는 것도 마찬가지이다. 물론 상대방의 오랜 습(習)으로 인하여 아무리 믿음과 사랑을 주어도, 혹은 스스로 자신이 변해야 된다는 것을 머리로 알고 있어도, 심지어 스스로가 변화하고 싶은 마음이 간곡하게 생길지라도, 그 습으로 인하여 바꾸기 어려울 수 있다. 그럼에도 불구하고 스스로가 회심하려는 노력, 행동수정하려는 의지를 보이기 시작하는 그 중요한 첫걸음은 '믿음과 사랑'이다.

셋째, 직면되어야 한다. 충분하게 그 사람의 행동의 역사를 이해하고 난 후, 사랑과 존중을 해 줄 수 있다면, 그 다음 과정은 생각보다 쉽다. 두 가지의 절차가 충분하였다면, 그 사람 혹은 자신의 문제행동을 훨씬 더 안정되고 평화롭게 받아들일 수 있는 마음의 토양이 갖추어진다. 자신의 문제점을 맞닥뜨릴수 있는 힘이 생긴다는 뜻이다. '진정으로 나와 상대방을 위하여'라는 느낌이 다가올 때, 사람들은 자신의 많은 부분을 맞닥뜨릴 수 있게 된다. 무의식적으로 자신을 보호하고 있었던 방어의 벽을 스스로 무너뜨리고 싶어 한다. 잘 몰랐던 자신의 어떤 부분을 알아내고 싶어지기도 한다. 한마디로 직면할 수 있다는 뜻이다. 직면된 것을 밀어내지 않고 수용할 수 있다는 뜻이다. 안정적으로 직면되면 서서히 받아들인다. 즉, '아, 이 사람은 나를 위하여 이런 말을 해 주는구나.' '이 사람의 말은 진짜로 믿을 만하다.' '내가 아직 뭐가 뭔지 모르지만, 이 사람의 말이라면 믿겠다.'라는 마음이 작용하는 것이다.

믿음이 생기기 시작하면 직면 받아도 불안하지 않다. 그 사람은 나를 미워하지 않으니까, 나를 이상하게 보지 않으니까 말이다. 직면 받아도 두렵거나 불안함이 덜 하며 대상에게 화나지 않는다. 그 사람은 나를 무시하지 않으니까, 나를 못났다고 느끼지 않으니까 하는 믿음이 더 크게 자리하고 있기 때문이다. 직면 받아도 싫지 않다. 상대방은 나의 존재 자체를 사랑하니까, 나에게 관심이 있으니까 라는 생각이 불안함을 이기는 것이다.

자신을 스스로 이해하고 자신을 바라보면서, 자신에 대하여 제대로 알아가는 과정은 바로 '자기와의 직면과정'이다. 이 직면과정이 없이, 무의식에 다량으로 잠겨있는 감정들을 변화시킨다는 것은 많은 한계점을 가진다. 이것은 타인의 충분한 이해와 사랑이 없으면 힘든 작업인 것이다.

넷째, 변화하려는 욕구에 '힘'을 싣는다. 자신과의 싸움을 벌이는 사람만큼 용기 있는 사람이 있을까! 자신과 맞닥뜨릴 수 있는 사람만큼 훌륭한 사람이 있을까! 성장의 방향으로 자신을 일으켜 세우려는 사람에게는 무조건적인 지지와 격려가 필요하다. 변화하려는 구체적인 노력에 지지를 해 주어야 한다. 변화하지 않으려는 '자기학대'의 노력에는 침묵하거나 혹은 적절한 직면을 반복적으로 시키면 된다. 오직 변화하려고 노력하는 그 의지에 충분히 격려하고 지지해 주어야 한다. 지금까지 해왔던 방식을 탈피하여 자신을 바꾸겠다는 것은 보통의 의지가 필요한 것이 아니다. 그것은 새롭게 탈바꿈하는 과정이다. 꿈틀거리는 과정이다. 이 때 힘껏 그를 지지해주고 격려해 주어야 한다. 갓난아기가 엄마 뱃속에서 나오려는 용을 쓸 때, 엄마가 신음을 하면서 힘을 주고, 바깥에서는 '돕는 분'들이 아기를 세상으로 나오게 하려고 준비하면서 애를 쓰는, 이런 작업들이 필요한 것이다. 그것이 '엄마의 산고産苦'다. 즉 '성장하려는 욕구' '진보적이고 생산적인 욕구'에 힘껏 손을 잡아주어야 한다. 이것은 신비의 과정이요 기적의 과정이기도 하다. 겨울 내내 두껍게 탈을 쓴 껍질을 벗겨내는 작업을 할 때에는, 그 온도와 공기 등 주변 환경이 가장 적절할 때 하는 것이 좋듯, 상대방에게 걸맞은 정서적 물리적 환경을 조성시켜 주면 좋다.

사람은 어떤 형식으로든 변화한다. 물론 부정적인 방향의 변화할 수도 있다. 변화의 방향은 '궁극적이고 본질적인 추구' 쪽이면 인격성장에 큰 도움이 될 것이다. 이러한 인격은 그 존재자체로서 주변 모든 것에 빛이 될 것이다. 스스로의 껍질을 깨기 위하여 시서히 노력하는 모든 분들에게는, 군중들이 두 줄로 쭉 늘어서서 달려오는 마라토너에게 박수를 보내듯, 갈채를 보내어야 한다.

53. '더 이상 살고 싶지 않아!'

칠흑처럼 깜깜한 밤,
불빛하나 없는, 사람의 그림자조차 없는 깜깜한 곳에
덩그러니 혼자서 길을 가야 된다는 그 적막함과 두려움을
어떻게 말로 다 표현할 수 있을까!
'더 이상은 살 수 없다'라는 그 마음은
한마디로 칠흑 같은 어두운 밤으로 비유될 수 있다.
그 깜깜한 한 밤중의 여정에 가장 필요한 것은 무엇일까!
'불빛'이다. 은은하게 비춰지는 달빛은 더더욱 좋다.

부부사이의 문제는 칼로 물배기라고 하는 말이 있다. 마치 원수처럼 서로서로 미워하고 괴로워하다가도, 또 어떤 일로 마음이 녹아내리면 눈 녹듯 마음이 풀어지는 관계라는 뜻이리라. 마치 당장 가방 들고 나갈 것처럼 험악한 분위기에서 언제 그랬느냐는 듯이 그냥 풀어지기도 한다는 뜻일 것이다. 어떤 상황이 지나갔을 때에는 아무런 일도 아닌 것처럼 느껴지지만, 그 당시에는 정말 '이제는 살고 싶지 않다!'라는 생각이 들 정도로 괴로울 때가 있다. 이런 상황은 가족관계가 아니라 할지라도, 일반적인 조직 공동체 내에서 함께 오랫동안 관계를 해야 하는 경우도 비슷하다. 아마도 부부관계 뿐만 아니라 가까운 모든 관계에서 마찬가지일 것이다.

어느누구라도 가까운 가족관계뿐만 아니라 친밀한 외부대상과의 관계에서 힘든 일이 발생할 수 있다고 본다. 그런 상황이 되면 '도저히 더 이상 못살겠다.' '이렇게 살 바에는 차라리 헤어져서 사는 것이 낫지 않을까.' '도대체 내가 왜 저런 사람과 같이 산단 말인가!' '아, 도저히 어떻게 해 볼 수 없다. 정말 더 이상 어떻게 해야 할지 모르겠다.'라는 극단적인 감정에 휘말릴 수도 있다. 다른 인간관계에서도 어려운 것은 많이 있지만, 특히 부부사이 혹은 부모-자식과 같은 가족의 문제가 닥쳐오면, 정말 낭떠러지로 떨어지는 듯한 괴로움 속에 휘말린다. 한치 앞을 내다 볼 수 없을 정도로 온 몸이 힘들고 괴로워서 사는 것 자체가 고통스러울 때가 있다. 도저히 마음이 잡히지 않고, 자꾸만 상대방만 탓하고 싶고, '상대방이 제대로 했더라면 이런 문제가 발생되지 않았을 텐데!'라는 생각에 원망감과 분노감으로, 온 마음과 몸이 낭떠러지로 떨어지고 안개 같은 어두움에 휩싸여지는 기분을 느끼기도 한다.

만약 이런 상황이 부부관계에서 발생된다면, 서로는 대체로 자기의 생각속에 파 묻혀 일방적인 관념으로 가득 차 있기 쉽다. 명백하게 내 쪽에서는 '옳다'라고 생각되는데 상대방 쪽에서 결코 받아들이지 않는다는 생각, 분명히 내 생각이 틀린 것이 아닌데 상대방 쪽에서 자기 마음대로 생각하거나 행동한다는 느낌, 현실적으로 뻔히 안 된다고 여겨지는 것을 상대방은 자기식대로 해 버린다는 생각, 내가 원하는 것을 상대방은 나에 대한 감정으로 어깃장을 놓는다고 느껴지는 것 등, 다양한 생각이나 느낌들로 가득 차 있는 것이다. 좀 더 심하면 상대방이 나를 짓밟으려고 하는 것처럼 생각되기도 하고, 뭔가 나의 것을 빼앗으려고 한다는 느낌이 들고, 날 배신하는 느낌도 들고, 자신의 힘을 이용하여 나를 협박하고 위협하고 폭력을 가한다는 생각도 들고, 비열하게 나를 기만하거나 나를 골탕 먹이려고 한다는 생각들로 범벅된다. 이런 생각과 감정들이 오고가다 보면 수없이 서로가 서로에게 고통과 상처를 주기 쉽다. 상대방 역시 비슷한 생각으로 괴롭기는 마찬가지다.

더 심각하게 진행되면 행동으로 드러나기도 한다. 예컨대, 카드를 확 그어 버릴까! 술을 밤새 마셔 버릴까! 외도를 해 버릴까! 아이는 어떻게 되든 말든 집을 나가버릴까! 어디에 박혀서 그냥 게임이나 어떤 프로그램이나 실컷 하면서 잊어버릴까! 등, 온갖 복잡한 생각들로 가득차고, 그것이 행동으로 옮겨질 경우에는 극단적인 파괴 상황까지 가기도 한다. 이 정도가 되면 '당신의 잘못이야' '나의 잘못이야' 이런 것을 따지기도 싫고, 그냥 이 모든 상황으로부터 회피하고 싶을 뿐이다.

그렇게 되기까지에는, 근본적인 '핵심역동'으로 인한 문제점이 원인이 될 수 있고, 서로의 반응양식으로 인한 상처 때문에 문제가 될 수도 있고, 해결해 볼 수 없을 것 같은 사실 그 자체에 대한 절망감 등, 다양한 원인이 작용할 수 있다. 해결책이 없다고 느껴지는 그 순간, 모든 것을 놓아버리고 싶다. '더 이상 어떻게 해 볼 수 없다.'라는 생각도 든다. 남들은 도저히 알 수 없는 말 못할 힘겨운 상황이 계속된다. 이 정도의 괴로움 속으로 들어가면 "더 이상 살고 싶지 않다."라는 말이 저절로 나온다. 세상 모든 것이 재미없어지고 허탈해진다. 지금까지 접했던 좋은 말들, 글귀들, 좋은 사람들과의 만남들, 사연들, 교육들, 모임들, 그런 것들은 놀라울 정도로 물거품이 되어 버린다. 어찌 그리 종잇조각처럼 날아가는지 알 수 없을 정도로 정말 허무해진다. 그토록 대단했던 글귀와 말들, 학습들이 완전히 백지수표가 되어 날아가 버리는 순간! 정말 바보가 된 듯하다. 완전히 어떤 블랙홀로 빠지는 느낌뿐이다. '더 이상 어떻게 해 볼 수 없다.'는 한숨밖에는 없다. 그만큼 부정적인 마음작용은 우리의 이성을 한방(?)에 눌러 엎는 강한 파괴력을 가지고 있다.

"도저히 못살겠다." "더 이상은 살 수 없다."

사실, 이런 말들이 나오기까지 얼마나 극심한 고통과 괴로움이 있었겠는가! 얼마나 마음이 무너지는 아픔을 겪었겠는가! 가장 의지하고 싶고 사랑받고 싶었던 그 대상과 도저히 살 수 없다는 마음까지 가기에는 얼마나 고통과 상처가 컸겠는가! 죽지 못하여 사는 심정까지 가지 않았을까! 더욱이 지금까지 나름대로의 지성으로 버텨오고 이성적으로 노력해 왔던 것들이 물거품처럼 날아간다는 사실도 너무나 괴로워지는 것이다. 희망이 없는 상태가 될 수 있다. 칠흑처럼 깜깜한 밤, 불빛 하나 없는 곳, 사람의 그림자조차 없는 깜깜한 곳에 덩그러니 혼자서 길을 가야 된다는 그 적막함과 두려움을 어떻게 말로 다 표현할 수 있을까! '더 이상은 살 수 없다.'라는 그 마음은 한마디로 칠흑 같은 어두운 밤으로 비유될 수 있다.

그 깜깜한 한 밤중의 여성에 가장 필요한 것은 무엇일까! 이 칠흙 속에서 헤어 나오기 위하여 무엇이 필요한가! 어려운 일일수록 단순하게 생각해보는 것도 도움이 된다. 어두움에 필요한 것은 불빛이다. 그렇다. 바로 '불빛'이다. 불빛처럼 밝지는 않아도 은은하게 비춰지는 달빛도 꽤 좋다.

우리가 이렇게 깜깜한 칠흑 같은 어둠 속에서 헤맬 때, 누군가 나의 불빛이 되어 준다면, 불빛이 될 수 있는 인품이 갖추어진 사람이 나의 주변에 있다면. 그런 불빛이 되어 주는 무엇인가가 있다면, 우리는 그 어두움의 여정에 그나마 위로가 될 것이다. 깜깜한 터널에서 홀로 괴로워하는 신음소리를 듣고 누군가가 특별한 말을 하지 않아도, 불빛으로 비춰주기만 하여도 힘이 될 것이다. 옆에서 불빛을 비추면서 가만히 있어주기만 하여도 바로 빛이 될 것이다. 마음으로 함께 해 주면서 말이다.

지금 잠깐 쓰러졌을 뿐이라고!

우리에게 비축된 힘은 그대로 있지만, 지금은 괴로워서 쓰러져 울고 있을 뿐이라고!

상처받은 마음 때문에 잠시 가슴을 감싸고 있을 뿐이라고!

늘 그런 것은 아니었지만 지금은 바람이 불고 있을 뿐이라고!

나의 전체가 아니라 부분적인 것이라고!

그렇다. 우리는 그들에게 불빛이 되어 주어야 하고, 은은한 달빛이 되어 주어야 한다. 어두움을 몰아내는 것은 부채로 어두움을 쫓아내듯 내 보내는 것이 아니라 불을 밝히는 것이다. 스위치를 켜는 것이다. 불만 밝히면 어두움은 일시적으로 밝게 될 수 있다. 이렇게 눈 깜빡할 사이에 불이 켜지는 것은 '순간적인 깨달음'으로 마음의 어두움이 가셔지게 하는 것과 같다. 깨달음은 모든 아픔을 일시에 녹일 수도 있다. 이렇게 순간적으로 깨달음을 얻는 방법도 있지만, 꾸준한 깨달음을 통하여 마음이 편하게 되는 경우도 있다. 즉, 맑은 물을 계속 붓다보면 탁한 물은 맑게 될 것이다. 그 어떤 방법이라도 하늘이 내려주는 시기와 때가 있는 것이기에 너무 조급하게 생각해서는 안 된다. 순응하는 마음으로 겸허하게 그 깨달음의 소리에 감사해야 한다. 스스로가 켜지 못하는 불빛은 타인의 위로와 격려와 맑은 물 같은 마음으로 탁한 것들을 맑게 하는 것이다. 서로가 서로에게 그러한 불빛이 되어 준다면 좋을 것이다.

만약 그 스위치를 우리 스스로 켤 수 있다면, 자기 자신이 바로 빛 그 자체가 될 것이다. 그 불빛이 바로 '나'라면, 그 불빛이 나의 내면에서 나온다면 그보다 더 좋은 것은 없을 것이다. 자기의 상태를 바라보면서 '나' 속에서 빛을 얻을 수 있는 수준이 된다면 얼마나 소중한 도구를 가지는 것일까!

'더 이상 살고 싶지 않다.'라는 마음이 들 때는, 아마도 우리 자신이 눈을 감고 있을 때라고 본다. 그 어두움을 없애려고 손사래를 치는 것보다는 자기도 모르게 감고 있는 눈을 가만히 떠 보라. 자신의 마음을 알아차려 보자. 우리 자신이 깨달음의 빛을 밝힐 수 있는 노력을 한다면, 눈을 뜨는 순간 바로 어두움은 도망갈 것이다. 눈을 감고 있다가 뜨는 순간이 깨달음의 빛이 될 것이다. 지금-여기에서 깨어있는 것, 눈을 똑바로 뜨는 것, 이것이 어두움을 몰아내는 약이 될 것이다. 타인의 노크를 통하여 눈을 똑바로 뜨게 되는 것도 있을 것이고, 스스로의 눈뜸을 통하여 불빛을 맞이할 수도 있을 것이다. 오직 지금-여기에서 깨어있기만 한다면!

54. 남편에게 투사되는 내 속의 '심판관'

내가 극복해야 하는 것은 남편이 아니라 내 속의 나의 '심판관'이다.
나의 심판관 때문에 외로웠고 힘들었고
좌절감과 열등감 속에서 늘 시달렸어야 했다.
남들이 아무리 '아이들 우수하여 좋겠다.'고 해도
그놈의 심판관만 발동을 하면
'사람 일이란 알 수 없는데… 더 잘해야 할 텐데…'로 바뀌어버린다.
'남편 돈 잘 벌어 좋겠다.'고 해도
'돈이 최고야? 뭔가 허전한데…, 좀 더 마음교류가 잘 된다면….'으로 바뀌어버린다.
아무리 긍정적인 메시지를 들어도, 더 잘해야 된다는 것에 짓눌려 버린다.

이 내용은 오랫동안 필자와 함께 하면서, 남편을 향한 자신을 마음을 통찰하면서 나누었던 어느 분의 이야기를 정리하여 쓴 글이다.

내가 우리 남편과 약 25년 정도의 결혼생활을 하면서, 왜 그토록 남편의 수많은 말과 행동이 변화되기를 바랐을까! 얼마 전, 남편의 어떤 잘못 때문에 괴로워하며, 더 이상 못 살겠다고 으름장을 놓고 이혼을 선언하였더니, 남편은 솔직히 말하여 "나도 정말 당신 같은 사람에게 맞추어 살기 힘들다."면서 한숨을 쉬었다. "적반하장… 자기가 뭘 잘했다고 나에게 그런 소리하느냐?"라고 항변하긴 하였으나, '당신 같은 사람'이라는 말이 너무 충격적이어서 '도대체 나에게 무슨 문제가 있는 것이었을까!'를 생각하며 연구소를 방문하게 되었다. 물론 상대방의 행동이 잘했다는 것이 아니라, 내가 왜 이런 말을 들어야 하는지 성찰하고 싶었다고나 할까! 남편은 여러 측면에서 변화되어야 하는 부분이 분명히 있다. 관계측면에서 비례적이지 않는 부분들이 객관적으로 보아도 있고, 일상에서 문제가 될 때도 있다. 이러한 것들은 우리 부부를 잘 아는 타인이 생각할 때도 공감하는 상황이며 나의 의견을 더 인정하기도 한다.

바로 이런 인정이 문제가 된다. 나의 잘못은 없다는 것을 정당화시켜 늘 상대방이 잘못했다는 생각을 고정시켜 놓았었다. 하지만, 내 몫은 과연 없는가! 남편은 자주 이런 말을 했다. "당신이 하는 말은 반복적인 패턴이 있어. "당신 이리이리한 것을 고쳐라. 당신, 이것이 더 좋지 않으냐!. 이것 잘못되었다. 저것 고쳐라! 뭘 좀 똑 바로 하세요."라는 말들이다. "당신도 생각해 봐. 이런 말들 외 당신이 나에게 하는 말이 뭐가 있는지!" 사실, 이 말을 듣고 갑자기 할 말이 없었다. 완전히 정답을 받은 느낌이라 할까!

상대방이 바뀌었으면 하는 내용이 적절하다 하더라도, 문제는, 상대를 바꾸겠다는 '나' '내 마음'이 핵심이 되는 것은 사실이나. 나는 이런 내 마음에 좀 더 집중하려고 애쓰게 되었다. 심리학습을 하면서 이런 나의 태도가 '공격적인 의존심'이라는 것도 알게 되었다. 이렇게 나 자신의 심리상태를 파악하여 성찰해 본다는 것 자체가 사실 나에게는 큰 변화이다. 남편 탓을 중단해 본 적이 없기 때문이다.

나는 내 속을 조용히 살펴보면, 늘 '심판관'이 머리 양쪽에 어떤 뿔을 세우고 '나'를 감시하는 것 같은 느낌이 있었다.

'넌 잘해야 해'

'넌 잘못하면 안 돼'
'틀리면 안 돼'
'만약 잘못되었다간 끝장이야.'

아무리 생각해도, 지금까지 살아오면서, 아무도 나에게 그런 말을 직접 한 기억은 없다. 성실하였던 우리 부모님, 나쁜 사람은 아니었지만, 때때로 조건 없이 한 인간을 사랑하는 방법을 몰랐던 우리 부모님! '있는 그대로'의 나로서 관심받기 보다는 '무엇 무엇을 잘한다.' '아주 잘해' 등의 인정을 '밥'처럼 먹고 살아왔기 때문에, 그 밥(?)을 놓칠 수 없었다. 그냥 편안하게 내가 기댈 수 있는 대상이 없고, 항상 무엇을 잘해서 내 존재를 의존하다 보니, 뭘 잘하는 것 자체가 의존하는 방식이 되어 버렸던 것이다. 말하자면 '무엇을 잘한다'는 조건적인 인정이 밥이 되어 버렸다. 하루도 먹지 않으면 안 되는 밥, 그 밥을 먹지 않으면 배가 고프다. 배가 고파서 또 열심히 무엇인가를 잘해서 밥(?)을 벌기 시작한다. 최선을 다해도 밥(?)을 벌지 못했을 경우에는, 즉 인정을 받지 못했을 경우에는 남들이 알든 모르든 마음속에 상처가 된다. 그러다 보니 어느새 '밥통(?)' 속에 파 묻혀 청춘을 다 보냈던 것이다. '밥'과 '나'가 뒤범벅되어 뒤죽박죽 되어버렸던 삶이었다. 한마디로 무엇을 얻기 위해 살고 있는 줄도 모르고 인정이라는 구덩이에 빠져 정신없이 살아왔던 것이다. 인정의 노예가 되었던 셈이다.

'인정받기 위하여 그렇게 열심히 살아왔으면 만족이 되어야지 왜 만족이 안 되는 것이었을까! 성취한 것도 많지만, 내 마음속에는 늘 불만이 많다는 것… 평화롭지 못한 것은 진실이 아니기 때문인데…. 분명히 이런 방식의 삶은 '진실'이 아니야.'

이런 반복적 성찰이 서서히 조건화된 수레바퀴를 멈추게 하는 힘이 되었다. '지금까지의 나의 삶은 놀랍도록 인정이라는 감옥 속에 갇혀 살아왔구나.'라는 통찰이 일어났다. 말하자면 스스로의 심판관이 딱 버텨서 '너 잘하는가 보자!' '너 이건 잘했어! 그러나 앞으로 더 잘해야 해! 세상은 만만치 않아! 그것으로 만족할 수 없어. 사실 좀 더 잘 할 수 있었을 텐데.' '만약 잘못되었다간 넌 이제 낭떠러지로 떨어지는 거야.' '잘 못하고 산다는 것은 사실 실패하는 거야.' 등, 내 속에 이와 같은 '나에 대한 비난과 질책의 심판관'이 준비되어 있는데, 아무리 잘해도 무슨 소용이 있겠는가.

이렇게 자신에게 가혹하게 심판의 화살을 겨누고 있으니, 어떻게 자신이 에너지가 생길 수 있을까. 진정한 편안한 힘이 생기지 않으니 스스로에게 의지하고 살아야 하는데, 의지할 수가 없는 것이다. 힘이 다 빠져버리는 것이다. 즉, 나 스스로에게 편히 기댈 수 있어야 하는데, 도저히 심판을 늘 받아야 하는 자신에게 의지할 수가 없는 것이었다. 스스로에게 편안하지 않으니, 남편에게 그 눈길이 돌아가지 않을 수 없었다. 강력한 의존심으로 애착하여 다가가니, 상대방은 아마도 질리고 부담스럽고 힘들었을 것이다.

'이제 당신에게 좀 의지해야겠어.' '당신은 나와 함께 한 이불을 덮고 사는 사람이니까 당신에게 좀 기대어야겠어.' '난 나 스스로에게는 지쳤어 이제 당신밖에 없어.' '난 지금까지 너무나 열심히 살았어. 이젠 당신에게 의지해서 살고 싶어. 편하게… ' 등이다. 말하자면, 스스로를 채찍질하듯 심판하다 지쳐서, 남편에게 의지하기 시작하였다.

그런데 의지하는 방식이 문제인 것이다. 의지하는 방식이 꼭 자기 스스로에게 했던 그 방식을 그대로 쓰는 것이다. 매우 공격적이다. 나 자신을 혹독하게 비판하며 채찍질하더니 이제는 남편에게 그 채찍질이 간 꼴이다. 공격적인 의존심이다. 그도 그럴 것이, 도대체 의존하는 건강한 방식을 사용해 본 적이 없었던 것이다. 스스로에게 채찍질하였던 그 방식으로, 대상에게 그대로 쓰는 것이다. 즉, 그 심판관의 눈길을 가장 가까운 대상에게 보내는 것이다. 그냥 '당신이 참 고맙다. 당신에게 의지할 수 있어서 얼마나 감사한지 몰라요!' 이렇게 말하면 될 것을, '당신이 나를 지키기 위해서는 잘해야 돼.' '당신이 더 완벽해야 해.' '실수하면 이제 죽는 거나 다름없어.' '아니, 어찌 이런 것을 못하다니! 앞으로 어떻게 되겠어.' '이것도 못했구나, 저것도 못했구나.' '아이고, 내가 못살아.' '아, 이번에는 잘했네. 앞으로 더 잘하도록 노력해 보세요!' 이런 식이었다. 남편 자신 스스로도 자신의 심판관이 있을 텐데, 상대의 판단까지 덮쳐서 심판을 받아야 하는 그 당사자의 고통을 어떻게 말로 다 표현할 수 있을까. 남편은 "내가 신이 되어야 당신이 만족할까."라는 표현을 한 적이 있다. 참 가슴이 쓰라린다. 지금의 남편은 다른 여자를 만났다는 깊은 죄책감으로 작은 잘못에도 죄인처럼 '미안하다.' '잘못했다.'라는 방식으로, 오히려 진정한 대화를 하지 못하는 수준이 되어버린 셈이다. 내가 입장이 바뀌었다면 어떻게 되었을까! 지나간 일들은 이제 접어두고, 현재 내가 무엇을 해야 하는가에 집중해 보려고 한다.

내가 극복해야 하는 것은 남편이 아니라, 내 속의 나의 '심판관'인 것이었다. 나의 심판관 때문에 외로웠고 힘들었고 좌절감과 열등감 속에서 늘 시달렸어야 했다. 남편도 나도 가족 모두… 남들이 아무리 '아이들이 건강하게 잘 커 주고 있어서 좋겠다.'고 해도, 그놈의 심판관만 발동을 하면 '사람 일이란 알 수 없는데! 앞으로도 계속 건강해야 할 텐데!'라는 걱정으로 바뀌어버린다. '남편 돈 잘 벌어 좋겠다.'고 해도 '돈이 최고야? 뭔가 허전한데. 좀 더 다른 것들이 채워져야 하는데!'로 바뀌어버린다. 아무리 긍정적인 메시지를 들어도 더 잘해야 된다는 것에 짓눌려 버린다. 이러다 보니 늘 시달리는 마음으로 하루하루를 살아왔다고나 할까! 지금까지도 한 번씩 이런 마음에 휘둘릴 때면 정말 이렇게 '조건화된 삶'이 징그럽고 지친다.

결국 답은, 지금 모습 그대로의 나를 사랑해 주어야 한다는 것, 아무런 조건 없이 안아주어야 하는 것이었다. 남편을 있는 그대로 인정해주고 사랑해 주는 길은, 결국 나 자신을 조건 없이 사랑하는 것이라는 것을 뼈 속 깊이 느낀다. 이번 학기, 남편과 함께 집단 심리치료를 경험하였다. 정말 도저히 혼자서는 생각할 수 없었던 부분을, 구성원들의 피드백을 통해서 내 몫을 많이 느꼈다. 거의 대부분의 문제점이 남편 때문이라는 사실을 한 번도 의심해 본 적이 없었는데, 내 자신의 몫이 여러 측면에서 드러나는 것을 보게 되었다. 심리치료 장면을 통해서 나 자신이 너무나 많은 것을 느끼고 있는 중이다. 서로가 건강하게 의존하는 것이 어떤 것인가를 가슴 깊이 느끼게 되었고, 남편과 어떻게 살아야 하는가를 깊이 깨달았다. 무엇인가 모르게 두 손 모아 큰 절을 올리고 싶은 심정이다. 스스로를 심판하지 않고 있는 그대로 보아주었던 구성원들의 격려와 지지가 없었다면 아마도 이런 통찰을 하기도 힘들었을 것이다.

모든 것이 나로부터 출발함을 깊이 체험으로 느끼게 된다. 이제 심판관은 어디에도 없어야 할 것이다. 그냥 이 세상에 무엇인가를 존재하게 한 후 "보시니 참 좋았다."고 말씀하신 하느님의 목소리를 들어야 할 것이다. 누가 누구를 심판한단 말인가! 그것은 완전히 망상일 뿐이다.

55. 어리석은 사람들

우리가 생각해 보아야 하는 중요한 두 가지 점은,
첫째, 내 뜻을 펼치는 데 있어서 대상을 고려하지 않는 태도는 백해무익하다.
둘째, 그 '때와 시기'라는 것이, 자신이 생각하는 '때와 시기'인지,
하늘이 생각하는 '때와 시기'인지를 알아내는 지혜가
진정한 지혜라고 본다.

다음의 내용은 불교 경전 '백유경百喩經'의 일부를 인용한 것으로, 이를 통해 몇 가지를 생각해 보고자 한다.

고집과 자존심이 강한 부부가 있었다. 하루는 그들에게 떡 세 개가 생겼다. 부부는 떡 한 개씩을 나누어 먹고 나서 다시 한 개를 서로 더 먹겠다고 입씨름을 벌였다. 그러다 끝까지 말을 하지 않는 사람이 떡을 먹기로 했다. 떡 한 개 때문에 종일 아무도 입을 열지 않았다. 밤이 되자 그 집에 도독이 들었다. 도둑은 방 안으로 들어와 물건을 훔쳐 쌌다. 그러나 부부는 입을 봉한 채 도둑이 하는 거동만 빤히 쳐다보고 있었다. 도둑은 그들 부부를 이상하게 여기면서도 아무 말도 없는 데 용기를 얻어 그 부인을 범하려 했다. 그래도 남편은 말이 없었다. 참다못한 아내가 "도둑이야!" 하고 고함을 치며 남편에게 대들었다. "미련한 사내, 그래 떡 한 개 때문에 자기 아내를 범하려는 것을 보고도 가만히 있단 말이요?"

그러자 남편은 "떡은 내 것이야!" 하고 비로소 입을 열었다. 사람들은 이 말을 듣고 모두 비웃었다.

이 이야기는 마치 '말도 안 되는' 내용쯤으로 넘길 수 있지만, 사실 우리 생활을 가만히 들여다보면 깨달음을 주는 무엇인가가 느껴진다. 다양한 예를 들어 살펴보자. 눈앞에 보이는 작은 이익이나 체면 혹은 명성을 위해 큰 손해를 보면서도, 사실 그 당시에는 큰 손해를 보는 줄을 모르기 쉽다. 부모의 체면, 감정상태, 눈앞에 보이는 이익 등을 위하여 아이에게 큰 상처를 주면서도 그것이 아이에게 가는 상처인 줄도 모르는 것과 같은 이치라는 뜻이다. 부부가 서로에게 지혜롭지 못하여 자식에게 가는 피해가 엄청난데도, 우선의 편안함(떡 한 개의 맛)을 위하여 문제인 식조차 하지 않으려는 어리석은 행동이 나온다. 어떤 경우에는 그 행동이 문제가 되는 것을 알면서도, 그 어리석음을 깨는 노력을 하지 않는 것도 다 같은 이치다. 자식에게 피해를 주는 상대(배우자 혹은 친지들)에게 아무런 대응도 하지 못한다든지, 뻔히 배우자가 자식에게 잘못하고 있는 줄을 알면서도 서로 싸우기 싫어 그냥 넘긴다든지 하는 것도, 떡 한 개를 취하기 위하여 강간하는 도둑을 그냥 두는 것과 조금도 다르지 않다. 온갖 번뇌와 악한 도둑의 침범으로 나의 내면의 진실한 마음을 잃고 망상 속에 헤매면서도, 자신의 내면치유 혹은 인격도야를 위한 '마음공부'를 하지 않고 바쁜 현실을 핑계 삼아 일시적인 안락을 취하는 것도 다 마찬가지이다. 위의 얘기들을 그냥 단순하게 '참 바보 같은 사람들이군' 하는 정도로 생각할지 모르나, 우리 자신들의 미성숙한 태도를 가만히 들여다보면 위와 같은 어리석은 일들이 하나둘이 아닐 것 같다.

어리석은 사람의 또 한 예를 들어보자.

옛날 부자가 한 사람 있었다. 곁의 사람들은 그의 환심을 사려고 그에게 온갖 아첨을 다 떨었다. 심지어 그 부자가 가래침을 뱉으면 그의 시종들은 달려가 그것을 밟아 문지르는 일까지도 서슴지 않았다. 어떤 미련한 시종 한 사람이 자기도 그렇게 하여 그의 눈에 들고자 했으나 차례가 돌아오지 않자 이렇게 생각했다.

'그가 침을 뱉을 때마다 나보다 날쌘 사람들이 먼저 달려가 그것을 밟아 버릴 테니, 나는 그가 침을 뱉으려 할 때 얼른 밟아 버려야겠다.'

그때 마침 부자가 가래침을 뱉으려 했다. 미련한 그 시종은 얼른 발을 들어 부자의 입을 걷어 차 버렸다. 부자의 입술이 터지고 이가 부러졌다. 부자는 화를 벌컥 내며 그를 꾸짖었다.

"네 이놈, 어찌 감히 내 입을 차느냐?"

어리석은 시종은 대답했다.

"주인어른의 침이 입에서 나와 땅에 떨이지면, 곁에 사람들이 얼른 밟아 버리기 때문에 제게는 차례가 오지 않았습니다. 그래서 침이 입에서 나오려 할 때 먼저 밟으려고 했던 것이 그만 그렇게 되었습니다."

이 시종의 아첨과 비굴함은 이루 다 말할 수 없으며, 그런 아첨을 통하여 무엇인가를 얻으려고 하는 그의 태도는 '비유적인 글'이라는 것을 감안한다 하여도 참으로 혀를 끌끌 찰 만한 유치한 이야기이다. 그러나 우리의 어리석음 역시 이와 다를 바 없다. 인정을 받기 위하여 비굴한 자세를 취하면서 웃음으로 모든 것을 무마한다거나, 사랑받기 위하여 무시당하는 것조차 불사한다든지, 인정받는 일이라면 양심과 도덕을 내팽겨 친다든지, 스스로의 자존심을 내동댕이친다든지, 자존감에 손상이 간다 할지라도 애정을 갈구한다든지, 현실적인 손해를 본다 할지라도 인정과 사랑을 받는 것이라면 무엇이든지 다 하는 것 등이 그 예이다. 우리가 사랑과 인정을 받기 위하여 평생토록 얼마나 많은 어리석음에 취해서 살아가는가를 생각해보면 그냥 지나칠 수 있는 이야기가 아닐 것이다.

이 어리석은 시종의 예에서 '때와 시기'라는 측면에서도 우리가 배워야 할 점이 있다. 부자가 침을 뱉은 시기를 맞히지 못하여 입을 걷어차듯, 어떤 일이든 그 때가 있는 법이다. 때기 체 이르기도 전에 억지로 애를 쓰면 도리어 화를 당한다. 제 때와 제 때 아님을 잘 살펴 알아야 한다. 부모가 자녀의 때를 기다리고, 배우자가 상대방의 상태가 조금 힘들더라도 감수하며 조용히 기다려주며, 언젠가를 대비하여 심리적으로 '건강한 정신' '내면의 힘'을 비축하는 등, 적절히 때를 잘 살펴서 자신의 역량을 쓰는 것도 매우 중요하다.

이 세상의 그 무엇이든 그렇지 않는 것이 있으랴! 세상일을 하는 데 있어서, 명백하게 나의 의견이 정정당당하다 할지라도, 이 의견을 세상에 내어놓아야 할 시기와 때가 항상 있는 법이다. 혹자는 이런 자세를 당당하지 못한 비열한 자세라고 생각할 수 있다. 혹은 무조건 자기주장을 해야 한다고 몰아 부칠지 모르나, 그것은 개인의 '정신역동'으로 인한 적개심의 한 표현양상이라는 점을 배제할 수 없다. 상대방 혹은 외부의 상황을 고려하지 않는 자기 욕구의 조절 한계로 인하여 할 말 안 할 말을 구분하지 못한다는 것, 무조건 참을 수 없다는 조급한 마음으로, 혹은 당당해야 한다는 합리화로, 입에서 나오는 말을 함부로 한다는 것 자체가 어리석음의 한 표현일 수 있다.

따라서 우리가 이러한 비유의 말씀을 통하여 생각해 보아야 하는 것들 가운데 두 가지 점을 정리해 보자.

첫째, 내 뜻을 펼치는 데 있어서 대상을 고려하지 않는 태도는 백해무익이라는 점이다. 어떤 경우라도 대상의 현실을 종합적으로 판단하여, 우선 나의 뜻과 의견을 생각하는 것은 기본이다. 상대방의 증상만을 끊임없이 불평불만 하는 것은 사실 지극히 어리석은 일일 뿐이다. 타인을 위한 따뜻한 마음은 꼭 필요하나, 상대방을 제대로 이해하고 느끼고 판단해내는 건강한 자아기능이 뒷받침되어야 한다.

둘째, 그 때와 시기라는 것이, 자신이 생각하는 '때와 시기'인지, 하늘이 생각하는 '때와 시기'인지를 알아내는 분별력이 진정한 지혜라고 본다. 예수님이 일반인을 위해 가르쳐 주신 기도문의 '아버지의 뜻이 하늘에서와 같이 땅에서도 이루어지소서.'라는 내용은 깊은 의미를 담고 있다. 사람이 자신의 뜻을 정확하게 느낀 후에, 이 뜻이 과연 하늘의 뜻과 일치할 것인가를 곰곰이 생각해 보는 것이 현실적인 최종적 판단에 있어서 얼마나 중요한 과정인지 모른다. '인간의 뜻'만 생각하며 사는 사람은 그 뜻이 이루어졌을 때 어느 정도 기간은 편안하지만 시간이 흐르면 다시 자신의 뜻을 이루고 싶은 욕구 때문에 불편해지기 시작한다. '하늘의 뜻'을 생각하고 사는 사람은 처음에는 좀 불편할지 모르지만 서서히 마음이 안정되고 편안해 지면서 주변의 모든 상황들이 조화롭게 돌아가는 것을 느낄 수 있고, 그러한 결과물로 인하여 오히려 남은 인생을 평정된 마음으로 살 수 있을 것이다.

56. 우선 보이는 것은 '행동양식'뿐!

인간은 누구나 다 자기 스스로가 자기의 존재 양식을 선택하고
실현할 수 있는 자기실현의 능동적 주체가 될 수 있다.
자기의 구원은 자기의 마음 안에서 이루어져야 하는 것이지
밖에서 주어질 수 있는 것이 아니다.

일반적인 대인관계에서 가끔 사람들은 "따지고 보면 내가 잘못한 것은 없는데 이런 일을 당해야 하다니 억울하다."는 말을 종종 한다. 그 상황을 가만히 지켜보면 상당히 근거가 있고 억울한 그 마음이 이해됨직한 경우가 있다. 근본적인 이유와 상황들을 들어보면, A쪽에서 아무 잘못도 없는 일들이며 상대방 B에 대한 억울함이 이해될 수 있는 일들이, 왜 결국 A가 마치 잘못한 것처럼 결론이 나 버릴까! 만약 이런 상황이라면 A는 생각하면 할수록 억울해서 잠이 오지 않고, B가 더욱 더 미워지고 원망스럽고 기가 차서 아예 말도 하기 싫어 피하고 싶을 것이다. 그러면 오히려 B는 더 의기양양해서 다른 사람들과 잘 어울리고 A는 더욱 더 잘못한 사람이 되어가는 경우까지 있다.

왜 그렇게 되어 버렸을까!

내용적으로는 A가 억울하고 화가 날 수 있는 상황이라도, A의 행동양식이 '공격적이고 극단적이고 불같은 투쟁적인 행동방식'을 사용하게 되

면 A는 역풍을 맞이하는 문제가 야기될 수 있다. 아무리 내용이 옳고 바르더라도, 내용을 전달하는 방법이 잘못되면 상대방은 그 행동양식만 눈에 보인다. 행동양식으로 인하여 말하고자 하는 내용이 상대방에게 전달되기는커녕, 오히려 그 태도 때문에 더욱 더 문제가 되어 버린다는 뜻이다. 즉, A가 말하고자 한 내용은 날아가고 없고 A의 행동양식만 오롯이 남아서 두고두고 말썽거리가 될 수 있다.

A는 사실적인 부분이 옳다고 느끼기 때문에 B 잘못에 대해서 이렇게 말을 해 보기도 하고 저렇게 말을 해 보기도 하지만, B는 끄덕도 않은 채 똑같은 행동을 하게 된다고 하자. 말하자면 A는 처음에는 알아듣게 말을 한다고 하다가 차츰차츰 화가 나면서 나중에서 폭발적으로 B를 향해서 화를 내뿜는 것이다. 그러면 B는 '그래, 당신은 늘 그 모양이지. 사람을 당신마음대로 취급하는, 당신이라는 사람은 정말 자기가 뭐든지 다 옳다고 생각하는, 문제가 많은 사람이야. 당신은 본래 그렇게 화를 내는 사람이니까, 이제는 더 이상 당신 말을 듣지 않겠어.'라는 생각을 자동적으로 하면서 상대방 말을 귀담아 듣지 않는 태도를 취한다. 그리고는 '당신, 그런 방식의 행동이나 고쳐!' 하는 식으로 팩 돌아서 버린다. 이 때 A는 억장이 무너진다. 즉, A는 자기의 행동양식에 문제가 있다는 것을 느끼지는 못하고, 자신이 생각한 내용이나 사실이 옳다는 것에만 초점을 맞추고 강조하게 되므로, 서로간의 엇갈린 불만으로 어려움이 생긴다는 뜻이다. 즉, 한쪽은 내용에 대한 것으로, 다른 쪽에서는 사실 이전에 전달하는 행동양식에 대한 것으로, 서로서로 갈등을 겪게 된다.

음식물이 아무리 맛있어도 음식물을 담는 그릇이 불결한 것이라면 누가 그 음식을 먹으려고 하겠는가라는 것과 같은 이치다. 그러므로 A는 B라는 사람을 제대로 정확하게 알고(B의 심리상태를 알아차리고), B에게 맞는 적절한 행동이 무엇일까에 대한 건강한 대처방식을 사용하여야 한다. 이 과정에서 잘 모르는 것은 배워야 하고 연습이 필요하므로, 조급하게 생각하지 말고 점진적으로 교육받는 것이 필요하리라 본다. 그러나 대부분의 사람들은 소통과정에 대한 지혜로움을 발휘하기도 전에, 조급해지고 답답해지고 막막해져서 바로 억하심정이 되어 버리는 것이 가장 큰 문제이다.

따라서 A는 일차적으로 마음에 들지 않는 B의 행동을 고치기 위하여, 스스로의 감정상태부터 체크해 보는 태도를 가져야 한다. 자기마음에 상대를 향한 분노와 화를 동반하고 있다면, 틀림없이 상대방의 행동을 고치기 위하여, 상대방의 존재에 상처를 주는 반응양식이 나갈 가능성이 크다. 상대방이 자극을 주었다 할지라도, 분노나 화 등의 '적개심'은 자기마음의 몫이므로, 그것을 상대방에게 떠넘겨서는 곤란하다. 화 자체를 옳다 그르다는 판단하자는 것이 아니라, 화를 다스려야 하는 것은 본인의 몫이지, 상대방에게 떠 넘겨야 하는 것은 아니라는 의미이다. 그러므로 B의 행동수정을 위하여 A는 적개심을 다스릴 수 있는 마음자세가 된 후부터 행동양식이 시작되어야 할 것이다. 만약 이것이 어려운 경우에는 자기마음에 머물러서 '내가 답답해서 화를 내려고 하는구나.'라고 다독거리는 머무름의 시간을 가져야 할 것이다. 다독거리는 과정에서 '내가 과연 B를 제대로 이해하는가.'를 느껴보면 더 좋을 것이다.

B를 제대로 정확하게 이해하고 나면, 정말 B 자신도 어쩔 수 없는 '그렇게 할 수 밖에 없는' 본인의 '정신역동'이 있다는 것을 마치 내 자신처럼 느낄 수 있어야 한다.

'정말 그도 어쩔 수 없구나.' '정말이지… 그 사람도 어쩔 수 없었구나.'

여기서부터 출발이 되어야 한다. '자기 자신도 어쩔 수 없는 것을 상대방인 내 자신이 어떻게 해 보겠다는 것 자체가 문제가 있구나.' 하는 생각으로 마음을 가다듬어야 한다. 이때 '그렇다면 현실적인 문제가 자주 발생되고, 그 피해는 나 자신이 보는데 그것을 그냥 두어야 한단 말인가' 하는 의문이 일어날 수 있다. 충분히 가능한 의구심이라고 여겨진다. 하지만, 그렇게 애가 타는 마음은 이해될 수 있는 감정이라 할지라도, 사실 그러한 마음은 상대방을 제대로 이해하지 못하고, 이해하지 못하니 수용하지 못하는 한계를 드러내고 있다. 아무리 한쪽에서 속이 답답하여도 상대방이 스스로의 그런 문제점을 모른다면, 본인이 그런 점을 알아차리도록 해 주는 것이 우선적이 아니겠는가! 그냥 놔둬야 한다는 뜻이 아니라, 그 사람도 어쩔 수 없기 때문에 아무리 A쪽에서 다그쳐도(?) B쪽에서는 어떤 반응도 할 수 없다. A를 약을 올리려고 하는 것도 아니고, A를 못살게 굴려는 의도는 더욱 더 아니다. 그냥 못할 뿐이다. 자신의 힘으로 어찌할 수 없어 멍하게 있는 어린 아이와 같은 것이다.

그러므로 상대방 B가 멍해지지 않도록 도와주어서 가만히 그 아이(어른이지만, 특수한 부분에서는 내면의 아이 같은)의 수준에 맞는 '작은 구체적인 행동'부터 실천하도록 도와주어야 한다. 사실 B도 A가 바라는 그것만 잘 안될 뿐이지, A가 미처 생각하지도 못하고 할 수도 없는 다른 건강한 측면도 가지고 있다는 것을 꼭 명심하여야 한다.

B쪽에서 생각하면, A가 다 잘하는 것도 아닌 것이다. 당연한 것 아니겠는가! 누구나 다 잘하는 것도 있고 못하는 것도 있다. 어느 한쪽이 모두 다 잘한다는 법은 없는 것이다. 그런데 B쪽에서 생각하면 A는 늘 자신을 꾸중하고 질책하고 답답해하는 사람쯤으로만 생각되어, B는 A만 보면 스트레스를 받게 되고, 말을 해 봤자 소용없는, 그래서 그냥 입 다물어 버리는 것이 최선의 방어수단으로 되는 것이다. B입장에서는 못하는 것

만 나무라는 A가 원망스럽고 무시당하는 감정 때문에, '침묵'으로 수동적인 공격수단을 쓸 수밖에 없는 지경이 되는 것이다.

인간은 누구나 다 자기 스스로가 자기의 존재 양식을 선택하고 실현할 수 있는 자기실현의 능동적 주체가 될 수 있다. 존재를 상처 주는 상대방의 반응양식은 한 인간의 존귀함을 무시하는 폭력과 다름없는 것이다. B의 잘못된 행위보다, B의 존재를 함부로 대하는 A의 행동양식, 그 아래에 깔린 마음상태부터 재고되어야 하지 않을까 싶다. 한 인간의 구원은 스스로의 마음부터 다스리는 것이 핵심이리라 본다.

보이는 것은 '행동양식' 뿐이므로 그 행동양식으로 억울한 경우를 당하지 않도록 하여야 한다. 어떤 경우라도 우리 자신의 행동양식으로 스스로의 존재를 드러내게 되는 것이고, 거꾸로 나의 행동방식에 의하여 상대방의 존재를 표현하는 것이므로, 드러나는 행동에 대한 성찰은 매일매일 이루어져야 할 것이다. 특히 마음에 들지 않는 상대방과 관계를 해야 할 상황이라면, 인간은 누구나 다 자기실현의 능동적인 주체가 될 수 있다는 굳은 믿음으로 상대방을 바라보는, 보시한다는 마음으로 구제적인 작은 것부터 함께 도와주어야 할 것이다. 바로 그것이 나의 성숙한 인격을 드러내는 행동양식이지 않을까 싶다.

57. '관심'과 '간섭'

단순한 대화같이 보이지만
그 대화 속에는 대화를 하는 사람의 마음이 서려있다.
상대방의 욕구보다는 내 욕구에만 관심이 있느냐,
나의 욕구와 상대방의 욕구를 잘 조절하고 사느냐에 따라서
간섭도 관심이 될 수 있고, 관심도 간섭이 될 수 있다.

다른 모든 인간관계에서도 그렇겠지만 특히 부부, 부모-자식 간에 발생되는 안타까운 일은 부모의 '관심'이 자식에게는 '간섭'이 되는 경우이다. 부모는 분명히 관심을 가지고 하는 말이었는데 자식의 입장에서는 부모의 의식적인 의도대로 받아들이지 않는 경우가 많다. 또한 부모의 뜻이 무엇인가를 분명히 알고 있음에도 불구하고 '간섭'으로 듣는 경우, 부모의 입장에서는 속이 타고 걱정되고 화도 나지만 자식의 입장에서는 '정말 듣기 힘들다.' '그런 식으로 이야기 할 바에는, 아예 신경을 끄는 것이 돕는 것'이라는 극단적인 말이나 생각을 할 때가 종종 있다. 부모들은 하도 어이가 없어서 물끄러미 자식을 쳐다보고 있지만 자식은 마음의 고개를 돌리지 않는다.

상담을 하는 입장에서 보면, 부모의 입장에서 저렇게 말씀을 하실 수밖에 없는 상황도 충분히 이해되고, 자식의 입장에서 왜 저런 말까지 할

수 밖에 없는지에 대해서도 이해된다. 그러나 서로 소통되지 않는 상황이 안타깝다. 부모교육 장면에서 자주 이와 관련된 강의가 이루어지고 있고 집단 심리치료 장면에서는 내담자의 실제적 사례를 통하여 함께 깨닫고 바람직한 방향으로 연습하는 기회도 가진다. 하지만 전혀 이런 교육이나 심리 상담을 접하지 못하는 분들은 상대방 탓만을 하거나 스스로의 혼란과 미궁 속에서 속을 태울 것이다.

이렇게 부모의 의도와 자식의 반응이 서로 일치하지 않을 때, 특히 부모의 관심을 간섭으로 듣는 상황에서 부모 혹은 다른 어른들은 그 자녀에게 다음과 같이 말하기 쉽다.

'부모의 말을 왜 그런 식으로 듣니?'

'부모가 너희들을 기를 때 어떤 마음으로 기르는 줄 알기나 하니?'

'부모의 마음을 그렇게 몰라주면 안 되지!'

'부모의 말을 그렇게 들으면 못써!'

'세상에… 네 부모처럼 신경을 써 주는 부모가 어디에 있다고…'

'모두 다 너를 위해서 하는 말이야. 어디 부모 잘 되라고 하는 소리인 줄 아니? 앞으로의 너희 장래를 위해서 하는 말이잖아.'

'부모를 이해해야 돼!'

위와 같은 말들이 자녀에게 어떤 마음상태를 야기시킬까를 한번쯤 생각해 보아야 한다. 자녀들은 속으로 외친다.

'다 알고 있어요! 우리를 위해서라는 말. 그런데 그것은 정말 우리를 위하는 것일까요?'

'정말 죄책감 들어요! 나를 위해서 라는 그 말들! 진짜 위한다면 제발 저를 가만 내버려 두세요!'

‘그렇게 말씀하실 바에는 차라리 당분간 만나지 말아요’

‘저도 알고 있어요! 부모님 고생하시는 것 다 알고 있다구요!’

‘그것은 저를 위하는 것이 아니라 부모, 즉 당신을 위한 거죠. 제 존재를 무시하고 질책하고 비난하기 때문에 그냥 기분이 나쁠 뿐이에요!’

‘저를 믿지 못하는 뜻 외에는 아무 것도 느낄 수 없어요!’

‘결국 부모님 시키는 대로 행동하라는 말씀 아닙니까! 나의 생각과 의견은 접으라는 거잖아요!’

이렇게 자녀들은 수없이 많은 외침을 밖으로 혹은 속으로 한다. 그나마 위와 같은 말들은 부모 자식 간에 관계 손상이 심각하지 않은 시기에 나올 수 있다! 아예 그런 말들을 더 이상 하지 않는 상태는 ‘대화 끝’ ‘대화는 곧 싸움’이라는 뜻이 내포되어 있으므로 오히려 상태가 훨씬 좋지 않다. 관계 손상이 그리 심각하지 않을 때, 부모들은 아이의 말에 귀를 기울여 말에 담긴 뜻과 마음을 알아차려야 한다. 그러나 대부분의 부모들은 그것을 예사로 듣고, 똑같은 방법으로 자녀를 힘들게 만들어 고통스럽게 하며 급기야는 짜증나고 분노하게 만든다. 그 분노감이 행동으로 표출될 때 부모들은 충격을 받고 상담을 의뢰해 온다.

대부분의 부모가 의사소통에서 아이들의 말에 귀 기울이지 않고 관심을 보인답시고 한 얘기들이 아이들에게는 간섭이 되는 경우가 많다. 또한 부모의 정당한 관심이 자녀의 핵심역동으로 인하여 간섭으로 느끼는 경우도 있기 때문에 부모의 입장에서는 속이 탈 수도 있다. 부모는 자녀의 핵심역동 또한 부모로부터 야기된 부분이 있지 않을까 하는 죄책감 때문에 당당하지 못하기까지 하다. 과거의 부모잘못이 있었다 할지라도 부모는 현재의 자녀 행동에 대하여 분명히 직시해야 할 것이다. 만약 과거행동으로 인한 죄책감 때문에 자식의 현재문제를 피하고 있을 경우에는 과거 것보다 더 큰 문제가 발생할 수도 있다. 충분한 대화를 통하여 사과와 용서 등을 하고 난 뒤 현실적인 문제에 대해서도 진실한 소통이 이루어져야 할 것이다.

그렇다면 간섭과 관심은 무엇이 다른가!

예컨대, 사너에세 "너 밥 먹었니? 이거 맛있는 것 사 왔어. 먹어!"라는 말을 부모가 한다고 하자. 이때 자녀 입장에서 지금 배가 고파서 정말 무엇인가 먹고 싶었을 때 마침 부모님이 이런 권유를 하였다면 이것은 '관심'이다. 나의 욕구를 비례적으로 포착하여 그 욕구에 도움을 주는 방식인 것이다. 예컨대 이런 상황이 될 것이다.

엄마: 너 밥 먹었니? 이거 엄마가 맛있는 것 사 왔어. 먹어!
자녀: 엄마, 지금 먹고 싶지 않아요. 배가 불러서. 나중에 먹을게요.
엄마: 그래? 그럼 나중에 먹어! 엄마는 너가 배가 고플까 싶어서…
그런데 무엇을 먹었니?
자녀: 라면!!
부모: 그래? 엄마가 조금 빨리 왔더라면 좋았을 건데. 그래 맛있게 먹었어?

이런 정도로만 부모-자녀간의 반응을 주고받는다면 그 뒤의 대화는 그냥 무난한 것이다. 그런데 다음과 같은 상황을 예상해 보자.

엄마: 너 밥 먹었니? 이거, 맛있는 것 사왔어. 먹어!
자녀: 조금 전에 엄마 기다리다 배가 고파 뭘 먹었어요. 지금은 배가

불러요. 나중에 먹을게요.

엄마: 너, 뭘 먹었니?

자녀: 라면!

엄마: 라면? 몸에 좋지 않은 것을 왜 먹어? 너 때문에 일부러 이것 사왔는데. 이것 먹어! 따뜻할 때! 자, 먹어!'

자녀: 아냐, 됐어요. 지금 배불러요.

엄마: 일부러 사왔다니까! 너는 엄마가 무엇을 먹으라고 하면 꼭 그렇게 안 먹는다고 하더라!!! (약간 언성을 높인다.)

자녀: 괜찮다니까요. (같이 약간 언성을 높이며) 먹기 싫다니까요! 엄마는 또 시작이야. 먹는 것까지 이렇게 일일이 간섭을… (완강하게 저항하기 시작한다.)

엄마: 아니 누가 간섭을 한단 말이냐. 한참 자랄 때는 라면 같은 것 먹으면 안 돼! 몸에 좋은 음식을 먹어야지. 다 너에게 관심을 가지니까 이러는 거야! (속이 상해 잔소리하기 시작한다.)

자녀: 됐어요! 이제 그만해요! (피하려고 한다.)

우리 모두는 위와 같이 대화가 진행되는 것을 보면서 점점 더 갈등이 심화되고 있음을 느낄 것이다. 또한 자녀의 욕구보다는 부모 자신의 욕구에 맞추어 대화가 진행되고 있다는 것도 알 것이다. 대화 속에 추측, 과거의 얘기 재연, 비난, 설교 등의 걸림돌이 되는 대화 방식이 쏟아져 나온다.

이 둘의 차이는 확연히 다르다. 똑같은 말을 해도 상대방의 욕구를 잘 배려하고 이해하면서 대화를 이끌어가는 것은 '관심'이다. 이러한 관심은 상대방에게 필요하다. 그러나 상대방의 욕구는 이해하지도 못하고 알아듣지도 못하고 배려하지도 않고 자신의 욕구를 더 내세우려고 할 때에는 오히려 '간섭'이 되는 것이다.

단순한 대화같이 보이지만 그 대화 속에는 대화를 하는 사람의 마음이 서려 있다. 상대방의 욕구보다는 내 욕구에만 관심이 있느냐, 나의 욕구와 상대방의 욕구를 잘 조절하고 있느냐에 따라서, 간섭도 관심이 될 수 있고 관심도 간섭이 될 수 있다.

'관심'이 서로의 욕구를 조화롭게 통합하는 것이라고 볼 때, 자칫 우리 나름대로 '나의 욕구를 버리고 상대방의 욕구를 있는 그대로 잘 맞추어야 되는 것이구나.'라는 식으로 해석할 수 있다. 아동청소년 시기의 아이들의 욕구는 어쩔 수 없이 좌절되어야 하는 경우도 많다. 그 좌절 시키는 방법이 지혜로워야 하는데, 이때 좌절시키지 않고 상대방의 욕구를 존중(!)한다는 미명하에 그대로 두면 오히려 문제가 될 수도 있다. 상대방의 심리적 욕구자체는 수용하되 그 욕구가 현실적으로 가능한가의 행동적 여부는 별도의 판단이 있어야 할 것이다. 상호 욕구를 통합하는 지혜로움, 이것이 진정한 '관심'이지 않을까 싶다. 이런 관점에서 보면 때로는 욕구좌절도 관심이 될 수 있다.

관계를 하는 데 있어서 관심도 받아야 하고 어느 정도는 간섭도 받을 수밖에 없다고 본다. 평소에 상대방에 대한 마음씀씀이, 상대방에 대한 믿음과 존중, 이런 태도로 인한 '돈독한 신뢰감'이 얼마만큼 형성되어 있느냐에 따라 관심이든 간섭이든 그것이 모두 알찬 거름으로 작용되지 않을까 싶다. 즉, 쌍방 간의 신뢰감, 믿음, 사랑, 이것이 바로 서로에게 향하는 '관심과 간섭'이 '참된 관심'이 되게 하는 중요한 징검다리 역할을 하게 될 것이다.

58. 부부간의 '제대로 된' 대화

살아가면서 여러 가지 조건이 구비되면
행복할 수 있는 것들이 많을 것이다.
그 중에서도 부부 서로 간에 마음이 소통되어
서로가 서로를 제대로 이해하고 있다는 느낌을 가지고
서로를 깊이 사랑하고 있다는 느낌을 상호 공유할 수 있다면
이보다 더 행복한 것이 있을까!
그러한 부부사이의 건강한 교류는
자식에게 가장 소중한 모델이자 교육이 되어
자녀를 건강한 인격체로 길러내는 최우선 교과서가 될 것이다.

이 세상의 부부들이 갖고 있는 바람 중에서 비교적 공통적인 부분은 '배우자와 제대로 된 대화를 하고 싶다.'일 것이다. 이런 바람의 밑바탕에는 현실적인 여건으로 인하여 '돈을 제대로 좀 벌어왔으면…' '돈을 덜 썼으면…' '좀 일찍 들어왔으면….' '아이들과 잘 놀아주었으면…' '남들 앞에서 눈치 있게 행동했으면…' '너무 예민하거나 불안해하지 않았으면' '술 담배를 하지 않았으면' '약속한 것을 제대로 좀 지켜줬으면…' 등, 여러 가지 현실적이고 사실적인 요구가 드러난다. 하지만 대체로 이러한 현실적인 불평불만은, 두 사람이 편안한 관계를 하지 못하는 투사체일 가능성이 높다. 특히 가만히 그 근본으로 들어가 보면 배우자와의 제대로

된 대화 부재에서 파생된 문제점을 생각해 보지 않을 수 없다. 또한 자녀를 둔 부부라면 '아이들이 건강하고 공부 잘하고 행복하게 살았으면 좋겠다.' 라는 바람이 있을 것이다. 건강하고 공부를 잘하는 아이들 중에서 부모와 싸늘한 혹은 소원한 관계로 인하여 내적인 슬픔과 우울감이 있다면, 훗날 그러한 정서로 인해 남들 보기에는 멋진 명예를 가졌을지는 몰라도 행복한 현실을 있는 그대로 살지 못하고 불행한 관계로 이어지는 경우가 꽤 있다. 결국 부모 자식 간에 제대로 된 대화 부재에서 연루된 문제점은 부부관계를 우선적으로 고려해 보아야 할 것이다. 부부관계의 대화 부재는 결국 부모 자식 간에도 영향을 미치지 않을 수 없으므로 부부관계의 질 높은 대화는 꼭 노력해야 하는 부분이다.

부부 간에 제대로 된 대화를 한다면 생활가운데서 일어나는 여러 가지 현실적 상황을 바람직하게 해결하는 도구가 된다. 예컨대 가정생활에서 소비되는 돈을 쓰기 전에 미리 조율할 수도 있다. 쓰고 난 뒤에 화를 내고 괴로워할 것이 아니라 미리 서로간의 대화를 통한 조율 후에. 돈을 사용하게 되면 바람직하든 하지 못하든 상관없이 좋을 것이다. 거꾸로 돈을 제대로 벌어올 수 없는 상황에서도 화만 내고 싸우는 것이 아니라 제대로 된 대화를 하게 되면 서로간의 합리적인 의견을 교환하고 해결책을 찾을 수도 있다. 또한 부부 서로 간에 대화를 제대로 하지 않으면, 아내는 아내 나름으로 힘들게 집안일을 하므로 남편에게 좀 위로를 받고 싶을 때도 어려움이 따를 것이다. 남편 역시 대화 부재로 가족들과 소원하다면 일찍 들어오고 싶은 마음이 생기지 않을 수도 있다. 집이라는 장소는 피곤함을 서로 풀고 위로와 배려를 받고 편안한 정서를 제공받는 곳인데, 오히려 집에 들어오면 더 스트레스를 받게 되는 상황이 될 수도 있기 때문이다.

부부가 아이들 혹은 타인들과의 관계에서 적절하게 관계하려면 일단 두 사람부터 제대로 된 대화를 하여야 한다. 부부 두 사람이 서로 앙금을 지니고 있고, 어색하고, 냉랭하고, 무기력하고, 외면하는 분위기라면 그 속에서 살고 있는 자식들의 마음이 어떠할까! 아이들은 집안의 공기를 마시며 생명을 유지하고 있는데 공기가 탁하니 그 아이들의 정신건강은 어떠하겠는가를 생각해 보아야 할 것이다. 맛있는 음식도 사실 집안 분위기가 좋지 않으면 그 맛을 느끼지도 못할 것이다. 부부 간의 대화는 가정의 핵심적 분위기의 토대가 되고 그것은 가족전체에 영향을 미칠 뿐만 아니라 나아가서는 사회, 직장, 국가 등에도 파급될 것이다.

대부분의 부부들은 제대로 된 대화를 통해서 서로 간의 사랑을 확인하고 상호 신뢰를 구축한다. 하지만 서로의 사랑과 신뢰가 교류되지 못하는 부부 각자의 마음은 서로에게 사랑받고 싶고 의지하고 싶은 마음의 갈구 때문에 외로울 수 있다. 특별히 상대방에게 나쁘게 하려고 한 것은 아니지만 기본 교류방식이 잘못되어 엉뚱한 반응양식으로 서로 간에 상처를 줄 때도 있다. 또한 아무리 대화를 하여도 서로 간의 깊은 '핵심역동'으로 인하여 근원적인 정서적 치료가 이루어지지 않을 때는 더 힘들어질 수 있다. 대화의 한계를 충분히 느낄 수 있을 만큼 '어찌해 볼 수 없는 영역'이 있기도 하다. 어느 누구라도 인간은 완벽할 수 없는 어떤 한계를 가지고 있고, 방법적인 면에서 교육을 받지 못하였으며, 아주 어린 시절에 무의식적으로 억압되어 있던 감정들을 해결하지 못한 채 살아가는 경우 등이 그 원인이 될 것이다.

부부는 이런 '어찌해 볼 수 없는 부분'을 서로가 충분히 이해하고 수용해 주고 도와줄 때 있는 그대로의 모습으로 서로를 사랑할 수 있다. 즉 '어찌해 볼 수 없는 부분'을 가지고 애달파 하기보다는, 서로 간의 대화를 제대로 하여 그 부분들을 있는 그대로 사랑해 주면서 서로서로 감싸 안아 주어야 한다는 뜻이다.

부부 간의 대화를 할 때 우선되어야 할 것은 표면적인 말에 담겨 있는 내면적인 것을 알아차리는 것이다. "나는 잘 알겠는데 우리 남편(아내)은 알아차리지 못한다."라고 하는 답답한 마음을 표현하는 사람도 있다. 그러나 본인 먼저 상대방의 표면적인 말을 통하여 내면적인 것을 알아차리는 방향으로 상대방 말을 받아주면, 상대방은 말문을 서서히 열게 되고 마음의 문까지 열게 된다. 아는 쪽에서 먼저 손을 내밀어 주어야 한다는 뜻이다. 이 글을 읽고 "왜 내가 항상 그렇게 먼저 마음을 열려고 노력해야 하느냐! 억울하다."라고 하실 분들이 있을지 모르나, 상대방 입장에서 보면 도무지 알 수 없는 방향으로 자신을 변화시키려고 하는 상대방이 더욱 더 답답하고 귀찮을 수도 있다. '도무지 알 수 없는' 방향으로 상대방을 변화시키고자 하는 의도를 가진 배우자를 보면 무조건 피하고 싶은 마음뿐이므로, 윽박지르거나 방향을 알지도 못하는 사람에게 변화시키려는 의도를 가지고 말을 하면 더욱 더 문제가 커질 수 있다는 것을 알아야 한다.

부부 간의 대화가 제대로 되기 위해서 기본적으로 해야 하는 방법을 세 가지만 제시한다면 다음과 같다.

첫째, 상대방이 어떤 말을 하면 내 의견을 단번에 주장하기보다는 상대방의 말이 이러이러하다는 뜻이었는지를 확인하는 반응을 해 주는 것이 매우 중요하다. 이런 것을 '명료화 반응'이라고 한다.

"당신이 말하고자 하는 뜻은 이러이러하다는 것인가요?"

"아, 당신이 말하고자 하는 것은 바로 이것이었군요!"라는 반응이다. 상대방이 내어놓은 의견에 대하여, 정확하게 이해했다는 구체적인 반응을 해 주는 것이다. 내용을 정확하게 인지하기도 전에 나의 의견이나 생각을 주장하고 해결책을 제시하는 등의 대화방법은 (그 주장과 해결책이 아무리 좋다 할지라도) 바람직하지 못한 것이다. 즉, 상대방이 "그렇죠! 제가 말하려고 했던 내용이 바로 그것이죠!"라고 할 때까지, 더 이상 상대방이 이해받으려는 태도를 취하지 않을 때까지, 상대방이 말하고자 하는 것(내용)을 선명하게 이해해 주는 반응이다.

모든 유기체는 이해받고 존중받을 때 마음의 문을 열게 되어 있다. 어떤 누구라도 자기 스스로가 이해받았다고 느낄 때 마음을 열게 된다. 나의 의견을 수용받거나 존중받고 나면 서서히 자신을 성찰하는 태도를 가지는 것이 공식적이라 할 만큼 자명한 사실이다.

둘째, 투쟁적으로 하거나 도피적으로 자신의 의견을 표명하는 것은 꼭 피해야 한다. 호흡을 느끼면서 상대방의 이야기를 끝까지 귀 기울여 듣는 여유를 가져야 한다.

한쪽에서 어떤 말을 하였는데, 상대방이 도피적으로 될 경우에는, 아예 말문을 막으면서 아무런 해결책 없이 문제가 잠수해 버리므로 훨씬 더 그 여파는 오래가며 훗날 엄청난 오해와 불행의 불씨를 자초할 수 있다. 투쟁적으로 될 경우에는, 말 내용은 들리지 않고 투쟁적인 태도 그 자체로서 상대방은 바로 물러나고 싶은 마음이 생기므로 도피할 수밖에 없는 상대방의 행위를 초래한다. 정말이지 투쟁과 도피적인 태도는 본래 문제가 되었던 양보다, 반응양식으로 인한 문제를 훨씬 더 많은 양의 문제점을 야기하므로 특별히 주의해야 할 것이다. 적절한 의사소통 기술을 꼭 익혀야 할 것이다.

셋째, 의식적으로라도 부부 서로는 장점을 자주 표현해 주고 격려하는 태도를 가져야 한다. “당신, 이런 점은 참 좋은 것 같아요.” “그 정도만 해도 충분히 잘 했어요.” “그럴 수 있죠. 누구라도 잘 못 할 수 있죠.” 등, 그 어떤 경우라도 비난과 비판을 피하고, 긍정적인 마음으로 믿어주고 격려해 주는 태도를 가져야 할 것이다. 지극히 상식적이긴 하나 생각보다 많은 분들은 실행하기 힘들 수 있다. 하지만, 이것은 연습 삼아 자주 실천해 본다면 그 효과는 클 것으로 본다.

부부 사이에 제대로 된 대화를 하려면, 부부 두 사람의 인격성장과 아울러 많은 자기성찰이 이루어져야 하겠지만, 우선적으로 현실에서 위와 같은 구체적인 부분부터 실천에 옮기려는 노력을 하는 것이 좋을 것이다. 만약 자신이 누구인지에 대한 의문을 가지면서 스스로를 탐구하는 자세를 가진다면 훨씬 더 제대로 된 대화가 가능하리라 본다.

살아가면서 여러 가지 조건이 구비되면 행복할 수 있는 것들이 많을 것이다. 그 중에서도 부부 서로 간에 마음이 소통되어, 서로가 서로를 제대로 이해하고 있다는 느낌을 가지고, 서로를 깊이 사랑하고 있다는 느낌을 가질 수 있다면 이보다 더 행복한 것이 있을까! 부부 사이의 건강한 교류는 자식에게 가장 소중한 모델이자 교육이 되어 자녀들을 건강한 정서를 가진 인격체로 길러내는 최우선 교과서가 되지 않을까 싶다.

59. "아침에 깨우는 일, 전쟁입니다"

본래의 내용이었던 '제 시간에 일어나기'의 문제가
이제는 서로에게 상처를 주고 받아버린' 문제로 되어버리기 일쑤다.
처음의 상황자체는 그냥 외부자극일 뿐이지만
그 외부자극은 열쇠가 되어서
꽉꽉 잠긴 무의식의 자물통을 열게 하는 구실을 하게 된다는 뜻이다.

아침 8시경 여느 날과 다름없이 엄마가 아침식사를 차려놓고 초등학교 5학년 남자아이 철수를 깨우는 상황이다.

엄마 1: "철수야 학교 갈 시간이다."

철수 1: (아무런 응답 없음)

엄마 2: "철수야, 안 들리니? 8시 30분까지 학교 가야 하는데, 씻고 밥 먹고 학교 가려면 늦겠다! 지금 8시야! 적어도 8시 20분에는 출발해야 하잖아."

철수 2: "알았어요." (계속 미적거림.)

엄마 3: (조금 목소리 올라가면서) "좋은 말 할 때 엄마 말 좀 들을 수 없겠니? 엄마 살살 짜증나기 시작하는데."(시동을 걸듯이)

철수 3: "알았다니까요!"(약간 짜증나는 목소리)

엄마 4: “아침마다 이게 무슨 일이야! 정말 속상하고 화가 나 죽겠어. 하루 이틀도 아니고. 다른 애들은 자기가 알아서 잘도 하더구먼.”

철수 4: “일어나면 될 것 아니에요! 알고 있다니까요.” (벌떡 일어나면서 후닥닥 화장실로 간다)

엄마 5: “아니 저 녀석! 저… 저… 저 행동 봐! 자기가 잘 한 것이 뭐 있다고!” (이 정도까지 하려고 했는데 도저히 참을 수가 없다. 화장실에서 나오는 아이에게 그냥 고함을 지른다.)

엄마 6: “너, 지금, 그 태도가 뭐야? 네가 지금 뭘 잘한 것이 있다고! 이 녀석, 너 지금 뭐하자는 거야! 자고 일어나서 어른에게 인사도 없이 말이야.”

철수 5: (화난 목소리로) “됐어요!” (밥도 제대로 먹지 않고, 가방 들고 휙 나가려고 한다.)

엄마 7: “너, 너, 너 밥 안 먹어? 너, 이럴 수 있어? 아휴, 정말 속상해. 그래서 내가 저녁에 게임을 그렇게 늦게까지 하지 말고 좀 일찍 자라고 했잖아. 숙제 마치고 그냥 자면 되지. 저녁마다 게임하고 말이야.”

철수 6: (아무 대꾸도 없이… 문을 꽝 닫고 휙 나가 버린다.)

엄마 8: (망연자실한 표정으로 멍하게 서 있다.) (혼잣말로) ‘이 녀석 다음부터 깨우나 봐라! 학교 가든지 안 가든지 내버려 두어야지. 아휴, 그렇다고 그냥 둘 수도 없고… 한 두 번의 상황도 아니고, 아, 어떻게 한다? 정말, 어떻게 해야 될까!’

위의 사례는 가상적인 상황을 그려본 것이지만 우리들의 가정에서 얼마든지 일어날 수 있는 일 중의 하나일 것이다. 이런 경우가 일상에서 벌어졌을 때 우리는 어떻게 해야 할지 몰라 당황하고 좌절하기도 한다. 그리고 대뜸 화부터 낸다. 이런 상황에서 우선 다음과 같은 상황 정리를 해 보면 도움이 될 것이다.

1) 지금 현재, 주 핵심적인 문제는 무엇이며, 그 상황에 대한 서로 간의 감정과 욕구가 비례적인 것인가 비례적이지 않는 특수한 경우인가!
2) 비례적이지 않는 요인이 감정적인 것인가! 대처방식의 문제인가! 구체적으로 어떤 요인이 문제인가?
3) 비례적이지 않는 요인의 현실적 혹은 심리적인 원인은 무엇인가?
4) 잘잘못을 따지지 말고, 나의 기존의 감정양식 혹은 대처방식의 문제점 중 '내 몫'으로 인식해야 하는 것이 무엇인가?
5) 이 상황을 개선하기 위하여 앞으로 어떤 식으로 바꾸어야 할까?

현실적인 상황에서 이와 같은 순서로 구조화시켜서 지금 여기에서의 문제점을 정비해보는 시간을 가져볼 필요가 있을 것이다. 그에 대한 구체적인 내용을 살펴보자.

첫째, 초등 5학년인 철수가 아침에 스스로 학교 갈 시간에 일어나지 못하여 엄마가 깨워서 학교에 보내는 상황에서 두 사람의 욕구를 살펴보면, 아이는 학교에 제 시간에 가야 한다는 것을 알고는 있지만 잠을 더 자고 싶은 욕구가 있고, 엄마는 제 시간에 맞추어 학교를 가지 못할까봐 걱정이 되어 제 시간에 일어나서 학교에 지각하지 않고 갔으면 하는 욕구가 있다.

여기서 생각해 보아야 할 점이 있다. 부모-자녀 두 사람, 서로의 욕구를 이해할 수 없는가? 조금만 생각해 보면 두 사람 모두 이해될 수 있다. 어느 누구라도 이 엄마입장을 충분히 이해될 수 있고 엄마의 감정도 비례적이라고 느껴질 수 있다. 아이 입장도 충분히 이해될 수 있는 것이 아닌가! 숙제하고 게임할 수도 있고 늦게 자면 아침에 잠이 더 올 수도 있는 것이다. 서로의 감정은 비례적인 것이며 이해될 수 있는 것이다. 그런데 무엇이 문제인가? 서로 이해될 수 있는 욕구와 감정은 있지만 상호간의 욕구를 충족시켜가는 과정에서의 대처방식, 즉 반응양식이 문제인 것이다.

핵심을 요약해 보자.

1) '제 시간에 제대로 일어나서 학교에 갔으면 좋겠다.'라는 핵심적인 상황에 대한 두 사람 모두의 초기 감정은 대체로 이해될 수 있는 비례적인 것임.
2) 감정이 비례적일 경우에는 서로의 대처방식의 문제점을 생각해 보아야 함.

둘째, 비례적이지 않는 부분이 대처방식의 문제라면 그것이 무엇이란 말인가? '엄마 3' 부터의 반응을 보라! 슬슬 철수에게 경고, 비교, 비난 등의 꾸중을 하기 시작한다. 엄마의 밑 마음은 '아이가 제대로 일어나서 밥 먹고 학교에 갔으면 좋겠다.' 하는 것인데, 엄마의 대처방식은 점점 화내고 꾸중하는 방식으로 바뀌어 급기야는 '분노'의 감정으로 나아가기 시작한다. 이러한 방식에 대하여 아이의 반응은 뻔대기, 침묵을 동반한 분노의 행동화 (문을 확 닫고 들어간다든지, 밥을 안 먹는다든지)를 하면서 엄마의 분노방식에 대응한다. 다시 말하면 수동적인 공격 방식인 은근히 상대방을 괴롭히는 식으로 대처한다. 그 반응에 엄마는 다시 화가 나기 시작한다. 두 사람은 결국 화를 내는 방식으로 표현하고, 그 자극에 대한 반응이 또 다시 화를 내는 방식으로 대응한다. 서로는 상처받고 그 상처받은 마음을 안은 채 아이는 아이대로 학교로 향하고 엄마는 엄마대로 망연자실한 감정으로 서 있다.

핵심을 요약해 보자.

1) 문제가 되는 대처방식은 크게 '투쟁형'과 '도피형'이 있음.
2) 이 경우에는 엄마는 언어적으로 '투쟁적인 방식'을 사용하고, 아이는 투쟁-도피 방식을 섞어서 사용하면서 서로에게 상처를 주었다는 점.

셋째, 이러한 대처방식의 원인은 무엇인가! 대처방식의 원인은 여러 가지 측면에서 고려해 보아야 하는 점이 있는데, 우선 이럴 때 어떻게 대응해야 하는지에 대해서 교육받지 못했다는 점이다. 한마디로 '인간관계 방식의 무지無知' 혹은 '대화방식의 부재' '교류방식의 미숙함' 등으로 표현할 수 있다.

부모 자신은 어릴 때 가정 내의 갈등상황일 때 제대로 그 갈등을 풀어가는 좋은 모델을 보지 못하였고, 그저 화내고 꾸중하고 아무 말 않고 그냥 참는 등의 투쟁과 도피하는 것만 보았기 때문에 어떻게 해야 하는 것을 알 수 없다. 그래서 그냥 감정이 나오는 대로 조절되지 않고 행동하는 것이다. 아울러, 상대의 감정을 이해하고 수용하는 방식을 모르고 바로 분노의 감정을 표출함으로써 서로의 감정에 상처를 입히는 것이다. 즉,

상대를 박탈하고 배척하는 방식을 사용한다는 것이다.

인간 내면의 감정세력(정신역동) 속에는 주요양육자로부터 존중받지 못하고 사랑받지 못하고 인정받지 못했을 때 오는 박탈감, 배척감, 경시감 등이 있을 수 있다. 배우자에게 거부를 당했을 때 혹은 타인으로부터 억울한 일을 당했을 때도 그런 감정이 오지만, 심지어 자식이 부모의 말을 거부했을 때도 작용되는 감정이다.

부모 중 일부는 자신의 박탈감 때문에 거절 받을 때의 감정에서 상처를 받는다는 것을 의식하지 못할 수도 있다. 사실 부모는 자식이라도 자신의 말을 거부할 때 그의 핵심역동 속에 박탈감이 많을 경우에는, 바로 상처를 받고 그 상처 때문에 분노가 나오게 된다. 그때부터 상대에게는 그 상처를 되돌려주고 싶은 분노의 방식으로 비난, 협박, 질책, 꾸중 등의 대처방식을 사용하지 않을 수 없게 되는 것이다. 이것은 무의식적으로 행하여지는 감정과 반응양식이기 때문에, 전 자동적이고 조건화된 양식에 의해서 거의 반사적으로 상처가 분노로 튀어나오기 쉽다. 자기 내면의 상처에 머무르지 못하므로 그 모든 것을 외부에 투사시켜 내어 던지는 것이다.

따라서 엄마는 자식이 내 말을 흔쾌히 들어주지 않고 자기 식대로 화내는 것을 참지 못하고 다시 복수(?)하는 식으로 아이에게 더 이상 하지 않아야 하는 말까지 내 뱉게 되는 것이다. 말하자면, 본질적인 문제였던 '제 시간에 일어나기'의 문제가 이제는 '서로에게 상처를 주고 받아버린' 문제로 되어버리기 일쑤다. 그것은 처음의 상황 자체는 그냥 외부 자극일 뿐이지만, 그 외부 자극은 열쇠가 되어서, 꼭꼭 잠긴 무의식의 자물통을 열게 하는 구실을 하게 된다는 뜻이다.

핵심을 요약해 보자.

1) 부모의 '제 시간에 일어나기를 원하는 마음'은 비례적인 것이었으나, 그 외부상황으로 인하여 부모의 무의식 속에 잠겨있었던 정신역동이 작용함.
2) 그 역동으로 인하여 혹은 교육부재로 인하여, 과거의 '투쟁-도피 반응양식'과 '거부 받은 감정양식'이 자극이 되어, 현실적으로 부적절한 대처방식이 나타난 것임.

넷째, 이러한 원인을 깊이 느꼈다면, 진정으로 부모는 자녀의 '잘잘못'을 따지지 말고, 부모의 행동방식에 대응하는 패턴에 대한 자기 몫을 잘 이해하고 수용하는 즉, 자기 자신을 통찰하는 시간이 필요하다.

일반적으로 부모는 이럴 때 '아니, 재가 스스로 하지 않으니 문제가 있는 것 아니냐?'라고 흥분하기 쉬운데, 당연히 부모의 입장에서는 올바른 내용일 수 있다. 문제는 '그 말이 맞다'고 하여도 부모의 대응방식이 부적절하면 그 대응방식에 대한 저항감이 생긴다는 뜻이다. 따라서 자식은 부모의 말을 수용해주고 싶은 마음이 일어나지 않는 것이다. 즉, 자녀는 부모가 원하는 것이 옳다고 느껴도, 반항심으로 인하여 부모 식대로 해 주기 싫은 마음이 들 수 있다는 점을 결코 간과해서는 안 된다.

'아, 내가 아이를 사랑하는 방법을 제대로 배우지 못했구나.'

'아, 내가 아이를 대하는 방식이 미성숙하구나.'

'지금까지 이런 것을 한 번도 생각해 본 적이 없었는데 다른 방법이 있구나.'

'자녀가 나를 거부할 때 난 묘한 상처를 받는구나. 이런 것은 생각해 보지도 않았는데 말이다.'

'저 아이도 나의 반응에 상처를 받고 튀는 것이구나. 나와 똑같은 감정을 느끼고 있구나.'

'나의 내면에는 아직 상처받은 아이 같은 모습이 있었구나. 알아차리지 못했을 뿐이구나.'

이와 같은 여러 가지 탐색을 통하여 스스로를 깊이 성찰하고 자신의 몫에 대한 뚜렷한 인식이 필요하다.

핵심을 요약해 보자.

1) 자기 몫에 대해서 분명히 인식하는 태도
2) 자기를 지나치게 자책하거나 뻗대면서 방어하려는 태도를 취해서는 안 됨

다섯째, 그러면 이 상황을 개선하기 위하여 어떻게 해야 하는가, 앞으로 어떻게 하는 것이 바람직한가 하는 고민을 조급하게 하는 사람들은 너무나 많다. 해결중심적인 생활에 젖어 온 우리네는 자기성찰을 제대로 하지 않는 자세에서, 임시방편식의 문제해결만이 유일한 목적으로 살아왔기 때문에, 조급한 상황전개로 낭패를 보는 일은 종종 있다. 참된 문제해결은 위와 같은 탐색을 할 수 있었던 사람이 받을 수 있는 선물이다. 자기 몫에 대한 진정한 인식이 되어 있지 않으면, 이러한 방법은 오히려 더 화나게 만들고 더 조급하게 만들며, 더 자책하게 되기 때문에 사실상 권하고 싶지 않는 부분이기도 하다. 많은 부모들이 이렇게 앞의 네 가지 과정을 거치지 않고 바로 "어떻게 해야 되나요?"라는 질문을 많이 하지만, 그 질문의 답변은 사실상 크게 도움이 되지 않는다. 마음이 변하지 않은 채로 행동만 임시로 바뀌는 것은 눈 가리고 야옹하는 것과 같은

것이기 때문이다. 오히려 "해 봐도 되지 않았다!" "나는 노력했지만 되는 것이 없었다. 저 애가 바뀌기 전까지는 아무것도 되는 것이 없어!"라는 식으로 좌절과 불신에 빠질 뿐이다. 물론 마음과는 달리 우선 행동으로 바꾸어야 하는 것도 있지만, 대체로 '자기 몫과 그에 대한 책임'에 대한 확고한 의지를 가지는 것이 훨씬 바람직할 것이다.

위의 단계대로 차근차근 자신을 성찰한 후에 다시 한 번 위의 상황을 연구하듯 성숙한 태도를 상상해 보자.

엄마 1: "철수야 학교 갈 시간이다."

철수 1: (아무런 응답 없음)

엄마 2: "철수야. 안 들리니? 8시 30분까지 학교가야 하는데, 씻고 밥 먹고 학교 가려면 늦겠다. 지금 8시! 적어도 8시 20분에는 출발해야 하잖아."

철수 2: "알았어요." (계속 미적거림.)

엄마 3: (이때 엄마는 정신을 차리고!) "잠이 많이 오구나. 잠 좀 더 잤으면 좋겠지." (아이의 자고 싶은 욕구를 읽어주면서, 이해해 준다.)

철수 3: "응, 조금만 있다가 일어날게요."(목소리가 훨씬 편안해질 수 있음.)

엄마 4: "그래, 조금만? 얼마나 더 잘래?" (좀 힘들어도 아이가 자기의 행동에 책임지고 자율적으로 조절하도록 최대한 버텨준다.)

철수 4: "지금 몇 시인데요?" (구체적으로 생각해 보는 태도가 나온다.)

엄마 5: "8시 3분 쯤… 5분 다 되어가네." (스스로 책임져 보려는 태도에 최대한 인내하면서 견뎌준다.)

엄마 6: "2-3분 더 자고, 엄마가 깨워줄까! 아니면 ,네가 알아서 일어날

래?" (이런 식으로 선택도 가능하다.)

철수 5: "2-3분만 더 자구요. 엄마가 다시 불러주세요." (아니면, "그냥 일어날게요!" 하는 반응이 나올 수도 있고, "제가 일어날게요. 엄마는 일 보세요." 할 수도 있다.)

엄마 7: "그래, 알았어. 많이 피곤하지. 잠을 푹 잘 수 있었으면 얼마나 좋겠니! 그렇다고 애들 다 하는 컴퓨터를 전혀 안할 수도 없고, 컴퓨터 할 시간은 저녁 밖에 없고! 그래, 참 피곤하겠다." (혼자 말처럼 중얼거리면서 얘기하고 물러나온다..)

철수 6: (잠깐 후) "아, 바쁘다. 빨리 해야겠다." (일어나면서)

엄마 8: "그래, 일어났구나. 준비해. 먹을 것 챙겨 놓을게"

철수 7: "예!"

핵심을 정리해보자.

1) 엄마는 아이의 욕구와 감정을 이해해 주는 반응을 한다.

2) 엄마는 아이가 스스로 조절하기 힘들지만 최대한 자율적인 힘으로 자신을 통제하도록 버텨주고 도와주는 마음이 있다. 그렇다고 아이의 현실적인 행동을 통제하지 않는 것은 아니다.

3) 기본적으로 아이의 인격을 존중하는 태도가 깔려 있다. 자녀도 부모의 태도에 거부감을 가지지 않는다.

60. 책임감을 배우게 하기

우리가 어른의 입장에서도 이런 체험을 할 수 있다.
날 진정으로 사랑하고 존중하면서 나를 있는 그대로 수용해 주는 사람의 말은 저절로 듣게 되는 경험이 있지 않는가!
사랑하고 존중할 만한 상대방이 내 주변에 있을 때
마치 그 사람과 내가 동일시되어 그 사람의 몸짓과 태도가
서서히 내게 배어 들어오는 경험이 있지 않는가!
그가 나를 꼭 변화시키려고 한 것도 아니지만 그냥 저절로 그 사람처럼 해 보려는 잘 살아보려는 마음가짐이 올라오지 않았던가!

이렇게 말씀하시는 부모들이 있다. "우리 아이들은 책임감이 부족하다. 자기 할 일을 제대로 하지 않는 것이 문제다. 자기 방도 제대로 정리 안하고, 숙제도 제대로 안하고, 해야 할 공부를 스스로 잘 하지 않고, 부모 말을 잘 안 듣고! 정말이지, 애들이 부모 말을 잘 듣는다면 자기에게 이익이 될 텐데…. 어휴, 부모노릇하기 정말 힘들다."라는 불평이다.

아이들이 독립적으로 자율적인 자세로 자신의 할 일을 하는 것은 자녀를 키우는 많은 부모들의 바람이다. 책임감 있게 자신의 할 일을 해야 한다는 것은 삼척동자도 다 아는 것이지만 그것을 '어떻게 배워 나갈까?'를 먼저 생각해 보아야 할 것이다. 아이들은 하루아침에 책임감을 가지게 되는 것이 아니라, 가정에서의 중요한 모델이 될 수 있는 사람들에 의하

여, 적절한 규제와 임무를 수행함으로써, 자연스럽게 몸에 세포처럼 서서히 배어가는 것이다. '이것 해라. 저것 해라. 이것은 이렇게 저것은 저렇게!'라고 수없이 말해야 하는 것도 있지만, 때로는 이런 말이 해악이 될 때도 있다. 오히려 말없이 부모의 행동에서 모든 것을 가르쳐야 하는 것도 있다. 그야말로 핵심 모델은 가정 안에서의 부모(부모대리자)의 태도가 될 것이다. 부모가 자식이 보든 안 보든 스스로의 모든 행동이나 생각 등에 대해서, '만약 내 자식이 이런 행동이나 생각을 한다면 나는 과연 무엇이라고 말할 수 있는가!'라는 것을 역으로 느껴보면, 부모가 해야 할 책임감 있는 태도에 대한 지혜가 어느 정도는 나올 것이다.

한마디로, 책임감은 자기를 사랑하고 자기가 존경하는 사람과 스스로를 동일시하면서 몸과 정신에 서서히 베어지는 것이다. '자신을 사랑하는 사람과 동일시' 한다는 것! 사실 이것은 다소 두렵기조차 한 말이다. 왜냐하면 긍정적인 것을 동일시하는 것도 있지만, 공격적이고 적대적인 대상조차도 '싫으면서 닮아가기' 때문이다. 즉, '난 앞으로 절대 그렇게 되지 말아야지'라고 말하지만, 저절로 기존의 반응양식이 나오기 쉽다. 왜냐하면 그 반응양식 외의 바람직한 모델은 내면에 입력이 되어있지 않는 상태이며, 또한 그러한 부모의 태도에 대한 억압된 분노 때문에 같은 방식으로 되갚아 주기 위한 '수동적 공격'이 나올 수 있기 때문이다. 이와 같이 너무나 사랑하는 대상뿐만 아니라 미워하는 대상과의 동일시도 이루어지기 때문에, 부모라는 한 인격체는 자식의 운명을 쥐고 있다 할 만큼 중요한 책임을 느껴야 하는 것이다.

다음의 'A엄마-A자녀' 와 'B엄마-B자녀'와의 간단한 대화의 예를 통하여 책임감을 배우게 하는 부모의 방식을 살펴보자.

A엄마: "상철아! 게임 재미있었어? (자연스럽게) 음, 그래. 재미있게 놀았다니 좋네. 이제는 약속된 시간이 되었으니 공부 좀 할까!" (그냥 편하게 말을 한다.)

A자녀: (엄마의 편한 정서를 자연스럽게 느끼면서, 명랑하게) "잠깐만요." (아무렇지도 않은 듯 조금 있다가 자기 할 일을 한다.)

B엄마: "상철아! 게임 아직까지 하니? 약속했잖아! 시간! 약속시간 지켜야지!" (비난과 질책과 짜증이 섞여 있다.)

B자녀: (분위기를 보며 시무룩하게) "알았어요." 혹은 "그만두려고 했다니까요!" 혹은 "침묵" (투덜대면서 미적거리다 마지못해 자기 자리로 돌아간다.)

위의 두 경우에서 언뜻 보면 A엄마와 B엄마의 차이를 '대화 방법'이라고 생각하기 쉽다. 가상으로 처리된 간단한 대화이지만, 이 대화가 오고 가기까지의 부모-자녀간의 정서적 관계가 매우 다르다는 것을 예상할 수 있다. 정서라는 것은 마음의 한 작용이며 그것은 바로 눈에 보이든 보이지 않든 모든 행동에 영향을 미친다. 즉, 대화의 기술은 부모의 '마음밭'에서 나오는 것이다.

A엄마는 게임을 하는 상철에 대한 상황을 있는 그대로 받아들일 뿐만 아니라, 그 게임이 재미있을 수 있는 상철이의 마음을 왜곡되지 않게 있는 그대로 이해한다. 그리고는 '어느 정도의 할 일을 책임지도록 지도하는 태도'를 보이고 있다.

B엄마는 게임을 하는 상철에 대하여 부정적인 감정이 올라와 상철이의 게임에 대한 재미있는 그 정서를 이해하지 못한 채, 할 일을 하지 않는

자녀에 대하여 꾸중하고 불평하는 태도가 보인다. 이것은 단순히 엄마의 감정을 드러내는 것일 뿐, 책임지고 지도하는 태도로 보이지 않는다.

이런 상황은 두 자녀가 자신의 할 일에 대한 책임감을 배우는 자세에서 중요한 차이가 난다. B자녀는 B엄마를 어떻게 지각할까?

'내가 잘한 것은 아니지만 나를 함부로 취급한다.'

'엄마가 날 이렇게 대한나는 것은 날 사랑하고 존중하는 것은 아니지.'

'가끔 엄마는 '세상에 너 밖에 없다' 라고 말하지만, 그것은 그냥 말뿐, 엄마의 태도를 볼 때 그 마음은 나를 진짜 생각해 주는 느낌이 없어.'

'날 이렇게 취급하는데, 내가 굳이 엄마의 말을 따를 필요가 있을까! 나도 엄마의 태도를 받아들이기는 곤란해! 그냥 대충 잔소리를 피하는 정도로만 하지 뭐. 엄마가 원하는 대로 해주고 싶은 마음은 없어.'

이렇게 내적인 마음작용이 일어날 수 있다. 만약 이것을 부모가 도덕적인 잣대로 '자식이 부모에게 감히 저런 마음을 품다니' '어른에게 그것이 할 말이냐! 그런 생각을 해서 되겠어?'라는 태도로 판단하고 비판하는 부모라면, 더 이상의 부모-자녀관계의 대화는 곤란하다고 보아야 한다. 자신의 어른으로서의 책임감을 생각하지는 않고 미성숙한 방식의 불평만 드러낸다면, 아이에게는 무조건 행동을 강요하는 것 밖에는 되지 않는다. 즉, B자녀의 태도는 B엄마가 자기를 사랑하고 존중하지 않는 태도에서, 자신도 부모를 사랑하고 존경하는 마음이 올라오지 않게 되는 것이다. 그런 마음이 올라오지 않는 사람의 말을 들을 리는 없으며, 점점 더 어른이 원하는 바람직한 책임감을 가진 아이로 자랄 수가 없는 것이다. 비난받고 질책 받으면서 자신의 존재가 허물어지고 있는데, 어떻게 새롭게 배워야 할 책임감을 받아들일 마음의 자리가 있을까! 존재를 바닥에 내리치는 부모의 양육태도는 가장 경계해야 할 목록 1호, 적색신호이다.

어른의 입장에서, 우리가 남으로부터 사랑과 존중을 받지 않을 때, 그들이 원하는 방향으로 해 주고 싶은 마음이 있었던가를 생각해 보면, 간단하게 아이의 마음을 이해할 수 있을 것이다.

A자녀는 A엄마에 대하여 어떤 느낌을 가질까? 자신의 마음을 이해하고 수용하면서, 자신의 할 일에 대하여 지도하고 조언하고 도와주려는, 진심으로 자신을 사랑하는 엄마라는 느낌이 든다. 이렇게 자신을 사랑하는 사람에게는 자신도 그에 부응하고 그에 발맞추려는, 다시 말하면 엄마가 원하는 사람이 되려는, 그런 사람이 되면 좋을 것 같은 마음 작용이 일어나는 것이다. 자신을 사랑하고 존경하는 사람과 동일시하면서, 서서히 그의 몸짓과 태도가 자신의 몸짓과 태도처럼 몸의 일부가 되는 것이다. 말하자면 바람직한 어른의 태도가 서서히 아이의 몸속으로 들어오면서 어른들이 기대하는 책임감을 형성하게 되는 것이다. 부모와 자녀 사이에는 반드시 서로가 서로를 사랑하고 존중하는 감정들이 영글어 있다는 것이 양육태도에 그대로 묻어나오면 좋을 것이다.

어른의 입장에서도 이런 체험을 할 수 있다. 날 진정으로 사랑하고 존중하면서 나를 있는 그대로 수용해 주는 사람의 말은 저절로 듣게 되는 경험이 있지 않는가! 사랑하고 존중할 만한 대상이 내 주변에 있을 때, 마치 그 사람과 내가 동일시되어 그 사람의 몸짓과 태도가 서서히 내게 베여 들어오는 경험이 있지 않는가! 그가 나를 꼭 변화시키려고 한 것도 아니지만, 그냥 저절로 그 사람처럼 해 보려는, 잘 살아보려는 마음가짐이 올라오지 않았던가!

이런 간단한 예로 재단하기는 곤란하지만 책임감이라는 측면에서만

한정지어 본다면,

A자녀의 핵심역동에는 '사랑받는 느낌, 존중받는 느낌'이 자리 잡을 수 있어서, 앞으로 타인이나 세상에 대한 관점이 '사랑받고 존중받는' 긍정적인 자아상을 가지게 된다. 따라서 바람직한 사회인으로서의 책임감을 저절로 가지게 되는 발판이 될 수 있다.

B자녀의 핵심역동에는 '정서적으로 박달당한 느낌, 인긴존재로서 경시받는 느낌'이 자리 잡을 수 있으므로, 학교 교사나 권위자의 말에 왜곡된 지각을 하게 되고, 당연히 수행해야 할 일에 대한 책임감을 회피할 가능성을 가지게 되면서 스스로가 자연스럽게 고립되는 문제점을 안게 될 수 있는 것이다.

자녀는 자신을 사랑하는 사람과 동일시하면서 긍정적인 자아상을 형성하고 그 힘으로 현실적인 책임감을 자연스럽게 가지게 된다.

정리하면 다음과 같다.

1) 책임감을 길러주기 위해서는 불필요한 감정싸움에 휘말리지 않겠다는 각오를 할 것.
2) 아이의 마음에 초점을 맞추어 이해하려는 노력부터 할 것.
3) 아이의 말과 태도를 존중하면서 수용하고, 필요할 때는 아이가 받은 상처와 아픔을 충분히 공감해 줄 것.
4) 서로 간의 정서교류가 자유로워졌을 때, 아이에게 가르쳐야 할 책임감 있는 태도에 대한 관점을 피력할 것.
5) 아이는 이런 관점에 대하여 어떻게 느끼는지를 서로 나누면서, 조급히 어떤 결과를 기다리지 말고 서서히 자신 스스로가 느끼고 내재화되도록 기다려 줄 것. 혹시 엉뚱하다고 여겨지는 생각들을 표현하더

라도 창의적으로 받아들이고, 있는 그대로 느껴 줄 것.

6) 특히 일방적으로 양보하거나 주장하는 것은 큰 후유증을 남기므로 상호 욕구가 좌절되지 않고 만족되도록 하고, 상대방의 욕구에 따라야 할지라도 좌절된 느낌 없이 만족된 마음이 들 때까지 인내력 있게 대화해 나갈 것.

책임감은 '성숙'의 한 형태이다. 한 사람의 인격이 성숙하다는 것은 '자기를 제대로 책임지는 사람으로 살아가느냐 하는 것과 관련이 있다고 볼 수 있다. 책임감을 일찍부터 가정에서 배울 수 있다면, 한평생 겪게 될 수많은 갈등과 어려움을 타개해 나가는, 중요한 열쇠를 쥐게 된 셈이다. 이런 의미에서 부모는 자녀의 책임감을 길러주는 양육에 대하여 다시 한 번 깊게 생각해야 할 것이다.

저자 소개

최 경 희 (隨順)

저자(1956년- 경남 통영 출생)는 상담교육학 석·박사 학위 취득 후, 심리상담전문가(한국 상담 및 심리치료 학회 114호)로서의 활동과정에서의 대부뷴의 시간을, 상담 및 심리치료 활동, 강의와 연구, 집필 활동에 투입하고 있다. (전 대구대 , 현 東方 심리상담·부모교육 연구소 등) 1988년부터 시작된 상담 및 심리치료 활동과정에서, 인간 내면의 고통과 아픔을 가져오는 다양한 파생원인 중, 특히, 가족관계의 심리적 역동패턴의 관련성을 연구하면서, '정신역동적 부모교육(Psychodynamic Parents Education)' 프로그램을 기초, 심화, 훈습의 3단계로 연구 제작 · 개발하여 실시해 오고 있다. 연계하여, 핵심적인 심리치료적 활동의 필요성을 느껴서 '정신역동적 집단심리치료' 프로그램을 '구조화'와 '비구조화'로 결합, 개발하여 현재(2015.12. 기준) 약 300회 실시하고 있으며, 치료 후 진정한 자신으로 돌아가는 '생활수행' 프로그램을 병행하고 있다. 말하자면, 교육-치료-수행의 세 단계를 체계적으로 프로그램화시켜 실시하고 있다.

대표저서로는,「대인관계와 정신역동」(2000) 외 다수가 있으며, 역서는「정신역동적 상담의 실제」(2001) 외 다수이다. 논문은 「부모교육 프로그램 개발에 관한 연구 - 정신역동적 상담이론의 시험적 적용-」(1999, 대구효성가톨릭대학교 대학원 박사학위 청구논문) 외 다수가 있다.

기타 연구업적 및 구체적인 사항의 알림방은 「東方심리상담 · 부모교육연구소」홈페이지 www.dongbang-pd.co.kr, 연락처는 052-264-0029/010-6563-0013이며, 메일은 pluskhc@hanmail.net 이다.